Angular
Master Book

따라 하며 배우는

앵귤러 Ⓐ
마스터북

ng-book: The Complete Guide to Angular
by Nate Murray, Felipe Coury, Ari Lerner, and Carlos Taborda

Copyright © 2017 Fullstack.io
All rights reserved.

Korean Translation Copyright © 2018 by J-Pub.
The Korean edition was published by arrangement with Fullstack.io through Agency-One, Seoul.

초판 1쇄 발행 2018년 1월 24일

지은이 네이트 머레이, 필리피 커리, 아리 러너, 칼로스 타보다
옮긴이 배장열
펴낸이 장성두
펴낸곳 제이펍

출판신고 2009년 11월 10일 제406-2009-000087호
주소 경기도 파주시 회동길 159 3층 3-B호
전화 070-8201-9010 / **팩스** 02-6280-0405
홈페이지 www.jpub.kr / **원고투고** jeipub@gmail.com
독자문의 readers.jpub@gmail.com / **교재문의** jeipubmarketer@gmail.com

편집부 이민숙, 황혜나, 이 슬, 이주원 / **소통·기획팀** 민지환 / **회계팀** 김유미
교정·교열 이 슬 / **본문디자인** 한지혜 / **표지디자인** 미디어픽스
용지 에스에이치페이퍼 / **인쇄** 한승인쇄 / **제본** 광우제책사

ISBN 979-11-88621-01-9 (93000)
값 34,000원

제이펍은 독자 여러분의 아이디어와 원고 투고를 기다리고 있습니다. 책으로 펴내고자 하는 아이디어나 원고가 있으신 분께서는
책의 간단한 개요와 차례, 구성과 제(역)자 약력 등을 메일로 보내주세요.　　　jeipub@gmail.com

Angular Master Book

따라 하며 배우는 앵귤러 마스터북

네이트 머레이, 필리피 커리, 아리 러너, 칼로스 타보다 지음 | 배장열 옮김

Jpub
제이펍

차례

CHAPTER **2**   타입스크립트   60

CHAPTER **9** 앵귤러 4의 데이터 아키텍처 250

CHAPTER **10** 옵저버블 데이터 아키텍처 1부 — 서비스 253

CHAPTER **11** 옵저버블 데이터 아키텍처 2부 — 뷰 컴포넌트   289

CHAPTER **12** 리덕스와 함께하는 타입스크립트   312

CHAPTER **13** 중급자를 위한 앵귤러 리덕스 350

CHAPTER **16** 앵귤러JS 1.x 앱을 앵귤러 4로 변환하기   522

CHAPTER 17 네이티브스크립트 — 앵귤러 개발자를 위한 모바일 애플리케이션 566

이 책이 어떤 책인지 그리고 어떻게 읽어야 하는지는 저자가 꼼꼼하게 설명하고 있으므로 구태여 제가 말을 보탤 이유가 없을 것 같습니다. 저는 이 책을 우리말로 옮긴 사람으로서 몇 가지를 말씀드리고자 합니다.

생성자, 장식자, 반복자⋯

전부 '아들 자'를 넣어 만든 말입니다. 영어로는 아시다시피 constructor, decorator, iterator입니다. 저는 '아들 자'가 붙은 이런 말들을 선호하지 않습니다. 아직 마땅한 조어를 생각하지 못해 최선이 없으면 차악이라도 고른다는 마음으로 컨스트럭터나 데코레이터, 이터레이터를 씁니다. 다만 지금도 어떤 말이 더 어울릴지 고민하고 있고, 문장에 자연스럽게 적용할 수 있는 말이 생각나면 실제로 써 볼 것입니다. 이 과정에서 다른 사람의 입에도 착착 감기는 말이라면 살아남겠죠. 사실 컨스트럭터나 데코레이터, 이터레이터로 표현하고픈 생각도 없습니다. constructor, decorator, iterator 그대로 표현하고픈 마음이 더 크지만, 이 또한 최선이 아닌 차악으로 쓰고 있을 뿐입니다. 다음은 스택오버플로에 올라온 질문 가운데 하나입니다. 우리말로 어떻게 표현해야 할까요?

Why are generator methods constructors?

'생성자 메서드는 왜 생성자입니까?'로 생각하시나요? 최첨단 기술이 하루가 다르게 발전하고 있으니 쏟아져 나오는 용어들을 우리말로 바꾸기란 거의 불가능에 가깝습니다. 저는 오히려 우리말로 바꾸지 않고 쓰는 것이 더 좋다고 생각하고 있습니다. 어울리지도 않는 우리말을 억지로 가져다 붙이는 것보다 문장 자체를 우리말답게 다듬는 노력이 더 필요하다고 생각합니다. 저 같은 사람이 더욱 열심히 노력해야겠죠.

아무쪼록 이 책이 여러분께 도움이 되기를 바랍니다. 마지막으로, 번역할 기회를 주신 장성두 대표님께 감사의 말씀을 드립니다.

옮긴이 **배장열**

이 책의 유일한 목적은 독자들이 앵귤러를 배울 때 유용한 리소스 역할을 하는 것이다. 여러분(그리고 여러분의 팀)이 이 책을 끝까지 읽는다면 신뢰할 만하고 강력한 앵귤러 앱을 만드는 데 필요한 모든 것을 갖추게 될 것이다.

앵귤러는 다양하고 풍부한 기능으로 무장한 프레임워크다. 하지만 이는 모든 요소요소를 빠짐없이 이해하기가 만만치 않다는 뜻이기도 하다. 이 책에서는 각종 도구의 설치를 비롯해 컴포넌트 작성, 폼 사용, 페이지 간 라우팅, API 호출 등 모든 것을 다룰 것이다.

하지만 그보다 먼저 이 책의 활용성을 최대한 끌어올리기 위한 몇 가지 가이드라인을 제시하고자 한다. 요약하자면 다음과 같다.

- 예시 코드에 접근하는 법
- 문제가 생겼을 때 도움을 받는 법

예시 코드 실행하기

이 책에는 실행 가능한 예시 코드가 상당량 제공된다. 이 코드는 https://github.com/Jpub/ng5MasterBook에서 다운로드할 수 있다.

모든 예시 코드는 npm 프로그램을 사용해 실행할 수 있다. 다시 말해, 어떤 예시 코드든 다음 명령으로 실행할 수 있다.

```
1  npm install
2  npm start
```

npm start를 실행하면 앱을 볼 수 있는 URL이 화면에 출력된다.

특정 앱을 어떻게 실행하는지 잘 모르겠다면 해당 프로젝트의 디렉터리에 제공되는 README.md 파일을 확인해 보기 바란다. 모든 샘플 프로젝트에는 각 앱을 실행하는 데 필요한 여러 지침이 담긴 README.md 파일이 함께 제공된다.

앵귤러 CLI

한두 가지 예외를 빼면 나머지 모든 프로젝트는 앵귤러 CLI를 바탕으로 진행되었다. 달리 언급하지 않았다면 프로젝트마다 **ng** 명령을 사용할 수 있다.

예를 들어, 샘플 앱을 실행하려면 **ng serve**를 실행한다(이는 일반적으로 npm start를 입력하면 실행된다). 대개 **ng build**를 사용해 프로젝트를 자바스크립트로 컴파일할 수 있다(1장에서 언급할 것이다). 그리고 **ng e2e**를 실행해 엔드투엔드 테스트를 실행할 수도 있다.

앵귤러 CLI는 속을 깊이 파헤치지 않아도 웹팩(Webpack) 기반임이 쉽게 드러난다. 웹팩은 다양한 타입스크립트, 자바스크립트, CSS, HTML, 이미지 파일 등을 함께 처리할 수 있는 도구다. 앵귤러 CLI는 앵귤러를 사용하기 위한 필수 조건이 아니다. 단지 쉽게 시작하기 위한 웹팩(혹은 다른 도구들)의 래퍼(wrapper)일 뿐이다.

코드 블록과 표기 의도

이 책의 모든 코드는 실행 가능한 예시로서, 샘플 코드에서 전체를 찾아볼 수 있다. 예를 들어 다음은 1장에 사용된 코드 블록이다.

code/first-app/angular-hello-world/src/app/app.component.ts

```
 8  export class AppComponent {
 9    title = 'app works!';
10  }
```

코드 블록의 제목인 code/first-app/angular-hello-world/src/app/app.component.ts는 이 코드가 포함된 파일 경로를 나타낸다.

코드 블록만 봐서 무슨 일을 하는지 헷갈린다면 텍스트 편집기에서 이 경로에 해당하는 전체 코드를 살펴보기 바란다. 이 책은 독자 여러분이 예시 코드를 옆에 두고 보면서 책의 내용도 함께 읽는다고 가정하고 구성했다.

예를 들어 코드가 동작하려면 여러 라이브러리를 가져와야(import) 할 때가 있다. 책 초반부에서는 이 import문을 지면에 실었다. 그러지 않으면 라이브러리가 어디서 비롯된 것인지 명확하게 알기 어려울 수도 있기 때문이다. 하지만 후반부로 갈수록 내용이 깊어지므로 단순한 보일러판 코드를 반복하기보다 핵심 개념을 중점적으로 다뤄야 한다. 따라서 코드 이해력을 높이려면 전체 코드를 열어 직접 확인할 것을 권고한다.

코드 블록 번호

책에서는 긴 예시 코드를 몇 단계로 나눠 구성한 곳도 많다. 번호가 접미사처럼 붙은 파일이 있다면 이는 더 큰 파일의 일부라는 의미로 받아들여야 한다.

예를 들어, 6장 의존성 주입에 price.service.1.ts라는 파일이 있다. 여기서 .N.ts 구조는 번호가 붙지 않은 최종 파일을 위한 일부분을 나타낸다. 따라서 이 경우에는 최종 파일이 price.service.ts다. 이런 식으로 번호를 매긴 이유는 첫째로 중간 코드를 유닛 테스트할 수 있고, 둘째로 특정 단계에서 전체 파일을 확인할 수 있기 때문이다.

버전 관리

이미 알고 있겠지만, 이 책에서 다루고 있는 앵귤러는 이전 프레임워크인 앵귤러JS의 후속작이다. 이 때문에 여러 혼동이 발생하기도 한다. 특히 블로그 포스트나 관련 문서를 읽을 때가 그렇다. 이름 규정에 관한 공식 가이드라인에 따르면 앵귤러JS는 앵귤러JS 1.x, 즉 앵귤러의 초기 버전을 가리키는 용어다. 앵귤러의 새 버전은 자바스크립트가 아닌 타입스크립트를 주 언어로 사용하기 때문에 JS라는 단어가 떨어져 나가고 앵귤러라는 이름만 남았다. 이후 오랫동안 이 둘을 구별하는 유일한 방법은 새 앵귤러를 앵귤러 2로 언급하는 것이었다. 하지만 앵귤러 팀은 2017년에 6개월 단위로 하는 새로운 메이저 버전 출시 업그레이드 계획에 맞춰 시맨틱 버저닝(semantic versioning)으로 변경했다. 다음 버전을 앵귤러 4, 앵귤러 5 등으로 부르는 것이 아니라 숫자 부분을 빼고 단지 앵귤러로만 부르기로 한 것이다. 이 책에서 앵귤러를 가리킬 때는 혼동을 피하기 위해 앵귤러 또는 앵귤러 4로 부른다. 반면, 구식 자바스크립트 앵귤러를 가리킬 때는 앵귤러JS 또는 앵귤러JS 1.x를 사용한다.

도움 받기

우리는 명확하고 정확한 의미를 전달하기 위해 최선을 다했다. 하지만 예시 코드를 실행하는 과정에서 예기치 않은 문제가 일어날 수도 있을 것이다. 일반적으로는 다음 세 가지 유형으로 문제들을 정리할 수 있다.

- 책의 버그(📖 설명한 내용이 틀린 경우)
- 코드의 버그
- 여러분 코드의 버그

잘못된 내용을 설명했다거나 명확하게 개념을 이해하지 못하겠다면 주저하지 말고 이메일을 보내길 바란다. 이 책은 명확하고 정확해야 하기 때문이다. 그리고 코드에서 버그를 발견했을 때도 우리에게 알려 주기 바란다.

코드에 문제가 없는데도 여러분의 앱이 올바로 동작하지 않는다면 해결하기가 더 어려워질 수도 있다. 그럴 경우 비공식 커뮤니티 대화방에 참여하는 것도 한 가지 방법이다(뒤에 나오는 Gitter 커뮤니티 참조). 우리가 주기적으로 이 대화방에 참여하기는 하지만 수없이 많은 다른 독자들이 여러분의 문제를 더욱더 빠르게 해결해 줄 수 있을 것이다.

그래도 문제가 해결되지 않았다면, 우리는 여러분의 의견을 귀 기울이고 있으므로 적절한 응답을 받을 수 있도록 몇 가지 안내를 하고자 한다.

이메일

우리에게 이메일을 보내 기술 지원을 받을 때는 다음을 알려 주기 바란다.

- 책의 리비전 번호
- 사용하는 운영체제(📖 macOS 10.13.1, 윈도우 10)
- 장과 프로젝트 이름
- 이메일을 보내는 목적
- 이미 시도해 본 내용
- 예상하는 결과
- 실제로 확인한 결과(로그 출력 포함)

기술 지원을 받을 수 있는 쉽고 간단한 방법은 문제를 간단하게 설명한 이메일이다. 이메일을 보낼 곳은 us@fullstack.io다. 우리는 항상 여러분의 의견에 귀를 기울이고 있다.

기술 지원 응답 시간

우리는 일주일에 한 번 무료 기술 지원을 진행하고 있다. 더 이른 응답이 필요하다면 우리의 프리미엄 지원도 고려해 보기 바란다.

커뮤니티 활동

Gitter 커뮤니티 https://gitter.im/ng-book/ng-book

우리는 이 책과 관련해 Gitter를 활용한 커뮤니티 대화방을 운영하고 있다. 다른 사람들과 함께 앵귤러를 배우고 싶다면 Gitter에 마련된 우리 대화방을 방문하기 바란다.

새로운 내용을 위한 의견 제시 https://fullstackio.canny.io/ng-book

우리는 끊임없이 이 책을 업데이트하며 새 블로그 포스트를 작성하고 새 재료를 만들어 내고 있다. 여러분도 새로 업데이트할 내용에 참여할 수 있다.

트위터로 업데이트 알림 받기 @fullstackio

이 책의 업데이트 소식을 트위터로 받고 싶다면 @fullstackio를 팔로우하기 바란다.

이 책의 주요 내용

본격적으로 뛰어들기에 앞서 각 장을 간략하게 소개해 이 책으로 무엇을 얻을 수 있는지 예상해 보는 것도 나쁘지 않을 것이다.

처음 몇 장에서는 일어서서 달릴 수 있는 기초 체력을 연습한다. 첫 앱을 만들고, 내장 컴포넌트를 사용하고 컴포넌트를 직접 만들 것이다.

그다음은 폼이라든가 API, 서로 다른 페이지 간 라우팅, 의존성 주입 등 중급 개념으로 나아간다.

그 이후에는 고급 개념을 다룬다. 상당한 지면을 할애해 데이터 아키텍처를 언급할 것이다. 클라이언트/서버 애플리케이션의 상태 관리는 어려운 부분이다. 우리는 RxJS 옵저버블과 리덕스라는 두 가지 대중적인 방법을 다룰 것이다. 여기서는 두 가지 방법을 적용해 같은 앱을 만들면서 두 방법을 서로 비교하고 장단점을 따져 어느 방법이 여러분 팀에 적합한지 생각해 볼 것이다.

마지막으로, 앵귤러의 가장 강력한 기능인 복잡한 고급 컴포넌트를 어떻게 만드는지 다룰 것이다. 앱을 테스트하는 방법, 앵귤러 1 앱을 앵귤러 4+ 앱으로 변환하는 방법도 다룰 것이다. 그리고 앵귤러와 네이티브스크립트를 사용해 네이티브 모바일 앱을 만드는 과정으로 대단원의 막을 내리고자 한다.

이 책을 통해 여러분은 각종 구닥다리 블로그 포스트를 읽는 것보다 더욱더 빠르게 실제 앵귤러 앱을 만들 수 있게 될 것이다. 자, 집중력을 발휘할 시간이다. 이제 곧 앵귤러 전문가의 길이 멀지 않았다. 건투를 빈다!

베타리더 후기

🦋 김용현(MicrosoftMVP)

웹 서비스는 ECMA 6의 등장과 Node.js의 활용으로 다른 분야보다 빠르게 확장되고 있는 분야입니다. 앵귤러는 이러한 흐름의 최선봉에 서 있습니다. 이 책은 익숙하지 않은 독자를 위해 기본적인 요소를 쉽게 설명하고, 앵귤러 1 등 과거 버전과의 비교를 통해 현재 지식을 기반으로 새로운 기술을 자연스럽게 습득하도록 유도하며, 고급 기능 활용과 레퍼런스 안내를 통해 개발자의 코드를 더욱 풍부하게 해 줄 것입니다.

🦋 노태환(로아팩토리)

앵귤러에만 집중하는 것이 아니라 앵귤러를 어떻게 잘 사용할 수 있을지에 초점을 맞춘 책입니다. TypeScript, Reactive Programming(with rxjs), Redux 등 모던 웹을 구성하고 있는 대부분의 기술이 집약되어 있어서 필요한 부분만 선택적으로 학습할 수도 있습니다.

🦋 이상현(SI 개발자)

페이지를 보고 참 두껍다고 생각했는데 내용을 보니 오히려 요약본에 가깝습니다. 더 두꺼워질 책을 깔끔한 설명과 실습 가능한 예제로 알차게 구성한 것 같습니다. 물론, 내용이 결코 가볍지 않아 볼수록 공부할 내용이 많다는 것도 알게 해 줍니다. 아주 맘에 드는 책이고, 이 책을 통해 대두되고 있는 웹 관련 기술을 충분히 맛볼 수 있지 않을까 생각해 봅니다.

🦋 이아름

앵귤러가 대규모로 업데이트되면서 한동안 손도 안 댔었는데, 이 책을 보면서 차근차근 해보니 다시 감이 돌아온 기분이 들었습니다. 깔끔한 편집도 마음에 들었습니다.

🦋 이요셉(취미코더)

마스터북답습니다. 무려 600페이지에 앵귤러 내용을 꽉꽉 채워 넣었고, 앵귤러-리덕스 조합에 앵귤러JS, 앵귤러 4 컨버전, 네이티브스크립트까지 소개합니다. 쉽지 않지만 도전할 만한 책입니다.

🦋 이정훈(SK주식회사)

IT 세계에서 무언가를 배우려면 직접 코딩해 보는 것이 가장 좋다고 생각합니다. 이 책은 앵귤러 앱을 단계적으로 만들면서 배울 수 있게 구성되어 있습니다. 이론을 유심히 읽고, 실습 내용을 직접 코딩해 보면 좋겠습니다. 손으로 직접 작성하다 보면 말로는 이해되지 않는 부분이 어느 순간 이해될 것입니다. 앵귤러를 배우기 쉽게 구성된 책을 찾는다면 이 책을 추천합니다.

1

첫 앵귤러 웹 애플리케이션 만들기

1.1 단순한 레딧 클론

이 장에서는 사용자가 글을 게시하고(제목과 URL 포함) 다른 게시물에 투표하는 애플리케이션을 만들 것이다. 이 애플리케이션을 레딧(reddit)[1]이나 프로덕트 헌트(product hunt)[2] 같은 사이트의 출발이라고도 볼 수 있을 것이다. 이 앱은 단순하지만, 다음 내용을 비롯한 앵귤러의 핵심을 대부분 다루고 있다.

- 커스텀 컴포넌트 빌드하기
- 양식(폼)을 통해 사용자 입력 받기
- 객체 리스트를 뷰로 렌더링하기
- 사용자 클릭을 가로채 처리하기
- 앱을 서버에 배포하기

이 장을 모두 읽으면 빈 폴더를 받아 기본적인 앵귤러 애플리케이션을 만들고, 이를 현장에 배포하는 과정을 속속들이 이해하게 될 것이다. 그리고 자신만의 앵귤러 앱을 빌드하는 데 탄탄한 토대가 되어줄 것이다. 다음은 완성된 앱의 모습이다.

---

1   www.reddit.com
2   www.producthunt.com

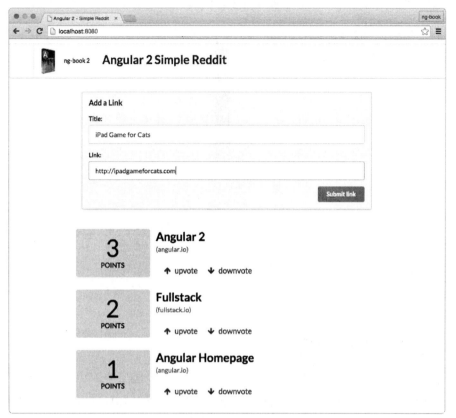

완성된 애플리케이션

우선, 한 사용자가 새 링크를 제출하면 다른 사용자들은 이 게시물을 찬성하거나 반대한다. 게시물의 찬성과 반대가 쌓여 점수가 되며, 유용하다고 생각한 링크에는 투표도 할 수 있다.

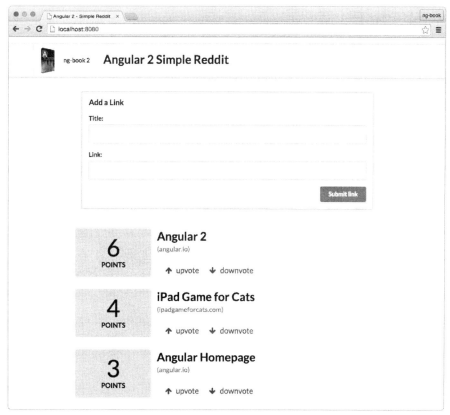

새 글이 표시된 앱

이번 프로젝트에서 그리고 이 책 전반에 걸쳐 타입스크립트(TypeScript)를 사용할 것이다. 타입을 추가할 수 있는 타입스크립트는 자바스크립트 ES6의 슈퍼세트이다. 타입스크립트에 관해서는 이 장이 아니라 다음 장에서 깊게 다룰 것이다. 따라서 당분간은 문법이 다소 낯설더라도 개의치 말길 바란다. ES5('일반적인' 자바스크립트)나 ES6(ES2015)가 낯설지 않다면 별다른 문제 없이 이 장의 내용을 진행할 수 있다.

1.2 시작하기

1.2.1 Node.js와 npm

앵귤러를 시작하려면 우선 Node.js부터 설치해야 한다. Node.js 설치 방법은 여러 가지가 있으므로 구체적인 과정은 Node.js 웹사이트[3]를 참고하기 바란다. 다만 Node 6.9.0 이상 버전을 설치해야 한다.

 맥 사용자는 홈브류(Homebrew) 같은 패키지 관리자를 사용하지 말고 Node.js 웹사이트에서 직접 Node.js를 설치하는 것이 가장 확실하다. 홈브류를 통한 Node.js 설치는 몇 가지 알려진 문제가 있다.

흔히 줄여서 npm이라고 표현하는 노드 패키지 관리자(Node Package Manager)가 Node.js의 일부분으로 설치된다. npm을 우리 개발 환경에서 사용할 수 있는지 확인하려면 터미널에서 다음을 입력한다.

```
$ npm -v
```

버전 번호가 출력되지 않고 오류만 표시된다면 npm이 포함된 Node.js 인스톨러를 다운로드 했는지 확인해야 한다. npm 버전은 최소한 3.0.0이어야 한다.

1.2.2 타입스크립트

Node.js가 설치되면 타입스크립트를 설치한다. 최소한 2.1 버전을 설치해야 하며, 설치 명령은 다음과 같다.

```
1  $ npm install -g typescript
```

 타입스크립트를 반드시 사용해야 하는가? 반드시는 아니지만 대체로는 그렇다. 앵귤러에는 ES5 API가 포함되어 있지만, 앵귤러는 타입스크립트로 작성되며, 일반적으로는 모든 사람이 타입스크립트를 사용하기 때문이다. 이 책에서도 앵귤러를 한결 더 쉽게 다루기 위해 타입스크립트를 사용할 것이다. 다만, 타입스크립트가 엄격한 필요조건은 아니라는 점을 밝힌다.

---

3   https://nodejs.org/ko/download/

1.2.3 브라우저

앵귤러 앱의 배포를 위해서 구글의 크롬 웹 브라우저[4]를 강력하게 권장한다. 이 책에서는 크롬 개발자 툴킷을 사용하여 앱을 개발하고 디버깅할 것이므로 지금 바로 다운로드하는 것이 좋다.

1.2.4 윈도우 사용자를 위한 특별 과정

이 책 전반에 걸쳐 우리는 터미널에서 유닉스/맥 명령을 사용할 것이다. 이들 명령은 ls나 cd처럼 크로스 플랫폼이다. 하지만 경우에 따라서는 유닉스/맥 전용 명령을 사용할 수도 있고, 유닉스/맥 전용 플래그(ls -1p 등)를 포함할 수도 있다. 따라서 유닉스/맥 명령에 상응하는 다른 셸 명령을 직접 찾아야 할 일도 있을 것이다. 다행히 터미널에서 진행하는 작업을 최소로 줄였으므로 그런 번거로운 일을 자주 만나지는 않을 것이다.

 윈도우 사용자도 우리의 터미널 예시들에 유닉스/맥 명령이 사용된다는 점을 알고 있어야 한다.

1.3 앵귤러 CLI

앵귤러는 사용자가 커맨드라인에서 프로젝트를 생성하고 관리할 수 있는 유틸리티를 제공하고 있다. 이 유틸리티를 사용하면 프로젝트 생성이나 새 컨트롤러 추가 등의 작업을 자동화할 수 있다. 앞으로 만들 애플리케이션에서 공통되는 패턴을 만들고 관리할 때 앵귤러 CLI가 큰 도움이 될 것이다.

앵귤러 CLI를 설치하려면 다음 명령을 실행한다.

```
1  $ npm install -g @angular/cli
```

설치가 끝나면 커맨드라인에서 ng 명령을 사용하여 앵귤러 CLI를 실행할 수 있다. 실제로 ng 명령을 사용하면 이런저런 출력이 화면에 쏟아지는데, 그중에서 다음 부분을 눈여겨보기 바란다.

---

4 https://www.google.com/chrome/

```
1  $ ng --version
```

모든 것이 올바로 설치되었다면 현재 버전이 터미널에 출력될 것이다. 축하한다!

> macOS나 리눅스에서는 다음 행이 출력되는 경우가 있다.

```
1  Could not start watchman; falling back to NodeWatcher for file system events.
```

> watchman이라는 도구가 설치되지 않았다는 뜻이다. watchman은 파일시스템의 파일들을 감시할 때 앵귤러 CLI를 지원하는 도구다. macOS에서는 홈브류를 사용하여 다음 명령으로 설치할 수 있다.

```
1  $ brew install watchman
```

> macOS에서 홈브류 실행 시 오류가 발생하면 아직 홈브류가 설치된 상태가 아닐 수도 있다. 홈브류 페이지[5]를 참고하여 홈브류를 설치한다.
>
> 리눅스 사용자는 EmberCLI[6]에서 watchman 설치 정보를 확인하기 바란다. 윈도우에서는 따로 설치할 것이 없으며, 앵귤러 CLI는 네이티브 Node.js 와처를 사용한다.

앵귤러 CLI의 도움말은 다음 명령으로 확인할 수 있다.

```
1  $ ng --help
```

모든 옵션을 한꺼번에 이해하려고 애쓰지 않아도 된다. 이 장에서 중요한 몇 가지를 추려 설명할 것이다.

이제 앵귤러 CLI와 관련 파일이 모두 설치되었다. 본격적으로 첫 애플리케이션을 만들어 보자.

1.3.1 예시 프로젝트

터미널을 열고 ng new 명령을 실행하여 프로젝트를 새로 만든다.

```
1  $ ng new angular-hello-world
```

---

5   http://brew.sh/
6   https://ember-cli.com/user-guide/#watchman

이 명령을 실행하면 다음과 같이 출력된다.

```
1    create .editorconfig
2    create README.md
3    create src/app/app.component.css
4    create src/app/app.component.html
5    create src/app/app.component.spec.ts
6    create src/app/app.component.ts
7    create src/app/app.module.ts
8    create src/assets/.gitkeep
9    create src/environments/environment.prod.ts
10   create src/environments/environment.ts
11   create src/favicon.ico
12   create src/index.html
13   create src/main.ts
14   create src/polyfills.ts
15   create src/styles.css
16   create src/test.ts
17   create src/tsconfig.json
18   create .angular-cli.json
19   create e2e/app.e2e-spec.ts
20   create e2e/app.po.ts
21   create e2e/tsconfig.json
22   create .gitignore
23   create karma.conf.js
24   create package.json
25   create protractor.conf.js
26   create tslint.json
27 Successfully initialized git.
28 Installing packages fortooling via npm.
29 Installed packages for tooling via npm.
```

 프로젝트가 생성하는 파일들은 설치된 @angular/cli의 버전에 따라 조금씩 달라질 수 있다.

잠시 기다리면 npm 의존성 파일들이 설치되며, 설치가 끝나면 다음과 같은 성공 메시지가 출력된다.

```
1  Project 'angular-hello-world' successfully created.
```

많은 파일이 생성되었다! 지금 당장 이 파일들을 속속들이 알려고 할 까닭은 없다. 앞으로 차근차근 살펴보면서 하나하나가 어떤 목적으로 사용되는지 설명할 것이다.

ng 명령이 만들어 준 angular-hello-world 디렉터리 안으로 들어가 무엇이 있는지 살펴보기로 하자.

```
1  $ cd angular-hello-world
2  $ tree -F -L 1
3  .
4  ├── README.md              // README
5  ├── .angular-cli.json      // angular-cli 설정 파일
6  ├── e2e/                   // 엔드투엔드 테스트
7  ├── karma.conf.js          // 단위 테스트 설정
8  ├── node_modules/          // 설치된 의존성 파일들
9  ├── package.json           // npm 설정
10 ├── protractor.conf.js     // e2e 테스트 설정
11 ├── src/                   // 애플리케이션 소스 위치
12 └── tslint.json            // 린터 설정 파일
```

 tree 명령은 온전히 선택 사항이다. macOS에서는 brew install tree 명령으로 설치할 수 있다.

지금 눈여겨보아야 할 폴더는 src인데, 이곳에 우리의 애플리케이션이 자리를 잡게 된다. 그 안을 들여다보자.

```
1  $ cd src
2  $ tree -F
3  .
4  |-- app/
5  |   |-- app.component.css
6  |   |-- app.component.html
7  |   |-- app.component.spec.ts
8  |   |-- app.component.ts
9  |   `-- app.module.ts
10 |-- assets/
11 |-- environments/
12 |   |-- environment.prod.ts
13 |   `-- environment.ts
14 |-- favicon.ico
15 |-- index.html
16 |-- main.ts
17 |-- polyfills.ts
18 |-- styles.css
19 |-- test.ts
20 `-- tsconfig.json
```

즐겨 사용하는 텍스트 에디터에서 index.html을 연다. index.html의 내용은 다음과 같다.

code/first-app/angular-hello-world/src/index.html

```
1   <!doctype html>
2   <html>
3   <head>
4     <meta charset="utf-8">
5     <title>AngularHelloWorld</title>
6     <base href="/">
7
8     <meta name="viewport" content="width=device-width, initial-scale=1">
9     <link rel="icon" type="image/x-icon" href="favicon.ico">
10  </head>
11  <body>
12    <app-root>Loading...</app-root>
13  </body>
14  </html>
```

한꺼번에 살펴보기에는 많으므로 몇 부분으로 나누어 보자.

code/first-app/angular-hello-world/src/index.html

```
1   <!doctype html>
2   <html>
3   <head>
4     <meta charset="utf-8">
5     <title>AngularHelloWorld</title>
6     <base href="/">
7
8     <meta name="viewport" content="width=device-width, initial-scale=1">
9     <link rel="icon" type="image/x-icon" href="favicon.ico">
10  </head>
```

HTML 파일이 낯설지 않은 독자는 이곳에 별 눈길을 주지 않을 텐데, html 문서의 핵심 구조와 페이지의 문자세트, 타이틀, 기본 href 등의 메타데이터가 선언된 곳이다.

그리고 템플릿 몸체(body)는 다음과 같다.

code/first-app/angular-hello-world/src/index.html

```
11  <body>
12    <app-root>Loading...</app-root>
13  </body>
14  </html>
```

app-root 태그는 우리의 애플리케이션이 렌더링되는 곳이다. Loading...은 일종의 자리 맡기용 텍스트다. 이곳에 우리의 '앱 코드가 로드되기 전'에 표시될 텍스트를 입력한다. 예를 들어,

로딩을 나타내는 '스피너(spinner)' img 태그를 이 자리에 두면 자바스크립트나 앵귤러 앱이 로딩 중임을 알릴 수 있다.

하지만 app-root 태그가 무엇이고 어디서 온 것일까? app-root는 우리의 앵귤러 앱에서 정의된 **컴포넌트**다. 앵귤러에서는 자체 HTML 태그를 정의하고 맞춤형 새 기능을 부여할 수 있다. app-root 태그는 페이지에서 앱의 '진입점'에 해당한다.

앱을 있는 그대로 실행해 본다. 곧, 컴포넌트가 어떻게 정의되었는지 살펴볼 것이다.

1.4 애플리케이션 코드 작성하기

1.4.1 애플리케이션 실행하기

구체적으로 코드를 수정하기 전에 앱을 브라우저에서 로드해 보자. 앵귤러 CLI는 HTTP 서버를 내장하고 있으므로 곧바로 우리 앱을 실행할 수 있다. 터미널로 돌아와 앱의 루트로 디렉터리를 변경한다.

```
1  $ cd angular-hello-world
2  $ ng serve
3  ** NG Live Development Server is running on http://localhost:4200/ **
4  // ...
5  // 각종 메시지...
6  // ...
7  Webpack: Compiled successfully.
```

앱은 localhost 4200번 포트에서 실행되고 있다. 브라우저에서 http://localhost:4200에 접속한다.

 다음과 비슷한 메시지가 출력되었다면 4200번 포트를 이미 다른 서비스가 사용하고 있다는 뜻이다.

```
1  Port 4200 is already in use. Use '--port' to specify a different port
```

할 수 있는 일은 다음 두 가지다.
1. 그 서비스를 종료한다.
2. ng serve를 실행할 때 다음처럼 --port 플래그를 사용한다.

```
1  ng serve --port 9001
```

이 명령은 브라우저에서 열 URL을 http://localhost:9001처럼 변경한다.

주의할 점이 하나 더 있다. 일부 시스템에서는 localhost 도메인이 동작하지 않을 수도 있다. 127.0.0.1 형식의 숫자를 본 적이 있을 텐데, ng serve를 실행할 때는 서버가 어떤 URL에서 실행되는지 알아야 한다. 따라서 시스템에 출력되는 메시지를 주의 깊게 읽고 정확한 개발 환경의 URL을 파악해야 한다.

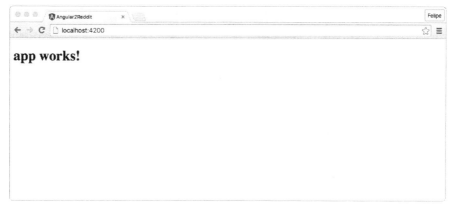

애플리케이션 실행하기

애플리케이션이 문제 없이 실행되었다. 실행 방법도 알았으니 본격적으로 코드를 작성해 보자.

■ Component 만들기

앵귤러를 떠받치는 가장 큰 구조적 개념이 바로 **컴포넌트**(component)다. 앵귤러 앱을 만들 때 인터랙티브 애플리케이션에 필요한 HTML 마크업들을 작성하는데, 사실 브라우저가 이해하는 마크업이 상당히 제한적이다. <select>나 <form>, <video> 등의 내장 마크업 태그들은 모두 브라우저 개발자가 정의해 놓은 기능들이다.

그런데 우리가 직접 브라우저에 새 태그를 학습시킬 수도 있을까? 이를테면 날씨를 알려 주는 <weather> 태그를 브라우저에 이해시킬 수 있을까? 또는 로그인 패널을 만드는 <login> 태그를 넣을 수 있을까? 이런 생각이 바로 컴포넌트로 구체화되었다. 맞춤형 기능을 제공하는 **새로운 태그를 브라우저에 이해시키는 방법이 바로 컴포넌트다.**

> ⓘ 앵귤러JS 1.x 배경지식을 갖춘 사용자를 위해 한마디 덧붙이자면, **컴포넌트는 지시자**(directive)**의 새로운 버전이다.**

자, 첫 컴포넌트를 만들어 보자. 컴포넌트를 완성하면 다음처럼 app-hello-world 태그를 HTML 문서에서 사용할 수 있다.

```
1  <app-hello-world></app-hello-world>
```

앵귤러 CLI를 사용하여 새 컴포넌트를 만들려면 generate 명령이 필요하다. hello-world 컴포넌트를 만들려면 다음 명령을 실행해야 한다.

```
1  $ ng generate component hello-world
2  installing component
3    create src/app/hello-world/hello-world.component.css
4    create src/app/hello-world/hello-world.component.html
5    create src/app/hello-world/hello-world.component.spec.ts
6    create src/app/hello-world/hello-world.component.ts
```

새 컴포넌트는 어떻게 정의할까? 컴포넌트는 기본적으로 다음 두 부분으로 이루어진다.

1. Component 데코레이터
2. 컴포넌트 정의 클래스

컴포넌트 코드부터 하나씩 살펴보기로 하자. 우리의 첫 타입스크립트 파일인 src/app/hello-world/hello-world.component.ts를 연다.

code/first-app/angular-hello-world/src/app/hello-world/hello-world.component.ts

```
1  import { Component, OnInit } from '@angular/core';
2
3  @Component({
4    selector: 'app-hello-world',
5    templateUrl: './hello-world.component.html',
6    styleUrls: ['./hello-world.component.css']
7  })
8  export class HelloWorldComponent implements OnInit {
9
10   constructor() { }
11
12   ngOnInit() {
13   }
14
15 }
```

처음에는 이 스니펫(조각 코드)이 눈에 잘 안 들어오겠지만, 마음을 가다듬고 찬찬히 살펴보기로 하자.

 타입스크립트 파일의 확장명은 .js가 아니라 .ts이다. 그런데 문제는 브라우저가 이 타입스크립트 파일을 이해하지 못한다는 점이다. 이 간극을 메우려면 .ts 파일을 .js 파일로 자동 변환하여 실시간 컴파일하는 ng serve 명령이 필요하다.

■ 의존성 파일 가져오기

import 구문은 코드를 작성하는 데 사용할 모듈을 정의한다. 여기서는 Component와 OnInit을 가져왔다.

'@angular/core' 모듈에서 Component를 가져왔다. 다시 말해 '@angular/core'가 의존성 파일을 찾을 위치다. 여기서는 '@angular/core'가 Component와 OnInit이라는 두 개의 자바스크립트/타입스크립트 객체를 정의하고 내보내라고 컴파일러에 알린 것이다.

마찬가지로, 같은 모듈에서 OnInit도 가져왔다. 나중에 다시 설명하겠지만, OnInit은 컴포넌트를 초기화할 때 코드가 실행되도록 한다. 지금은 그렇게만 이해하면 충분하다.

import의 구조는 import { things } from wherever이다. { things }에서 담당하는 것을 가리켜 **디스트럭처링(destructuring)**이라고 부른다. 디스트럭처링은 ES6와 타입스크립트가 제공하는 기능이며, 다음 장에서 자세하게 설명할 것이다. import는 자바의 import나 루비의 require와도 사뭇 닮았다. 다시 말해, 다른 모듈에서 의존성 파일을 끌고와 현재 파일에서 사용할 수 있는 상태로 만드는 과정이라 할 수 있다.

■ 컴포넌트 데코레이터

의존성 파일을 가져왔으면 컴포넌트를 선언해야 한다.

code/first-app/angular-hello-world/src/app/hello-world/hello-world.component.ts

```
3  @Component({
4    selector: 'app-hello-world',
5    templateUrl: './hello-world.component.html',
6    styleUrls: ['./hello-world.component.css']
7  })
```

타입스크립트가 처음인 독자는 다음 구조가 다소 괴상해 보일지도 모르겠다.

```
1  @Component({
2    // ...
3  })
```

도대체 무슨 일을 하는 것일까? 이를 가리켜 **데코레이터(decorator)**라고 부른다. 데코레이터는 코드에 추가된 일종의 메타데이터다. HelloWorld 클래스에 @Component를 사용한 것은, 쉽게 말해 HelloWorld를 Component처럼 '장식'했다는 뜻이다.

<app-hello-world> 태그를 사용하여 마크업에서 이 컴포넌트를 사용하려면 @Component를 설정하고 selector를 app-hello-world로 지정한다.

```
1  @Component({
2    selector: 'app-hello-world'
3    // ... 필요한 내용
4  })
```

앵귤러의 컴포넌트 셀렉터는 CSS의 셀렉터와 비슷하다(다만, 앵귤러의 컴포넌트는 셀렉터에 특별한 문법 구조를 적용하고 있다. 이에 관해서는 잠시 뒤에 다룰 것이다). 지금은 마크업에 사용할 새 태그를 정의할 때 selector가 필요하다는 점만 이해하면 된다.

여기서 selector 프로퍼티는 컴포넌트에 어느 'DOM 요소'가 사용될지 가리킨다. 이에 따라 템플릿 안에 등장하는 <app-hello-world></app-hello-world> 태그는 모두 HelloWorldComponent 클래스 및 관련 정의들을 통해 컴파일된다.

■ templateUrl로 템플릿 추가하기

컴포넌트에서는 ./hello-world.component.html의 templateUrl을 지정했다. 다시 말해, 컴포넌트와 같은 디렉터리에 있는 hello-world.component.html 파일에서 템플릿이 로드된다. 이 파일의 내용은 다음과 같다.

code/first-app/angular-hello-world/src/app/hello-world/hello-world.component.html

```
1  <p>
2    hello-world works!
3  </p>
```

여기서 p 태그를 정의하고 그 사이에 텍스트를 조금 넣었다. 앵귤러가 이 컴포넌트를 로드할 때 파일에서도 읽어 컴포넌트에 템플릿으로 사용한다.

■ template 추가하기

템플릿을 정의하는 방법은 두 가지다. @Component 객체에 template 키를 사용하여 정의할 수도 있고, templateUrl을 지정하여 정의할 수도 있다. @Component에 템플릿을 추가할 때는 다음처럼 template 옵션을 전달한다.

```
1  @Component({
2    selector: 'app-hello-world',
3    template: `
4      <p>
5        hello-world works inline!
6      </p>
7    `
8  })
```

백틱 사이(` ... `)에 template 문자열을 정의했다. 이 방법은 ES6의 새로운(그리고 환상적인) 기능으로서, 이렇게 하면 **여러 줄의 문자열**을 처리할 수 있다. 백틱을 사용하면 코드 파일에 템플릿을 넣기가 한결 수월해진다.

정말로 코드 파일에 템플릿을 넣어야 할까? 상황에 따라 다르다고 할 수 있다. 오랫동안 사람들은 코드와 템플릿을 따로 관리해야 한다고 믿었다. 이 믿음이 일부 개발팀에는 작업의 수고를 덜어 주었지만, 일부 프로젝트에서는 업무 과중으로 여겨졌다. 상당히 많은 파일들 사이를 왔다 갔다 해야 했기 때문이었다.

개인적으로는 우리 템플릿이 한 페이지 분량도 안 되기 때문에 코드 안에(즉 .ts 파일 안에) 함께 유지하는 것이 더 낫다고 생각한다. 로직이나 뷰를 함께 고려할 때 이 둘의 상호 작용 과정을 이해하기가 쉬워지기 때문이다.

뷰와 코드를 섞으면 비롯되는 가장 큰 단점은 (아직까지) 많은 에디터가 내부 문자열에는 문법 하이라이트 기능을 지원하지 않는다는 사실이다. 다행히 템플릿 문자열의 문법 하이라이트 HTML을 지원하는 에디터가 꾸준히 늘고 있다.

■ styleUrls로 CSS 스타일 추가하기

다음 styleUrls 키를 살펴보자.

```
1  styleUrls: ['./hello-world.component.css']
```

이 코드는 hello-world.component.css 파일에 컴포넌트의 스타일로 CSS를 사용하겠다는 뜻이다. 앵귤러는 **스타일 캡슐화(style-encapsulation)**라는 개념을 지원한다. 스타일 캡슐화는 특정 컴포넌트용으로 지정된 스타일은 다른 컴포넌트에 적용되지 않는다는 개념이다. 이에 관해서는 14장 '컴포넌트 고급'의 '스타일'에서 다시 자세하게 언급할 것이다. 지금은 컴포넌트 제한적인(component-local) 스타일을 하나도 사용하지 않을 것이다. 따라서 이 키를 통째로 삭제해도 되고 그대로 놔두어도 된다.

> ℹ️ 이 키는 배열을 인수로 받는다는 점에서 template과 다르다. 이는 여러 스타일시트를 하나의 컴포넌트에 로드할 수 있기 때문이다.

■ 컴포넌트 로드하기

첫 번째 컴포넌트 코드를 완성했다. 그렇다면 페이지에 어떻게 로드할까? 브라우저로 애플리케이션에 다시 방문하면 아직은 그대로일 것이다. 컴포넌트를 '만들기'만 했지 '사용'하지는 않았기 때문이다.

어떻게 사용해야 할까? 컴포넌트 태그를 이미 렌더링되고 있는 템플릿에 추가해야 한다. first_app/angular-hello-world/src/app/app.component.html 파일을 연다. HelloWorld Component를 app-hello-world 셀렉터로 설정했기 때문에 템플릿에서 <app-hello-world></app-hello-world>를 사용할 수 있다. <app-hello-world> 태그를 app.component.html에 추가해 보자.

code/first-app/angular-hello-world/src/app/app.component.html

```
1  <h1>
2    {{title}}
3
4    <app-hello-world></app-hello-world>
5  </h1>
```

이제, 페이지를 새로 고침하고 결과를 살펴보자.

올바로 동작하는 모습

성공을 축하한다!

1.5 컴포넌트에 데이터 추가하기

지금은 우리의 컴포넌트가 정적인 템플릿을 렌더링한다. 그러니까 우리의 컴포넌트가 별로 흥미롭지 못하다는 뜻이다. '사용자 리스트'를 보여 주는 앱을 생각해 보자. 전체 리스트보다 개별 사용자부터 렌더링해야 할 것이다. 따라서 사용자 한 명의 이름을 보여 주는 새 컴포넌트를 만들어 보자. 새 컴포넌트를 만들려면 ng generate 명령이 필요하다.

```
1   ng generate component user-item
```

새로 만든 컴포넌트를 확인하려면 템플릿에 추가해야 했었다. 앞으로 변경되는 내용을 확인할 수 있도록 app-user-item 태그를 app.component.html에 추가한다. app.component.html을 다음처럼 수정한다.

code/first-app/angular-hello-world/src/app/app.component.html

```
1   <h1>
2     {{title}}
3
4     <app-hello-world></app-hello-world>
5
6     <app-user-item></app-user-item>
7   </h1>
```

페이지를 새로 고침하면 user-item works! 텍스트가 올바로 보일 것이다.

UserItemComponent에서 특정 사용자의 이름을 보여 주려면 어떻게 해야 할까? 컴포넌트의 새 '프로퍼티'로 name을 도입하고자 한다. name 프로퍼티를 사용하면 컴포넌트를 다른 사용자에게도 재사용할 수 있다(마크업과 로직, 스타일은 그대로 유지된다). 이름을 추가하려면 UserItemComponent 클래스에 프로퍼티를 도입하여 name이라는 지역 변수를 선언해야 한다.

code/first-app/angular-hello-world/src/app/user-item/user-item.component.ts

```
 8   export class UserItemComponent implements OnInit {
 9     name: string; // <-- 이름 프로퍼티 추가
10
11     constructor() {
12       this.name = 'Felipe'; // 이름 설정
13     }
14
15     ngOnInit() {
16     }
17
18   }
```

여기서 우리는 두 가지를 변경했다.

1. name 프로퍼티

UserItemComponent 클래스에 '프로퍼티(property)'를 추가했다. 추가하는 문법은 ES5 자바스크립트에 비하면 비교적 새롭다. name: string;은 string 타입의 name 프로퍼티를 선언하겠다는 뜻이다.

변수에 타입을 지정하는 것은 '타입스크립트'에 이름을 지정한 것과 같다. name 프로퍼티의 타입을 string으로 지정하면 컴파일러는 name 변수가 string임을 파악한다. 만일, 이 프로퍼티에 number가 지정되면 오류가 발생된다.

이 문법은 또한 타입스크립트가 인스턴스 프로퍼티를 정의하는 방법이기도 하다. name: string;은 UserItemComponent의 모든 인스턴스에 name 프로퍼티를 지정한다.

2. 컨스트럭터

UserItemComponent 클래스에 **컨스트럭터(constructor)**, 즉 이 클래스의 새 인스턴스를 만들 때 호출되는 함수를 정의했다. 컨스트럭터에는 this.name을 사용하여 name 프로퍼티를 지정할 수 있다. 다음 코드를 살펴보자.

code/first-app/angular-hello-world/src/app/user-item/user-item.component.ts

```
11    constructor() {
12      this.name = 'Felipe'; // 이름 설정
13    }
```

새 UserItemComponent가 만들어질 때마다 그 이름이 'Felipe'로 설정된다.

1.5.1 템플릿 렌더링하기

컴포넌트에 프로퍼티가 만들어지면, 중괄호를 겹쳐 사용하는 템플릿 문법({{ }})을 적용하여 템플릿에서 그 값을 표시할 수 있다. 예를 들면 다음과 같다.

code/first-app/angular-hello-world/src/app/user-item/user-item.component.html

```
1  <p>
2    Hello {{ name }}
3  </p>
```

template에는 새 문법인 {{ name }}을 추가했다. 이중 중괄호의 이름은 **템플릿 태그**(template tag)이며, 흔히들 **콧수염 태그**(mustache tag)로도 부른다.

템플릿 태그 사이에 오는 것은 전부 '수식(expression)'으로 확장된다. 여기서는 template이 컴포넌트에 '바인딩'되었기 때문에 name이 this.name의 값, 즉 'Felipe'로 확장된다.

1.5.2 테스트하기

변경 내용을 적용하고 페이지를 다시 로드하면, Hello Felipe가 표시될 것이다.

데이터를 표시하는 애플리케이션

1.6 배열 다루기

한 명에게는 인사를 멋지게 건넸는데, 여러 명에게는 어떻게 인사할 수 있을까? 앵귤러에서는 *ngFor 문법을 사용하여 템플릿에서 객체 리스트를 반복 처리할 수 있다. 같은 마크업을 객체 컬렉션에 반복하자는 것이 기본 생각이다.

 앵귤러JS 1.x를 사용해 본 독자들은 ng-repeat 지시자를 알고 있을 것이다. NgFor도 같은 방식으로 동작한다.

사용자 '리스트'를 렌더링할 새 컴포넌트를 만들어 보자. 우선, 새 컴포넌트를 만드는 코드는 다음과 같다.

```
1  ng generate component user-list
```

그리고 app.component.html 파일에서 <app-user-item> 태그를 <app-user-list>로 교체한다.

code/first-app/angular-hello-world/src/app/app.component.html

```
1  <h1>
2    {{title}}
3
4    <app-hello-world></app-hello-world>
5
6    <app-user-list></app-user-list>
7  </h1>
```

UserItemComponent에 name 프로퍼티를 추가했던 방법 그대로 names 프로퍼티를 UserListComponent에 추가했다. 하지만 문자열 하나를 저장하는 대신 프로퍼티의 타입을 '문자열 배열'로 설정했다. 배열은 타입 다음에 [ ]로 표시하며 다음처럼 코드를 작성할 수 있다.

code/first-app/angular-hello-world/src/app/user-list/user-list.component.ts

```
8   export class UserListComponent implements OnInit {
9     names: string[];
10
11    constructor() {
12      this.names = ['Ari', 'Carlos', 'Felipe', 'Nate'];
13    }
14
15    ngOnInit() {
16    }
```

```
17
18   }
```

우선 UserListComponent 클래스의 새 string[ ] 프로퍼티를 주목해야 한다. 이 문법 구조는 names의 타입이 string들의 Array라는 것을 나타낸다. Array<string>이라는 문법 구조를 사용할 수도 있다. 여기서는 컨스트럭터를 변경하여 this.names의 값을 ['Ari', 'Carlos', 'Felipe', 'Nate']로 설정했다.

이제 템플릿을 업데이트해 명단을 렌더링할 수 있다. 업데이트에는 *ngFor를 사용할 것이며, 다음 두 과정으로 나눠 진행한다.

- 항목 리스트를 반복 처리한다.
- 항목마다 새 태그를 생성한다.

다음은 새 템플릿의 모습이다.

code/first-app/angular-hello-world/src/app/user-list/user-list.component.html

```
1   <ul>
2     <li *ngFor="let name of names">Hello {{ name }}</li>
3   </ul>
```

ul 하나와 li 하나만 있던 템플릿을 *ngFor="let name of names"라는 새 속성으로 업데이트했다. * 문자와 let 문법 때문에 주눅이 들 수도 있겠지만 하나씩 꼼꼼하게 따져 보기로 하자.

*ngFor는 이 속성에 NgFor 지시자를 사용하겠다는 뜻이다. NgFor는 for 루프의 닮은꼴이다. 컬렉션 항목 하나하나마다 새 DOM 요소를 만든다는 것이다.

값은 "let name of names"이다. 여기서 names는 HelloWorld 객체에 지정된 이름 배열이다. let name은 **참조(reference)**로 불린다. "let name of names"는 names의 각 요소를 반복하며 name이라는 '지역(local)' 변수에 지정한다는 뜻이다.

NgFor 지시자는 names 배열의 항목마다 하나의 li 태그를 렌더링하고, 반복되는 현재 항목을 담기 위해 name이라는 지역 변수를 선언한다. 이 새 변수가 Hello {{ name }} 스니펫 안에서 교체된다.

name이라는 참조 변수를 호출할 필요는 없었다. 사실 다음처럼 작성할 수도 있다.

```
1 <li *ngFor="let foobar of names">Hello {{ foobar }}</li>
```

하지만 거꾸로는 어떻게 될까? 막간 퀴즈 한 가지: 다음처럼 작성하면 어떻게 될까?

```
1 <li *ngFor="let name of foobar">Hello {{ name }}</li>
```

foobar는 컴포넌트의 프로퍼티가 아니기 때문에 오류가 발생한다.

NgFor는 ngFor가 호출되는 요소를 반복한다. 다시 말해, ul 태그가 아니라 li 태그에 들어간다. 리스트 자체(ul)가 아니라 리스트 요소(li)를 반복해야 하기 때문이다. NgFor와 ngFor는 다르다. NgFor는 해당 논리를 구현하는 클래스이고, ngFor는 사용할 속성에 해당하는 '셀렉터'다.

더 세부적인 지식을 원하는 독자들은 앵귤러 코어 팀의 컴포넌트 작성 과정이 고스란히 담긴 소스를 직접 살펴볼 수도 있을 것이다. 이를테면 NgFor 지시자의 소스는 https://github.com/angular/angular/blob/master/packages/common/src/directives/ng_for_of.ts에서 찾아볼 수 있다.

이제 페이지를 다시 로드하면 배열의 각 문자열에 li가 하나씩 있음을 확인할 수 있다.

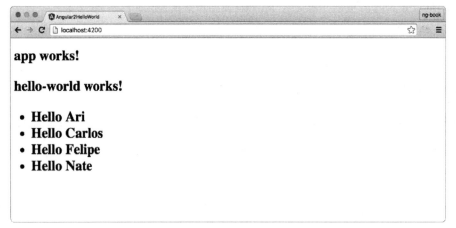

데이터가 표시된 애플리케이션

1.7 UserItemComponent 사용하기

앞에서는 UserItemComponent를 만들었다. UserListComponent 안에서 각 이름을 렌더링하는 방법 대신, 우리는 UserItemComponent를 '자식 컴포넌트(child component)'로 사용해야 한다. 다시 말해, Hello 텍스트와 이름을 직접 렌더링하는 대신 UserItemComponent에서 리스트의 항목마다 템플릿(그리고 그 기능)을 지정해야 한다.

이를 위해 다음 세 과정을 거쳐야 한다.

1. (템플릿에서) UserItemComponent를 렌더링할 수 있도록 UserListComponent를 설정한다.
2. name 변수를 '입력'으로 받을 수 있도록 UserItemComponent를 설정한다.
3. UserItemComponent에 이름을 전달할 수 있도록 UserListComponent 템플릿을 설정한다.

이 세 단계를 하나하나 살펴보자.

1.7.1 UserItemComponent 렌더링하기

UserItemComponent는 app-user-item 셀렉터를 지정한다. 이 태그를 템플릿에 추가해 보자.

code/first-app/angular-hello-world/src/app/user-list/user-list.component.html

```
1  <ul>
2    <li *ngFor="let name of names">
3      <app-user-item></app-user-item>
4    </li>
5  </ul>
```

Hello 텍스트와 app-user-item 태그의 name을 서로 바꿨다. 브라우저를 다시 로드하면 화면은 다음과 같이 표시된다.

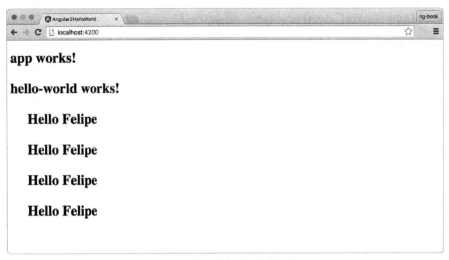

데이터가 표시된 애플리케이션

반복은 되는데 무언가 문제가 있다. 이름이 전부 'Felipe'가 아닌가? '데이터를 자식 컴포넌트에 전달'할 방법이 필요해 보인다.

1.7.2 입력 받기

UserItemComponent의 경우, constructor에서 this.name = 'Felipe';를 설정했었다. 지금은 이 컴포넌트를 변경하여 프로퍼티의 값을 받아야 한다. 다음은 UserItemComponent의 변경 내용이다.

code/first-app/angular-hello-world/src/app/user-item/user-item.component.ts

```
1  import {
2    Component,
3    OnInit,
4    Input      // <--- 추가
5  } from '@angular/core';
6
7  @Component({
8    selector: 'app-user-item',
9    templateUrl: './user-item.component.html',
10   styleUrls: ['./user-item.component.css']
11 })
12 export class UserItemComponent implements OnInit {
13   @Input() name: string; // <-- Input 추가
14
15   constructor() {
16     // name 설정 제거
```

```
17    }
18
19    ngOnInit() {
20    }
21
22  }
```

@Input의 '데코레이터'를 가질 수 있도록 name 프로퍼티를 변경했다. Input과 Output은 다음 장에서 깊이 있게 언급할 것이다. 지금은 이 문법 구조를 적용하면 '부모 템플릿에서' 값을 전달할 수 있다는 점만 기억하기 바란다.

Input을 사용하려면 import에서 상수 리스트에 추가해야 한다. 그리고 name의 기본값을 사용할 생각이 아니므로 constructor에서 이를 제거한다. 이제 name Input이 생겼다. 사용은 어떻게 해야 할까?

1.7.3 입력값 전달하기

컴포넌트에 값을 전달하려면 템플릿에 '대괄호([ ])' 문법 구조를 적용한다. 다음은 업데이트된 템플릿이다.

code/first-app/angular-hello-world/src/app/user-list/user-list.component.html

```
1   <ul>
2     <li *ngFor="let name of names">
3       <app-user-item [name]="name"></app-user-item>
4     </li>
5   </ul>
```

app-user-item 태그에 [name]="name"이라는 새 속성을 추가했다. 앵귤러에서는 [foo]처럼 속성을 대괄호로 묶어 추가하면 foo라는 '입력'에 값을 전달한다는 뜻이다.

여기서 오른쪽에 있는 name이 ngFor의 let name ... 구문에서 나온 것이라는 점을 눈여겨보아야 한다. 다시 말해, 다음처럼 생각할 수도 있다.

```
1     <li *ngFor="let individualUserName of names">
2       <app-user-item [name]="individualUserName"></app-user-item>
3     </li>
```

[name] 부분은 UserItemComponent의 Input을 가리킨다. "individualUserName"이라는 리터럴 문자열 그대로를 전달하지 않는 것이다. 전달하는 것은 individualUserName의 '값 (value)'이다. 다시 말해, names의 요소의 값을 매번 전달하는 것이다.

입력과 출력에 관한 세부 내용은 다음 장으로 미룰 것이다. 지금은 다음 내용만 알고 있으면 된다.

1. names 반복 처리하기
2. names의 각 요소에 새 UserItemComponent 만들기
3. 이름의 값을 UserItemComponent의 name Input 프로퍼티에 전달하기

이제 이름 리스트가 올바로 동작한다!

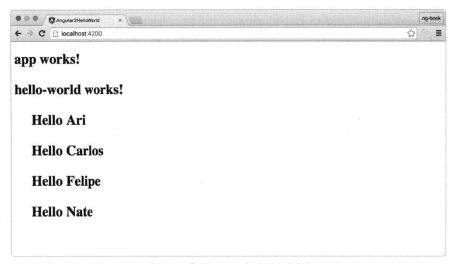

이름들이 올바로 표시된 애플리케이션

축하한다! 컴포넌트로 첫 앵귤러 앱을 완성했다! 물론, 이 앱은 단순하기 그지없다. 이보다는 훨씬 더 정교한 앱을 만들고 싶은 생각이 스멀스멀 피어오르겠지만 조급해 할 이유가 없다. 앞으로 이 책을 통해 전문가 수준의 앵귤러 앱을 어떻게 만드는지 설명을 이어갈 것이다. 사실 이 장에서는 투표 앱(레딧이나 프로덕트 헌트 등)을 만들 것이다. 이 앱의 특징은 사용자 인터랙션과 더 많은 컴포넌트다! 하지만 그 전에 앵귤러 앱이 어떻게 부트스트랩되는지 살펴보기로 하자.

1.8 부트스트랩 속성 과정

앱에는 저마다 1차 진입점이 있다. 우리의 앱은 웹팩(Webpack)이라는 도구를 바탕으로 만들어진 앵귤러 CLI를 사용하여 빌드했다. 우리의 앱은 다음 명령으로 실행한다.

```
1  ng serve
```

ng는 .angular-cli.json 파일에서 앱의 진입점을 찾는다. ng가 컴포넌트를 어떻게 찾는지 추적해 보자. 다음 과정처럼 생각해 볼 수 있다.

- .angular-cli.json이 "main" 파일을 지정한다. 여기서는 main.ts이다.
- main.ts가 앱의 진입점이며 앱을 '부트스트랩(bootstrap)'한다.
- 부트스트랩 프로세스가 **앵귤러 모듈**을 부트한다. 모듈은 잠시 뒤에 다룰 것이다.
- AppModule을 사용하여 앱을 부트스트랩한다. AppModule은 src/app/app.module.ts에 지정돼 있다.
- AppModule은 어떤 '컴포넌트'를 최상위 컴포넌트로 사용할지 지정한다. 여기서는 AppComponent이다.
- AppComponent는 템플릿에 <app-user-list> 태그를 가지며, 이 태그가 사용자 리스트를 렌더링한다.

지금은 NgModule이라는 앵귤러 모듈 시스템에 초점을 맞출 것이다. 앵귤러는 '모듈(module)'이라는 강력한 개념을 제공한다. 앵귤러 앱을 부트할 때 컴포넌트까지 직접 부트하지는 않지만, 그 대신 로드할 컴포넌트를 가리키는 NgModule을 만든다. 다음 코드를 살펴보자.

code/first-app/angular-hello-world/src/app/app.module.ts

```
11  @NgModule({
12    declarations: [
13      AppComponent,
14      HelloWorldComponent,
15      UserItemComponent,
16      UserListComponent
17    ],
18    imports: [
19      BrowserModule,
20      FormsModule,
21      HttpModule
22    ],
23    providers: [],
```

```
24    bootstrap: [AppComponent]
25  })
26  export class AppModule {  }
```

우선 @NgModule 데코레이터가 보인다. 이 @NgModule(...) 코드는 다른 데코레이터처럼 메타데이터를 바로 다음에 있는 클래스(AppModule)에 추가한다.

@NgModule 데코레이터에는 키가 모두 네 개 있다. declarations, imports, providers, bootstrap 이다.

1.8.1 declarations

declarations는 이 모듈에 정의된 컴포넌트를 지정한다. 이는 앵귤러에서 중요한 기본 개념이기도 하다. 정리하자면 다음과 같다.

컴포넌트를 템플릿에서 사용하려면, 먼저 NgModule에서 정의부터 해야 한다. NgModule은 일종의 '패키지'이며 declarations는 모듈이 어떤 컴포넌트들을 '소유'했는지 나타낸다.

앞에서 살펴본 바로는 ng generate를 사용하면 컴포넌트가 자동으로 declarations 리스트에 추가되었다! ng 도구로 새 컴포넌트를 만들면, 이 컴포넌트는 현재 NgModule의 소유가 된다는 것이다.

1.8.2 imports

imports는 모듈이 어떤 '의존성 파일'들을 가지고 있는지 기술한다. 지금은 브라우저 앱을 만들고 있으므로 BrowserModule을 가져온 것이다. 모듈이 다른 모듈에 의존한다면 여기에 기술해야 한다.

 import vs. imports? 이런 의문이 들 수 있다. "파일 상단에서 클래스를 import하는 것과 모듈을 imports에 두는 것이 뭐가 다르지?" 핵심만 말하자면, 템플릿에서 사용하겠다거나 '의존성 주입(dependency injection)'과 함께 사용할 것들은 NgModule의 imports에 두어야 한다. 의존성 주입이 무엇인지는 곧 다룰 것이다.

1.8.3 providers

providers는 의존성 주입에 사용된다. 어떤 서비스를 앱에서 사용할 수 있도록 주입하려면 여기에 추가해야 한다.

세부 내용은 6장을 참고하기 바란다.

1.8.4 bootstrap

bootstrap은 모듈이 앱의 부트스트랩에 사용될 때 AppComponent 컴포넌트를 최상위 컴포넌트로 로드해야 한다는 것을 나타낸다.

1.9 애플리케이션 확장하기

지금까지 기본적인 애플리케이션 제작 과정을 다루었다. 이제 레딧 클론을 본격적으로 빌드해 보자. 코딩에 앞서 앱을 찬찬히 살펴보고 논리적인 단위 컴포넌트로 나눠 보자.

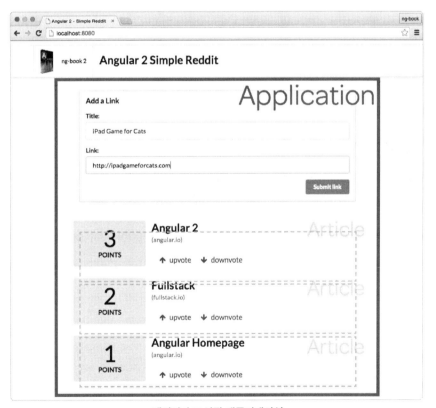

데이터가 표시된 애플리케이션

앱에서는 두 개의 컴포넌트를 만들 것이다.

1. 애플리케이션 전체에 해당하는 컴포넌트. 새 글을 제출하는 데 사용될 폼(그림에서 옅은 점선 부분)이 포함된다.

2. 각 글(진한 실선 부분)

애플리케이션이 커지면 글 제출 **폼(form)**도 컴포넌트로 처리하는 것이 일반적이다. 하지만 폼이 컴포넌트가 되면 데이터 전달 과정이 더 복잡해진다. 따라서 이 장에서는 구조를 단순화하여 컴포넌트는 두 개만 구현하기로 하겠다. 지금은 두 개의 컴포넌트만 만들지만, 이 책 뒷부분에서 좀 더 정교한 데이터 아키텍처에 관해 깊이 있게 다룰 것이다.

우선 앞에서 새 애플리케이션을 만들기 위해 실행했던 동일한 **ng new** 명령을 실행하고, 만들려는 앱의 이름을 전달하여 새 애플리케이션을 만들어 보자(여기서는 **angular-reddit**이라는 애플리케이션을 만들 것이다).

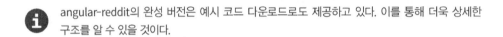

```
1  ng new angular-reddit
```

angular-reddit의 완성 버전은 예시 코드 다운로드로도 제공하고 있다. 이를 통해 더욱 상세한 구조를 알 수 있을 것이다.

1.9.1 CSS 추가하기

우선 CSS 스타일을 추가하여 앱의 스타일을 정리할 필요가 있다.

앱을 처음부터 새로 빌드한다면 first_app/angular-reddit 폴더에 있는 완성된 몇 가지 파일을 복사해야 한다. 구체적으로는 다음 파일들을 애플리케이션 폴더에 복사한다.

- src/index.html
- src/styles.css
- src/app/vendor
- src/assets/images

이번 프로젝트에서는 Semantic UI[7]을 사용하여 스타일을 구현한다. Semantic UI는 저브 재단 (Zurb Foundation)[8]이나 트위터 부트스트랩(Twitter Bootstrap)[9]과 유사한 CSS 프레임워크다. 여기서는 위에서 언급한 파일들을 복사만 하면 되도록 샘플 코드 다운로드에 함께 포함했다.

---

7 http://semantic-ui.com/

8 http://foundation.zurb.com

9 http://getbootstrap.com

1.9.2 애플리케이션 컴포넌트

이제 다음 일을 할 새 컴포넌트를 빌드해 보자.

1. 글의 현재 리스트를 저장한다.

2. 새 글 제출 폼을 포함한다.

메인 애플리케이션 컴포넌트는 src/app/app.component.ts 파일에서 찾을 수 있다. 이 파일을 다시 연다. 앞에서 본 초기 내용물을 다시 확인할 수 있을 것이다.

code/first-app/angular-reddit/src/app/app.component.ts

```
1  import { Component } from '@angular/core';
2
3  @Component({
4    selector: 'app-root',
5    templateUrl: './app.component.html',
6    styleUrls: ['./app.component.css']
7  })
8  export class AppComponent {
9    title = 'app works!';
10 }
```

 title 프로퍼티는 AppComponent에 자동으로 생성된다. title을 사용하지 않으므로 이 행을 삭제한다. 그 밑으로도 '제목'(title)이 있는 새 링크를 제출할 것인데, 혹시 앵귤러 CLI가 자동으로 생성한 AppComponent 제목과 혼동할지도 모르겠다. 폼 아래에 제출하는 새 링크에 '제목'을 추가하면 이 제목은 별도의 폼 필드다.

링크 추가 폼을 포함할 수 있도록 템플릿을 조금 바꾸기로 하자. Semantic UI 패키지의 스타일 몇 가지를 사용하면 폼을 더 멋지게 꾸밀 수 있다.

code/first-app/angular-reddit/src/app/app.component.html

```
1  <form class="ui large form segment">
2    <h3 class="ui header">Add a Link</h3>
3
4    <div class="field">
5      <label for="title">Title:</label>
6      <input name="title">
7    </div>
8    <div class="field">
9      <label for="link">Link:</label>
10     <input name="link">
11   </div>
12 </form>
```

글의 title과 link URL, 이렇게 두 개의 input 태그를 정의하는 template을 만들 것이다. 브라우저를 로드하면 다음과 같이 렌더링된 폼이 나타날 것이다.

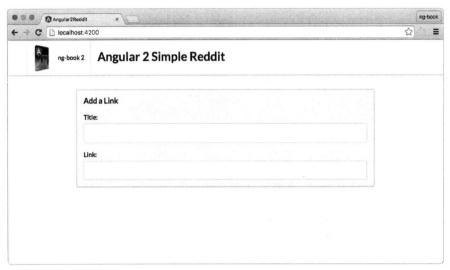

데이터가 표시된 애플리케이션

1.9.3 인터랙션 추가하기

폼에 입력 태그를 두었지만 데이터를 제출할 방법은 아직 마련하지 않았다. 폼에 제출 버튼을 추가하여 인터랙션을 구현해 보자.

폼이 제출되면 링크를 만들고 추가할 함수를 호출해야 한다. \<button /> 요소에 인터랙션 이벤트를 추가하면 이 함수를 호출할 수 있다. 이벤트 이름을 괄호, 즉 ( )로 묶으면 이벤트에 응답할 수 있다. 이를테면 \<button /> onClick 이벤트에 함수 호출을 추가하려면 다음처럼 전달한다.

```
1  <button (click)="addArticle()"
2         class="ui positive right floated button">
3    Submit link
4  </button>
```

이제 버튼이 클릭되면 addArticle( )이라는 함수가 호출된다. 이 함수는 다음과 같이 AppComponent 클래스에 정의해야 한다.

code/first-app/angular-reddit/src/app/app.component.ts

```
8  export class AppComponent {
9    addArticle(title: HTMLInputElement, link: HTMLInputElement): boolean {
10     console.log(`Adding article title: ${title.value} and link: ${link.value}`);
11     return false;
12   }
13 }
```

addArticle( ) 함수를 AppComponent에 추가하고 (click) 이벤트를 <button /> 요소에 추가하면, 이 함수는 버튼이 클릭될 때 호출된다. addArticle( ) 함수는 두 개의 인수를 받는다. 하나는 title이고, 또 하나는 link이다. 그리고 이 두 인수를 addArticle( ) 호출로 전달하도록 템플릿 버튼을 변경해야 한다.

이를 위해 폼의 input 요소에 특별한 문법 구조를 적용하여 **템플릿 변수**(template variable)라는 것을 만든다. 다음은 템플릿의 모습이다.

code/first-app/angular-reddit/src/app/app.component.html

```
1  <form class="ui large form segment">
2    <h3 class="ui header">Add a Link</h3>
3
4    <div class="field">
5      <label for="title">Title:</label>
6      <input name="title" #newtitle> <!-- 변경 -->
7    </div>
8    <div class="field">
9      <label for="link">Link:</label>
10     <input name="link" #newlink> <!-- 변경 -->
11   </div>
12
13   <!-- 버튼 추가 -->
14   <button (click)="addArticle(newtitle, newlink)"
15           class="ui positive right floated button">
16     Submit link
17   </button>
18
19 </form>
```

input 태그에 #(해시)를 사용하여 태그들을 '지역 변수'에 지정한 부분이 중요하다. #title과 #link를 적당한 <input /> 요소에 추가하면 이들을 변수로 addArticle( ) 함수에 전달할 수 있다.

정리하자면, 우리는 모두 네 군데를 변경했다.

1. 사용자에게 클릭할 곳을 나타내는 **button** 태그를 마크업에 만들었다.

2. 버튼이 클릭되면 해야 할 일을 정의하는 **addArticle** 함수를 만들었다.

3. 버튼이 클릭되면 **addArticle** 함수를 호출하라는 내용의 (click) 속성을 button에 추가했다.

4. #newtitle과 #newlink 속성을 <input> 태그에 추가했다.

이제 4번부터 거꾸로 하나씩 살펴보자.

■ input을 값에 바인딩하기

첫 번째 입력 태그는 다음과 같다.

```
1    <input name="title" #newtitle>
```

이 마크업은 <input>을 newtitle 변수에 '바인딩'한다. #newtitle 문법을 가리켜 **resolve**라 부른다. 이 문법을 적용하면 newtitle 변수를 뷰 안에서도 사용할 수 있다.

newtitle은 input DOM 요소를 나타내는 **객체(object)**다(구체적으로 말하자면 타입이 HTMLInput Element이다). newtitle은 객체이기 때문에 newtitle.value를 사용하여 입력 태그의 값을 다룰 수 있다.

마찬가지로, #newlink를 다른 <input> 태그에 추가했다. 따라서 같은 방법으로 값을 다룰 수 있다.

■ 액션을 이벤트에 바인딩하기

button 태그에는 버튼이 클릭되면 어떤 일이 일어나야 하는지 정의하기 위해 (click) 속성을 추가했다. 그리고 (click) 이벤트가 일어나면 newtitle과 newlink라는 두 개의 인수로 addArticle을 호출했다. 이 함수와 두 개의 인수는 어디서 온 것일까?

1. addArticle은 컴포넌트 정의 클래스인 AppComponent의 함수다.

2. newtitle은 title이라는 이름의 <input> 태그의 해결(#newtitle)에서 만들어졌다.

3. newlink는 link라는 이름의 <input> 태그의 해결(#newlink)에서 만들어졌다.

종합하면 다음과 같다.

```
1  <button (click)="addArticle(newtitle, newlink)"
2          class="ui positive right floated button">
3    Submit link
4  </button>
```

 class="ui positive right floated button" 마크업은 Semantic UI에서 만들어졌으며 버튼에 색을 입힌다.

■ 액션 로직 정의하기

AppComponent에서는 새로운 함수인 **addArticle**을 정의했다. 이 함수의 인수는 title과 link이다. 다시 말하지만, title과 link가 '직접 입력하는 값이 아니라' HTMLInputElement 타입의 **객체**라는 점을 이해해야 한다. input으로부터 값을 가져오려면 title.value를 호출해야 한다. 지금은 인수들을 console.log로 처리한다.

code/first-app/angular-reddit/src/app/app.component.ts

```
9   addArticle(title: HTMLInputElement, link: HTMLInputElement): boolean {
10    console.log(`Adding article title: ${title.value} and link: ${link.value}`);
11    return false;
12  }
```

백틱 문자열을 다시 사용했다. ES6의 뛰어난 기능 가운데 하나인 백틱 문자열은 템플릿 변수를 확장한다. 여기서는 문자열에 ${title.value}를 두었으며, 이렇게 하면 문자열에서 title.value의 값으로 교체된다.

■ 테스트하기

이제 제출 버튼을 클릭하면 메시지가 콘솔에 출력될 것이다.

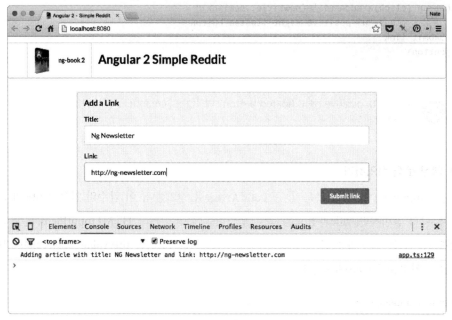

버튼 클릭하기

1.9.4 ArticleComponent 추가하기

이제 새 글을 제출할 폼이 완성되었다. 하지만 새 글을 어느 곳에도 나타내지 않았다. 제출된 모든 글은 페이지에서 리스트 형태로 표시되기 때문에 새 컴포넌트를 만들 좋은 재료라 할 수 있다. 제출된 개별 글들을 나타내기 위해 새 컴포넌트를 만들어 보자.

레딧 게시물

ng 도구를 사용하여 새 컴포넌트를 만들어 보자.

```
1  ng generate component article
```

세 부분으로 나눠 새 컴포넌트를 정의해야 한다.

1. 템플릿에서 ArticleComponent 뷰를 정의한다.

2. @Component와 클래스의 어노테이션을 통해 ArticleComponent 프로퍼티를 정의한다.

3. 컴포넌트 로직을 담은 컴포넌트 정의 클래스(ArticleComponent)를 정의한다.

하나씩 세부적으로 살펴보자.

■ ArticleComponent template 만들기

다음과 같이 article.component.html 파일을 사용하여 템플릿을 정의한다.

code/first-app/angular-reddit/src/app/article/article.component.html

```
1  <div class="four wide column cente aligned votes">
2    <div class="ui statistic">
3      <div class="value">
4        {{ votes }}
5      </div>
6      <div class="label">
7        Points
8      </div>
9    </div>
10 </div>
11 <div class="twelve wide column">
12   <a class="ui large header" href="{{ link }}">
13     {{ title }}
14   </a>
15   <ul class="ui big horizontal list voters">
16     <li class="item">
17       <a href (click)="voteUp()">
18         <i class="arrow up icon"></i>
19           upvote
20         </a>
21     </li>
22     <li class="item">
23       <a href (click)="voteDown()">
24         <i class="arrow down icon"></i>
25         downvote
26       </a>
27     </li>
28   </ul>
29 </div>
```

마크업이 상당히 많은데 하나씩 살펴보기로 하자.

한 줄짜리 레딧 게시물 리스트

반면, 열은 두 개다.

1. 왼쪽에 있는 투표 수
2. 오른쪽에 있는 게시물 정보

이 두 열에 CSS 클래스인 four wide column과 twelve wide column을 각각 지정했다(둘 다 Semantic UI의 CSS이다).

votes와 title은 템플릿 확장 문자열인 {{ votes }}와 {{ title }}로 표시했다. 해당 값은 ArticleComponent 클래스의 votes 및 title 프로퍼티의 값이며, 정의는 잠시 뒤로 미루겠다.

a tag: href="{{ link }}"의 href처럼 **속성 값(attribute value)**에 템플릿 문자열을 사용할 수 있다는 점에 주목해야 한다. 여기서 href의 값은 컴포넌트 클래스의 link 값에 따라 동적으로 정해진다.

'좋아요/싫어요(upvote/downvot)' 링크에도 액션을 지정해야 한다. 여기서는 (click)을 사용하여 voteUp( )/voteDown( )을 각 버튼에 바인딩했다. 업보트(좋아요) 버튼이 클릭되면 ArticleComponent 클래스의 voteUp( ) 함수가 호출된다(다운보트(싫어요) 버튼이 클릭되면 voteDown( ) 함수가 호출되는 것도 마찬가지다).

■ ArticleComponent 만들기

code/first-app/angular-reddit/src/app/article/article.component.ts

```
 7  @Component({
 8    selector: 'app-article',
 9    templateUrl: './article.component.html',
10    styleUrls: ['./article.component.css'],
11  })
```

우선 @Component로 새 컴포넌트를 정의했다. selector는 이 컴포넌트의 페이지 내 위치가 <app-article> 태그로 나타난다는 뜻이다(즉, 셀렉터는 태그의 이름이다). 따라서 이 컴포넌트를 사용하려면 마크업에 다음 태그를 두어야 한다.

```
1  <app-article>
2  </app-article>
```

이 태그는 페이지가 렌더링될 때도 뷰에 그대로 남는다.

■ ArticleComponent 정의 클래스 만들기

마지막으로, ArticleComponent 정의 클래스를 만들어야 한다.

code/first-app/angular-reddit/src/app/article/article.component.ts

```
12  export class ArticleComponent implements OnInit {
13    @HostBinding('attr.class') cssClass = 'row';
14    votes: number;
15    title: string;
16    link: string;
17
18    constructor() {
19      this.title = 'Angular 2';
20      this.link = 'http://angular.io';
21      this.votes = 10;
22    }
23
24    voteUp() {
25      this.votes += 1;
26    }
27
28    voteDown() {
29      this.votes -= 1;
30    }
31
32    ngOnInit() {
33    }
34
35  }
```

여기서는 ArticleComponent에 프로퍼티 네 개를 만들었다.

1. cssClass — 이 컴포넌트의 '호스트'에 적용할 CSS class

2. votes — 다운보트(싫어요)를 뺀 업보트(좋아요)의 총합을 나타내는 number

3. title — 게시물의 제목을 담은 string

4. link — 게시물의 URL을 담은 string

app-article마다 행이 있어야 한다. 우리가 사용하고 있는 Semantic UI에는 행을 나타내기 위한 row라는 CSS 클래스[10]가 제공된다.

앵귤러에서 컴포넌트 **호스트(host)**는 컴포넌트가 연결되는 요소를 말한다. 호스트 요소의 프로퍼티는 @HostBinding( ) 데코레이터를 사용하여 설정할 수 있다. 여기서는 호스트 요소 클래스의 값이 cssClass 프로퍼티와 동기화되도록 했다.

 HostBinding은 @angular/core에서 가져온다. 이를테면 다음처럼 HostBinding을 추가할 수 있다.

```
1  import { Component, OnInit, HostBinding } from '@angular/core';
```

@HostBinding( )을 **호스트 요소**(app-article 태그)로 사용하여 class 속성을 "row"로 설정했다.

 @HostBinding( )을 사용하면 컴포넌트 '안에서' app-article 마크업을 캡슐화할 수 있어 여러모로 유용하다. 다시 말해, app-article 태그를 사용할 필요도 없고, 부모 뷰의 마크업에서 class="row"가 필요하지도 않다. @HostBinding 데코레이터를 사용하면 컴포넌트 '안에서' 호스트 요소를 설정할 수 있다.

constructor( )에서 기본 속성 몇 가지를 설정했다.

code/first-app/angular-reddit/src/app/article/article.component.ts

```
18   constructor() {
19     this.title = 'Angular 2';
20     this.link = 'http://angular.io';
21     this.votes = 10;
22   }
```

그리고 투표를 위한 함수 둘을 정의했다. 하나는 '좋아요'에 해당하는 voteUp이고 다른 하나는 '싫어요'에 해당하는 voteDown이다.

code/first-app/angular-reddit/src/app/article/article.component.ts

```
24   voteUp() {
25     this.votes += 1;
26   }
27
```

---

10   http://semantic-ui.com/collections/grid.html 단축URL goo.gl/huCCZq

```
28    voteDown() {
29       this.votes -= 1;
30    }
```

voteUp에서는 this.votes가 1씩 증가한다. 마찬가지로 voteDown에서도 1씩 감소한다.

■ app-article 컴포넌트 사용하기

이 컴포넌트를 사용하여 데이터를 나타내려면 마크업 어딘가에는 <app-article></app-article> 태그를 추가해야 한다. 여기서는 AppComponent로 새 컴포넌트를 렌더링해야 한다. 따라서 그에 맞게 코드를 업데이트해 보자. <app-article> 태그를 </form> 태그 바로 다음에 있는 AppComponent의 템플릿에 추가한다.

```
 1    <button (click)="addArticle(newtitle, newlink)"
 2             class="ui positive right floated button">
 3      Submit link
 4    </button>
 5  </form>
 6
 7  <div class="ui grid posts">
 8    <app-article>
 9    </app-article>
10  </div>
```

앵귤러 CLI를 사용하여 ArticleComponent를 생성하면(ng generate component를 통해) 기본적으로는 app-article 태그를 앵귤러에 '알렸어야' 했다(세부 내용은 잠시 뒤에 다룬다). 하지만 컴포넌트를 '직접' 만들었기 때문에 지금 브라우저를 다시 로드해 보면 <app-article> 태그가 컴파일되지 않았을 것이다. 이런 맙소사!

이런 문제가 생기면 가장 먼저 브라우저의 개발자 콘솔부터 열어야 한다. 마크업(아래 그림 참고)에서 <app-article> 태그가 페이지에 있기는 하지만 마크업으로 컴파일되지는 않았다. 왜 컴파일되지 않았을까?

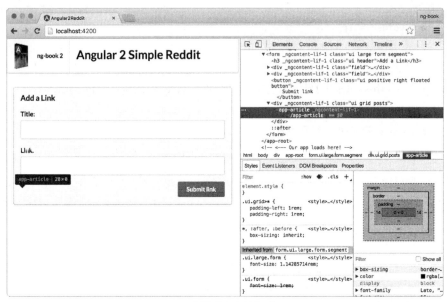

DOM의 확장되지 않은 태그

이 문제는 AppComponent 컴포넌트가 ArticleComponent 컴포넌트를 아직 알지 못하기 때문에 일어났다.

앵귤러 1 참고: 앵귤러 1 사용자는 앱이 아직 app-article 컴포넌트를 모른다는 사실에 놀라워할지도 모르겠다. 앵귤러 1의 지시자는 앱 전체에서 일관성을 가져야 하기 때문이다. 하지만 앵귤러에서는 어느 컴포넌트를 사용할지 (그에 따른 셀렉터를) 명시적으로 지정해야 한다.

한편으로는 이 때문에 몇 가지를 더 설정해야 하지만, 다르게 생각하자면 스케일이 유연한 앱을 만들 때는 훨씬 더 편해지는 것도 사실이다. 셀렉터를 네임스페이스 전체에서 공유할 필요가 없어졌기 때문이다.

AppComponent에 새 ArticleComponent 컴포넌트를 알리려면 ArticleComponent를 NgModule의 declarations 리스트에 추가해야 한다.

ArticleComponent를 declarations에 추가했다. ArticleComponent가 AppModule의 일부분이기 때문이다. 하지만 ArticleComponent가 '다른' 모듈의 일부분이라면 imports로 가져와야 한다.

NgModule에 관해서는 나중에 다시 자세하게 다룰 것이다. 지금은 새 컴포넌트를 만들려면 NgModule의 declarations에 추가해야 한다는 것을 아는 것으로 충분하다.

code/first-app/angular-reddit/src/app/app.module.ts

```
6  import { AppComponent } from './app.component';
7  import { ArticleComponent } from './article/article.component';
8
9  @NgModule({
10    declarations: [
11      AppComponent,
12      ArticleComponent // <-- 추가
13    ],
```

여기서 우리가 한 일은 다음과 같다.

1. ArticleComponent 가져오기

2. declarations 리스트에 ArticleComponent 추가하기

ArticleComponent를 NgModule의 declarations에 추가하고 브라우저를 다시 로드하면 게시물이 올바로 렌더링된 것을 확인할 수 있을 것이다.

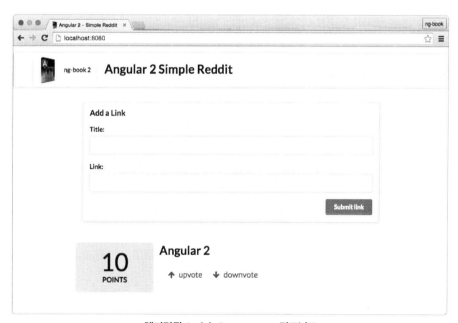

렌더링된 ArticleComponent 컴포넌트

하지만 업보트나 다운보트 링크를 클릭하면 게시물 리스트가 업데이트되지 않고 페이지가 다시 로드된다. 자바스크립트는 기본적으로 click 이벤트를 모든 부모 컴포넌트로 전파한다. 이 때문에 브라우저는 빈 링크를 따라 가려고 하고, 그 결과 브라우저에 페이지가 다시 로드된다.

이 문제를 해결하려면 클릭 이벤트 핸들러가 false를 리턴하도록 해야 한다. 그래야 브라우저가 페이지를 새로 고치지 않을 것이다. voteUp()과 voteDown() 함수가 false라는 불리언 값을 리턴하도록(클릭 이벤트를 부모 컴포넌트로 전파하지 않도록) 코드를 업데이트해 보자.

```
1  voteDown(): boolean {
2    this.votes -= 1;
3    return false;
4  }
5  // `voteUp()`도 마찬가지
```

이제 링크들을 클릭하면 페이지 새로 고침 없이 투표 개수가 제대로 증가하거나 감소할 것이다.

1.10 여러 행 렌더링하기

지금은 페이지에 게시물 하나만 나타내었다. <app-article> 태그를 추가로 두는 것 이외에는 달리 렌더링할 방법이 없었던 탓이다. <app-article> 태그를 추가로 더 둔다고 해도 게시물이 전부 같은 내용을 가지게 되므로 온전한 방법은 아니다.

1.10.1 Article 클래스 만들기

앵귤러 코드를 효율적으로 작성할 수 있는 좋은 방법이 한 가지 있다. 데이터 구조를 컴포넌트 코드와 분리하는 것이다. 그러기 위해서는 우선 하나의 게시물을 나타내는 데이터 구조를 만들어야 한다. Article 클래스를 정의하기 위해 article.model.ts라는 새 파일을 추가한다.

code/first-app/angular-reddit/src/app/article/article.model.ts

```
1  export class Article {
2    title: string;
3    link: string;
4    votes: number;
5
6    constructor(title: string, link: string, votes?: number) {
7      this.title = title;
8      this.link = link;
9      this.votes = votes || 0;
10   }
11 }
```

Article이라는 새 클래스를 만들었다. 다만, 이 클래스는 평범한 클래스이지 앵귤러 컴포넌트는 아니다. 모델-뷰-컨트롤러 패턴에서 보자면 이는 **모델(Model)**이라 할 수 있다.

각 게시물에는 title과 link, 전체 votes 수가 있다. 그리고 새 게시물에는 title과 link가 필요하다. votes 파라미터는 옵션이며(이름 끝에 ?를 붙임) 기본값은 0이다.

이제 ArticleComponent 코드를 새 Article 클래스로 업데이트해 보자. ArticleComponent 컴포넌트에 직접 프로퍼티들을 저장하지 말고, Article 클래스의 인스턴스에 저장한다.

우선 이 클래스부터 가져온다.

code/first-app/angular-reddit/src/app/article/article.component.ts

```
6  import { Article } from './article.model';
```

사용은 다음과 같이 하면 된다.

code/first-app/angular-reddit/src/app/article/article.component.ts

```
13  export class ArticleComponent implements OnInit {
14    @HostBinding('attr.class') cssClass = 'row';
15    article: Article;
16
17    constructor() {
18      this.article = new Article(
19        'Angular 2',
20        'http://angular.io',
21        10);
22    }
23
24    voteUp(): boolean {
25      this.article.votes += 1;
26      return false;
27    }
28
29    voteDown(): boolean {
30      this.article.votes -= 1;
31      return false;
32    }
33
34    ngOnInit() {
35    }
36
37  }
```

무엇을 변경했는지 자세히 들여다보자. title과 link, votes 프로퍼티를 컴포넌트에 직접 저장하지 않고, article을 가리키는 참조만 저장했다. 이렇게 하면 article의 타입을 새 Article 클래스로 정의할 수 있어 깔끔해진다. voteUp(과 voteDown)의 경우, 컴포넌트가 아니라 article에서 votes를 증가시켜야 한다.

하지만 이런 리팩토링을 구현하자면 한 가지 더 변경해야 할 것이 있다. 템플릿 변수를 올바른 위치에서 가져오기 위해 뷰를 업데이트해야 한다. 따라서 템플릿 태그를 변경하여 article에서 읽어 와야 한다. 다시 말해, 전에는 {{ votes }}이었던 곳을 {{ article.votes }}로 변경해야한다. title과 link도 마찬가지다.

code/first-app/angular-reddit/src/app/article/article.component.html

```
1  <div class="four wide column center aligned votes">
2    <div class="ui statistic">
3      <div class="value">
4        {{ article.votes }}
5      </div>
6      <div class="label">
7        Points
8      </div>
9    </div>
10 </div>
11 <div class="twelve wide column">
12   <a class="ui large header" href="{{ article.link }}">
13     {{ article.title }}
14   </a>
15   <ul class="ui big horizontal list voters">
16     <li class="item">
17       <a href (click)="voteUp()">
18         <i class="arrow up icon"></i>
19           upvote
20         </a>
21     </li>
22     <li class="item">
23       <a href (click)="voteDown()">
24         <i class="arrow down icon"></i>
25         downvote
26       </a>
27     </li>
28   </ul>
29 </div>
```

브라우저를 다시 로드하면 모든 것이 올바로 동작하는 모습을 확인할 수 있을 것이다. 지금이 한결 나아졌지만, 코드를 들여다보면 아쉬운 점이 보인다. voteUp과 voteDown 메서드가

Article 클래스의 캡슐화에 방해가 되는데, 게시물이 내부 프로퍼티를 직접 변경하기 때문이다.

 voteUp과 voteDown은 객체들 간 구조나 프로퍼티 정보의 소통을 최소화한다는 이른바 디미터의 법칙(Law of Demeter)[11]에 위배된다.

정리하자면, ArticleComponent 컴포넌트가 Article 클래스의 내부를 지나치게 많이 알고 있다. 이를 해결하려면 Article 클래스의 voteUp과 voteDown 메서드를 추가해야 한다(그리고 domain 함수도 추가해야 한다. 이 함수에 대해서는 잠시 뒤에 다룰 것이다).

code/first-app/angular-reddit/src/app/article/article.model.ts

```
 1  export class Article {
 2    title: string;
 3    link: string;
 4    votes: number;
 5
 6    constructor(title: string, link: string, votes?: number) {
 7      this.title = title;
 8      this.link = link;
 9      this.votes = votes || 0;
10    }
11
12    voteUp(): void {
13      this.votes += 1;
14    }
15
16    voteDown(): void {
17      this.votes -= 1;
18    }
19
20    // domain()은 URL에서 도메인을 추출하는 유틸리티 함수다.
21    // 잠시 뒤에 다룰 것이다.
22    domain(): string {
23      try {
24        // 예: http://foo.com/path/to/bar
25        const domainAndPath: string = this.link.split('//')[1];
26        // 예: foo.com/path/to/bar
27        return domainAndPath.split('/')[0];
28      } catch (err) {
29        return null;
30      }
31    }
32  }
```

---

11 http://en.wikipedia.org/wiki/Law_of_Demeter

그리고 두 메서드를 호출하기 위해 ArticleComponent를 변경한다.

code/first-app/angular-reddit/src/app/article/article.component.ts

```
13  export class ArticleComponent implements OnInit {
14    @HostBinding('attr.class') cssClass = 'row';
15    article: Article;
16
17    constructor() {
18      this.article = new Article(
19        'Angular 2',
20        'http://angular.io',
21        10);
22    }
23
24    voteUp(): boolean {
25      this.article.voteUp();
26      return false;
27    }
28
29    voteDown(): boolean {
30      this.article.voteDown();
31      return false;
32    }
33
34    ngOnInit() {
35    }
36
37  }
```

❓ **voteUp 함수를 왜 모델과 컴포넌트, 두 곳에 두어야 할까?** voteUp( )과 voteDown( )을 두 클래스에 둔 이유는 각 함수가 서로 조금씩 다르기 때문이다. ArticleComponent의 voteUp( )은 '컴포넌트 뷰'와 관련이 있는 반면, Article 모델의 voteUp( )은 모델에서 어떤 '변형(mutation)'이 일어나는지 정의한다.

다시 말해, Article 클래스는 투표가 이뤄질 때 어떤 기능이 모델에서 일어나는지 캡슐화할 수 있다. '실제' 앱에서는 웹 서버에 API 요청을 하는 등 Article 모델의 내부 구조가 훨씬 더 복잡하다. 그리고 컴포넌트 컨트롤러에서 이렇게 복잡한 모델 전용 코드를 작성하고 싶지는 않을 것이다.

마찬가지로, ArticleComponent에서도 false를 리턴한다. 이벤트를 전파하지 말라고 하는 것인데, 이는 뷰 전용 로직의 일부이며, Article 모델의 voteUp( ) 함수가 뷰 전용 API를 알지 못하도록 해야 한다는 것이다. 다시 말해, Article 모델에서는 투표와 구체적인 뷰를 나누어야 한다.

브라우저를 다시 로드해도 화면은 이전과 달라진 것이 없다. 내부적으로 코드가 더 명확해지고 단순해졌을 뿐이다.

> ℹ️ ArticleComponent 컴포넌트의 정의를 확인해 보자. 정말 짧아졌다! 컴포넌트에서 상당한 로직을 걷어내 모델로 이전했기 때문이다. 이와 관련한 MVC 가이드라인은 Fat Models, Skinny Controllers[12]에서 찾아볼 수 있다. 요컨대 상당수 로직을 모델로 이전하여 컴포넌트의 일을 최소로 만들자는 것이다.

1.10.2 여러 Article 저장하기

여러 Article을 리스트로 나타낼 수 있도록 코드를 작성해 보자. 우선, AppComponent에서 게시물 컬렉션을 가지도록 한다.

code/first-app/angular-reddit/src/app/app.component.ts

```
1  import { Component } from '@angular/core';
2  import { Article } from './article/article.model'; // <-- 가져오기
3
4  @Component({
5    selector: 'app-root',
6    templateUrl: './app.component.html',
7    styleUrls: ['./app.component.css']
8  })
9  export class AppComponent {
10   articles: Article[]; // <-- 컴포넌트 프로퍼티
11
12   constructor() {
13     this.articles = [
14       new Article('Angular 2', 'http://angular.io', 3),
15       new Article('Fullstack', 'http://fullstack.io', 2),
16       new Article('Angular Homepage', 'http://angular.io', 1),
17     ];
18   }
```

AppComponent에는 다음 행이 있다.

```
10  articles: Article[];
```

Article[ ];이 조금 낯설지도 모르겠다. articles는 Articles의 Array라는 뜻이다. Array<Article>로 작성해도 같으며, 이런 패턴을 가리켜 **제네릭(generics)**이라고 부른다. 제네릭은 자바나 C# 등의 언어에 소개된 개념으로서, 컬렉션(Array)에 타입이 있다는 뜻이다. 즉, Array는 Article 타입의 객체를 담는 컬렉션이라는 것이다.

---

12 http://weblog.jamisbuck.org/2006/10/18/skinny-controller-fat-model 단축URL goo.gl/Qye8

Article 클래스에 액세스하려면, 우선 가져오기부터 해야 한다. 컨스트럭터에서 this.articles 를 설정하여 이 Array를 추가한다.

code/first-app/angular-reddit/src/app/app.component.ts

```
12    constructor() {
13      this.articles = [
14        new Article('Angular 2', 'http://angular.io', 3),
15        new Article('Fullstack', 'http://fullstack.io', 2),
16        new Article('Angular Homepage', 'http://angular.io', 1),
17      ];
18    }
```

1.10.3 Input으로 ArticleComponent 설정하기

Article 모델의 리스트를 만들었다. 이를 ArticleComponent 컴포넌트로 어떻게 전달할 수 있을까? 다시 한 번 Input들을 사용했다. 앞에서는 다음처럼 ArticleComponent 클래스를 정의했다.

code/first-app/angular-reddit/src/app/article/article.component.ts

```
13    export class ArticleComponent implements OnInit {
14      @HostBinding('attr.class') cssClass = 'row';
15      article: Article;
16
17      constructor() {
18        this.article = new Article(
19          'Angular 2',
20          'http://angular.io',
21          10);
22    }
```

여기에는 한 가지 문제가 있다. 특정 Article을 컨스트럭터에 직접 하드코딩했다는 것이다. 컴포넌트를 만드는 이유에는 캡슐화도 있지만 재사용도 있다.

지금은 표시하려는 Article을 설정해야 한다. 이를테면 게시물이 article1, article2, 이렇게 둘이라면, 다음과 같이 Article을 컴포넌트의 '파라미터'로 전달하여 app-article 컴포넌트를 재사용할 수 있다.

```
1    <app-article [article]="article1"></app-article>
2    <app-article [article]="article2"></app-article>
```

앵귤러에서는 다음처럼 Component의 프로퍼티에 Input 데코레이터를 사용하여 이 과정을
수행할 수 있다.

```
1  class ArticleComponent {
2    @Input() article: Article;
3  // ...
```

myArticle 변수에 Article이 담기면, 이를 뷰의 ArticleComponent로 전달할 수 있다. 한 가
지 기억할 것이 있다. [variableName]처럼 변수 이름을 대괄호로 묶으면 요소 형태로 변수를
전달할 수 있다. 이를테면 다음과 같다.

```
1  <app-article [article]="myArticle"></app-article>
```

문법 구조를 살펴보자. [article]처럼 입력의 이름을 대괄호로 묶었다. 이 입력으로 전달하려
는 것이 바로 속성의 값이다. 지금 매우 중요한 내용을 언급했는데, ArticleComponent 인스
턴스의 this.article이 myArticle로 설정된다. 따라서 myArticle 변수는 '파라미터'로(즉, 입력으
로) 컴포넌트에 전달된다.

다음은 @Input을 사용한 ArticleComponent 컴포넌트의 모습이다.

code/first-app/angular-reddit/src/app/article/article.component.ts

```
1  import {
2    Component,
3    OnInit,
4    Input,    // <-- 추가,
5    HostBinding
6  } from '@angular/core';
7  import { Article } from './article.model'; // <-- 추가
8
9  @Component({
10   selector: 'app-article',
11   templateUrl: './article.component.html',
12   styleUrls: ['./article.component.css']
13 })
14 export class ArticleComponent implements OnInit {
15   @HostBinding('attr.class') cssClass = 'row';.
16   @Input() article: Article;
17
18   constructor() {
19     // 게시물은 Input 행에 위치한다.
```

```
20      // 따라서 따로 할 일은 없다.
21    }
22
23    voteUp(): boolean {
24      this.article.voteUp();
25      return false;
26    }
27
28    voteDown(): boolean {
29      this.article.voteDown();
30      return false;
31    }
32
33    ngOnInit() {
34    }
35
36  }
```

 import를 꼭 기억해야 한다! @angular/core에서 Input 클래스를 가져왔다. 그리고 AppCom ponent에서처럼 Article 모델도 가져왔다.

1.10.4 Articles 리스트 렌더링하기

앞에서 우리는 articles 배열을 저장하기 위해 AppComponent를 설정했다. 이제 모든 articles 를 '렌더링'하기 위해 AppComponent를 설정해 보자. 그러려면 <app-article> 태그만 사용 하지 말고 NgFor 지시자를 사용하여 articles 리스트를 반복하며 app-article을 렌더링해야 한다. 다음을 AppComponent @Component의 template에 추가한다. 추가할 위치는 닫는 <form> 태그 바로 아래다.

```
    Submit link
  </button>
</form>

<!-- 추가 시작 -->
<div class="ui grid posts">
  <app-article
    *ngFor="let article of articles"
    [article]="article">
  </app-article>
</div>
<!-- 추가 끝 -->
```

앞에서는 NgFor 지시자를 사용하여 이름 리스트를 불릿 리스트로 렌더링했다. 이 문법 구조는 여러 컴포넌트를 렌더링할 때도 적용할 수 있다.

*ngFor="let article of articles"에서는 articles 리스트를 반복하며 article이라는 지역 변수를 만든다(리스트의 항목을 반복한다).

article 입력을 컴포넌트에 지정하기 위해 [inputName]="inputValue" 구문을 사용했다. 여기서는 ngFor가 설정한 article 지역 변수의 값에 article 입력을 설정했다는 뜻이다.

 앞의 코드 스니펫에서 article 변수를 여러 번 사용했다. NgFor가 만든 임시 변수의 이름을 foobar로 변경하면 (잠재적으로) 더 명확해진다.

```
1    <app-article
2      *ngFor="let foobar of  articles"
3      [article]="foobar">
4    </app-article>
```

따라서 변수는 모두 세 개가 필요하다.

1. articles — Article의 Array. RedditApp 컴포넌트에서 정의되었나.
2. foobar — articles(Article)의 단일 요소. NgFor가 정의했다.
3. article — 필드 이름. ArticleComponent의 inputs에서 정의되었다.

기본적으로 NgFor는 임시 변수인 foobar를 생성하고, 우리는 이를 app-article로 전달했다.

브라우저를 다시 로드하면 모든 게시물이 렌더링된다.

여러 게시물이 렌더링되었다.

1.11 새 Article 추가하기

이제 버튼을 누르면 실제로 새 게시물이 추가되도록 addArticle을 변경해야 한다. addArticle 메서드를 다음처럼 변경한다.

code/first-app/angular-reddit/src/app/app.component.ts

```
20    addArticle(title: HTMLInputElement, link: HTMLInputElement): boolean {
21      console.log(`Adding article title: ${title.value} and link: ${link.value}`);
22      this.articles.push(new Article(title.value, link.value, 0));
23      title.value = '';
24      link.value = '';
25      return false;
26    }
```

이 코드에서는 다음 일들을 한다.

1. 제출된 제목과 URL로 새 Article 인스턴스를 만든다.

2. 이 인스턴스를 Article 배열에 추가한다.

3. input 필드의 값을 지운다.

> **ⓘ** input 필드의 값을 어떻게 지울까? 자, 기억하는지 모르겠지만 title과 link는 'HTMLInputElement 객체'였다. 다시 말해, 그 프로퍼티들을 설정할 수 있다. value 프로퍼티를 변경하면 페이지의 input 태그도 변경된다.

새 게시물을 입력 필드에 추가하고 '링크 제출하기(Submit Link)'를 클릭하면, 새 게시물이 추가된 것을 확인할 수 있다.

1.12 마무리 손길

1.12.1 Article 도메인 표시하기

이제 마무리할 때가 되었다. 사용자가 링크를 클릭했을 때 어느 도메인으로 리디렉트될지 알려 주는 일종의 힌트를 링크 옆에 추가해 보자. 다음과 같이 Article 클래스에 domain 메서드를 추가한다.

code/first-app/angular-reddit/src/app/article/article.model.ts

```
22    domain(): string {
23      try {
24        // 예: http://foo.com/path/to/bar
25        const domainAndPath: string = this.link.split('//')[1];
26        // 예: foo.com/path/to/bar
27        return domainAndPath.split('/')[0];
28      } catch (err) {
29        return null;
30      }
31    }
```

이 함수를 ArticleComponent의 템플릿에 호출한다.

```
1   <div  class="twelve  wide column">
2     <a class="ui large header" href="{{ article.link }}">
3       {{ article.title }}
4     </a>
5     <!-- 이곳 -->
6     <div class="meta">({{ article.domain() }})</div>
```

```
7    <ul class="ui big horizontal list voters">
8      <li class="item">
9        <a href (click)="voteUp()">
```

브라우저를 다시 로드하면 각 URL의 도메인 이름을 볼 수 있다.

1.12.2 점수별로 재정렬하기

막상 게시물을 클릭하고 투표해 보면 무언가 이상하다는 느낌을 받을 것이다. 게시물들이 점수에 따라 재정렬되지 않는다! 가장 높은 점수를 받은 게시물이 최상단에 보이고, 그보다 낮은 순위의 게시물이 아래로 내려가는 것은 상식에 가깝다.

articles는 AppComponent 클래스의 Array에 저장되지만, 이 Array는 정렬되지 않은 상태다. AppComponent에 sortedArticles라는 새 메서드를 만들어 이 문제를 해결해 보자.

code/first-app/angular-reddit/src/app/app.component.ts

```
28    sortedArticles(): Article[] {
29      return this.articles.sort((a: Article, b: Article) => b.votes - a.votes);
30    }
```

 ES6 화살표 함수 이 코드 스니펫에는 ES6의 '화살표' 함수(=>)가 사용되었다. 자세한 내용은 MDN web docs의 arrow functions[13]에서 찾아볼 수 있다.

내장 함수인 sort( )는 MDN web docs의 Array.prototype.sort( )[14]에서 자세한 내용을 찾아볼 수 있다.

ngFor에서는 sortedArticles( )를 반복 처리했다(articles를 직접 처리하지 않았다).

```
1    <div class="ui grid posts">
2      <app-article
3        *ngFor="let article of sortedArticles()"
4        [article]="article">
5      </app-article>
6    </div>
```

---

13 https://developer.mozilla.org/en-US/docs/Web/JavaScript/Reference/Functions/Arrow_functions 단축URL goo.gl/m1coLv
14 https://developer.mozilla.org/en-US/docs/Web/JavaScript/Reference/Global_Objects/Array/sort 단축URL goo.gl/PHlDE

1.13 배포

온전하게 실행되는 앱이 완성되었다. 이제 우리의 친구들이 사용할 수 있도록 인터넷에 올릴 순서만 남았다.

 제품 단계 앱의 배포와 성능은 뒷부분에서 다룰 중급 주제다. 지금은 배포가 무엇인지 간단하게 나마 훑고 지나가기로 하겠다.

앱의 **배포**(deployment)는 코드를 서버로 제공하는 행위다. 서버로 제공해야 다른 사람들이 코드에 액세스할 수 있다. 뭉뚱그려 말하면 배포 시 다음과 같은 일들을 해야 한다.

- 모든 타입스크립트 코드를 자바스크립트로 '컴파일'한다(브라우저가 읽을 수 있도록).
- 모든 자바스크립트 코드 파일을 한두 개의 파일로 '묶는다(bundle)'.
- 자바스크립트와 HTML, CSS, 이미지들을 서버로 '업로드'한다.

결과적으로, 앵귤러 앱은 '자바스크립트 코드를 로드'하는 HTML 파일이다. 따라서 인터넷에 존재하는 어떤 컴퓨터에 코드를 업로드해야 한다. 하지만 그보다 먼저 앵귤러 앱을 **빌드** (build)해야 한다.

1.13.1 앱을 제품으로 빌드하기

지금까지 앱을 만드느라 사용한 앵귤러 CLI 도구는 앱을 제품으로 빌드할 때도 사용할 수 있다. 사실 다음과 같은 명령 한 줄만 입력하면 된다. first_app/angular-reddit에서 다음을 입력한다.

```
1  ng build --target=production --base-href /
```

ng 도구는 이 명령을 받아 앱을 production 환경에 알맞도록 빌드한다. 이와 함께 --base-href는 슬래시 하나로 설정되었다. base-href는 앱이 사용할 '루트' URL이다. 만일, 앱을 서버의 /ng-book-demo/라는 서브폴더에 배포하겠다면 --base-href에 '/ng-book-demo/'를 지정해야 한다. 명령이 실행 완료되기까지 잠시 기다리면 로컬 디스크에서 dist 폴더가 생성된다.

```
1  $ ls dist/
2  136B   assets/
3  5.3K   favicon.ico
```

```
 4    27K   flags.9c74e172f87984c48ddf.png
 5   306K   icons.2980083682e94d33a66e.svg
 6   119K   icons.706450d7bba6374ca02f.ttf
 7    55K   icons.97493d3f11c0a3bd5cbd.woff2
 8    70K   icons.d9ee23d59d0e0e727b51.woff
 9    59K   icons.f7c2b4b747b1a225eb8d.eot
10   1.1K   index.html
11   1.4K   inline.44deb5fed75ee6385e18.bundle.js
12    17K   main.c683e6eda100e8873d71.bundle.js
13    82K   polyfills.b81504c68200c7bfeb16.bundle.js
14   503K   styles.7f23e351d688b00e8a5b.bundle.css
15   440K   vendor.cc4297c08c0803bddc87.bundle.js
```

이 파일들은 앱을 컴파일한 결과다. 각 파일이 중간에는 문자들의 긴 열이 보인다. 이를테면 다음과 같다.

```
12   main.c683e6eda100e8873d71.bundle.js
```

이 문자들은 콘텐트의 해시인데, 여러분과는 일치하지 않을 것이다. 파일들은 아이콘 몇 개와 index.html, main.js, polyfills.js, vendor.js, styles.css 몇 가지 등이다. 이 모두를 서버로 업로드해야 한다.

1.13.2 서버로 업로드하기

HTML과 자바스크립트의 호스팅 방법은 셀 수 없이 많다. 여기서는 현재까지 가장 쉽다고 할 수 있는 방법인 now[15]를 적용하고자 한다.

 now가 마음에 들지 않으면 얼마든지 다른 방법을 사용해도 무방하다. 몇 가지 대안을 제시하면, Heroku, AWS S3, FTP를 통한 자체 서버 업로드 등을 생각해 볼 수 있다. 중요한 것은 서버는 로컬 디스크의 dist 폴더에 있는 모든 것을 인터넷에 노출한다는 점이다.

■ now 설치하기

npm으로 now를 설치할 수 있다.

```
1   npm install -g now
```

---

15   https://zeit.co/now

다음처럼 now로 사이트를 대단히 쉽게 배포할 수 있다.

```
1   cd dist # change into the dist folder
2   now
```

now 명령이 실행되면 두어 가지 질문(이메일 주소 등)에 답을 해야 한다. 이메일 주소를 확인하고 그 안에 포함된 링크를 클릭한다. 계정이 확인되면 now는 코드들을 업로드하고 앱을 확인할 수 있는 URL을 제공한다. 이 URL에 접속하면 앱을 확인할 수 있다. 앱이 올바로 동작하면 URL을 친구와 공유해 보자.

축하한다! 드디어 첫 번째 앵귤러 앱의 빌드와 배포를 마무리했다.

1.14 전체 코드

이 장에서는 필요한 만큼 코드를 여럿으로 나누어 자세하게 파헤쳤다. 우리의 앱에 사용된 파일들 전부와 온전한 타입스크립트 코드는 이 책의 코드 다운로드에서 확인할 수 있다.

1.15 정리

우리가 해냈다! 첫 번째 앵귤러 앱이 완성된 것이다! 돌이켜보면 그다지 어렵지는 않았을 것이다. 물론 아직도 많은 것을 배워야 한다. 이를테면, 데이터 흐름 이해하기, AJAX 요청하기, 내장 지시자, 라우팅, DOM 조작하기 등이 여러분을 기다리고 있다.

하지만 지금은 첫 앵귤러 앱을 완성한 즐거움을 누리자. 앵귤러 앱을 어떻게 작성하는지 충분히 경험했으니 말이다. 이를 구체적으로 정리하면 다음과 같다.

1. 앱을 컴포넌트로 나누기
2. 뷰 만들기
3. 모델 정의하기
4. 모델 표시하기
5. 인터랙션 추가하기

앞으로 이어질 내용에서는 앵귤러로 정교한 앱을 만들기 위한 모든 과정을 다룰 것이다.

2

타입스크립트

2.1 앵귤러 4, 타입스크립트로 만들어지다

앵귤러 4는 자바스크립트와 비슷한 언어인 타입스크립트(TypeScript)[1]로 만들어졌다. 앵귤러 때문에 새 언어를 사용한다는 것이 탐탁지 않을 수도 있지만, 평범한 자바스크립트 대신 타입스크립트를 사용하는 데는 충분한 이유가 있다. 사실, 많다.

타입스크립트는 엄밀히 말해 새로운 언어가 아니다. ES6의 슈퍼세트다. ES6 코드는 타입스크립트 코드와 100% 호환한다. 이를 그림으로 나타내면 다음과 같다.

ES5, ES6, 타입스크립트

---

1   http://www.typescriptlang.org/

ES5는 무엇이고 ES6는 무엇일까? ES5는 'ECMAScript 5'의 줄임말이며, '일반 자바스크립트'로 통용된다. ES5는 우리가 알고 있고 즐겨 사용하는 자바스크립트이며, 거의 모든 브라우저에서 실행된다. ES6는 자바스크립트의 차세대 버전으로서 잠시 뒤에 자세한 내용을 다룰 것이다.

이 책을 쓰는 현재, 타입스크립트는 커녕 ES6를 실행하는 브라우저조차도 극히 소수다. 이를 해결하기 위해 등장한 것이 **트랜스파일러(transpiler)** 혹은 **트랜스컴파일러(transcompiler)**이다. 타입스크립트 트랜스파일러는 타입스크립트 코드를 받아 모든 브라우저가 이해할 수 있는 ES5로 변환한다.

타입스크립트를 ES5로 변환하기 위해 타입스크립트 팀은 트랜스파일러를 작성했다(이 트랜스파일러가 유일하다). 하지만 ES6(타입스크립트와 다르다)를 ES5로 변환할 수 있는 트랜스파일러로는 구글이 만든 traceur[2]와 자바스크립트 커뮤니티가 만든 babel[3]이 있다. 이 책에서는 둘 중 하나를 주로 사용하겠지만, 둘 다 알고 있으면 좋을 것이다.

지난 장에서 타입스크립트를 설치했지만, 이 장부터 읽기 시작한 독자를 위해 설치 방법을 한 번 더 안내하고자 한다.

```
npm install -g typescript
```

타입스크립트는 마이크로소프트와 구글의 공식적인 협업의 결과로 태어났다. 두 테크 헤비급 선수가 힘을 합쳤다는 것은 분명 대단한 뉴스라 할 수 있다. 타입스크립트가 오랫동안 지원받을 수 있다는 기대감 때문이다. 두 회사는 웹의 발전을 위해 앞으로도 계속 협력하겠다고 밝혔으니 개발자로서 우리는 그 혜택을 누리면 될 일이다.

트랜스파일러의 장점은 비교적 작은 팀에서도 사용자들에게 브라우저를 업그레이드하도록 요구하지 않아도 여러 기능을 개선할 수 있다는 데 있다.

여기서 한 가지 지적하고자 한다. 앵귤러 2에는 타입스크립트가 의무가 아니라는 점이다. ES5(즉, '일반' 자바스크립트)를 사용하겠다면 그래도 된다. 앵귤러 2의 모든 기능에 액세스할 수 있는 ES5 API가 제공되기 때문이다. 그렇다면 타입스크립트를 왜 사용해야 할까? 개발의 효율성을 높이는 타입스크립트만의 장점을 여럿 누릴 수 있기 때문이다.

---

2 https://github.com/google/traceur-compiler 단축URL goo.gl/HkCDJx

3 https://babeljs.io/

2.2 타입스크립트로 무엇을 얻을 수 있나?

ES5에 비해 타입스크립트가 가지는 획기적인 장점은 다음과 같다.

- 타입
- 클래스
- 데코레이터
- 가져오기
- 언어 유틸리티(예 디스트럭처링)

하나씩 살펴보기로 하자.

2.3 타입

ES5에 비해 타입스크립트가 개선된 첫 번째는 타입 지정 시스템이다. 일부는 타입 확인 기능이 부족한 자바스크립트 같은 언어를 오히려 선호하기도 한다. 하지만 타입 확인 기능은 여러 장점을 가지며, 대표적으로는 다음 두 가지를 들 수 있다.

1. 코드를 '작성할 때' 도움이 된다. 컴파일 타임 버그를 예방할 수 있기 때문이다.
2. 코드를 '읽을 때'도 도움이 된다. 작성자의 의도가 분명해지기 때문이다.

사실 타입은 타입스크립트에서 옵션이다(이 사실을 알고 있는 것도 중요하다). 어떤 코드를 간편하게 작성해 본다거나 어떤 기능을 대략적으로 구상할 때는 타입을 생략했다 코드가 완성됨에 따라 나중에 추가할 수도 있다.

타입스크립트의 기본 타입은 '일반' 자바스크립트를 작성하며 암묵적으로 사용했던 타입과 다를 바 없다. 문자열, 수, 불리언 등이다. ES5까지는 변수를 var 키워드로 정의했다. 예를 들자면, var fullName; 같은 식이다. 새 타입스크립트 문법은 ES5에서 자연스럽게 진화했다. var 키워드는 변함이 없지만 다음처럼 변수의 타입을 그 이름과 함께 제공할 수 있다(타입 지정은 해도 그만 안 해도 그만이다).

```
1  var fullName: string;
```

함수를 선언할 때도 다음처럼 인수와 리턴값에 타입을 지정할 수 있다.

```
1  function greetText(name: string): string {
2    return "Hello " + name;
3  }
```

여기서는 name이라는 하나의 인수를 받는 새 함수인 greetText를 정의했다. name: string은 이 함수가 인수로 받는 name이 string 타입이기를 예상한다는 뜻이다. 따라서 string이 아닌 다른 타입으로 함수를 호출하면 코드 자체가 컴파일되지 않는다. 버그를 예방할 수 있어 괜찮은 문법 구조라 할 수 있다.

이 함수의 새로운 문법도 눈여겨보아야 한다. 괄호 다음의 : string { 부분이다. 콜론(:)은 이 함수의 리턴 타입을 지정하겠다는 뜻이다. 여기서는 string일 것이다. 리턴 타입을 지정하면 두 가지가 도움된다. 첫째, 실수로라도 string이 아닌 타입을 리턴하면 컴파일러가 이를 알려준다. 둘째, 이 함수를 사용하려는 다른 개발자들이 어떤 타입의 객체가 필요한지 알 수 있다.

선언된 타입을 준수하지 않는 코드에서는 어떤 일이 일어나는지 살펴보기로 하자.

```
1  function hello(name: string): string {
2      return 12;
3  }
```

이 함수를 컴파일하면 다음 오류가 출력된다.

```
1  $ tsc compile-error.ts
2  compile-error.ts(2,12): error TS2322: Type 'number' is not assignable to type 's\
3  tring'.
```

어떻게 된 것일까? number인 12를 리턴하려고 했지만 실제로는 hello가 string을 리턴하도록 지정했다(인수 선언 다음에 : string {을 두었다).

이를 바로잡으려면 다음과 같이 number를 리턴할 수 있는 함수 선언으로 업데이트해야 한다.

```
1  function hello(name: string): number {
2      return 12;
3  }
```

사소하지만, 타입을 사용하면 코드 작성 시 버그를 큰 폭으로 줄일 수 있다.

타입 사용법을 살펴보았다. 그렇다면 타입에는 어떤 것들이 있는지 어떻게 알 수 있을까? 내장 타입 리스트를 살펴보고, 또한 타입을 직접 만드는 방법도 파헤쳐 보자.

2.3.1 REPL 경험하기

이 장의 예시들을 실습하기 위해 작지만 근사한 tsun(TypeScript Upgraded Node)[4]이라는 유틸리티를 설치해 보자.

```
1  $ npm install -g tsun
```

tsun을 실행한다.

```
1  $ tsun
2  TSUN : TypeScript Upgraded Node
3  type in TypeScript expression to evaluate
4  type :help for commands in repl
5
6  >
```

마지막 줄의 >는 프롬프트로서, tsun이 명령을 받을 준비가 됐다는 뜻이다. 아래 예시 명령들을 터미널에 입력해 보자.

2.4 내장 타입

2.4.1 string

문자열은 텍스트를 담고, 다음과 같이 string 타입으로 선언된다.

```
1  var fullName: string = 'Nate Murray';
```

2.4.2 number

수(number)는 말 그대로 수를 나타내는 타입이다. 타입스크립트에서 수는 모두 부동소수점수

---

4 https://github.com/HerringtonDarkholme/typescript-repl 단축URL goo.gl/AjCpjj

(floating point)로 표현된다. 수를 나타내는 타입이 number이다.

```
1  var age: number = 36;
```

2.4.3 boolean

boolean은 true나 false를 담는다.

```
1  var married: boolean = true;
```

2.4.4 Array

배열의 타입이다. 하지만 Array는 컬렉션이므로 Array 안에도 객체의 타입을 지정해야 한다.

```
1  var jobs: Array<string> = ['IBM', 'Microsoft', 'Google'];
2  var jobs: string[] = ['Apple', 'Dell', 'HP'];
```

number도 마찬가지로 지정한다.

```
1  var chickens: Array<number> = [1, 2, 3];
2  var chickens: number[] = [4, 5, 6];
```

2.4.5 열거형

열거형의 타입은 enum이다. 이를테면 어떤 사람의 역할을 고정 리스트로 표현하려면 다음처럼 작성할 수 있다.

```
1  enum Role {Employee, Manager, Admin};
2  var role: Role = Role.Employee;
```

열거형의 기본 초깃값은 0이다. 하지만 다음처럼 열거형의 수로 시작하도록 설정할 수 있다.

```
1  enum Role {Employee = 3, Manager, Admin};
2  var role: Role = Role.Employee;
```

여기서는 Employee가 0이 아니라 3이다. 이 열거형의 값은 3부터 증가한다. 따라서 Manager 는 4가 되고 Admin은 5가 된다. 물론, 다음처럼 개별적으로 값을 지정할 수도 있다.

```
1  enum Role {Employee = 3, Manager = 5, Admin = 7};
2  var role: Role = Role.Employee;
```

값을 사용하여 그 값에 해당하는 이름을 찾을 수도 있다.

```
1  enum Role {Employee, Manager, Admin};
2  console.log('Roles: ', Role[0], ',', Role[1], 'and', Role[2]);
```

2.4.6 any

any는 변수에 타입이 생략될 때 기본으로 지정되는 타입이다. any 타입의 변수는 어떤 값도 받을 수 있다.

```
1  var something: any = 'as string';
2  something = 1;
3  something = [1, 2, 3];
```

2.4.7 void

void는 타입이 없다는 뜻이다. 일반적으로 리턴값이 없는 함수에 사용된다.

```
1  function setName(name: string): void {
2    this.fullName = name;
3  }
```

2.5 클래스

자바스크립트 ES5에서는 객체 지향 프로그래밍이 프로토타입 기반 객체를 통해 구현된다. 이 모델에는 클래스 대신 '프로토타입'이 사용된다. 자바스크립트 커뮤니티에 채택된 수많은 양질의 사례들이 클래스의 빈 자리를 메우고 있다. 이를 정리한 내용은 모질라 개발자 네트워크의 자바스크립트 가이드[5]에서 찾아볼 수 있다. 이와 더불어 Introducing JavaScript objects 페이지[6]에서는 객체 지향 자바스크립트에 관한 세부 내용을 찾아볼 수 있다.

하지만 ES6에서는 결국 자바스크립트에 클래스가 도입되었다. 클래스를 정의하려면 다음과 같이 class 키워드를 사용하여 클래스에 이름을 지정하고 몸체를 구현해야 한다.

```
1  class Vehicle {
2  }
```

클래스는 **프로퍼티**와 **메서드**, **컨스트럭터**를 가질 수 있다.

2.5.1 프로퍼티

프로퍼티는 클래스의 인스턴스에 소속되는 데이터를 정의한다. 이를테면, Person 클래스는 first_name, last_name, age 등의 프로퍼티를 가질 수 있다. 클래스의 각 프로퍼티는 타입을 가질 수도 있다. 이를테면, first_name과 last_name 프로퍼티의 타입은 string이, age는 number가 될 수 있다. 이를 정리한 Person 클래스의 선언은 다음과 같다.

```
1  class Person {
2    first_name: string;
3    last_name: string;
4    age: number;
5  }
```

2.5.2 메서드

메서드는 객체라는 관점에서 실행되는 함수다. 객체에 제공되는 메서드를 호출하려면 그 객체의 인스턴스부터 만들어야 한다.

 클래스의 인스턴스를 생성(instantiation)하려면 new 키워드가 필요하다. 이를테면 new Person()으로 Person 클래스의 새 인스턴스를 만들 수 있다.

---

5 https://developer.mozilla.org/en-US/docs/Web/JavaScript/Guide 단축URL goo.gl/IKNT6
6 https://developer.mozilla.org/en-US/docs/Web/JavaScript/Introduction_to_Object-Oriented_JavaScript
   단축URL goo.gl/g48ZGd

Person 클래스를 사용하여 인사할 방법을 추가하려면 다음처럼 코드를 작성할 수 있다.

```
1   class Person {
2     first_name: string;
3     last_name: string;
4     age: number;
5
6     greet() {
7       console.log("Hello", this.first_name);
8     }
9   }
```

this 키워드를 사용하여 this.first_name처럼 호출하면 이 Person의 first_name에 액세스할 수 있다.

메서드에 명시적인 리턴 타입이 선언돼 있지 않을 때 어떤 값을 리턴하면 어떤 것(any 타입)도 리턴할 수 있다고 여겨진다. 하지만 여기서는 명시적인 리턴 구문이 없으므로 void를 리턴한 다고 생각해야 한다.

 void 값은 유효한 any 값이기도 하다.

greet 메서드를 호출하려면 Person 클래스의 인스턴스부터 만들어야 한다. 다음과 같이 인스턴스를 만들 수 있다.

```
1    // Person 타입의 변수 선언
2    var p: Person;
3
4    // 새 Person 인스턴스 생성
5    p = new Person();
6
7    // 값 지정
8    p.first_name = 'Felipe';
9
10   // greet 메서드 호출
11   p.greet();
```

 같은 행에서 변수를 선언하고 클래스의 인스턴스를 생성할 수도 있다.

```
1   var p: Person = new Person();
```

Person 클래스의 메서드에서 어떤 값을 리턴하도록 해 보자. 이를테면, Person의 나이를 리턴하려면 다음과 같이 작성할 수 있다.

```
class Person {
  first_name: string;
  last_name: string;
  age: number;

  greet() {
    console.log("Hello", this.first_name);
  }

  ageInYears(years: number): number {
    return this.age + years;
  }
}
```

```
// 새 Person 인스턴스 생성
var p: Person = new Person();

// 시작 나이 설정
p.age = 6;

// 12년 뒤에는 나이가?
p.ageInYears(12);

// -> 18
```

2.5.3 컨스트럭터

컨스트럭터(constructor)는 클래스의 새 인스턴스가 생성될 때 실행되는 특별한 메서드다. 대개 컨스트럭터는 새 객체의 초기 설정을 수행하는 곳에 둔다. 컨스트럭터 메서드는 반드시 이름이 constructor이어야 한다. 파라미터는 있어도 되고 없어도 되지만, 어쨌거나 값을 리턴하지는 않는다. 클래스의 인스턴스가 생성될 때 호출되기 때문이다(인스턴스가 생성되는 와중에 값을 리턴할 여유가 있겠는가?).

 클래스의 인스턴스를 생성하기 위해 new ClassName()처럼 클래스의 이름을 사용하여 클래스 컨스트럭터 메서드를 호출하는 것이다.

컨스트럭터는 클래스에 명시적으로 정의하지 않아도 자동으로 만들어진다.

```
1  class Vehicle {
2  }
3  var v = new Vehicle();
```

이 코드는 다음 코드와 같다.

```
1  class Vehicle {
2    constructor() {
3    }
4  }
5  var v = new Vehicle();
```

컨스트럭터는 새 인스턴스 생성 시 어떤 값을 전달할 수 있는 파라미터를 가질 수 있다. 이를 테면 Person을 변경하여 다음과 같이 데이터를 초기화하는 컨스트럭터를 만들 수 있다.

```
1    class Person {
2      first_name: string;
3      last_name: string;
4      age: number;
5
6      constructor(first_name: string, last_name: string, age: number) {
7        this.first_name = first_name;
8        this.last_name = last_name;
9        this.age = age;
10     }
11
12     greet() {
13       console.log("Hello", this.first_name);
14     }
15
16     ageInYears(years: number): number {
17       return this.age + years;
18     }
19   }
```

이로써 이전 예가 조금 더 쉬워졌다.

```
1  var p: Person = new Person('Felipe', 'Coury', 36);
2  p.greet();
```

이렇게 하면 객체가 만들어질 때 이름과 나이가 설정된다.

2.5.4 상속

객체 지향 프로그래밍의 또 다른 특징이 바로 **상속**(inheritance)이다. 상속은 어떤 클래스의 동작이 다른 클래스, 즉 부모 클래스로부터 받도록 한 방법이다. 상속한 다음에는 새 클래스에서 부모 클래스의 여러 동작을 오버라이드, 즉 수정하고 변형할 수 있다.

 상속이 ES5에서 어떻게 사용되었는지 깊게 이해하고자 한다면 모질라 개발자 네트워크의 게시물인 상속과 프로토타입 체인[7]을 참고할 수 있다.

타입스크립트는 상속을 온전하게 지원한다. 그리고 ES5와 달리 핵심 언어 요소로 제공된다. extends 키워드를 사용하여 상속을 구현할 수 있다. 예를 들어 Report 클래스를 만들어 보자.

```
1  class Report {
2    data: Array<string>;
3
4    constructor(data: Array<string>) {
5      this.data = data;
6    }
7
8    run() {
9      this.data.forEach(function(line) { console.log(line); });
10   }
11 }
```

여기에는 string들의 Array인 data 프로퍼티가 있다. run을 호출하면 data의 각 요소를 반복하며 console.log를 사용하여 그 값을 출력한다.

 .forEach는 Array의 메서드로서 인수로 받은 함수를 Array의 각 요소에 호출한다.

Report는 행을 추가하고 run을 호출하여 그 행을 출력한다.

```
1  var r: Report = new Report(['First line', 'Second line']);
2  r.run();
```

---

7 https://developer.mozilla.org/en-US/docs/Web/JavaScript/Inheritance_and_the_prototype_chain
단축URL https://goo.gl/Im9q4k

출력 결과는 다음과 같다.

```
1  First line
2  Second line
```

두 번째 리포트로 헤더와 데이터를 받지만 Report 클래스의 데이터 표현 방식은 그대로 재사용해 보자. Report 클래스로부터 동작을 받아 재사용하려면 extends 키워드로 상속을 적용해야 한다.

```
1   class TabbedReport extends Report {
2     headers: Array<string>;
3
4     constructor(headers: string[], values: string[]) {
5       super(values)
6       this.headers = headers;
7     }
8
9     run() {
10      console.log(this.headers);
11      super.run();
12    }
13  }
```

```
1  var headers: string[] = ['Name'];
2  var data: string[] = ['Alice Green', 'Paul Pfifer', 'Louis Blakenship'];
3  var r: TabbedReport = new TabbedReport(headers, data);
4  r.run();
```

2.6 유틸리티

ES6, 더 나아가 타입스크립트는 프로그래밍을 즐겁게 하는 수많은 문법 구조를 제공하고 있다. 그중에서 두 가지만 추리면 다음과 같다.

- 살찐 화살표 함수 문법
- 템플릿 문자열

2.6.1 살찐 화살표 함수

살찐 화살표 함수(=>)는 함수를 작성하기 위한 축약형 표기법이다.

ES5에서는 함수를 인수로 사용할 때마다 function 키워드와 { }가 필요했다. 이를테면 다음과 같다.

```
1  // ES5 예
2  var data = ['Alice Green', 'Paul Pfifer', 'Louis Blakenship'];
3  data.forEach(function(line) { console.log(line); });
```

하지만 => 문법을 적용하면 다음처럼 작성할 수 있다.

```
1  // 타입스크립트 예
2  var data: string[] = ['Alice Green', 'Paul Pfifer', 'Louis Blakenship'];
3  data.forEach( (line) => console.log(line) );
```

괄호는 파라미터가 하나밖에 없을 때 사용하는 옵션이다. => 문법은 다음처럼 수식으로도 사용할 수 있다.

```
1  var evens = [2,4,6,8];
2  var odds - evens.map(v => v + 1);
```

또는 다음처럼 구문으로도 사용할 수 있다.

```
1  data.forEach( line => {
2    console.log(line.toUpperCase())
3  });
```

=> 문법은 같은 this를 공유할 수 있다. 이는 자바스크립트에서 일반적으로 function을 만들 때와 다르다. 일반적으로 자바스크립트에서 function을 만들면 이 함수는 자체 this를 받는다. 자바스크립트에서는 다음과 같은 코드를 만날 수도 있다.

```
1  var nate  = {
2    name: "Nate",
3    guitars: ["Gibson", "Martin", "Taylor"],
4    printGuitars: function() {
5      var self = this;
6      this.guitars.forEach(function(g) {
7        // this.name은 정의되지 않았으므로 self.name을 사용해야 함
8        console.log(self.name + " plays a " + g);
9      });
```

```
10    }
11  };
```

살찐 화살표 함수는 this를 공유하기 때문에 다음처럼 작성할 수 있다.

```
1   var nate  = {
2     name: "Nate",
3     guitars: ["Gibson", "Martin", "Taylor"],
4     printGuitars: function() {
5       this.guitars.forEach( (g) => {
6         console.log(this.name + " plays a " + g);
7       });
8     }
9   };
```

화살표는 인라인 함수를 정리하기 위한 훌륭한 방법이다. 이 방법으로 자바스크립트에서 고차원 함수를 더욱더 쉽게 사용할 수 있다.

2.6.2 템플릿 문자열

ES6에서 새 템플릿 문자열이 도입되었다. 템플릿 문자열의 두 가지 특징은 다음과 같다.

1. 문자열 내 변수(+로 연결하지 않아도 된다)
2. 다행(multi-line) 문자열

■ 문자열 내 변수

이 기능은 '문자열 삽입(string interpolation)'으로도 부른다. 문자열 안에 변수를 둘 수 있다는 것이 핵심이다. 방법은 다음과 같다.

```
1   var firstName  = "Nate";
2   var lastName = "Murray";
3
4   // 문자열을 삽입한다.
5   var greeting = `Hello ${firstName} ${lastName}`;
6
7   console.log(greeting);
```

문자열 삽입 기능을 사용하려면 문자열을 작은따옴표나 큰따옴표가 아닌 백틱으로 묶어야 한다.

■ 다행 문자열

백틱(`)으로 문자열을 감싸면 여러 행을 문자열로 처리할 수 있다.

```
1  var template = `
2  <div>
3    <h1>Hello</h1>
4    <p>This is a great website</p>
5  </div>
6  `
7
8  // `template`으로 어떤 일을 함
```

다행(multi-line) 문자열 기능은 긴 문자열을 코드에 둘 때 크게 도움이 된다. 일종의 템플릿처럼 처리할 수 있는 것이다.

2.7 정리

타입스크립트/ES6에는 다른 여러 기능도 제공된다. 이를테면 다음과 같다.

- 인터페이스
- 제네릭
- 모듈의 가져오기와 내보내기
- 데코레이터
- 디스트럭처링

이들 개념은 앞으로 하나씩 자세하게 다룰 것이다. 지금은 이 장에서 언급한 기본 내용에 충실하기 바란다. 이제 앵귤러로 돌아가자!

3

앵귤러는 어떻게 동작하는가

이 장에서는 앵귤러의 고차원적 개념을 언급하고자 한다. 한 발짝 뒤로 물러나 앵귤러의 각 구성 요소가 어떤 식으로 모여 전체를 이루는지 살펴보기로 하자.

> ℹ️ 앵귤러JS 1.x 사용자는 애플리케이션을 빌드하기 위한 앵귤러의 새로운 개념적 모델을 목격했을 것이다. 주저하지 말자! 우리도 앵귤러JS 1.x 사용자로서 앵귤러의 직관성과 친숙함을 경험했다. 잠시 뒤에 앵귤러JS 1.x 앱을 앵귤러로 전환할 수 있는 방법을 구체적으로 다룰 것이다.

이어지는 몇 개의 장에서는 각 개념을 깊이 있게 파고들지 않을 것이다. 그 대신 기본 개념을 개략적으로 살펴보고 소개하고자 한다.

가장 먼저 살펴볼 개념은 앵귤러 애플리케이션이 '컴포넌트'로 구성된다는 사실이다. 컴포넌트는 브라우저에 새 태그를 학습시키는 방법이라고 할 수 있다. 앵귤러 1 지식을 갖춘 독자에게는 컴포넌트가 앵귤러JS 1.x의 '지시자(directive)'가 아닐까 하는 생각이 들 것이다(결론부터 말하면, 앵귤러에도 지시자가 있지만 어떻게 다른지는 나중에 다시 언급할 것이다).

하지만 앵귤러 컴포넌트는 앵귤러JS 1.x 지시자에 비해 중대한 이점을 보이며, 이제부터 차근차근 언급할 것이다. 우선 애플리케이션부터 시작해 보자.

3.1 애플리케이션

앵귤러 애플리케이션은 컴포넌트의 트리 구조, 그 이상도 그 이하도 아니다. 이 트리 구조의 루트에서 최상위 컴포넌트는 애플리케이션 그 자체다. 브라우저가 앱을 시동(booting, 다시 말해 '부트스트래핑')할 때 렌더링하는 것이 바로 애플리케이션이다.

컴포넌트의 장점 중 하나로 컴포넌트는 **구성 가능(composable)**하다는 점을 들 수 있다. 다시 말해, 작은 컴포넌트를 쌓아 올려 더 큰 컴포넌트를 만들 수 있다. 애플리케이션은 단순히 다른 컴포넌트들을 렌더링하는 컴포넌트인 셈이다. 컴포넌트는 구조적으로 부모/자식 트리 관계이므로 각 컴포넌트는 자신의 자식 컴포넌트를 재귀적으로 렌더링한다.

예를 들어, 단순한 재고 관리 애플리케이션을 만들어 보자. 이 앱은 다음 목업(mockup)으로 표현될 수 있다.

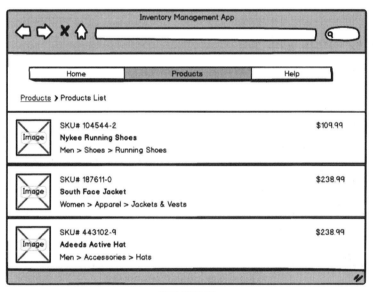

재고 관리 앱

이 목업에 따라 애플리케이션을 작성하려면 우선 더 작은 컴포넌트들로 나눠야 한다. 여기서는 페이지를 다음 세 개의 고수준 컴포넌트들로 구분할 수 있다.

1. 내비게이션(이동) 컴포넌트
2. 브레드크럼(위치 이력) 컴포넌트
3. 제품 리스트 컴포넌트

3.1.1 내비게이션 컴포넌트

이 컴포넌트는 내비게이션(Navigation, 이동) 구역을 렌더링한다. 이로써 사용자는 애플리케이션 내 다른 영역으로 이동할 수 있다.

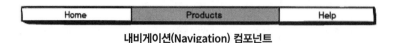
내비게이션(Navigation) 컴포넌트

3.1.2 브레드크럼 컴포넌트

이 컴포넌트는 사용자의 애플리케이션 내 현재 위치를 계층적으로 표현한다.

Products ❯ Products List
브레드크럼(Breadcrumbs) 컴포넌트

3.1.3 제품 리스트 컴포넌트

제품 리스트(Products List) 컴포넌트는 제품들을 나타낸다.

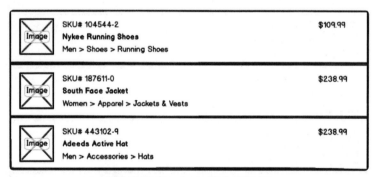
제품 리스트(Products List) 컴포넌트

이 컴포넌트를 더 작은 컴포넌트들로 나누면, 제품 리스트(Producs List) 컴포넌트는 다수의 제품 행(Product Row) 컴포넌트로 구성된다.

제품 행(Product Row) 컴포넌트

한 단계 더 깊이 파고들면, 각 제품 행 컴포넌트는 더 작은 조각들로 나눌 수 있다.

- **제품 이미지(Product Image)** 컴포넌트는 제품의 이미지를 렌더링한다.
- **제품 분류(Product Department)** 컴포넌트는 제품의 분류 트리를 렌더링한다. 예를 들자면, Men > Shoes > Running Shoes 식이다.
- **가격 표시(Price Display)** 컴포넌트는 가격을 렌더링한다. 여기서는 사용자 로그인 이후 할인이나 배송 정보에 따라 가격을 세부적으로 설정하는 과정이 구현된다.

이들 컴포넌트를 트리 구조로 표현하면 다음 그림과 같다.

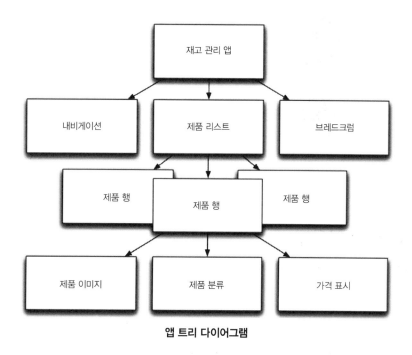

앱 트리 다이어그램

최상위에는 재고 관리 앱(Inventory Management App)이 있다. 바로 우리의 앱이다. 그 아래로 내비게이션, 브레드크럼, 제품 리스트 컴포넌트가 보인다. 제품 리스트 컴포넌트 아래로는 제품 하나하나에 해당하는 제품 행 컴포넌트가 있다. 마지막으로, 제품 행 컴포넌트는 세 개의 컴포넌트를 사용한다. 이미지(Image), 분류(Department), 가격(Price)이다.

이 장에서 사용되는 코드들의 전체 리스트는 how-angular-works/inventory-app에서 다운로드할 수 있다.

다음은 앱의 최종 결과 화면이다.

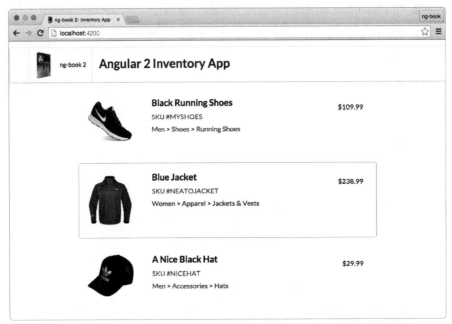

완성된 재고 관리 앱

3.2 이 장의 사용법

이 장에서는 앵귤러 앱을 빌드할 때 필요한 필수 핵심 개념을 살펴보고자 한다. 구체적으로는 다음 내용을 다룰 것이다.

- 앱을 컴포넌트로 나누는 방법
- input을 사용하여 재사용 가능한 컴포넌트를 만드는 방법
- 컴포넌트 클릭 등 사용자 인터랙션을 처리하는 방법

이 장에는 이전처럼 angular-cli가 사용되었다. 따라서 다음과 같이 일반적인 ng 명령 전체를 사용할 수 있다.

```
1   ng serve # 앱 실행
```

한편, 이 장에서는 앱의 각 파일을 어떻게 만드는지 단계별로 언급하지는 않을 것이다. 이 책의 내용을 하나하나 따라해 보고 있는 독자는 새 컴포넌트가 소개되면 다음 명령으로 실행해 볼 수 있다.

```
1  ng generate component component NameOfNewComponentHere
```

필요한 파일들이 생성된다. 거기서 직접 코드를 입력한다. 완성된 전체 애플리케이션 코드는 how-angular-works/inventory-app에서 다운로드할 수 있다. 코드의 흐름을 놓친다거나 세부적인 설명이 필요하다면 완성된 전체 코드를 참고하기 바란다. 사설이 길었다. 본격적으로 시작해 보자.

3.3 제품 모델

앵귤러에서 가장 핵심적인 사실은 특정 모델 라이브러리가 규정되지 않는다는 것이다. 앵귤러는 서로 다른 여러 모델(과 데이터 아키텍처)의 지원이 유연하다. 하지만 이들을 어떻게 구현할지 결정할 선택은 여러분의 몫이다. 데이터 아키텍처에 관해서는 앞으로 깊이 있게 언급할 것이다. 지금은 평범한 자바스크립트 객체로서 모델을 구현하는 것이 최선이다.

code/how-angular-works/inventory-app/src/app/product.model.ts

```
1  /**
2   * `Product` 객체 제공
3   */
4  export class Product {
5    constructor(
6      public sku: string,
7      public name: string,
8      public imageUrl: string,
9      public department: string[],
10     public price: number) {
11   }
12 }
```

ES6/타입스크립트 문법이 처음인 독자에게는 다소 낯선 구조일지도 모르겠다. 새 Product 클래스를 만들었고, constructor는 5개의 인수를 받는다. Public sku: string은 다음 두 가지를 나타낸다.

- 이 클래스의 인스턴스에는 sku라는 public 변수가 있다.

- sku의 타입은 string이다.

자바스크립트에 익숙한 독자는 public constructor를 비롯해 달라진 점을 쉽게 파악했을 것이다. 세부 내용은 Learn X in Y minutes 사이트[1]에서 찾아볼 수 있다.

이 Product 클래스에는 앵귤러 의존성 파일이 없다. Product 클래스는 단지 앱에서 사용될 모델일 뿐이다.

3.4 컴포넌트

앞에서 언급한 대로 컴포넌트는 앵귤러 애플리케이션의 토대가 되는 일종의 빌딩 블록이다. '애플리케이션' 자체가 최상위 컴포넌트이며, 애플리케이션은 더 작은 자식 컴포넌트로 구성되는 것이다.

새 앵귤러 애플리케이션을 만들 때, 새 애플리케이션을 와이어프레임이나 종이에 목업을 디자인하고 세부 컴포넌트로 나누는 과정을 따르는 경우가 많다.

앞으로 컴포넌트를 주로 사용할 것이므로 이 자리에서 세밀하게 들여다보기로 하자. 컴포넌트는 다음 세 부분으로 구성된다.

- 컴포넌트 데코레이터(component decorator)
- 뷰(view)
- 컨트롤러(controller)

반드시 이해해야 할 컴포넌트의 핵심 개념을 그림으로 표현하자면, 다음처럼 최상위에는 재고 관리 앱을 두고, 그 밑으로 **제품 리스트** 및 자식 컴포넌트를 두었다.

---

1 https://learnxinyminutes.com/docs/typescript/ 단축URL goo.gl/1ylC1o

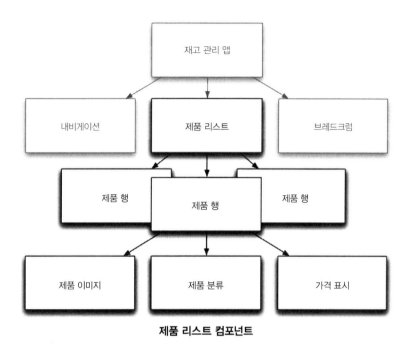

제품 리스트 컴포넌트

다음은 기본적인 최상위 AppComponent의 모습이다.

```
1  @Component({
2    selector: 'inventory-app-root',
3    template: `
4    <div class="inventory-app">
5      (Products will go here soon)
6    </div>
7    `
8  })
9  export class AppComponent {
10   // 재고 처리 로직
11 }
```

앵귤러 1 사용자에게는 문법 구조가 다분히 이질적으로 보일 것이다. 하지만 기본 밑바탕은 비슷하다. 차근차근 살펴보기 바란다.

@Component는 **데코레이터(decorator)**이다. 이어지는 클래스(AppComponent)에 메타데이터를 추가한다. @Component 데코레이터는 다음 두 가지를 지정한다.

- 어떤 요소를 찾을지 지정하는 selector
- 뷰를 정의하는 template

컴포넌트 **컨트롤러(controller)**는 class(여기서는 AppComponent)로 정의된다. 이제 각 부분을 세부적으로 살펴보기로 하자.

3.5 컴포넌트 데코레이터

@Component 데코레이터에서 컴포넌트를 설정한다. 주된 임무로는 우선 컴포넌트 외부에서 컴포넌트와 이뤄지는 인터랙션 설정을 들 수 있다.

 컴포넌트를 설정할 때는 수많은 옵션을 적용할 수 있다(그중 상당수는 14장, '컴포넌트 고급'에서 다룰 것이다). 이 장에서는 기본적인 옵션만 언급할 것이다.

3.5.1 컴포넌트 selector

selector 키를 적용하면 컴포넌트가 템플릿에 사용될 때 인식되는 방식을 나타낼 수 있다. 이는 CSS나 XPath 셀렉터와 개념이 비슷하다. selector는 HTML 요소들과 컴포넌트 사이의 매칭 방식을 정의하는 방법인 셈이다. 여기서 selector: 'inventoryapp-root'는 HTML에 inventory-app-root라는 새 태그를 사용하겠다는 뜻이다. 다시 말해, 다음처럼 HTML에서 새로운 기능을 발휘하는 새로운 태그를 정의한 것이다.

```
1   <inventory-app-root></inventory-app-root>
```

앵귤러는 AppComponent 컴포넌트를 사용하여 이 기능을 구현한다. 반면, 셀렉터에서 div를 사용하여 다음처럼 컴포넌트를 속성으로 지정할 수도 있다.

```
1   <div inventory-app-root></div>
```

3.5.2 컴포넌트 template

뷰(view)는 컴포넌트의 시각적 요소다. @Component에 template 옵션을 사용하면 컴포넌트에 사용될 HTML 템플릿을 선언할 수 있다.

```
1   @Component({
2     selector: 'inventory-app-root',
3     template: `
```

```
4    <div class="inventory-app">
5      (Products will go here soon)
6    </div>
7    `
8  })
```

이 template에는 타입스크립트의 백틱(`) 다행 문자열 문법이 적용되었다. 지금까지 일종의 자리 맡기 텍스트로 div를 사용하여 템플릿을 여러 군데 만들었다. 템플릿을 별도의 파일로 옮기고 다음과 같이 templateUrl을 그 대신 사용할 수도 있다.

```
1  @Component({
2    selector: 'inventory-app-root',
3    templateUrl: './app.component.html'
4  })
5  export class AppComponent {
6    // 재고 처리 로직
7  }
```

3.5.3 Product 추가하기

앱에는 Product가 있어야 할 것이다. 지금 추가해 보자.

```
1   // Product를 사용하는 예일 뿐이다.
2   // 잠시 뒤에 앵귤러 코드로 비슷한 일을 할 것이다.
3
4   // 우선 `product`를 가져와야 사용할 수 있다.
5   import { Product } from './product.model';
6
7   // 이제 새 `Product`를 만들 수 있다.
8   let newProduct = new Product(
9       'NICEHAT',                              // sku
10      'A Nice Black Hat',                     // name
11      '/assets/images/products/black-hat.jpg', // imageUrl
12      ['Men', 'Accessories', 'Hats'],         // department
13      29.99);                                 // price
```

Product에 사용할 컨스트럭터는 5개의 인수를 받는다. 새 Product를 만들 때는 new 키워드를 사용한다.

> ℹ️ 일반적으로는 함수에 일정 개수 이상의 인수를 전달하지 않는 것이 좋다. 여기서는 Product 클래스가 컨스트럭터로 객체를 받도록 설정하는 것도 한 가지 대안이라고 할 수 있다. 그렇게 하면 인수의 순서를 기억하지 않아도 된다. 그럴 경우 Product는 다음처럼 변경된다.

```
1   new Product({sku: "MYHAT", name: "A green hat"})
```

하지만 지금은 컨스트럭터에서 5개의 인수를 받아도 사용하는 데 어렵지 않을 것이다.

이 Product를 뷰에서 볼 수 있도록 해 보자. 템플릿에서 프로퍼티에 액세스할 수 있으려면 프로퍼티를 컴포넌트에 인스턴스 변수로 추가해야 한다. 이를테면 뷰에서 **newProduct**에 액세스하기 위해서는 다음과 같이 작성할 수 있다.

```
1   class AppComponent {
2     product: Product;
3
4     constructor() {
5       let newProduct = new Product(
6           'NICEHAT',
7           'A Nice Black Hat',
8           '/resources/images/products/black-hat.jpg',
9           ['Men', 'Accessories', 'Hats'],
10          29.99);
11
12      this.product = newProduct;
13    }
14  }
```

또는 다음처럼 더욱더 간결하게 작성할 수도 있다.

```
1   class AppComponent {
2     product: Product;
3
4     constructor() {
5       this.product = new Product(
6           'NICEHAT',
7           'A Nice Black Hat',
8           '/resources/images/products/black-hat.jpg',
9           ['Men', 'Accessories', 'Hats'],
10          29.99);
11    }
12  }
```

여기서 한 일은 모두 세 가지다.

1. **constructor를 추가했다.** 앵귤러에서는 컴포넌트의 새 인스턴스가 만들어질 때 constructor 함수가 호출된다. 컴포넌트의 설정이 시작되는 곳이기도 하다.

2. **인스턴스 변수를 기술했다.** AppComponent의 product: Product는 AppComponent 인스턴스들에 Product 객체인 product 프로퍼티가 생성된다는 뜻이다.

3. **Product를 product에 대입했다.** constructor에서 Product의 인스턴스를 만들고 이를 인스턴스 변수에 대입했다.

3.5.4 템플릿 바인딩으로 Product 보기

product는 AppComponent 인스턴스로 대입되었다. 이 변수를 뷰 템플릿에서 사용해 보자.

```
1   <div class="inventory-app">
2       <h1>{{ product.name }}</h1>
3       <span>{{ product.sku }}</span>
4   </div>
```

{{...}} 문법을 가리켜 **템플릿 바인딩(template binding)**으로 부른다. 중괄호 안에 담긴 수식의 값을 템플릿의 현재 위치에서 사용하겠다는 뜻이다. 따라서 두 번의 바인딩을 생각할 수 있다.

- {{ product.name }}
- {{ product.sku }}

product 변수는 AppComponent 컴포넌트의 인스턴스 변수인 product에서 나온 것이다.

템플릿 바인딩은 중괄호 안에 '수식' 코드를 넣을 수 있어 편리하다. 예를 들자면 다음과 같다.

- {{ count + 1 }}
- {{ myFunction(myArguments) }}

첫 번째에서는 표시된 count의 값을 + 연산자로 변경했다. 두 번째에서는 태그를 myFunction(myArguments) 함수의 값으로 교체했다. 태그의 템플릿 바인딩은 데이터를 앵귤러 애플리케이션에서 표시할 수 있는 기본 방법이다.

3.5.5 Product 더 많이 추가하기

앞에서는 제품을 하나만 표시했다. 이번에는 제품 리스트를 표시해 보자. AppComponent를 변경하여 단일 Product가 아닌 Product들의 배열을 저장하도록 해야 한다.

```
1  class AppComponent {
2    products: Product[];
3
4    constructor() {
5      this.products = [];
6    }
7  }
```

변수의 이름을 product에서 products로 변경했다. 그리고 그 타입도 Product[ ]로 변경했다. 끝에 붙은 [ ]는 products가 Product들의 배열임을 나타낸다. Array<Product>로도 작성할 수 있다. AppComponent는 Product들의 배열을 담는 것으로 변경되었다. 이제 컨스트럭터로 Product들을 몇 개 만들어 보자.

code/how-angular-works/inventory-app/src/app/app.component.ts

```
15  export class AppComponent {
16    products: Product[];
17
18    constructor() {
19      this.products = [
20        new Product(
21          'MYSHOES',
22          'Black Running Shoes',
23          '/assets/images/products/black-shoes.jpg',
24          ['Men', 'Shoes', 'Running Shoes'],
25          109.99),
26        new Product(
27          'NEATOJACKET',
28          'Blue Jacket',
29          '/assets/images/products/blue-jacket.jpg',
30          ['Women', 'Apparel', 'Jackets & Vests'],
31          238.99),
32        new Product(
33          'NICEHAT',
34          'A Nice Black Hat',
35          '/assets/images/products/black-hat.jpg',
36          ['Men', 'Accessories', 'Hats'],
37          29.99)
38      ];
39    }
```

앱에서 사용할 Product 몇 개를 추가했다.

3.5.6 Product 선택하기

최종적으로는 앱에서 사용자 인터랙션을 지원해야 한다. 이를테면 사용자는 특정 제품을 선택하고, 그 정보를 확인한 뒤 장바구니에 넣을 수 있어야 한다. 새 Product가 선택되면 벌어질 일을 처리하기 위해 몇 가지 기능을 AppComponent에 추가해 보자. 우선, 다음과 같이 새 함수인 productWasSelected를 정의한다.

code/how-angular-works/inventory-app/src/app/app.component.ts

```
41    productWasSelected(product: Product): void {
42      console.log('Product clicked: ', product);
43    }
```

이 함수는 product라는 단일 인수를 받아 "제품이 선택되었다"고 출력한다. 잠시 뒤에 이 함수를 사용할 것이다.

3.5.7 <products-list>를 사용하여 제품 리스트 출력하기

최상위 AppComponent 컴포넌트가 준비되었다. 여기에 제품 리스트를 렌더링하기 위한 새 컴포넌트를 추가해야 할 것이다. 다음 절에서는 products-list 셀렉터에 해당하는 ProductsList 컴포넌트를 구현할 것이다. 세부 구현 코드를 살펴보기에 앞서 새 컴포넌트를 템플릿에서 사용부터 해 보자.

code/how-angular-works/inventory-app/src/app/app.component.html

```
1  <div class="inventory-app">
2    <products-list
3      [productList]="products"
4      (onProductSelected)="productWasSelected($event)">
5    </products-list>
6  </div>
```

몇 가지 새 문법이 보인다. 하나씩 살펴보자.

■ 입력과 출력

products-list에는 앵귤러 컴포넌트의 핵심 기능인 입력(imput)과 출력(output)이 사용된다.

```
1    <products-list
2      [productList]="products"          <!-- 입력 -->
3      (onProductSelected)="productWasSelected($event)"> <!-- 출력 -->
```

```
4        </products-list>
```

[squareBrackets]는 입력을 전달하고, (parenthesis)는 출력을 처리한다. 데이터는 '입력 바인딩 (input binding)'을 통해 컴포넌트로 흘러들고, 이벤트는 '출력 바인딩(output binding)'을 통해 컴 포넌트에서 흘러나온다. 입력과 출력 바인딩을 한 데 묶어 컴포넌트의 공개용 API를 정의하 는 것으로 생각할 수 있다.

■ 입력을 전달하는 [squareBrackets]

앵귤러에서는 '입력'을 통해 데이터를 자식 컴포넌트로 전달한다. 앞의 코드에서 다음 부분을 다시 살펴보자.

```
1        <products-list
2            [productList]="products"
```

ProductList 컴포넌트의 입력을 사용한 곳이다. products/productList가 어느 곳에서 오는 것 인지 이해하기가 까다로울 수 있다. 이 속성을 둘로 나눠 생각해 보자.

- [productList] (왼쪽 자리)
- "products" (오른쪽 자리)

왼쪽 자리인 [productList]에서는 products-list 컴포넌트의 productList 입력을 사용한다(정 의하는 방법은 곧 언급할 것이다). 오른쪽 자리인 "products"에서는 수식인 products의 값, 즉 AppComponent 클래스의 this.products 배열을 보낸다.

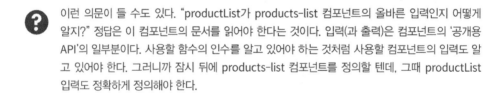

이런 의문이 들 수도 있다. "productList가 products-list 컴포넌트의 올바른 입력인지 어떻게 알지?" 정답은 이 컴포넌트의 문서를 읽어야 한다는 것이다. 입력(과 출력)은 컴포넌트의 '공개용 API'의 일부분이다. 사용할 함수의 인수를 알고 있어야 하는 것처럼 사용할 컴포넌트의 입력도 알 고 있어야 한다. 그러니까 잠시 뒤에 products-list 컴포넌트를 정의할 텐데, 그때 productList 입력도 정확하게 정의해야 한다.

■ 출력을 처리하는 (parenthesis)

앵귤러에서는 출력을 통해 컴포넌트로부터 다른 곳으로 데이터를 보낸다. 앞의 코드에서 다 음 부분을 다시 살펴보자.

```
1    <products-list
2      ...
3      (onProductSelected)="productWasSelected($event)">
```

ProductsList 컴포넌트의 onProductSelected 출력을 주시한다는 뜻이다. 이를 정리하자면 다음과 같다.

- 왼쪽 자리인 (onProductSelected)는 주시할 출력의 이름이다.
- 오른쪽 자리인 "productWasSelected"는 새로운 것이 출력으로 보내지면 **호출될** 함수다.
- $event는 배출된, 즉 출력으로 보낸 것을 나타내는 '특별한 변수'다.

아직까지는 입력이나 **출력**을 컴포넌트에 어떻게 정의하는지 언급하지 않았다. ProductsList 컴포넌트를 정의할 때 함께 정의할 것이다. 지금은 데이터를 자식 컴포넌트에 전달하는 수단이 '입력'(함수의 인수와 비슷함)이고, 자식 컴포넌트에서 데이터를 받는 수단이 '출력'(함수의 리턴값과 비슷함)이라고만 해 두자.

■ AppComponent 전체 코드

앞에서는 AppComponent를 덩어리 몇 개로 나누었다. 이제 전체를 함께 살펴보자. 다음은 AppComponent의 전체 코드다.

code/how-angular-works/inventory-app/src/app/app.component.ts

```
1    import {
2      Component,
3      EventEmitter
4    } from '@angular/core';
5
6    import { Product } from './product.model';
7
8    /**
9     * @InventoryApp: 최상위 컴포넌트
10    */
11   @Component({
12     selector: 'inventory-app-root',
13     templateUrl: './app.component.html'
14   })
15   export class AppComponent {
16     products: Product[];
17
18     constructor() {
19       this.products = [
20         new Product(
```

```
21          'MYSHOES',
22          'Black Running Shoes',
23          '/assets/images/products/black-shoes.jpg',
24          ['Men', 'Shoes', 'Running Shoes'],
25          109.99),
26        new Product(
27          'NEATOJACKET',
28          'Blue Jacket',
29          '/assets/images/products/blue-jacket.jpg',
30          ['Women', 'Apparel', 'Jackets & Vests'],
31          238.99),
32        new Product(
33          'NICEHAT',
34          'A Nice Black Hat',
35          '/assets/images/products/black-hat.jpg',
36          ['Men', 'Accessories', 'Hats'],
37          29.99)
38      ];
39    }
40
41    productWasSelected(product: Product): void {
42      console.log('Product clicked: ', product);
43    }
44 }
```

그리고 다음은 템플릿 코드다.

code/how-angular-works/inventory-app/src/app/app.component.html

```
1 <div class="inventory-app">
2   <products-list
3     [productList]="products"
4     (onProductSelected)="productWasSelected($event)">
5   </products-list>
6 </div>
```

3.6 ProductsListComponent 컴포넌트

최상위 애플리케이션 컴포넌트가 준비되었다. 이제 제품 행들을 렌더링할 ProductsList Component를 만들어 보자. 사용자는 Product 하나를 선택하고 이를 확인할 수 있어야 한다. 이는 ProductsListComponent의 담당이다. 모든 Product를 동시에 알고 있기 때문이다. 다음 단계에 따라 ProductsListComponent를 작성할 수 있다.

- ProductsListComponent의 @Component 옵션 설정하기

- ProductsListComponent 컨트롤러 클래스 작성하기

- ProductsListComponent 뷰 템플릿 작성하기

3.6.1 ProductsListComponent의 @Component 옵션 설정하기

ProductsListComponent에 사용할 @Component 옵션을 살펴보자.

code/how-angular-works/inventory-app/src/app/products-list/products-list.component.ts

```
1  import {
2    Component,
3    EventEmitter,
4    Input,
5    Output
6  } from '@angular/core';
7  import { Product } from '../product.model';
8
9  /**
10  * @ProductsList: ProductRows 전체를 렌더링하고
11  * 현재 선택된 Product를 저장하는 컴포넌트
12  */
13 @Component({
14   selector: 'products-list',
15   templateUrl: './products-list.component.html'
16 })
17 export class ProductsListComponent {
18   /**
19    * @input productList - 전달된 product[]
20    */
21   @Input() productList: Product[];
22
23   /**
24    * @output onProductSelected - 새 Product가 선택될 때마다
25    * 현재 Product 출력
26    */
27   @Output() onProductSelected: EventEmitter<Product>;
```

우선 ProductsListComponent에서 익숙한 selector 옵션부터 시작해 보자. 이 셀렉터는
ProductsListComponent를 <products-list> 태그에 둘 수 있도록 한다. 그리고 productList와
onProductSelected라는 두 프로퍼티도 정의했다. productList에는 @Input 어노테이션이 제
공되어 자신이 '입력'임을 나타내며, onProductSelected에는 @Output 어노테이션이 제공되어
자신이 '출력'임을 나타낸다.

3.6.2 컴포넌트 입력

입력은 컴포넌트가 받을 파라미터를 지정한다. 입력을 지정하려면 컴포넌트 클래스 프로퍼티에 @Input() 데코레이션을 사용한다. 컴포넌트에서 입력을 받으라고 지정할 때는 그 정의 클래스에 해당 값을 받게 될 인스턴스 변수를 함께 만든다. 이를테면 다음 코드를 생각해 볼 수 있다.

```
1    import { Component, Input } from '@angular/core';
2
3    @Component({
4      selector: 'my-component',
5    })
6    class MyComponent {
7      @Input() name: string;
8      @Input() age: number;
9    }
```

name과 age 입력은 MyComponent 클래스의 인스턴스에 있는 name과 age 프로퍼티에 매핑된다.

 속성과 프로퍼티에 서로 다른 이름을 사용해야 할 때는 이를테면 @Input('firstname') name: String;처럼 작성할 수도 있다. 하지만 앵귤러 스타일 가이드[2]에서는 이를 권장하지 않는다.

다른 템플릿에서 MyComponent를 사용하려면 <my-component [name]="myName" [age]="myAge"></my-component>처럼 작성한다. 여기서 name 속성은 name 입력에 대응하며, 그 결과 MyComponent의 name 프로퍼티에도 대응한다. 하지만 항상 그런 것은 아니니 예단은 금물이다. 예를 들어, 속성 키와 인스턴스 프로퍼티를 서로 다르게 다음처럼 컴포넌트를 사용한다고 생각해 보자.

```
1  <my-component [shortName]="myName" [oldAge]="myAge"></my-component>
```

이런 식으로 컴포넌트를 사용하려면 input 옵션의 문자열 형식을 다음과 같이 변경해야 한다.

```
1    @Component({
2      selector: 'my-component'
3    })
```

---

2   https://angular.io/docs/ts/latest/guide/style-guide.html [단축URL] goo.gl/yQwCZC

```
4     class MyComponent {
5       @Input('shortName') name: string;
6       @Input('oldAge') age: number;
7     }
```

- **프로퍼티 이름**인 (name, age)는 해당 프로퍼티가 컨트롤러에서 어떻게 보이는지(바인딩되는지) 나타낸다.
- **@Input 인수**인 (shortName, oldAge)는 해당 프로퍼티가 '컴포넌트 밖에서' 어떻게 보이는지 설정한다.

■ 입력을 통해 products 전달하기

AppComponent에서는 다음과 같이 [productList] 입력을 통해 products를 products-list에 전달했다.

code/how-angular-works/inventory-app/src/app/app.component.html

```
1   <div class="inventory-app">
2     <products-list
3       [productList]="products"
4       (onProductSelected)="productWasSelected($event)">
5     </products-list>
6   </div>
```

이 문법에 좀 더 익숙해졌을 것으로 믿는다. 여기서는 ProductsListComponent의 입력을 통해 (AppComponent의) this.products의 값을 전달한다.

3.6.3 컴포넌트 출력

컴포넌트에서 컴포넌트 밖으로 데이터를 보낼 때는 '출력 바인딩(output binding)'을 사용한다. 컴포넌트에 버튼이 있고, 이 버튼이 클릭되면 어떤 일을 해야 한다고 생각해 보자. 우선, 버튼의 클릭 출력을 컴포넌트의 컨트롤러에서 선언한 메서드에 바인딩해야 한다. 이를 구현하는 표기법은 (output)="action"이다. 다음은 카운터를 하나 두고 버튼이 클릭될 때마다 카운터가 계속 증가(또는 감소)하는 예다.

```
1   @Component({
2     selector: 'counter',
3     template: `
4       {{ value }}
```

```
 5      <button (click)="increase()">Increase</button>
 6      <button (click)="decrease()">Decrease</button>
 7    `
 8  })
 9  class Counter {
10    value: number;
11
12    constructor() {
13      this.value = 1;
14    }
15
16    increase() {
17      this.value = this.value + 1;
18      return false;
19    }
20
21    decrease() {
22      this.value = this.value - 1;
23      return false;
24    }
25  }
```

첫 번째 버튼이 클릭될 때마다 컨트롤러의 increase() 메서드가 호출된다. 그리고 이와 비슷하게 두 번째 버튼이 클릭될 때마다 decrease() 메서드가 호출된다.

괄호 속성 문법은 (output)="action"인데, 여기서는 주시하고 있는 출력이 버튼의 click 이벤트이다. mousedown, mousemove, dbl-click 등 주시할 수 있는 내장 이벤트에는 여러 가지가 제공된다.

이 예에서 이벤트는 컴포넌트에 '내부적(internal)'이다. 다시 말해, increase()가 호출되면 this. value가 증가하지만, 이 컴포넌트에 어떤 영향을 미치지는 않는다. 컴포넌트를 만들 때는 '공개용 이벤트(outputs 컴포넌트)'도 제공해야 한다. 그래야 컴포넌트가 컴포넌트 외부와 상호작용할 수 있다.

여기서 반드시 이해해야 할 핵심은 (output)="action" 문법을 사용하여 이벤트를 주시할 수 있는 곳이 뷰(view)라는 것이다.

3.6.4 커스텀 이벤트 배출하기

앞에서 언급한 click이나 mousedown처럼 커스텀 이벤트를 배출하는 컴포넌트를 만들어 보자. 이 과정은 다음 3단계로 진행한다.

1. **@Component** 설정에 output 지정하기

2. 출력 프로퍼티에 EventEmitter 연결하기

3. EventEmitter에서 제때에 이벤트 배출하기

> EventEmitter가 낯설 것이다. 어렵지 않으니 무거운 마음을 내려놓기 바란다. EventEmitter는 옵저버 패턴(Observer Pattern)[3]의 구현을 지원하는 객체다. 다시 말해, 다음 일을 수행하는 객체다.
>
>   1. 구독자 리스트 관리
>
>   2. 구독자에게 이벤트 발행
>
> 이 두 가지가 전부다. 다음은 짧고 굵은 EventEmitter 사용 예이다.

```
1  let ee = new EventEmitter();
2  ee.subscribe((name: string) => console.log(`Hello ${name}`));
3  ee.emit("Nate");
4
5  // -> "Hello Nate"
```

EventEmitter를 출력으로 지정하면 **앵귤러는 이를 자동으로 구독한다**. 구독 과정을 따로 진행할 이유가 없는 것이다(원한다면 구독을 직접 추가할 수도 있는 특별한 상황이 있기는 하다).

다음은 출력을 가진 컴포넌트를 어떻게 작성하는지 보여 주는 예다.

```
1  @Component({
2    selector: 'single-component',
3    template: `
4      <button (click)="liked()">Like it?</button>
5    `
6  })
7  class SingleComponent {
8    @Output() putRingOnIt: EventEmitter<string>;
9
10   constructor() {
11     this.putRingOnIt = new EventEmitter();
12   }
13
14   liked(): void {
15     this.putRingOnIt.emit("oh oh oh");
16   }
17 }
```

---

3   https://en.wikipedia.org/wiki/Observer_pattern 참고 [단축URL] goo.gl/ZoBrO

세 단계를 모두 진행했다. 우선 output을 지정했다. 그리고 EventEmitter를 만들어 출력 프로퍼티인 putRingOnIt에 연결했다. 마지막으로 liked가 호출될 때 이벤트를 배출했다. 이 출력을 부모 컴포넌트에서 사용하려면 다음과 같은 일을 한다.

```
1  @Component({
2    selector: 'club',
3    template: `
4      <div>
5        <single-component
6          (putRingOnIt)="ringWasPlaced($event)"
7          ></single-component>
8      </div>
9    `
10 })
11 class ClubComponent {
12   ringWasPlaced(message: string) {
13     console.log(`Put your hands up: ${message}`);
14   }
15 }
16
17 // logged -> "Put your hands up: oh oh oh"
```

다시 언급하자면,

- putRingOnIt은 SingleComponent의 outputs에서 나왔다.
- ringWasPlaced는 ClubComponent의 함수다.
- $event는 배출된 것, 여기서는 string을 담는다.

3.6.5 ProductsListComponent 컨트롤러 클래스 작성하기

다시 원래 예로 돌아가자. ProductsListComponent 컨트롤러는 세 개의 인스턴스 변수가 필요하다.

- 제품 리스트를 담을 하나(productList 입력에서 나온 것)
- 이벤트를 출력할 하나(이벤트는 onProductSelected 출력에서 배출됨)
- 현재 선택된 제품의 참조를 담을 하나

이를 구현하면 다음과 같다.

code/how-angular-works/inventory-app/src/app/products-list/products-list.component.ts

```
17  export class ProductsListComponent {
18    /**
19     * @input productList - 전달된 Product[]
20     */
21    @Input() productList: Product[];
22
23    /**
24     * @output onProductSelected - 새 Product가
25     * 선택될 때마다 현재 Product를 출력한다.
26     */
27    @Output() onProductSelected: EventEmitter<Product>;
28
29    /**
30     * @property currentProduct - 현재 선택된 `Product`가 포함된
31     * 로컬 상태
32     */
33    private currentProduct: Product;
34
35    constructor() {
36      this.onProductSelected = new EventEmitter();
37    }
```

productList는 Product들의 배열이다. inputs로 이를 알 수 있다. onProductSelected는 출력이다. currentProduct는 ProductsListComponent의 내부 프로퍼티다. 이를 가리켜 '로컬 컴포넌트 상태'로도 부른다. 컴포넌트 내부에서만 사용된다는 뜻이다.

3.6.6 ProductsListComponent 뷰 템플릿 작성하기

다음은 products-list 컴포넌트의 템플릿이다.

code/how-angular-works/inventory-app/src/app/products-list/products-list.component.html

```
1  <div class="ui items">
2    <product-row
3      *ngFor="let myProduct of productList"
4      [product]="myProduct"
5      (click)='clicked(myProduct)'
6      [class.selected]="isSelected(myProduct)">
7    </product-row>
8  </div>
```

여기서는 product-row 태그를 사용했다. 이는 ProductRow 컴포넌트에서 나온 것인데, 정의는 잠시 뒤로 미루겠다.

ngFor를 사용하여 productList에서 Product들을 반복 처리했다. 앞에서 ngFor를 언급한 적이 있었지만 노파심에서 다시 한 번 정리하겠다. let thing of things 문법 구조는 things를 반복 처리하며 각 항목 요소의 복사본을 만들어 이를 thing 변수에 대입하라는 뜻이다. 따라서 여기서는 productList에서 Product를 반복 처리하며 항목마다 지역 변수인 myProduct를 만든다.

 스타일의 문제이기는 한데, 나는 실제 앱에서 이 변수를 myProduct로 부르지 않는다. 그 대신 product나 경우에 따라서는 그냥 p로 부른다. 하지만 여기서는 무엇을 전달하는지 명시적으로 나타내기 위해 myProduct를 선택했다. 이 이름이 살짝 더 명확하고 '지역 템플릿 변수'를 product 입력과 구별할 수 있기 때문이다.

흥미로운 점은 myProduct 변수를 '같은 태그에서도 사용할 수 있다'는 사실이다. 코드에 나타낸 대로 이어지는 세 행에서 이를 구현했다.

[product]="myProduct" 행은 myProduct(지역 변수)를 product-row의 product 입력으로 전달한다는 뜻이다. (이 입력은 ProductRow 컴포넌트를 정의할 때 함께 정의할 것이다.)

(click)='clicked(myProduct)' 행은 이 요소가 클릭될 때 할 일을 기술한다. click은 내장 이벤트로서, 호스트 요소가 클릭되면 트리거된다. 여기서는 이 요소가 클릭될 때마다 컴포넌트 함수인 ProductsListComponent의 clicked가 호출된다.

[class.selected]="isSelected(myProduct)" 행은 다소 흥미롭다. 앵귤러에서는 이 문법 구조를 사용하는 요소에서 조건에 따라 class를 설정할 수 있다. 이 문법 구조는 isSelected(myProduct)가 true를 리턴하면 selected CSS 클래스를 추가하라는 뜻이다. 현재 선택된 제품을 표시할 수 있어 대단히 유용한 방법이라 할 수 있다.

아직 clicked나 isSelected를 정의하지 않았다. 바로 지금 (ProductsListComponent에서) 정의해 보자.

■ clicked

code/how-angular-works/inventory-app/src/app/products-list/products-list.component.ts

```
39    clicked(product: Product): void {
40      this.currentProduct = product;
41      this.onProductSelected.emit(product);
42    }
```

이 함수가 하는 일은 두 가지다.

1. 전달받은 Product에 this.currentProduct를 설정한다.
2. 출력으로 클릭된 Product를 배출한다.

■ **isSelected**

code/how-angular-works/inventory-app/src/app/products-list/products-list.component.ts

```
44    isSelected(product: Product): boolean {
45      if (!product || !this.currentProduct) {
46        return false;
47      }
48      return product.sku === this.currentProduct.sku;
49    }
```

이 함수는 Product를 받아 product의 sku가 currentProduct의 sku와 일치하면 true를 리턴한다. 반대의 경우에는 false를 리턴한다.

3.6.7 ProductsListComponent 컴포넌트 전체 코드

다음은 지금까지 다룬 코드 전체다.

code/how-angular-works/inventory-app/src/app/products-list/products-list.component.ts

```
1   import {
2     Component,
3     EventEmitter,
4     Input,
5     Output
6   } from '@angular/core';
7   import { Product } from '../product.model';
8
9   /**
10   * @ProductsList: ProductRows 전체를 렌더링하고
11   * 현재 선택된 Product를 저장하는 컴포넌트
12   */
13  @Component({
14    selector: 'products-list',
15    templateUrl: './products-list.component.html'
16  })
17  export class ProductsListComponent {
18    /**
19     * @input productList - 전달된 product[]
20     */
21    @Input() productList: Product[];
```

```
22
23      /**
24       * @output onProductSelected - 새 Product가 선택될 때마다
25       * 현재 Product 출력
26       */
27      @Output() onProductSelected: EventEmitter<Product>;
28
29      /**
30       * @property currentProduct - 현재 선택된 `Product`가 포함된
31       * 로컬 상태
32       */
33      private currentProduct: Product;
34
35      constructor() {
36        this.onProductSelected = new EventEmitter();
37      }
38
39      clicked(product: Product): void {
40        this.currentProduct = product;
41        this.onProductSelected.emit(product);
42      }
43
44      isSelected(product: Product): boolean {
45        if (!product || !this.currentProduct) {
46          return false;
47        }
48        return product.sku === this.currentProduct.sku;
49      }
50
51    }
```

그리고 다음은 템플릿 코드다.

code/how-angular-works/inventory-app/src/app/products-list/products-list.component.html

```
1   <div class="ui items">
2     <product-row
3       *ngFor="let myProduct of productList"
4       [product]="myProduct"
5       (click)='clicked(myProduct)'
6       [class.selected]="isSelected(myProduct)">
7     </product-row>
8   </div>
```

3.7 ProductRowComponent 컴포넌트

선택된 제품 행 컴포넌트

ProductRowComponent에서는 Product를 표시한다. ProductRowComponent는 자체 템플릿을 가지고 있으며, 더 작은 세 개의 컴포넌트로 구성된다.

- ProductImageComponent — 이미지를 위한 컴포넌트
- ProductDepartmentComponent — 브레드크럼으로 분류를 표시하기 위한 컴포넌트
- PriceDisplayComponent — 제품의 가격을 표시하기 위한 컴포넌트

ProductRowComponent에 사용될 이 세 컴포넌트를 시각적으로 나타내면 다음과 같다.

ProductRowComponent의 서브컴포넌트들

ProductRowComponent의 컴포넌트 설정, 정의 클래스, 템플릿을 살펴보기로 하자.

3.7.1 ProductRowComponent 설정

ProductRowComponent에는 지금까지 다룬 많은 개념이 적용되었다.

code/how-angular-works/inventory-app/src/app/product-row/product-row.component.ts

```
1  import {
2    Component,
3    Input,
4    HostBinding
5  } from '@angular/core';
```

```
 6  import { Product } from '../product.model';
 7
 8  /**
 9   * 제품 하나를 보여 주는 컴포넌트
10   */
11  @Component({
12    selector: 'product-row',
13    templateUrl: './product-row.component.html',
14  })
15  export class ProductRowComponent {
16    @Input() product: Product;
17    @HostBinding('attr.class') cssClass = 'item';
18  }
```

우선 product-row의 selector부터 정의한다. 이미 앞에서 몇 번 경험한 내용이다. 이 컴포넌트가 product-row 태그에 대응한다고 정의한 것이다. 그리고 이 행이 product의 @Input을 받는다고 정의했다. 이 인스턴스 변수는 부모 컴포넌트로부터 전달받은 Product에 설정된다.

HostBinding 데코레이션이 새롭게 등장했다. 속성을 호스트 요소에 설정할 수 있다는 뜻이다. 호스트란 컴포넌트가 연결된 요소를 가리키는 말이다. 여기서는 Semantic UI의 item 클래스[4]를 사용하고 있다. @HostBinding('attr.class') cssClass = 'item';은 CSS 클래스인 item을 호스트 요소에 연결하겠다는 뜻이다.

 host 사용은 적극 권장하는 바이다. 컴포넌트 '안에서' 호스트 요소를 설정할 수 있기 때문이다. 컴포넌트 안에서 호스트 요소를 설정하지 못하면 호스트 요소에서 CSS 태그를 지정해야 하는데, 이는 컴포넌트 사용 시 반드시 CSS 클래스를 지정해야 하기 때문에 바람직하지 못하다.

긴 template 문자열을 타입스크립트 파일에 두지 않고 템플릿을 별도의 HTML 파일로 이동하면 templateUrl을 사용하여 로드할 수 있다. 잠시 뒤에 템플릿을 다룰 것이다.

3.7.2 ProductRowComponent 템플릿

이제 템플릿을 살펴보자.

code/how-angular-works/inventory-app/src/app/product-row/product-row.component.html

```
1  <product-image [product]="product"></product-image>
2  <div class="content">
```

---

4 http://semantic-ui.com/views/item.html 단축URL goo.gl/uKNdxq

```
3    <div class="header">{{ product.name }}</div>
4    <div class="meta">
5      <div class="product-sku">SKU #{{ product.sku }}</div>
6    </div>
7    <div class="description">
8      <product-department [product]="product"></product-department>
9    </div>
10  </div>
11  <price-display [price]="product.price"></price-display>
```

템플릿이 개념적으로 새로운 일을 하는 것은 아니다. 첫 번째 행에서는 product-image 지시
자를 사용하여 product를 ProductImageComponent의 product 입력으로 전달했다. 그리고
product-department 지시자도 같은 방식으로 사용했다. price-display 지시자는 product가
아니라 product.price를 전달한다는 점에서 조금 다르게 사용했다.

템플릿 나머지 부분은 커스텀 CSS 클래스와 일부 템플릿 바인딩이 적용된 표준 HTML 요소
들이다. 이 템플릿에 사용된 세 컴포넌트를 살펴보기로 하자. 비교적 짧은 컴포넌트들이다.

3.8 ProductImageComponent 컴포넌트

ProductImageComponent에서 템플릿은 한 행으로 구현된다. 따라서 인라인으로도 작성할
수 있다.

code/how-angular-works/inventory-app/src/app/product-image/product-image.component.ts

```
8    /**
9     * 제품의 이미지 하나를 보여 주는 컴포넌트
10    */
11   @Component({
12     selector: 'product-image',
13     template: `
14     <img class="product-image" [src]="product.imageUrl">
15     `
16   })
17   export class ProductImageComponent {
18     @Input() product: Product;
19     @HostBinding('attr.class') cssClass = 'ui small image';
20   }
```

img 태그를 눈여겨보아야 한다. [src] 입력을 img에 어떻게 사용했는지가 중요 포인트다. [src]
속성을 사용하면 img 태그에서 '[src] 입력'을 사용할 수 있다. 수식이 처리된 다음에 src 속성

의 값이 교체된다. 이 태그를 다음처럼 작성할 수도 있다.

```
1  <img src="{{ product.imageUrl }}">
```

두 스타일이 기본적으로 동일하다. 따라서 팀에 어울리는 스타일을 고르면 될 것이다.

3.9 PriceDisplayComponent 컴포넌트

이제 PriceDisplayComponent를 살펴보자.

code/how-angular-works/inventory-app/src/app/price-display/price-display.component.ts

```
1  import {
2    Component,
3    Input
4  } from '@angular/core';
5
6  /**
7   * 제품 가격을 보여 주는 컴포넌트
8   */
9  @Component({
10    selector: 'price-display',
11    template: `
12  <div class="price-display">\${{ price }}</div>
13    `
14  })
15  export class PriceDisplayComponent {
16    @Input() price: number;
17  }
```

여기서는 달러 기호($)를 이스케이프 처리했다는 점을 눈여겨보아야 한다. 달러 기호는 백틱 문자열이며, 템플릿 변수에 사용되기 때문이다(ES6에서).

3.10 ProductDepartmentComponent 컴포넌트

다음은 ProductDepartmentComponent이다.

code/how-angular-works/inventory-app/src/app/product-department/product-department.component.ts

```
1  import {
2    Component,
```

```
3    Input
4  } from '@angular/core';
5  import { Product } from '../product.model';
6
7  /**
8   * @ProductDepartment: 제품 분류에 해당하는
9   * 브레드크럼을 보여 주는 컴포넌트
10  */
11 @Component({
12   selector: 'product-department',
13   templateUrl: './product-department.component.html'
14 })
15 export class ProductDepartmentComponent {
16   @Input() product: Product;
17 }
```

그리고 템플릿은 다음과 같다.

code/how-angular-works/inventory-app/src/app/product-department/product-department.
component.html

```
1  <div class="product-department">
2    <span *ngFor="let name of product.department; let i=index">
3      <a href="#">{{ name }}</a>
4      <span>{{i < (product.department.length-1) ? '>' : ''}}</span>
5    </span>
6  </div>
```

ProductDepartmentComponent 컴포넌트에서는 ngFor와 span 태그를 눈여겨보아야 한다. ngFor는 product.department를 반복 처리하며, 각 분류 문자열을 name에 지정한다. 새롭게 등장한 곳은 let i=index에서 두 번째 수식이다. ngFor에서 이터레이션 번호를 끄집어내는 방법이다. span 태그에서는 i 변수를 사용하여 '보다 크다' 기호인 >를 표시해야 하는지 판단한다. 분류 이력을 나타내는 문자열을 다음처럼 표시하겠다는 뜻이다.

```
1  Women > Apparel > Jackets & Vests
```

{{i < (product.department.length-1) ? '>' : ''}} 수식은 마지막 분류 위치가 아니라면 '>' 문자만을 사용하겠다는 뜻이다. 마지막 분류 위치에서는 빈 문자열 ''이 표시된다.

> ⓘ test ? valueIfTrue : valueIfFalse라는 형식을 가리켜 **삼항 연산자(ternary operator)**로 부른다.

3.11 NgModule과 앱 시동하기

이제 마지막으로 NgModule을 확인하고 앱을 시동해야 한다.

code/how-angular-works/inventory-app/src/app/app.module.ts

```
1  import { BrowserModule } from '@angular/platform-browser';
2  import { NgModule } from '@angular/core';
3  import { FormsModule } from '@angular/forms';
4  import { HttpModule } from '@angular/http';
5
6  import { AppComponent } from './app.component';
7  import { ProductImageComponent } from './product-image/product-image.component';
8  import { ProductDepartmentComponent } from './product-department/product-departm\
9  ent.component';
10 import { PriceDisplayComponent } from './price-display/price-display.component';
11 import { ProductRowComponent } from './product-row/product-row.component';
12 import { ProductsListComponent } from './products-list/products-list.component';
13
14 @NgModule({
15   declarations: [
16     AppComponent,
17     ProductImageComponent,
18     ProductDepartmentComponent,
19     PriceDisplayComponent,
20     ProductRowComponent,
21     ProductsListComponent
22   ],
23   imports: [
24     BrowserModule,
25     FormsModule,
26     HttpModule
27   ],
28   providers: [],
29   bootstrap: [AppComponent]
30 })
31 export class AppModule {  }
```

앵귤러는 코드 조직화를 위해 '모듈(module)'을 제공하고 있다. 모든 지시자가 기본적으로 앱 전체에서 동일하게 동작했던 앵귤러JS 1.x와는 달리 앵귤러는 '어느 컴포넌트'를 사용할 것인지 정확하게 지정해야 한다. 이 때문에 설정 과정이 늘어난 측면도 있지만, 규모가 큰 앱에서는 일종의 생명 유지 장치라고 할 수 있다.

앵귤러에서 새 컴포넌트를 만들고 사용하려면 현재 모듈에서 이 컴포넌트에 '액세스할 수 있어야' 한다. 다시 말해, AppComponent template에서 products-list 셀렉터와 함께 Product

ListComponent 컴포넌트를 사용하려면 AppComponent의 모듈이 다음 두 조건 중 하나를
만족해야 한다.

1. ProductListComponent 컴포넌트와 같은 모듈에 있다.

2. AppComponent의 모듈에서 ProductListComponent가 포함된 모듈을 가져온다.

 컴포넌트를 작성할 때는 예외 없이 하나의 NgModule에서 선언하고 템플릿에서 사용해야 한다.

여기서는 AppComponent와 ProductsListComponent를 비롯해 앱에 필요한 컴포넌트들
을 하나의 모듈에 두었다. 그래야 각 컴포넌트에서 다른 컴포넌트가 보인다. NgModule에서
AppComponent를 부트스트랩(bootstrap)하도록 했다. AppComponent가 최상위 컴포넌트이
기 때문이다. 우리의 앱은 브라우저 앱이다. 따라서 BrowserModule도 NgModule의 imports
에 두었다.

3.11.1 앱 시동하기

앱을 부트스트랩(시동)하려면 다음과 같이 main.ts를 작성한다.

code/how-angular-works/inventory-app/src/main.ts

```
1  import { enableProdMode } from '@angular/core';
2  import { platformBrowserDynamic } from '@angular/platform-browser-dynamic';
3
4  import { AppModule } from './app/app.module';
5  import { environment } from './environments/environment';
6
7  if (environment.production) {
8    enableProdMode();
9  }
10
11 platformBrowserDynamic().bootstrapModule(AppModule);
```

이 파일의 마지막 행에서는 무엇이 AppModule과 뒤이어 앵귤러 앱을 시동하는지 나타낸다.
이 앱은 angular-cli로 작성했으므로 ng 도구를 사용하여 앱을 실행할 수 있다. ng serve를
실행하면 된다. 다만, 정확이 어떤 일이 진행되는지 이해하기가 수월하지 않다. ng serve로 앱
을 실행하면 진행되는 개략적인 과정은 다음과 같다.

- ng serve가 .angular-cli.json을 확인한다. 이 json 파일에는 main.ts가 진입점으로(그리고 index.html이 인덱스 파일로) 지정돼 있다.

- main.ts가 AppModule을 부트스트랩한다.

- AppModule이 AppComponent가 최상위 컴포넌트라고 지정한다.

- (중간 생략) 그리고 AppComponent가 나머지 앱 부분을 렌더링한다.

3.12 완성된 프로젝트

테스트하려면 프로젝트 디렉터리로 변경하고 다음을 입력한다.

```
1  npm install
2  ng serve
```

이제 온전하게 동작하는 프로젝트가 완성되었다! 다음은 앱의 최종 모습이다.

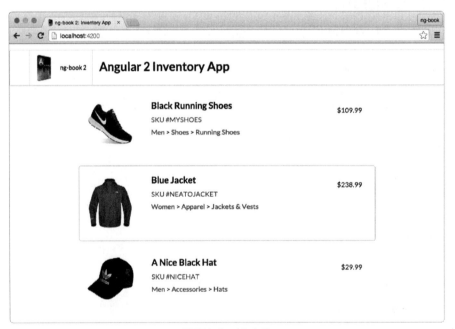

완성된 재고 관리 앱

특정 제품을 고르면 멋진 자주색 테두리가 둘러지도록 렌더링된다. 새 Product를 코드에 추가하면 그 결과도 확인할 수 있을 것이다.

3.13 앱 배포하기

1장에서 배포한 방식 그대로 배포하면 된다.

```
1  ng build --target=production --base-href /
```

dist의 파일들을 서버로 업로드해 보자!

3.14 덧붙여: 데이터 아키텍처

이 시점에서 한 가지 의문이 들 수도 있다. 앱에 더 많은 기능을 넣으면 데이터 흐름을 어떻게 관리해야 할까? 이를테면 장바구니 뷰를 추가하고 장바구니에 항목을 추가한다고 생각해 보자. 어떻게 구현해야 할까? 지금까지 다룬 유일한 도구는 '출력 이벤트 배출' 기능이다. 장바구니에 넣기를 클릭하면 addedToCart 이벤트를 만들어 이를 루트 컴포넌트에서 처리하면 될까? 좀 이상해 보일 것 같다.

데이터 아키텍처는 살펴야 할 내용이 많은 심도 있는 주제다. 한 가지 다행인 것은 앵귤러가 다양한 데이터 아키텍처를 처리할 수 있을 정도로 유연성이 높다는 점이다. 하지만 이를 바꿔 말하면, 어떤 방식을 사용해야 하는지 결정하는 일이 바로 여러분의 몫이라는 뜻이다.

앵귤러 1에서는 양방향 데이터 바인딩이 기본 선택권이었다. 양방향 데이터 바인딩은 다분히 초보적으로서 컨트롤러가 데이터를 가지고, 폼(양식)은 데이터를 조작하며, 뷰는 데이터를 표시하는 방식이다. 양방향 데이터 바인딩에는 일종의 폭포 효과가 자주 일어날 수 있다는 문제가 있다. 이 때문에 애플리케이션이 커지면 데이터 흐름을 추적하기 어려워진다.

한 가지 문제가 더 있다. 양방향 데이터 바인딩에서는 컴포넌트끼리 데이터를 전달하기 때문에 '데이터 레이아웃 트리'와 '돔(DOM) 뷰 트리'가 어쩔 수 없이 같아지는 경우가 잦다. 실제로는 이 둘이 서로 분리되어야 한다.

지금 시나리오를 해결하려면, 현재 항목 리스트를 장바구니에 담기 위한 싱글턴인 ShoppingCartService를 만드는 것이 좋다. 이 서비스는 장바구니의 항목이 변경되면 이를 알린다. 개념은 쉽지만 실제로 구현하기에는 세부 내용이 적지 않다.

앵귤러, 그리고 리액트(React) 등의 현대적인 웹 프레임워크에서는 대부분 **단방향 데이터 바인딩**을 채택하고 있다. 다시 말해, 데이터는 하위 레벨의 컴포넌트로만 흐른다. 변경해야 하는 상황에서는 상위 레벨의 변경 내용이 하위 레벨로 내려갈 수 있도록 이벤트를 배출한다. 처음에는 단방향 데이터 바인딩이 오버헤드의 원인이 되기도 하지만, 변경 내용이 쌓일수록 복잡도가 현저히 줄고 유지 보수가 한결 수월해진다.

데이터 아키텍처 관리 방식에는 크게 두 가지가 있다.

1. RxJS 등의 옵저버블(Observable) 기반 아키텍처
2. 플럭스(Flux) 기반 아키텍처

이 책 후반부에서 확장 및 축소가 자유로운 데이터 아키텍처의 구현 방법을 다룰 것이다. 지금은 새 컴포넌트 기반 앱을 기념하고 즐기는 것으로 충분할 것이다.

CHAPTER

내장 지시자

4.1 소개

앵귤러 2에서 제공하는 **내장 지시자(built-in directive)**는 매우 다양하다. 이 장에서는 내장 지시자를 빠짐없이 소개하고, 나아가 그 사용법을 알 수 있는 예시까지 제공하고자 한다. 이 장이 끝날 때쯤이면 앵귤러가 제공하는 기본적인 내장 지시자들을 무리 없이 사용할 수 있을 것이다.

 이 장의 사용 방법　이 장에서는 앱을 단계별로 빌드하지 않는다. 앵귤러의 내장 지시자들을 살펴보는 장인데다 아직 앵귤러를 깊게 파고들지 않았기 때문에 세부적인 내용까지는 다루지 않겠다. 다만, 예시 코드를 충분히 제시하고자 한다.

주의: 언제라도 전체적인 맥락이 궁금할 때는 이 장의 예시 코드를 참고하기 바란다. 이 장에 제시된 예시 코드를 실행하려면 code/built-in-directives 폴더에서 필요한 코드를 찾아 실행한다.

```
1    npm install
2    npm start
```

그리고 브라우저에서 http://localhost:4200를 연다.

4.2 ngIf

ngIf 지시자는 어떤 요소를 일정 조건에 따라 표시하거나 숨길 때 사용한다. 여기서 조건은 지시자에 전달하는 '수식'의 결과에 따라 결정된다. 수식의 결과가 거짓이면 해당 요소는 DOM에서 제거된다. 몇 가지 예를 들면 다음과 같다.

```
1  <div *ngIf="false"></div>            <!-- 표시되지 않음 -->
2  <div *ngIf="a > b"></div>            <!-- a가 b보다 크면 표시됨 -->
3  <div *ngIf="str == 'yes'"></div>     <!-- str이 "yes"이면 표시됨 -->
4  <div *ngIf="myFunc()"></div>         <!-- myFunc가 참을 리턴하면 표시됨 -->
```

 앵귤러JS 1.x에서도 ngIf 지시자를 지원했다. 앵귤러 4에서도 그대로 사용하면 된다. 다만, 앵귤러 4에서는 ng-show 대신 사용할 수 있는 내장 지시자를 지원하지 않는다. 따라서 어떤 요소의 CSS 가시성(visibility)을 변경하고 싶을 때는 ngStyle이나 class 지시자를 사용하는 것이 좋다. 관련 설명은 잠시 뒤로 미룬다.

4.3 ngSwitch

경우에 따라서는 일정 조건에 따라 서로 다른 요소들을 렌더링해야 한다. 이런 상황에서 다음처럼 ngIf를 몇 번씩 사용해도 문제는 없다.

```
1  <div class="container">
2    <div *ngIf="myVar == 'A'">Var is A</div>
3    <div *ngIf="myVar == 'B'">Var is B</div>
4    <div *ngIf="myVar != 'A' && myVar != 'B'">Var is something else</div>
5  </div>
```

하지만 보다시피 myVar가 A도 아니고 B도 아닌 시나리오는 꽤 생뚱맞다. 단순히 else를 표현하고 싶을 뿐인데 말이다. C 값을 새로 가정하여 더 복잡해지기만 하는 예를 살펴보자. 다음 예에서는 ngIf로 새 요소를 추가해야 할 뿐만 아니라 마지막 경우도 변경해야 한다.

```
1  <div class="container">
2    <div *ngIf="myVar == 'A'">Var is A</div>
3    <div *ngIf="myVar == 'B'">Var is B</div>
4    <div *ngIf="myVar == 'C'">Var is C</div>
5    <div *ngIf="myVar != 'A' && myVar != 'B' && myVar != 'C'">Var is something els\
6  e</div>
7  </div>
```

이런 상황 때문에 앵귤러는 ngSwitch 지시자를 도입했다. 다른 프로그래밍 언어로 switch문을 사용해 본 적이 있다면 이 지시지가 반가울 것이다. ngSwitch 지시자는 프로그래밍 언어의 switch문과 그 개념이 서로 같다. 어떤 수식을 판단하고, 그 결과를 바탕으로 중첩되는 요소를 표시한다. 결과에 따라 다음 일들을 할 수 있다.

- 알고 있는 결과를 기술한다. 이때 ngSwitchCase 지시자를 사용한다.
- 아직 모르는 다른 경우들은 ngSwitchDefault로 처리한다.

이를 바탕으로 앞의 예시를 다시 작성하면 다음과 같다.

```
1  <div class="container" [ngSwitch]="myVar">
2    <div *ngSwitchCase="'A'">Var is A</div>
3    <div *ngSwitchCase="'B'">Var is B</div>
4    <div *ngSwitchDefault>Var is something else</div>
5  </div>
```

새 값 C를 처리하려면 다음과 같이 새 행을 삽입한다.

```
1  <div class="container" [ngSwitch]="myVar">
2    <div *ngSwitchCase="'A'">Var is A</div>
3    <div *ngSwitchCase="'B'">Var is B</div>
4    <div *ngSwitchCase="'C'">Var is C</div>
5    <div *ngSwitchDefault>Var is something else</div>
6  </div>
```

이렇게 하면 기본 조건, 즉 **폴백(fallback)** 조건을 건드리지 않아도 된다.

ngSwitchDefault 요소는 옵션이다. 생략하면 myVar가 예상 값과 일치하는 것이 없을 때 아무것도 렌더링되지 않는다. 그리고 다른 요소에도 *ngSwitchCase의 값을 선언할 수 있다. 딱 한 번만 대조하는 제한이 사라진 것이다. 다음은 그 예이다.

code/built-in-directives/src/app/ng-switch-example/ng-switch-example.component.html

```
1  <h4 class="ui horizontal divider header">
2    Current choice is {{ choice }}
3  </h4>
4
5  <div class="ui raised segment">
6    <ul [ngSwitch]="choice">
7      <li *ngSwitchCase="1">First choice</li>
8      <li *ngSwitchCase="2">Second choice</li>
```

```
9      <li *ngSwitchCase="3">Third choice</li>
10     <li *ngSwitchCase="4">Fourth choice</li>
11     <li *ngSwitchCase="2">Second choice, again</li>
12     <li *ngSwitchDefault>Default choice</li>
13   </ul>
14 </div>
15
16 <div style="margin-top: 20px;">
17   <button class="ui primary button" (click)="nextChoice()">
18     Next choice
19   </button>
20 </div>
```

이 예에서 choice가 2이면 2번째 및 5번째 li가 렌더링된다.

4.4 NgStyle

NgStyle 지시자를 사용하면 지정된 DOM 요소의 CSS 프로퍼티를 앵귤러 수식에서 설정할
수 있다. 이 지시자의 가장 단순한 구조는 [style.<cssproperty>]="value"이다. 예를 들면 다음
과 같다.

code/built-in-directives/src/app/ng-style-example/ng-style-example.component.html
```
5  <div [style.background-color]="'yellow'">
6    Uses fixed yellow background
7  </div>
```

여기서는 NgStyle 지시자를 사용하여 background-color CSS 프로퍼티를 리터럴 문자열
'yellow'로 설정했다. 고정 값을 설정할 때는 설정하려는 각 프로퍼티에 NgStyle 속성과 키-값
의 쌍을 사용해도 된다. 예를 들면 다음과 같다.

code/built-in-directives/src/app/ng-style-example/ng-style-example.component.html
```
13 <div [ngStyle]="{color: 'white', 'background-color': 'blue'}">
14   Uses fixed white text on blue background
15 </div>
```

 한 가지 주의할 점이 있다. ngStyle 스펙에 따라 color에는 따옴표를 두르지 않고 background-
color에는 작은따옴표를 둘렀다. 왜일까? ngStyle에 전달되는 인수는 자바스크립트 객체이고,
color는 (따옴표가 없는) 유효한 키이기 때문이다. 반면, background-color는 객체 키에는 문
자열이 아닌 이상 대시 문자가 허용되지 않는다는 규칙에 따라 따옴표로 묶은 것이다. 될 수 있으

면 객체 키에는 따옴표를 사용하지 않고, 부득이한 경우 키에만 사용하는 것이 일반적이라 할 수 있다.

여기서는 color와 background-color의 프로퍼티를 설정했다. 하지만 NgStyle 지시자의 진짜 능력은 동적인 값에 사용될 때 발휘된다. 여기서는 Apply settings 버튼과 함께 두 개의 입력 란을 정의해 보자.

code/built-in-directives/src/app/ng-style-example/ng-style-example.component.html

```
56  <div class="ui input">
57    <input type="text" name="color" value="{{color}}" #colorinput>
58  </div>
59
60  <div class="ui input">
61    <input type="text" name="fontSize" value="{{fontSize}}" #fontinput>
62  </div>
63
64  <button class="ui primary button" (click)="apply(colorinput.value, fontinput.val\
65  ue)">
66    Apply settings
67  </button>
```

그 값을 사용하여 세 요소의 CSS 프로퍼티를 설정했다. 첫 번째 요소에서는 입력된 값에 따라 서체의 크기를 설정한다.

code/built-in-directives/src/app/ng-style-example/ng-style-example.component.html

```
21  <div>
22    <span [ngStyle]="{color: 'red'}" [style.font-size.px]="fontSize">
23      red text
24    </span>
25  </div>
```

여기서 중요한 것은 적절한 단위를 지정해야 한다는 사실이다. 이를테면 font-size를 12로 설정하는 것은 유효한 CSS가 아니다. 이 12가 12px인지 1.2em인지 구별하여 지정해야 한다. 앵귤러에서는 [style.font-size.px]처럼 간편하게 단위를 지정할 수 있다. .px 접미사는 font-size 프로퍼티의 값을 픽셀 단위로 지정하겠다는 뜻이다. 이 접미사 대신 [style.font-size.em]처럼 적용하면 서체의 크기를 em 단위로 사용하겠다는 뜻이고, 서체 단위를 %로 사용하려면 [style.font-size.%]를 적용한다.

다른 두 요소에서는 #colorinput을 사용하여 텍스트색과 배경색을 설정한다.

```
33  <h4 class="ui horizontal divider header">
34    ngStyle with object property from variable
35  </h4>
36
37  <div>
38    <span [ngStyle]="{color: color}">
39      {{ color }} text
40    </span>
41  </div>
42
43  <h4 class="ui horizontal divider header">
44    style from variable
45  </h4>
46
47  <div [style.background-color]="color"
48      style="color: white;">
49    {{ color }} background
50  </div>
```

이제 Apply settings 버튼을 클릭하면 새 값을 설정하는 메서드가 호출된다.

code/built-in-directives/src/app/ng-style-example/ng-style-example.component.ts

```
32    apply(color: string, fontSize: number): void {
33      this.color = color;
34      this.fontSize = fontSize;
35    }
```

이로써 NgStyle 지시자에 따라 색상 및 서체 크기가 요소에 적용되었다.

4.5 NgClass

NgClass 지시자는 HTML 템플릿에서 ngClass 속성으로 표현되며, 지정된 DOM 요소에 따라 CSS 클래스를 동적으로 설정하고 변경할 때 사용된다. 우선 NgClass 지시자는 객체 리터럴을 전달할 때 사용한다. 이 객체는 클래스 이름에 해당하는 키를 가지고 있어야 하며, 참또는 거짓이라는 값에 따라 그 클래스의 적용 여부가 결정된다. 이를테면, 요소에 검은색 점선 테두리를 추가하는 bordered CSS 클래스가 있다고 생각해 보자.

code/built-in-directives/src/styles.css

```
8  .bordered {
9    border: 1px dashed black;
```

```
10    background-color: #eee; }
```

여기에 두 개의 div 요소를 추가한다. 항상 bordered 클래스를 가지는(따라서 항상 테두리가 있는) 하나와 절대로 가지지 않는 하나다.

code/built-in-directives/src/app/ng-class-example/ng-class-example.component.html

```
2    <div [ngClass]="{bordered: false}">This is never bordered</div>
3    <div [ngClass]="{bordered: true}">This is always bordered</div>
```

예상한 대로 다음처럼 두 div가 렌더링되었다.

간단한 클래스 지시자 사용 예

물론, NgClass 지시자를 사용하여 클래스 대입을 동적으로 구현하는 것이 훨씬 더 유용하다. 클래스 대입을 동적으로 구현하려면 다음처럼 객체 값으로 변수를 추가해야 한다.

code/built-in-directives/src/app/ng-class-example/ng-class-example.component.html

```
5    <div [ngClass]="{bordered: isBordered}">
6      Using object literal. Border {{ isBordered ? "ON" : "OFF" }}
7    </div>
```

또는 다음처럼 컴포넌트에서 classesObj 객체를 정의해도 된다.

code/built-in-directives/src/app/ng-class-example/ng-class-example.component.ts

```
3    @Component({
4      selector: 'app-ng-class-example',
5      templateUrl: './ng-class-example.component.html'
6    })
7    export class NgClassExampleComponent implements OnInit {
8      isBordered: boolean;
9      classesObj: Object;
10     classList: string[];
11
12     constructor() {
13     }
14
15     ngOnInit() {
16       this.isBordered = true;
```

```
17    this.classList = ['blue', 'round'];
18    this.toggleBorder();
19  }
20
21  toggleBorder(): void {
22    this.isBordered = !this.isBordered;
23    this.classesObj = {
24      bordered: this.isBordered
25    };
26  }
```

그리고 다음처럼 이 객체를 직접 사용한다.

code/built-in-directives/src/app/ng-class-example/ng-class-example.component.html

```
9   <div [ngClass]="classesObj">
10    Using object var. Border {{ classesObj.bordered ? "ON" : "OFF" }}
11  </div>
```

 다시 말하지만, bordered-box처럼 대시가 포함된 클래스 이름은 주의해서 사용해야 한다. 자바스크립트의 객체는 리터럴 키에 대시가 포함되면 안 된다. 굳이 사용하려면 다음처럼 키를 문자열로 만들어야 한다.

```
1   <div [ngClass]="{'bordered-box': false}">...</div>
```

클래스 이름들로 구성된 리스트를 사용하여 어느 클래스 이름이 요소에 추가되어야 하는지 지정할 수도 있다. 그럴 경우에는 다음처럼 배열 리터럴을 전달해야 한다.

code/built-in-directives/src/app/ng-class-example/ng-class-example.component.html

```
31  <div class="base" [ngClass]="['blue', 'round']">
32    This will always have a blue background and
33    round corners
34  </div>
```

또는 다음처럼 컴포넌트에서 배열 변수를 프로퍼티에 대입해도 된다.

```
1   this.classList = ['blue', 'round'];
```

그리고 다음처럼 전달한다.

code/built-in-directives/src/app/ng-class-example/ng-class-example.component.html

```
36    <div class="base" [ngClass]="classList">
37      This is {{ classList.indexOf('blue') > -1 ? "" : "NOT" }} blue
38      and {{ classList.indexOf('round') > -1 ? "" : "NOT" }} round
39    </div>
```

마지막 예에서 [ngClass] 대입문은 HTML class 속성이 지정한 기존 값과 함께 동작한다.

요소에 추가된 클래스는 일반적인 class라는 HTML 속성과 [class] 지시자의 계산 결과, 이렇게 두 가지가 제공하는 클래스들의 집합이 된다. 다음 예를 살펴보자.

code/built-in-directives/src/app/ng-class-example/ng-class-example.component.html

```
31    <div class="base" [ngClass]="['blue', 'round']">
32      This will always have a blue background and
33      round corners
34    </div>
```

이 요소는 모두 세 가지 클래스를 가진다. class라는 HTML 속성으로 만들어진 base와 [class] 대입을 통해 만들어진 blue와 round이다.

속성과 지시자로 만들어진 클래스

4.6 NgFor

ngFor 지시자는 지정된 DOM 요소들(또는 DOM 요소들로 구성된 컬렉션)을 반복하며 배열의 요소를 전달한다. 문법 구조는 *ngFor="let item of items"이다.

- let item은 items 배열의 각 요소를 받기 위한 (템플릿) 변수를 지정한다.
- items는 컨트롤러의 항목들이 모인 컬렉션이다.

정리하는 차원에서 다음 예를 살펴보자. 컴포넌트 컨트롤러에서 도시 배열을 선언했다.

```
1  this.cities = ['Miami', 'Sao Paulo', 'New York'];
```

이제 템플릿에서 다음 HTML 스니펫을 작성할 수 있다.

code/built-in-directives/src/app/ng-for-example/ng-for-example.component.html

```
1  <h4 class="ui horizontal divider header">
2    Simple list of strings
3  </h4>
4
5  <div class="ui list" *ngFor="let c of cities">
6    <div class="item">{{ c }}</div>
7  </div>
```

div 안의 각 도시가 예상대로 렌더링될 것이다.

ngFor 지시자 사용법

또한, 다음처럼 객체 배열을 반복할 수 있다.

code/built-in-directives/src/app/ng-for-example/ng-for-example.component.ts

```
17    this.people = [
18      { name: 'Anderson', age: 35, city: 'Sao Paulo' },
19      { name: 'John', age: 12, city: 'Miami' },
20      { name: 'Peter', age: 22, city: 'New York' }
21    ];
```

이제 각 데이터 행을 기준으로 테이블을 렌더링한다.

code/built-in-directives/src/app/ng-for-example/ng-for-example.component.html

```
9   <h4 class="ui horizontal divider header">
10    List of objects
11  </h4>
```

```
12
13  <table class="ui celled table">
14    <thead>
15      <tr>
16        <th>Name</th>
17        <th>Age</th>
18        <th>City</th>
19      </tr>
20    </thead>
21    <tr *ngFor="let p of people">
22      <td>{{ p.name }}</td>
23      <td>{{ p.age }}</td>
24      <td>{{ p.city }}</td>
25    </tr>
26  </table>
```

다음 결과를 확인할 수 있을 것이다.

List of objects		
Name	**Age**	**City**
Anderson	35	Sao Paulo
John	12	Miami
Peter	22	New York

객체 배열의 렌더링

또한, 중첩 배열도 처리할 수 있다. 위 테이블에서 도시별로 나눌 때는 다음처럼 새 객체 배열을 쉽게 선언할 수 있다.

code/built-in-directives/src/app/ng-for-example/ng-for-example.component.ts

```
22      this.peopleByCity = [
23        {
24          city: 'Miami',
25          people: [
26            { name: 'John', age: 12 },
27            { name: 'Angel', age: 22 }
28          ]
29        },
30        {
31          city: 'Sao Paulo',
32          people: [
```

```
33          { name: 'Anderson', age: 35 },
34          { name: 'Felipe', age: 36 }
35       ]
36     }
37   ];
38  }
```

그리고 NgFor 지시자를 사용하면 도시마다 하나의 h2로 렌더링할 수도 있다.

code/built-in-directives/src/app/ng-for-example/ng-for-example.component.html

```
32  <div *ngFor="let item of peopleByCity">
33    <h2  class="ui header">{{ item.city }}</h2>
```

중첩 지시자를 사용하면 도시마다 사람들을 반복 처리할 수 있다.

code/built-in-directives/src/app/ng-for-example/ng-for-example.component.html

```
13  <table class="ui celled table">
14    <thead>
15      <tr>
16        <th>Name</th>
17        <th>Age</th>
18        <th>City</th>
19      </tr>
20    </thead>
21    <tr *ngFor="let p of people">
22      <td>{{ p.name }}</td>
23      <td>{{ p.age }}</td>
24      <td>{{ p.city }}</td>
25    </tr>
26  </table>
```

다음 템플릿 코드를 실행해 보자.

code/built-in-directives/src/app/ng-for-example/ng-for-example.component.html

```
28  <h4 class="ui horizontal divider header">
29    Nested data
30  </h4>
31
32  <div *ngFor="let item of peopleByCity">
33    <h2 class="ui header">{{ item.city }}</h2>
34
35    <table class="ui celled table">
36      <thead>
37        <tr>
```

```
38          <th>Name</th>
39          <th>Age</th>
40        </tr>
41      </thead>
42      <tr *ngFor="let p of item.people">
43        <td>{{ p.name }}</td>
44        <td>{{ p.age }}</td>
45      </tr>
46    </table>
47  </div>
```

도시마다 테이블이 하나씩 렌더링될 것이다.

Nested data	
Miami	
Name	Age
John	12
Angel	22
Sao Paulo	
Name	Age
Anderson	35
Felipe	36

중첩 배열 렌더링하기

4.6.1 인덱스 얻기

배열을 반복 처리할 때 각 항목의 인덱스가 필요한 경우도 있다. 인덱스를 가져오려면 ngFor 지시자의 값에 let idx = index를 추가해야 한다. 이때 서로를 세미콜론으로 분리한다. 현재 인덱스가 해당 변수에 대입된다(여기서는 idx 변수).

 인덱스도 자바스크립트처럼 0부터 시작한다. 따라서 첫 번째 요소의 인덱스는 0, 그다음 요소는 1이다.

첫 번째 예에서 몇 가지를 변경해 보자. 다음처럼 let num = index 스니펫을 추가한다.

code/built-in-directives/src/app/ng-for-example/ng-for-example.component.html

```
53  <div class="ui list" *ngFor="let c of cities; let num = index">
54    <div class="item">{{ num+1 }} - {{ c }}</div>
55  </div>
```

다음처럼 도시명 앞에 위치가 추가될 것이다.

List with index

1 - Miami

2 - Sao Paulo

3 - New York

인덱스 사용하기

4.7 NgNonBindable

ngNonBindable은 페이지 중 특정 구역을 컴파일하지 않거나 바인딩하지 않을 때 사용한다. 이를테면 템플릿에서 리터럴 텍스트인 {{ content }}를 렌더링한다고 생각해 보자. 대개는 텍스트가 content 변수의 값에 바인딩된다. {{ }}라는 템플릿 문법을 적용했기 때문이다.

그렇다면 {{ content }}를 어떻게 렌더링할까? ngNonBindable 지시자를 사용하면 된다. 이 content 변수의 내용물을 렌더링하는 div를 하나 만들고, 변수의 실제 값 옆에 'this is what {{ content }} rendered'를 출력해 보자. 다음처럼 템플릿을 사용해야 할 것이다.

code/built-in-directives/src/app/ng-non-bindable-example/ng-non-bindable-example.component.html

```
1  <div class='ngNonBindableDemo'>
2    <span class="bordered">{{ content }}</span>
3    <span class="pre" ngNonBindable>
4      &larr; This is what {{ content }} rendered
5    </span>
6  </div>
```

ngNonBindable 속성이 지정되었으므로 두 번째 span은 컴파일되지 않고 그대로 남는다.

```
Some text ← This is what {{ content }} rendered
```

ngNonBindable 사용 결과

4.8 결론

앵귤러가 제공하는 핵심 지시자는 몇 가지 되지 않지만, 이들을 결합하면 역동적이고 강력한 앱을 만들 수 있다. 하지만 지시자는 동적 데이터를 출력할 뿐이지 사용자 인터랙션을 생성하지는 못한다. 다음 장에서는 사용자가 폼(양식)을 사용하여 데이터를 입력할 수 있도록 할 것이다.

CHAPTER

5

앵굴러의 폼

5.1 폼은 중요하다. 그리고 복잡하다

폼이야말로 웹 애플리케이션에서 가장 중요하고 핵심적인 요소가 아닐까 한다. 링크를 클릭한다든가 마우스를 움직이는 이벤트도 자주 받게 되지만, 사용자에게서 리치 데이터(rich data)를 입력받는 방식은 **폼(form)**이 대다수일 것이다. 겉으로는 폼이 직관적이라고 할 수 있다. input 태그로 만들어진 곳에 사용자가 어떤 내용을 채우고 제출을 클릭하는 과정이 전부이다. 어려울 것이 무엇이겠는가? 하지만 실제로 폼은 복잡하기 그지없다. 왜 그런지 몇 가지 이유를 들면 다음과 같다.

- 폼 입력은 데이터를 페이지나 서버에서 수정하기 위한 것이다.
- 변경된 내용이 페이지 내 다른 곳에 반영되기도 해야 한다.
- 사용자는 정해진 구조대로만 입력하지 않는다. 따라서 입력 내용을 검증해야 한다.
- 입력 예시나 혹시 있을지 모를 오류를 분명하게 적시하는 UI여야 한다.
- 종속된 필드가 있으면 로직이 복잡해진다.
- DOM 셀렉터에 의존하지 않고 폼을 테스트할 수 있어야 한다.

다행히 앵굴러는 이와 관련한 각종 도구를 지원하고 있다.

- **FormControl**은 폼에 입력된 내용을 캡슐화하고 이를 처리할 수 있는 객체를 제공한다.
- **Validator**는 일정 방식에 따라 입력 내용을 검증한다.
- **옵저버(Observer)**는 폼을 주시하다 변경 내용에 맞춰 응답한다.

이 장에서는 폼 작성 과정을 단계별로 살펴보고자 한다. 우선, 몇 가지 간단한 폼부터 시작해 좀 더 복잡한 로직을 구현해 보자.

5.2 FormControl과 FormGroup

앵귤러 폼에서 가장 기본이 되는 두 객체는 FormControl과 FormGroup이다.

5.2.1 FormControl

FormControl은 입력 필드 하나를 나타낸다. 앵귤러 폼에서 가장 작은 단위인 셈이다. FormControl은 필드의 값을 캡슐화하고, 이 값이 유효한지 혹은 변경되었는지 오류가 있는지 적시한다. 이를테면 다음처럼 타입스크립트에서 FormControl을 사용한다.

```
1  // "Nate"라는 값으로 새 FormControl 생성
2  let nameControl = new FormControl("Nate");
3
4  let name = nameControl.value; // -> Nate
5
6  // 이제 이 컨트롤에 값을 조회할 수 있음
7  nameControl.errors  // -> StringMap<string, any> 등의 오류
8  nameControl.dirty   // -> false
9  nameControl.valid   // -> true
10 // etc.
```

폼을 만들기 위해 FormControl(그리고 FormControl 그룹)을 만들었고, 메타데이터와 로직을 추가했다. 앵귤러의 다른 구조들처럼 여기서도 클래스가 있고(여기서는 FormControl), DOM에 속성(여기서는 formControl)을 추가했다. 이를테면 폼에는 다음 내용이 있다.

```
1  <!-- 더 큰 폼의 일부분 -->
2  <input type="text" [formControl]="name" />
```

새 FormControl 객체가 form 안에 만들어졌다. 동작하는 과정을 잠시 뒤에 살펴볼 것이다.

5.2.2 FormGroup

폼에는 대부분 필드가 여럿이다. 따라서 여러 FormControl을 다룰 방법이 있어야 한다. 폼의 유효성을 검증할 때 FormControl 배열을 일일이 반복 처리하는 것은 비효율이다. FormGroup은 여러 FormControl에 래퍼 인터페이스(wrapper interface)를 두어 이런 단점을 극복했다. 다음은 FormGroup을 만드는 방법이다.

```
1  let personInfo = new FormGroup({
2      firstName: new FormControl("Nate"),
3      lastName: new FormControl("Murray"),
4      zip: new FormControl("90210")
5  })
```

FormGroup과 FormControl은 조상이 같다(AbstractControl[1]). 따라서 FormControl이 하나뿐일 때처럼 personInfo의 status나 value를 확인할 수 있다.

```
1   personInfo.value; // -> {
2   // firstName: "Nate",
3   // lastName: "Murray",
4   // zip: "90210"
5   // }
6
7   // 이제 이 컨트롤 그룹에 값을 조회할 수 있음
8   // 조회할 값은 자식 FormControl의 값에 따라 달라짐
9   personInfo.errors // -> StringMap<string, any> of errors
10  personInfo.dirty  // -> false
11  personInfo.valid  // -> true
12  // etc.
```

FormGroup의 value를 가져오기 위해 키-값 쌍으로 구성된 객체를 받았다. 이렇게 하면 FormControl 하나하나 따로 반복 처리하지 않고도 폼의 값 전체를 온전히 가져올 수 있어 매우 편리하다.

5.3 첫 번째 폼

폼을 만들 수 있는 재료는 많으며, 아직 언급하지 않은 것도 몇 가지 있다. 제대로 된 예를 한

---

1   https://angular.io/docs/ts/latest/api/forms/index/AbstractControl-class.html (단축URL) goo.gl/PgsEiG

가지 들어 하나하나 언급하겠다.

 forms/에서 전체 코드를 다운로드할 수 있다.

다음은 우리가 만들 첫 번째 폼의 모습이다.

Demo Form: Sku

SKU

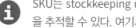
SKU

Submit

재고 관리 코드 데모 폼: 단순 버전

이제부터 만들 앱은 제품 판매 리스트가 제공되는 가상 전자상거래 사이트에 사용할 것이다. 우리는 앱으로 제품의 SKU를 저장해야 한다. 따라서 SKU를 입력 필드로만 받는 단순 폼을 만들어 보자.

 SKU는 stockkeeping unit을 줄인 말이다. 제품의 고유 id를 나타내는 용어이며, 이 번호로 제품을 추적할 수 있다. 여기서 SKU는 사람이 읽을 수 있는 항목 ID를 가리킨다.

우리가 만들 폼은 정말 단순하다. sku를 받을 수 있는 입력 필드(레이블 포함) 하나와 제출 버튼만으로 구성된다. 이 폼을 컴포넌트로 변환해 보자. 기억할는지 모르겠지만 컴포넌트 정의는 세 부분으로 나뉜다.

- @Component( ) 데코레이터 설정하기
- 템플릿 만들기
- 컴포넌트 정의 클래스에서 기능 구현하기

하나씩 살펴보자.

5.3.1 FormsModule 로드하기

새 폼 라이브러리를 사용하려면, 먼저 폼 라이브러리를 NgModule에 가져와야 한다. 앵귤러에서는 두 가지 방법으로 폼을 사용할 수 있는데, 이 장에서 둘 다 설명할 것이다. 하나는

FormsModule을 사용하는 방법이고, 다른 하나는 ReactiveFormsModule을 사용하는 방법이다. 두 방법 다 사용한다고 했으니 둘 다 가져오기를 수행해야 한다. 앱의 시동(부트스트랩) 역할을 하는 app.module.ts에서 다음을 수행한다.

```
1   import {
2     FormsModule,
3     ReactiveFormsModule
4   } from '@angular/forms';
5
6   // 더 아래로...
7
8   @NgModule({
9     declarations: [
10      FormsDemoApp,
11      DemoFormSkuComponent,
12      // ... 선언부
13    ],
14    imports: [
15      BrowserModule,
16      FormsModule,              // <-- 추가
17      ReactiveFormsModule       // <-- 추가
18    ],
19    bootstrap: [ FormsDemoApp ]
20  })
21  class FormsDemoAppModule {}
```

이렇게 하면 폼 지시자를 우리 뷰에서 사용할 수 있다. 나중에 다시 살펴보겠지만, Forms Module은 다음과 같은 '템플릿 방식'의 지시자들을 제공한다.

- ngModel
- NgForm

반면, ReactiveFormsModule은 다음 지시자들을 제공한다.

- formControl
- ngFormGroup

몇 가지가 더 있기는 한데, 아직 우리는 이들 지시자의 사용법이나 하는 일 등을 언급하지 않았다. 곧 살펴볼 것이다. 지금은 FormsModule과 ReactiveFormsModule을 NgModule에 가져오면, 뷰 템플릿의 해당 리스트에서 '어떤 지시자든 마음대로 사용할 수 있다'거나 컴포넌트에 '해당 제공자를 주입할 수 있다'는 점만 기억하기 바란다.

5.3.2 단순 SKU 폼: @Component 데코레이터

이제 직접 컴포넌트를 만들어 보자.

code/forms/src/app/demo-form-sku/demo-form-sku.component.ts

```
1  import { Component, OnInit } from '@angular/core';
2
3  @Component({
4    selector: 'app-demo-form-sku',
5    templateUrl: './demo-form-sku.component.html',
```

app-demo-form-sku의 selector를 정의했다. 앞에서도 언급했지만, selector는 컴포넌트와 바인딩될 요소를 결정한다. 여기서는 이 컴포넌트에 따라 다음과 같이 app-demo-form-sku 태그를 사용했다.

```
1  <app-demo-form-sku></app-demo-form-sku>
```

5.3.3 단순 SKU 폼: template

이제 템플릿을 살펴보자.

code/forms/src/app/demo-form-sku/demo-form-sku.component.html

```
1  <div class="ui raised segment">
2    <h2 class="ui header">Demo Form: Sku</h2>
3    <form #f="ngForm"
4          (ngSubmit)="onSubmit(f.value)"
5          class="ui form">
6
7      <div class="field">
8        <label for="skuInput">SKU</label>
9        <input type="text"
10               id="skuInput"
11               placeholder="SKU"
12               name="sku" ngModel>
13      </div>
14
15      <button type="submit" class="ui button">Submit</button>
16    </form>
17  </div>
```

■ form & NgForm

코드가 조금 흥미로워졌다. FormsModule을 가져왔기 때문에 뷰에서 NgForm도 사용할 수 있다. 뷰가 사용할 수 있는 지시자가 만들어질 때마다 지시자는 자신의 selector에 해당하는 요소에 추가된다.

NgForm이 하는 일은 유용하기는 해도 명확하지는 않다. NgForm은 자신의 셀렉터에 form 태그를 포함한다(명시적으로 ngForm을 속성으로 추가할 필요가 없다). 다시 말해, FormsModule을 가져오면 NgForm은 뷰에 있던 <form> 태그에 '자동으로' 추가된다. 상당히 유용하기는 해도 내부에서 일어나는 일이라 혼동의 소지가 있다. NgForm이 제공하는 대표적인 기능 두 가지는 다음과 같다.

1. ngForm이라는 이름의 FormGroup

2. (ngSubmit) 출력

뷰의 <form> 태그에는 이 두 가지를 다 사용한다.

code/forms/src/app/demo-form-sku/demo-form-sku.component.html

```
3    <form #f="ngForm"
4        (ngSubmit)="onSubmit(f.value)"
```

우선 #f="ngForm"을 살펴보자. #v=thing은 뷰의 지역 변수를 만들겠다는 문법이다. 여기서는 변수 #f에 바인딩되어 뷰에 사용할 ngForm의 앨리어스를 만들었다. 갑자기 ngForm은 어디에서 나왔을까? 바로 NgForm 지시자다.

그렇다면 ngForm은 어떤 타입의 객체일까? ngForm은 FormGroup 타입이다. 다시 말해, 뷰에서 f를 FormGroup 객체로 사용할 수 있다. (ngSubmit) 출력에서 우리가 할 일이 바로 이것이다.

 관찰력이 뛰어난 독자는 이런 물음을 던질 수도 있다. NgForm이 <form> 태그에 자동으로 추가된다(기본 NgForm 셀렉터 때문에)고 언급했었다. 다시 말해, NgForm을 사용하려고 ngForm 속성을 추가할 필요가 없다는 것이다. 하지만 여기서는 ngForm을 속성(값) 태그에 넣었다. 왜 그랬을까? 실수일까?

실수가 아니다. ngForm이 이 속성의 '키'라면 NgForm을 이 속성에 사용하겠다는 뜻이다. 여기서는 _reference_를 대입할 때 ngForm을 '속성'으로 사용한다. 다시 말해, 계산되는 수식 ngForm의 값이 지역 템플릿 변수인 f에 대입되어야 한다는 것이다.

ngForm은 이미 요소에 있으므로, 뷰의 다른 곳에서 참조할 수 있도록 이 FormGroup을 '내보내는 것'으로 생각할 수 있다.

폼의 ngSubmit 동작을 바인딩했다. 이때 적용된 문법 구조는 (ngSubmit)="onSubmit(f.value)" 이다.

- (ngSubmit) — NgForm에서 만들어졌다.
- onSubmit( ) — 컴포넌트 정의 클래스(아래)에서 구현된다.
- f.value — f는 위에서 지정한 FormGroup이다. 그리고 .value는 이 FormGroup의 키/값 쌍을 리턴한다.

이제 전부 합치고 폼을 제출하면, 컴포넌트 인스턴스에 onSubmit을 호출하고 폼의 값은 인수로 전달된다.

■ input & NgModel

input 태그에 관해 몇 가지 언급하고 NgModel로 이어갈까 한다.

code/forms/src/app/demo-form-sku/demo-form-sku.component.html

```
3    <form #f="ngForm"
4          (ngSubmit)="onSubmit(f.value)"
5          class="ui form">
6
7      <div class="field">
8        <label for="skuInput">SKU</label>
9        <input type="text"
10              id="skuInput"
11              placeholder="SKU"
12              name="sku" ngModel>
13      </div>
```

- class="ui form"과 class="field" — CSS 프레임워크 Semantic UI[2]의 클래스인 이 둘은 옵션일 뿐이다. 멋진 CSS 옷을 입히기 위해 몇몇 곳에 이들 클래스를 사용했다. 이 두 클래스는 물론 앵귤러의 일부가 아니다.
- label의 for 속성과 input의 id 속성은 W3C 표준[3]에 따라 일치해야 한다.
- "SKU"라는 placeholder를 설정했다. placeholder는 input이 비어 있을 때 무엇이 입력되어야 하는지를 나타내는 일종의 힌트다.

---

2   http://semantic-ui.com/
3   http://www.w3.org/TR/WCAG20-TECHS/H44.html [단축URL] goo.gl/pLn3w6

NgModel 지시자는 ngModel의 selector를 지정한다. 다시 말해, ngModel="whatever" 같은 속성을 input 태그에 둘 수 있다. 여기서는 ngModel을 속성값 없이 지정했다. 템플릿에 ngModel을 지정하는 방법에는 두 가지가 있다. 지금 이 방법이 한 가지다. ngModel을 속성 없이 사용하면 다음 두 가지를 나타낸다.

1. 단방향 데이터 바인딩
2. 이 폼에 sku라는 이름으로 만들어질 FormControl(input 태그의 name 속성 때문에).

NgModel은 부모 FormGroup에(여기서는 폼에) 자동으로 추가되는 새 FormControl을 만든다. 그리고 DOM 요소를 이 새 FormControl에 바인딩한다. 다시 말해, 뷰의 input 태그와 FormControl 사이에 연결 관계를 설정한다. 이 관계는 이름으로 지정되는데, 여기서는 "sku"이다.

> **NgModel vs. ngModel** 무엇이 다를까? 일반적으로는 NgModel처럼 파스칼케이스(PascalCase)를 사용하면, '클래스'를 나타내고 코드에서 정의된 객체를 가리키게 된다. ngModel처럼 캐멀케이스(CamelCase)의 소문자 방식은 지시자의 selector에서 연유된 것으로서 DOM/템플릿에서만 사용된다.
>
> NgModel과 FormControl이 별개의 객체라는 사실도 주목해야 한다. NgModel은 뷰에서 사용하는 '지시자'인데 반해, FormControl은 폼에서 데이터 및 검증을 나타내는 데 사용되는 객체이다.

> 때로는 앵귤러 1에서 그랬듯 ngModel에도 '양방향' 바인딩이 필요하다. 구체적인 방법은 이 장 말미에 살펴볼 것이다.

5.3.4 단순 SKU 폼: 컴포넌트 정의 클래스

이제 클래스 정의를 살펴보자.

code/forms/src/app/demo-form-sku/demo-form-sku.component.ts

```
8  export class DemoFormSkuComponent implements OnInit {
9
10   constructor() { }
11
12   ngOnInit() {
13   }
14
15   onSubmit(form: any): void {
16     console.log('you submitted value:', form);
```

```
17    }
18
19  }
```

여기서는 onSubmit 함수만을 정의한다. onSubmit은 폼이 제출될 때 호출되는 함수다. 지금은 전달받은 값을 console.log로 출력한다.

5.3.5 테스트하기

지금까지 다룬 것을 모두 합치면 다음과 같다.

code/forms/src/app/demo-form-sku/demo-form-sku.component.ts

```
1  import { Component, OnInit } from '@angular/core';
2
3  @Component({
4    selector: 'app-demo-form-sku',
5    templateUrl: './demo-form-sku.component.html',
6    styles: []
7  })
8  export class DemoFormSkuComponent implements OnInit {
9
10   constructor() { }
11
12   ngOnInit() {
13   }
14
15   onSubmit(form: any): void {
16     console.log('you submitted value:', form);
17   }
18
19 }
```

그리고 다음은 템플릿 코드다.

code/forms/src/app/demo-form-sku/demo-form-sku.component.html

```
1  <div class="ui raised segment">
2    <h2 class="ui header">Demo Form: Sku</h2>
3    <form #f="ngForm"
4          (ngSubmit)="onSubmit(f.value)"
5          class="ui form">
6
7      <div class="field">
8        <label for="skuInput">SKU</label>
9        <input type="text"
```

```
10                 id="skuInput"
11                 placeholder="SKU"
12                 name="sku" ngModel>
13      </div>
14
15      <button type="submit" class="ui button">Submit</button>
16    </form>
17  </div>
```

브라우저에서 테스트하면 다음과 같은 화면이 출력된다.

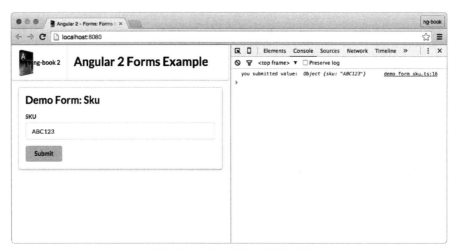

SKU 데모 폼: 단순 버전, 제출된 상태

5.4 FormBuilder 사용하기

ngForm과 ngControl을 사용하면 FormControl과 FormGroup을 암묵적이지만 쉽게 만들 수 있다. 하지만 만드는 사람 입맛에 맞게 세부적으로 조절할 수 있는 옵션은 그리 많지 않다. 훨씬 더 유연하고 공통적인 폼 설정 방법이 바로 FormBuilder이다.

FormBuilder는 이름 그대로 폼 작성을 도와주는 도우미 클래스다. 앞에서도 말했지만 폼은 FormControl과 FormGroup으로 구성되며, FormBuilder는 이들을 만들어 준다(일종의 객체 '공장'인 셈이다). 이전 예시에 FormBuilder를 추가해 보자. 여기서 살펴볼 내용은 다음과 같다.

- 컴포넌트 정의 클래스에서 FormBuilder를 사용하는 방법
- 뷰의 form에서 커스텀 FormGroup을 사용하는 방법

5.5 FormBuilder로 만드는 리액티브 폼

우리의 컴포넌트에는 formGroup과 formControl 지시자를 사용할 것이다. 그러려면 적절한 클래스를 가져와야 한다. 일단, 다음처럼 가져오기를 수행해야 한다.

```
1  import { Component, OnInit } from '@angular/core';
2  import {
3    FormBuilder,
4    FormGroup
5  } from '@angular/forms';
```

5.5.1 FormBuilder 사용하기

다음처럼 컴포넌트 클래스의 constructor에 인수를 만들어 FormBuilder를 주입했다.

 주입한다는 것이 무엇일까? 아직까지는 의존성 주입(Dependency Injection, DI)이나 의존성 주입과 계층 트리의 관계에 관해 별다른 이야기를 하지 않았다. 그래서인지 바로 위의 설명이 머리에 쏙쏙 들어오지 않는 것도 사실이다. 의존성 주입은 6장에서 깊이 있게 언급하고 있으니 관련 내용을 참고하기 바란다.

의존성 주입은 컴포넌트가 올바로 동작하기 위해 어떤 의존성 파일들이 필요한지 지정하는 방법이라 할 수 있다.

code/forms/src/app/demo-form-sku-with-builder/demo-form-sku-with-builder.component.ts

```
1  import { Component, OnInit } from '@angular/core';
2  import {
3    FormBuilder,
4    FormGroup
5  } from '@angular/forms';
6
7  @Component({
8    selector: 'app-demo-form-sku-with-builder',
9    templateUrl: './demo-form-sku-with-builder.component.html',
10   styles: []
11 })
12 export class DemoFormSkuWithBuilderComponent implements OnInit {
13   myForm: FormGroup;
14
15   constructor(fb: FormBuilder) {
16     this.myForm = fb.group({
17       'sku': ['ABC123']
18     });
19   }
20
```

```
21    gOnInit() {
22    }
23
24    onSubmit(value: string): void {
25      console.log('you submitted value: ', value);
26    }
27
28  }
```

주입 시 FormBuilder의 인스턴스가 만들어지며, 이 인스턴스를 (컨스트럭터에 있는) fb 변수에 대입했다. FormBuilder에서 사용할 수 있는 함수에는 다음 두 가지가 있다.

- control — 새 FormControl을 만든다.
- group — 새 FormGroup을 만든다.

이 클래스에 myForm이라는 '인스턴스 변수'를 설정했다. (변수의 이름을 부르기 쉽게 form이라고 할 수도 있지만 앞에서 사용했던 FormGroup이나 form과 차별화하기 위해서 이 이름으로 정했다.) myForm의 타입은 FormGroup이어야 한다. FormGroup은 fb.group()을 호출하면 만들 수 있다. .group은 이 그룹에 FormControl을 지정하는 키-값 쌍의 객체를 받는다. 여기서는 sku라는 컨트롤 하나를 설정했고, 그 값은 ["ABC123"]이다. 즉, 설정된 컨트롤의 기본값이 "ABC123"이다. (여기에는 배열이 사용되었다. 설정 옵션을 추가로 지정해야 하기 때문이다.) 이제 myForm을 뷰에서 사용해야 한다. 다시 말해, form 요소와 바인딩해야 한다.

5.5.2 뷰에서 myForm 사용하기

myForm을 사용할 수 있도록 <form>을 변경해 보자. 앞에서도 언급했지만 ngForm은 FormsModule이 사용될 때 자동으로 적용된다. 그리고 ngForm은 자체 FormGroup을 만든다고도 언급했다. 자, 여기서는 외부 FormGroup을 사용하지 않고, 그 대신 FormBuilder로 만든 인스턴스 변수인 myForm을 사용하려고 한다. 어떻게 해야 할까?

앵귤러는 기존 FormGroup에서 사용할 수 있는 지시자를 하나 더 제공하고 있다. 이 지시자의 이름은 formGroup이며, 다음처럼 사용할 수 있다.

code/forms/src/app/demo-form-sku-with-builder/demo-form-sku-with-builder.component.html

```
2    <h2 class="ui header">Demo Form: Sku with Builder</h2>
3    <form [formGroup]="myForm"
```

myForm을 이 폼의 FormGroup으로 사용하겠다는 뜻이다.

 FormsModule을 사용하면 NgForm이 <form> 요소에 자동으로 적용된다고 앞에서 언급했다. 그런데 여기에는 한 가지 예외가 있다. NgForm은 formGroup이 포함된 <form>에는 적용되지 않는다. 호기심 많은 독자를 위해 소개하자면, NgForm의 selector는 다음과 같다.

```
1  form:not([ngNoForm]):not([formGroup]),ngForm,[ngForm]
```

즉, ngNoForm 속성을 사용하면 NgForm이 적용되지 않는 폼을 가질 수도 있다.

그리고 f 대신 myForm을 사용하려면 onSubmit도 변경해야 한다. 설정 내용과 값이 있는 곳이 myForm이기 때문이다.

이제 마지막 한 가지만 남았다. FormControl을 input 태그에 바인딩해야 한다. 앞에서 ngControl은 새 FormControl 객체를 만들고 부모 FormGroup에 추가한다고 언급했다. 하지만 여기서는 FormControl을 만들기 위해 FormBuilder를 사용했다. 기존 FormControl을 input에 바인딩하려면 formControl을 다음처럼 사용한다.

code/forms/src/app/demo-form-sku-with-builder/demo-form-sku-with-builder.component.html

```
8      <label for="skuInput">SKU</label>
9      <input type="text"
10            id="skuInput"
11            placeholder="SKU"
12            [formControl]="myForm.controls['sku']">
```

여기서는 formControl 지시자를 사용하여 myForm.controls를 확인하고, input에 기존 sku FormControl을 사용했다.

5.5.3 테스트하기

지금까지 다룬 내용을 모두 합치면 다음과 같다.

code/forms/src/app/demo-form-sku-with-builder/demo-form-sku-with-builder.component.ts

```
1  import { Component, OnInit } from '@angular/core';
2  import {
3    FormBuilder,
4    FormGroup
5  } from '@angular/forms';
6
```

```
7   @Component({
8     selector: 'app-demo-form-sku-with-builder',
9     templateUrl: './demo-form-sku-with-builder.component.html',
10    styles: []
11  })
12  export class DemoFormSkuWithBuilderComponent implements OnInit {
13    myForm: FormGroup;
14
15    constructor(fb: FormBuilder) {
16      this.myForm = fb.group({
17        'sku': ['ABC123']
18      });
19    }
20
21    ngOnInit() {
22    }
23
24    onSubmit(value: string): void {
25      console.log('you submitted value: ', value);
26    }
27
28  }
```

그리고 템플릿은 다음과 같다.

code/forms/src/app/demo-form-sku-with-builder/demo-form-sku-with-builder.component.html

```
1   <div class="ui raised segment">
2     <h2 class="ui header">Demo Form: Sku with Builder</h2>
3     <form [formGroup]="myForm"
4           (ngSubmit)="onSubmit(myForm.value)"
5           class="ui form">
6
7       <div class="field">
8         <label for="skuInput">SKU</label>
9         <input type="text"
10               id="skuInput"
11               placeholder="SKU"
12               [formControl]="myForm.controls['sku']">
13     </div>
14
15     <button type="submit" class="ui button">Submit</button>
16   </form>
17  </div>
```

기억할 내용을 정리하면 다음과 같다. 새 FormGroup과 FormControl을 만들려면 암묵적으로 다음 두 가지를 사용한다.

- ngForm
- ngModel

기존 FormGroup과 FormControl을 바인딩하려면 다음 두 가지를 사용한다.

- formGroup
- formControl

5.6 검증 추가하기

사용자가 언제나 올바른 형식으로 데이터를 입력한다는 보장은 어디에도 없다. 입력하는 데이터의 형식이 올바르지 않을 때, 사용자에게 피드백을 제공하고 그런 데이터 입력을 허용하지 않는 책임은 우리 자신에게 있는 것이다. 이를 위해 **검증자**(validator)가 사용된다.

검증자는 Validators 모듈에 제공되며, 가장 단순한 형태의 검증자는 Validators.required이다. 이 검증자는 지정된 필드가 필요하다거나 FormControl이 유효하지 않다고 알린다. 검증자를 사용하기 위해서는 다음 두 단계를 거쳐야 한다.

1. 검증자를 FormControl 객체에 대입한다.
2. 뷰에서 검증자의 상태를 확인하고 그에 따른 적절한 조치를 취한다.

검증자를 FormControl 객체에 대입할 때는 다음과 같이 FormControl 컨스트럭터의 두 번째 인수로 전달하면 된다.

```
1  let control = new FormControl('sku', Validators.required);
```

여기서는 FormBuilder를 사용하기 때문에 다음 문법 구조를 따라야 한다.

code/forms/src/app/demo-form-with-validations-explicit/demo-form-with-validations-explicit.component.ts

```
18   constructor(fb: FormBuilder) {
19     this.myForm = fb.group({
20       'sku': ['', Validators.required]
21     });
22
23     this.sku = this.myForm.controls['sku'];
24   }
```

이제 뷰에서 검증을 구현해 보자. 두 가지 방법으로 뷰에서 검증 값에 접근할 수 있다.

1. FormControl인 sku를 클래스의 인스턴스 변수에 명시적으로 대입할 수 있다. 다소 귀찮은 방법이기는 해도 뷰에서 FormControl에 쉽게 접근할 수 있는 방법이다.

2. 뷰의 myForm에서 FormControl인 sku를 확인할 수 있다. 확인 과정을 거치면 컴포넌트 정의 클래스의 작업이 줄어든다. 다만 뷰가 조금 더 까다로워진다.

두 가지 방법이 서로 어떻게 다른지 분명하게 하기 위해 예를 하나씩 들어 보자.

5.6.1 명시적으로 sku FormControl을 인스턴스 변수로 설정하기

검증이 적용된 우리의 폼은 다음과 같다.

검증이 적용된 데모 폼

뷰에서 개별 FormControl들을 가장 유연하게 다루는 방법이 바로 컴포넌트 정의 클래스에서 각 FormControl을 인스턴스 변수로 설정하는 것이다. 다음은 클래스에서 sku를 설정하는 과정이다.

code/forms/src/app/demo-form-with-validations-explicit/demo-form-with-validations-explicit.component.ts

```
14  export class DemoFormWithValidationsExplicitComponent {
15    myForm: FormGroup;
```

```
16    sku: AbstractControl;
17
18    constructor(fb: FormBuilder) {
19      this.myForm = fb.group({
20        'sku': ['', Validators.required]
21      });
22
23      this.sku = this.myForm.controls['sku'];
24    }
25
26    onSubmit(value: string): void {
27      console.log('you submitted value: ', value);
28    }
29
30  }
```

여기서 다음 두 가지를 주목해야 한다.

1. 클래스 상단에서 sku: AbstractControl을 설정했다.
2. FormBuilder를 사용하여 myForm을 만들고 this.sku를 대입했다.

이제 컴포넌트 뷰 어디에서든지 sku를 참조할 수 있어 매우 편리해졌다. 다만, 폼에서 모든 필드에 인스턴스 변수를 설정해야 하는 단점은 피할 수 없다. 폼이 커지면 꽤 번거로운 일이 될 것이다.

sku의 검증이 구현되었다. 뷰에서 사용할 수 있는 방법 네 가지를 살펴보고자 한다.

1. 폼 전체의 유효성 검증하기와 메시지 표시하기
2. 개별 필드의 유효성 검증하기와 메시지 표시하기
3. 개별 필드의 유효성 검증하기와 유효하지 않을 때 필드를 다른 색상으로 표시하기
4. 특정 요구 사항에 따른 개별 필드의 유효성 검증하기와 메시지 표시하기

■ 폼 메시지

폼 전체의 유효성은 다음처럼 myForm.valid를 확인하여 검증할 수 있다.

code/forms/src/app/demo-form-with-validations-explicit/demo-form-with-validations-explicit.component.html

```
20  <div *ngIf="!myForm.valid"
```

myForm은 FormGroup이며, FormGroup은 자식 FormControl들이 모두 유효하면 유효하다.

■ 필드 메시지

다음처럼 특정 필드의 FormControl이 유효하지 않을 때 해당 메시지를 출력할 수도 있다.

code/forms/src/app/demo-form-with-validations-explicit/demo-form-with-validations-explicit.
component.html

```
14              [formControl]="sku">
15         <div *ngIf="!sku.valid"
16           class="ui error message">SKU is invalid</div>
17         <div *ngIf="sku.hasError('required')"
```

■ 필드 색상 지정

여기서는 Semantic UI CSS 프레임워크의 CSS 클래스인 .error를 사용했다. 다시 말해, error 클래스를 <div class= "field">에 추가하면 input 태그의 테두리가 빨간색으로 표시된다. 그러기 위해서는 프로퍼티 문법 구조를 사용하여 다음과 같이 조건부 클래스를 설정해야 한다.

code/forms/src/app/demo-form-with-validations-explicit/demo-form-with-validations-explicit.
component.html

```
7      <div class="field"
8        [class.error]="!sku.valid && sku.touched">
```

.error 클래스에 필요한 조건은 두 가지다. !sku.valid와 sku.touched를 확인해야 한다. 사용자가 폼을 편집해(폼에 손을 대) 폼이 유효하지 않게 되면 그에 따른 오류 상태를 보여주어야 한다. 이를 구현하기 위해서는 데이터를 input 태그에 입력하고 필드의 기존 내용물을 삭제한다.

■ 검증의 구체화

폼 필드가 유효하지 않은 데는 여러 이유가 있다. 물론 검증의 실패 원인에 따라 적절한 메시지를 출력하는 것이 좋다. 구체적인 검증 실패 원인을 찾으려면 다음과 같이 hasError 메서드를 사용한다.

code/forms/src/app/demo-form-with-validations-explicit/demo-form-with-validations-explicit.
component.html

```
17         <div *ngIf="sku.hasError('required')"
18           class="ui error message">SKU is required</div>
```

hasError를 FormControl과 FormGroup에 정의했다. 다시 말해, path의 두 번째 인수를 전달하여 FormGroup의 특정 필드를 찾을 수 있다. 이를테면 앞의 코드는 다음처럼 다시 작성할 수 있다.

```
17      <div *ngIf="myForm.hasError('required', 'sku')"
18        class="error">SKU is required</div>
```

■ 모두 합치기

다음은 지금까지 언급한 FormControl의 인스턴스 변수 설정을 검증하는 전체 코드다.

code/forms/src/app/demo-form-with-validations-explicit/demo-form-with-validations-explicit.component.ts

```
1  import { Component } from '@angular/core';
2  import {
3    FormBuilder,
4    FormGroup,
5    Validators,
6    AbstractControl
7  } from '@angular/forms';
8
9  @Component({
10   selector: 'app-demo-form-with-validations-explicit',
11   templateUrl: './demo-form-with-validations-explicit.component.html',
12   styles: []
13 })
14 export class DemoFormWithValidationsExplicitComponent {
15   myForm: FormGroup;
16   sku: AbstractControl;
17
18   constructor(fb: FormBuilder) {
19     this.myForm = fb.group({
20       'sku': ['', Validators.required]
21     });
22
23     this.sku = this.myForm.controls['sku'];
24   }
25
26   onSubmit(value: string): void {
27     console.log('you submitted value: ', value);
28   }
29
30 }
```

그리고 템플릿은 다음과 같다.

code/forms/src/app/demo-form-with-validations-explicit/demo-form-with-validations-explicit.
component.html

```
1   <div class="ui raised segment">
2     <h2 class="ui header">Demo Form: with validations (explicit)</h2>
3     <form [formGroup]="myForm"
4           (ngSubmit)="onSubmit(myForm.value)"
5           class="ui form"
6           [class.error]="!myForm.valid && myForm.touched">
7
8         <div class="field"
9             [class.error]="!sku.valid && sku.touched">
10          <label for="skuInput">SKU</label>
11          <input type="text"
12                 id="skuInput"
13                 placeholder="SKU"
14                 [formControl]="sku">
15          <div *ngIf="!sku.valid"
16            class="ui error message">SKU is invalid</div>
17          <div *ngIf="sku.hasError('required')"
18            class="ui error message">SKU is required</div>
19        </div>
20
21        <div *ngIf="!myForm.valid"
22          class="ui error message">Form is invalid</div>
23
24        <button type="submit" class="ui button">Submit</button>
25      </form>
26  </div>
```

■ sku 인스턴스 변수 제거하기

앞에서는 sku: AbstractControl을 인스턴스 변수로 설정했다. 그런데 AbstractControl마다
인스턴스 변수를 만들고 싶지는 않으므로 인스턴스 변수 없이 뷰에서 FormControl을 참조할
수는 없을까?

다음처럼 myForm.controls 프로퍼티를 사용하면 된다.

code/forms/src/app/demo-form-with-validations-shorthand/demo-form-with-validations-
shorthand.component.html

```
10              <label for="skuInput">SKU</label>
11              <input type="text"
12                     id="skuInput"
13                     placeholder="SKU"
14                     [formControl]="myForm.controls['sku']">
```

```
15        <div *ngIf="!myForm.controls['sku'].valid"
16          class="ui error message">SKU is invalid</div>
17        <div *ngIf="myForm.controls['sku'].hasError('required')"
```

이런 식으로 하면 sku 컨트롤을 컴포넌트 클래스에 인스턴스 변수로 분명하게 추가하지 않아도 얼마든지 액세스할 수 있다.

 여기서는 myForm.controls['sku']처럼 대괄호 표기법을 적용했지만, myForm.controls.sku처럼 점 표기법을 적용해도 무방하다. 일반적으로는 객체의 타입이 올바르지 않은데도 점 표기법을 사용하면 타입스크립트에서 경고가 표시된다(단, 여기서는 문제가 되지 않는다).

5.6.2 맞춤형 검증

자신만의 검증 방식을 적용하고픈 욕구가 자주 일어날 것이다. 여기서 그 방법을 살펴보기로 하자. 검증자의 구현 방식을 이해하기 위해 다음과 같은 앵귤러 코어 소스의 Validators. required를 들여다보겠다.

```
1  export class Validators {
2    static required(c: FormControl): StringMap<string, boolean> {
3      return isBlank(c.value) || c.value == "" ? {"required": true} : null;
4    }
```

해당 키가 '오류 코드'이고, 그 값이 true인 StringMap<string, boolean>을 리턴한다 (FormControl 인스턴스를 입력으로 받는다).

■ 검증자 작성하기

sku에 필요한 구체적인 요구 사항이 있다고 하자. 이를테면 sku가 123으로 시작해야 한다면, 검증자를 다음처럼 작성할 수 있다.

**code/forms/src/app/demo-form-with-custom-validation/demo-form-with-custom-validation.
component.ts**

```
18  function skuValidator(control: FormControl): { [s: string]: boolean } {
19    if (!control.value.match(/^123/)) {
20      return {invalidSku: true};
21    }
22  }
```

이 검증자는 입력(control.value)이 123으로 시작하지 않으면 invalidSku 오류 코드를 리턴한다.

■ FormControl에 검증자 대입하기

이제 검증자를 FormControl에 추가해야 한다. 하지만 사소한 문제가 하나 있다. sku 검증자는 이미 존재한다. 필드 하나에 검증자를 여럿 둘 수는 없을까? 다음과 같이 Validators.compose를 사용하면 된다.

code/forms/src/app/demo-form-with-custom-validation/demo-form-with-custom-validation.component.ts

```
33    constructor(fb: FormBuilder) {
34      this.myForm = fb.group({
35        'sku': ['', Validators.compose([
36          Validators.required, skuValidator])]
37      });
```

Validators.compose는 두 개의 검증자를 감싸서(wrap) FormControl에 대입해 준다. 여기서 FormControl은 두 검증자가 유효하지 않으면 valid가 아니다. 이제 새 검증자를 다음처럼 뷰에서 사용할 수 있다.

code/forms/src/app/demo-form-with-custom-validation/demo-form-with-custom-validation.component.html

```
19        <div *ngIf="sku.hasError('invalidSku')"
20          class="ui error message">SKU must begin with <span>123</span></div>
```

> ℹ️ 여기서는 인스턴스 변수를 각 FormControl에 '명시적으로' 추가하는 방법을 선택했다. 다시 말해, 뷰에서 sku는 FormControl을 가리킨다.

예시 코드를 실행해 보면, 필드에 무언가를 입력했을 때 required 검증이 수행되지만 invalidSku 검증은 수행되지 않는다는 것을 명백히 알 수 있다. 이는 필드들을 부분적으로 검증하고 적절한 메시지를 표시한다는 점에서 매우 유용하다고 할 수 있다.

5.7 변경 내용 주시하기

지금까지는 폼이 제출되었을 때 onSubmit을 호출하여 폼에서 값을 뽑아내기만 했다. 하지만 컨트롤에서 값의 변경 여부를 주시해야 할 때도 있다. FormGroup이나 FormControl에는 변경 여부를 관찰하는 데 사용할 EventEmitter가 제공된다.

EventEmitter는 'Observable'이다. 다시 말해, 변경 내용을 주시할 목적으로 미리 정의된 스펙을 준수하고 있다. 세부적인 Observable 스펙은 웹사이트[4]를 참고하자.

컨트롤의 변경 내용을 주시하려면 다음 과정을 따른다.

1. control.valueChanges를 호출하여 EventEmitter에 액세스한다.
2. subscribe 메서드를 사용하여 옵저버(observer)를 추가한다.

다음 예를 살펴보자.

code/forms/src/app/demo-form-with-events/demo-form-with-events.component.ts

```
21    constructor(fb: FormBuilder) {
22      this.myForm = fb.group({
23        'sku': ['', Validators.required]
24      });
25
26      this.sku = this.myForm.controls['sku'];
27
28      this.sku.valueChanges.subscribe(
29        (value: string) => {
30          console.log('sku changed to:', value);
31        }
32      );
33
34      this.myForm.valueChanges.subscribe(
35        (form: any) => {
36          console.log('form changed to:', form);
37        }
38      );
39
40    }
```

여기서는 서로 다른 두 가지 이벤트를 '관찰'하고 있다. 하나는 sku 필드의 변경 내용이고, 다른 하나는 폼 전체의 변경 내용이다.

전달할 옵저버블(observable)은 next라는 키가 하나 있는 객체다(다른 키도 전달할 수는 있으나 지금은 고려하지 않는다). next는 값이 변경될 때마다 새 값으로 호출할 함수다. 입력란에 'kj'를 입력하면 콘솔에는 다음과 같이 출력된다.

---

4   https://github.com/jhusain/observable-spec 단축URL goo.gl/Ycx7BB

```
1  sku changed to:      k
2  form changed to:     Object {sku: "k"}
3  sku changed to:      kj
4  form changed to:     Object {sku: "kj"}
```

키 입력으로 컨트롤이 변경되므로 이에 따라 옵저버블이 트리거된다. 개별 FormControl을 관찰하면 값을 받게 되지만(이를테면 kj), 폼 전체를 관찰하면 키-값 쌍(이를테면 {sku: "kj"})의 객체를 받게 된다.

5.8 ngModel

ngModel은 모델을 폼에 바인딩하는 특별한 지시자다. 이 지시자가 특별하다고 한 데는 이유가 있다. ngModel은 양방향 데이터 바인딩을 구현한다. 양방향 데이터 바인딩은 단방향 데이터 바인딩에 비해 구현 과정이 복잡하고 논리의 흐름도 따라가기 쉽지 않다. 앵귤러는 전체적으로 하향식(top-down)이라는 단방향 데이터 흐름에 초점이 맞춰져 개발되었기 때문이다. 하지만 폼은 양방향 바인딩이 더 쉽고 합리적일 때가 있다.

 앵귤러 1에서 ng-model을 경험했다는 이유로 ngModel도 비슷할 것이라고 생각해서는 곤란하다. 양방향 데이터 바인딩을 꺼리는 것도 충분한 이유가 있기 때문이다.[5] 물론 ngModel이 정말 간편하기는 하지만, 앵귤러 1에서 양방향 데이터 바인딩에 의존했던 만큼 앵귤러에서도 의존해야 하는 것은 아니라는 사실을 인지해야 한다.

이제 폼을 약간 변경하고 productName을 입력해 보자. ngModel을 사용하여 컴포넌트 인스턴스 변수를 뷰와 동기화할 것이다. 우선 다음 컴포넌트 정의 클래스부터 살펴보자.

code/forms/src/app/demo-form-ng-model/demo-form-ng-model.component.ts

```
12  export class DemoFormNgModelComponent {
13    myForm: FormGroup;
14    productName: string;
15
16    constructor(fb: FormBuilder) {
17      this.myForm = fb.group({
18        'productName': ['', Validators.required]
19      });
20    }
21
```

---

5   https://www.quora.com/Why-is-the-two-way-data-binding-being-dropped-in-Angular-2 참고 [단축URL] goo.gl/ASrnfF

```
22    onSubmit(value: string): void {
23      console.log('you submitted value: ', value);
24    }
25  }
```

여기서는 productName: string을 인스턴스 변수로 저장했다.

그다음 살펴볼 코드는 ngModel을 사용한 input 태그다.

code/forms/src/app/demo-form-ng-model/demo-form-ng-model.component.html

```
13        <label for="productNameInput">Product Name</label>
14        <input type="text"
15               id="productNameInput"
16               placeholder="Product Name"
17               [formControl]="myForm.get('productName')"
18               [(ngModel)]="productName">
```

ngModel 문법 구조가 흥미롭다. 괄호와 대괄호를 함께 사용하여 ngModel 속성을 묶었다! '입력'을 나타내는 대괄호 [ ]와 '출력'을 나타내는 괄호를 함께 사용했는데, 말 그대로 양방향 바인딩이니 그런 것이다.

또 한 가지 눈여겨볼 곳은 formControl을 사용하여 input이 폼의 FormControl에 바인딩되도록 지정한 부분이다. 왜 그렇게 지정했느냐 하면, ngModel이 input을 인스턴스 변수에 바인딩만 하기 때문이었다. FormControl은 전적으로 별개인 것이다. 하지만 이 값을 검증하고 폼의 일부분으로 제출해야 하기 때문에 formControl 지시자를 두었다.

마지막으로 뷰에서 productName을 표시해 보자.

code/forms/src/app/demo-form-ng-model/demo-form-ng-model.component.html

```
4   <div class="ui info message">
5     The product name is: {{productName}}
6   </div>
```

다음은 최종 모습이다. 간단하다!

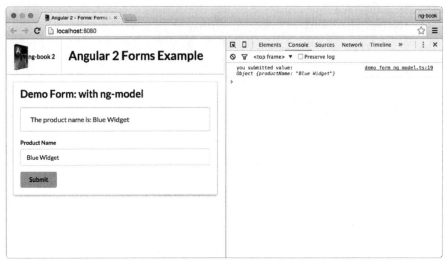

ngModel 데모 폼

5.9 정리

폼에는 움직이는 요소가 많다. 하지만 앵귤러는 이를 대단히 직관적으로 처리한다. FormGroup, FormControl, Validation 사용법에 익숙해지면 폼을 매우 쉽게 다룰 수 있을 것이다.

6

의존성 주입

프로그램의 덩치가 커지면 앱의 특정 부분이 다른 모듈과 소통할 수밖에 없다. 모듈 A에 모듈 B가 반드시 필요할 때, B를 가리켜 A의 의존성(dependency)이라고 부른다. 이런 의존성 파일에 액세스할 때는 단순히 import를 사용하는 것이 일반적이다. 가정한 모듈로 예를 들면 다음과 같다.

```
1  // A.ts에서
2  import {B} from 'B'; // 의존성
3
4  B.foo(); // B 사용하기
```

대부분은 import만으로도 충분하다. 하지만 좀 더 정교한 방법으로 의존성 파일들을 제공받아야 할 때도 있다. 이를테면 다음을 생각해 볼 수 있다.

- 테스트 동안 B의 구현을 MockB로 대체한다.
- B 클래스의 '단일 인스턴스'를 앱 전체에서 공유한다(예: 싱글턴 패턴).
- B 클래스의 '새 인스턴스'를 사용할 때마다 만든다(예: 팩토리 패턴).

의존성 주입은 이런 문제들을 해결할 수 있다. 의존성 주입(Dependency Injection, DI)은 프로그램의 특정 부분에서 다른 부분에 액세스할 수 있도록 하는 시스템이며, 여러 상황에 맞게 세부적으로 설정될 수 있다.

'주입기'는 new 연산자의 대용품이다. 다시 말해, new 연산자 대신 DI를 적용하면 객체의 생성 '방법'을 설정할 수 있다.

DI라는 용어는 디자인 패턴(여러 프레임워크에 사용됨)이나 DI의 구체적인 구현을 기술할 때 사용된다. DI를 적용하여 얻을 수 있는 직접적인 혜택은 의존성 파일들을 어떻게 생성하는지 클라이언트 컴포넌트는 알 필요가 없다는 것이다. 클라이언트 컴포넌트는 의존성 파일들과 소통하는 방식만 알고 있으면 된다. 일종의 추상화인 셈이다. 이제부터 자세하게 살펴보기로 하자.

 이 장의 사용 방법 이 장에서는 앵귤러 DI 시스템과 개념을 소개한다. 이 장의 소스 코드는 code/dependency-injection에서 다운로드할 수 있다. 다음과 같이 프로젝트 디렉터리로 변경하여 실행하면 된다.

```
1  npm install
2  npm start
```

일종의 미리 보기 차원에서 언급하자면, DI를 적용하기 위해서는 NgModule을 설정부터 해야 한다. 이 과정이 처음에는 다소 혼동될 수도 있을 것이다.

예시 코드들은 전부 온전히 실행할 수 있는 것들이다. 따라서 막히는 것이 있다면 본문의 설명과 함께 예시 코드도 살펴보는 것이 좋다.

6.1 주입 예: PriceService

Product들을 갖추고 세금을 제외한 제품의 최종 가격이 표시되는 온라인 매장을 빌드한다고 생각해 보자. 어떤 제품의 최종 가격을 계산하기 위해 다음을 입력으로 받는 PriceService를 사용할 것이다.

- Product의 기본 가격(base price)
- 제품 판매 주(state)

PriceService는 Product의 최종 가격에 세금을 더해 리턴한다.

code/dependency-injection/src/app/price-service-demo/price.service.1.ts

```
1  export class PriceService {
2    constructor() { }
3
```

```
 4    calculateTotalPrice(basePrice: number, state: string) {
 5      // 예: '실제' 애플리케이션에서는
 6      // 진짜 데이터베이스에 액세스할 것이다.
 7      const tax = Math.random();
 8
 9      return basePrice + tax;
10    }
11
12  }
```

이 서비스에서 calculateTotalPrice 함수는 제품의 basePrice와 state를 받아 제품의 전체 가격을 리턴한다. 이 서비스를 Product 모델에 사용해 보자. 다음은 의존성 주입을 적용하지 않고 구현한 코드다.

code/dependency-injection/src/app/price-service-demo/product.model.1.ts

```
 1  import { PriceService } from './price.service';
 2
 3  export class Product {
 4    service: PriceService;
 5    basePrice: number;
 6
 7    constructor(basePrice: number) {
 8      this.service = new PriceService(); // <-- 직접 생성('하드 코딩')
 9      this.basePrice = basePrice;
10    }
11
12    totalPrice(state: string) {
13      return this.service.calculateTotalPrice(this.basePrice, state);
14    }
15  }
```

이제 Product 클래스를 테스트해 보자. 다음처럼 작성할 수 있을 것이다.

```
 1  import { Product } from './product';
 2
 3  describe('Product', () => {
 4
 5    let product;
 6
 7    beforeEach(() => {
 8      product = new Product(11);
 9    });
10
11    describe('price', () => {
12      it('is calculated based on the basePrice and the state', () => {
```

```
13          expect(product.totalPrice('FL')).toBe(11.66); // <-- 음
14      });
15    })
16
17  });
```

여기에는 문제가 있다. 플로리다 주('FL')의 세금을 정확하게 알지 못한다는 것이다. API를 호출하거나 데이터베이스를 호출하여 PriceService를 '정확하게' 구현한다 하더라도 다음과 같은 문제가 있다.

- API를 사용할 수 있어야 한다(데이터베이스가 실행 중이어야 한다).
- 테스트 시점에서 플로리다 주의 정확한 세금을 알고 있어야 한다.

외부 리소스에 의존하지 않고 Product의 price 메서드를 테스트하려면 어떻게 해야 할까? 이런 경우에는 대개 PriceService를 모방(mock)한다. 이를테면 PriceService의 인터페이스를 안다는 전제에서 예측 가능한 계산 결과를 제공하는 MockPriceService를 작성할 수 있다(그리고 데이테베이스나 API에 의존하지 않을 수 있다).

다음은 IPriceService의 인터페이스다.

code/dependency-injection/src/app/price-service-demo/price-service.interface.ts

```
1  export interface IPriceService {
2    calculateTotalPrice(basePrice: number, state: string): number;
3  }
```

이 인터페이스에서 calculateTotalPrice 함수를 정의했다. 이제 이 인터페이스를 준수하는 MockPriceService를 작성해 보자. MockPriceService는 테스트 전용이다.

code/dependency-injection/src/app/price-service-demo/price.service.mock.ts

```
1  import { IPriceService } from './price-service.interface';
2
3  export class MockPriceService implements IPriceService {
4    calculateTotalPrice(basePrice: number, state: string) {
5      if (state === 'FL') {
6        return basePrice + 0.66; // 항상 66센트!
7      }
8
9      return basePrice;
10   }
11 }
```

MockPriceService를 작성했다고 해서 Product가 곧바로 사용한다는 뜻은 아니다. 이 서비스를 사용하려면 Product 클래스를 수정해야 한다.

code/dependency-injection/src/app/price-service-demo/product.model.ts

```
1  import { IPriceService } from './price-service.interface';
2
3  export class Product {
4    service: IPriceService;
5    basePrice: number;
6
7    constructor(service: IPriceService, basePrice: number) {
8      this.service = service; // <-- 인수로 전달됨!
9      this.basePrice = basePrice;
10   }
11
12   totalPrice(state: string) {
13     return this.service.calculateTotalPrice(this.basePrice, state);
14   }
15 }
```

Product를 만들면 Product 클래스를 사용하는 클라이언트는 PriceService가 구체적으로 구현될 때 새 인스턴스를 받을지 결정할 책임을 진다. 따라서 테스트를 살짝 변경하고 예측할 수 없는 PriceService에서 의존성 파일을 제거할 수 있다.

code/dependency-injection/src/app/price-service-demo/product.spec.ts

```
1  import { Product } from './product.model';
2  import { MockPriceService } from './price.service.mock';
3
4  describe('Product', () => {
5    let product;
6
7    beforeEach(() => {
8      const service = new MockPriceService();
9      product = new Product(service, 11.00);
10   });
11
12   describe('price', () => {
13     it('is calculated based on the basePrice and the state', () => {
14       expect(product.totalPrice('FL')).toBe(11.66);
15     });
16   });
17 });
```

또한, Product 클래스만 따로 테스트할 수 있다는 부가적인 장점도 얻을 수 있다. 다시 말해, 이 클래스는 예측할 수 있는 의존성과도 문제 없이 동작한다.

예측 가능성을 판단하는 것도 괜찮기는 하지만, 새 Product를 만들 때마다 구체적인 서비스 구현을 전달하기란 만만치 않은 과정이다. 다행히 앵귤러의 DI 라이브러리에서 이 문제를 처리하도록 지원하고 있다. 다음 내용에서 설명을 이어가고자 한다.

앵귤러의 DI 시스템에서는 직접 import를 수행하고 클래스의 새 인스턴스를 만드는 대신 다음을 수행한다.

- 앵귤러에 '의존성'을 등록한다.
- 의존성의 '주입 방식'을 기술한다.
- 의존성을 주입한다.

이 모델은 의존성의 구현이 런타임에 교체될 수 있다는 장점이 있다(위의 모방 예시처럼). 하지만 그보다는 '의존성 생성 방식'을 직접 설정할 수 있다는 장점이 더 크다고 할 수 있다. 다시 말해, 프로그램 차원의 서비스에서는 인스턴스가 하나뿐일 때가 있으며, 이를 가리켜 싱글턴 (singleton)이라고 부른다. DI에서는 싱글턴을 쉽게 설정할 수 있다.

한 군데 더 DI를 적용할 수 있는 곳이 있다. 설정 전용 변수 또는 환경 전용 변수다. 이를테면 API_URL이라는 상수를 정의해 놓고, 개발용 또는 실제 배포용 제품으로 서로 다른 값을 주입할 수 있다. 이제 서비스를 어떻게 만들고 여러 값을 주입할 수 있는지 살펴보기로 하자.

6.2 의존성 주입 요소들

의존성을 등록하려면 이를 식별하는 무언가에 바인딩해야 한다. 이런 식별을 가리켜 의존성 **토큰(token)**으로 부른다. 예를 들어, API의 URL을 등록할 때는 API_URL을 토큰으로 사용하면 된다. 마찬가지로, 클래스를 등록한다면 클래스 자체를 토큰으로 사용할 수 있다. 이를 살펴보기로 하자. 앵귤러의 의존성 주입은 다음 세 부분으로 구성된다.

- **제공자(바인딩이라고도 한다)**는 '토큰'(클래스나 문자열)을 의존성 리스트에 매핑한다. 이 토큰에 따라 객체를 어떻게 만들지 결정된다.
- **인젝터(Injector)**는 일련의 바인딩을 담아 의존성을 해결하며 객체가 만들어질 때 주입한다.

- **의존성(Dependency)**은 주입된 것들이다.

각 구성 요소의 역할을 그림으로 나타내면 다음과 같다.

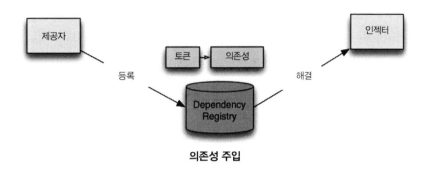

의존성 주입

이는 DI를 설정할 때 주입될 '대상'과 해결 '방식'을 지정해야 한다는 것이다.

6.3 인젝터 다루기

Product와 PriceService에서는 new 연산자를 사용하여 PriceService를 '수동'으로 만들었다. 이는 앵귤러의 방식을 모방한 것이다. 앵귤러는 인젝터를 사용하여 의존성을 해결하고 인스턴스를 만든다. 이 과정은 앱 뒤에서 암묵적으로 진행된다. 하지만 지금은 학습하는 차원에서 면밀히 들여다보기로 하자. 앱 뒤에서 앵귤러가 무슨 일을 하는지 알면 앵귤러를 더 깊이 이해할 수 있을 것이다.

컴포넌트에 인젝터를 수동으로 사용하여 의존성을 해결하고 서비스를 만들어 보자. (의존성 파일들을 수동으로 해결하고 의존성 파일들을 쉽게 주입할 수 있는 방법을 선보일 것이다.) 서비스는 일반적으로 '전역' 싱글턴 객체를 만드는 데 사용된다. 이를테면, 현재 로그인한 사용자의 정보를 담기 위한 UserService가 단적인 예이다. 수많은 컴포넌트가 현재 사용자를 기준으로 다양한 로직을 구현하므로 서비스를 이해할 수단으로 적당한 예라 할 수 있을 것이다.

다음은 사용자 객체를 프로퍼티로 저장하는 기본적인 UserService이다.

code/dependency-injection/src/app/services/user.service.ts

```
1  import { Injectable } from '@angular/core';
2
3  @Injectable()
4  export class UserService {
5    user: any;
```

```
6
7    setUser(newUser) {
8      this.user = newUser;
9    }
10
11   getUser(): any {
12     return this.user;
13   }
14 }
```

로그인 폼을 만든다면 다음과 같을 것이다.

code/dependency-injection/src/app/user-demo/user-demo.component.html

```
1  <div>
2    <p
3      *ngIf="userName"
4      class="welcome">
5      Welcome: {{ userName }}!
6    </p>
7    <button
8      (click)="signIn()"
9      class="ui button"
10     >Sign In
11   </button>
12 </div>
```

여기서는 Sign In 버튼을 클릭하면 signIn( ) 함수가 호출된다(정의는 잠시 뒤로 미룬다).
userName이 입력되면 인사가 출력된다.

간단한 로그인 버튼

인젝터를 직접 사용하여 컴포넌트에서 이 함수를 구현해 보자.

code/dependency-injection/src/app/user-demo/user-demo.injector.component.ts

```
1  import {
2    Component,
3    ReflectiveInjector
```

```
 4  } from '@angular/core';
 5
 6  import { UserService } from '../services/user.service';
 7
 8  @Component({
 9    selector: 'app-injector-demo',
10    templateUrl: './user-demo.component.html',
11    styleUrls: ['./user-demo.component.css']
12  })
13  export class UserDemoInjectorComponent {
14    userName: string;
15    userService: UserService;
16
17    constructor() {
18      // _injector_를 생성해 해결을 요청하고 UserService를 생성한다.
19      const injector: any = ReflectiveInjector.resolveAndCreate([UserService]);
20
21      // 인젝터를 사용해 UserService의 인스턴스를 가져온다.
22      this.userService = injector.get(UserService);
23    }
24
25    signIn(): void {
26      // 로그인하면 사용자를 설정한다.
27      // 로그인 폼에 입력하는 과정을 의미한다.
28      this.userService.setUser({
29        name: 'Nate Murray'
30      });
31
32      // 서비스에서 사용자명을 읽는다.
33      this.userName = this.userService.getUser().name;
34      console.log('User name is: ', this.userName);
35    }
36  }
```

우선 시작은 셀렉터와 템플릿, CSS이 갖춰진 기본 컴포넌트다. 프로퍼티는 두 개인데, 하나는 현재 로그인한 사용자의 이름을 담는 userName이고, 다른 하나는 UserService의 참조를 담는 userService이다.

컴포넌트의 constructor에서는 ReflectiveInjector의 정적 메서드인 resolveAndCreate를 사용한다. 이 메서드는 새 인젝터 생성을 담당한다. 이 메서드에 전달할 파라미터는 '주입 가능한 것들'이 모두 포함된 배열이다. 여기서는 UserService 인젝터블만 전달된다.

ReflectiveInjector는 '리플렉션(reflection)'을 사용하여 적절한 프로퍼티 타입을 결정하는 Injector를 구체적으로 구현한 것이다. 다른 인젝터들도 있지만 ReflectiveInjector가 앱에 일반적으로 사용되는 '보통' 인젝터다.

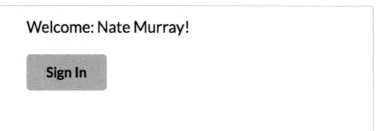

로그인한 상태

6.4 NgModule과 의존성 다루기

injector를 직접 생성하는 방법은 흥미롭기는 해도 일반적이지는 않다. 일반적으로는 다음 두 과정을 거친다.

- NgModule을 사용하여 주입 대상을 등록한다. 이를 가리켜 '제공자'(provider)라고 부른다.
- 데코레이터를 사용하여(일반적으로 constructor에서) '주입 대상'을 지정한다.

이 과정에 따라 앵귤러는 인젝터 생성과 의존성 해결을 관리한다.

UserService를 인젝터블(injectable)로 변환해 보자. 우선, NgModule의 providers 키에 추가부터 해야 한다.

code/dependency-injection/src/app/user-demo/user-demo.module.ts

```
1  import { NgModule } from '@angular/core';
2  import { CommonModule } from '@angular/common';
3
4  // 여기로 가져온다.
5  import { UserService } from '../services/user.service';
6
7  @NgModule({
8    imports: [
9      CommonModule
10   ],
11   providers: [
12     UserService // <-- 여기에 추가한다.
13   ],
14   declarations: []
15 })
16 export class UserDemoModule { }
```

다음과 같이 UserService를 컴포넌트에 주입한다.

code/dependency-injection/src/app/user-demo/user-demo.component.ts

```
1  import { Component, OnInit } from '@angular/core';
2
3  import { UserService } from '../services/user.service';
4
5  @Component({
6    selector: 'app-user-demo',
7    templateUrl: './user-demo.component.html',
8    styleUrls: ['./user-demo.component.css']
9  })
10 export class UserDemoComponent {
11   userName: string;
12   // 컨스트럭터 줄임 표현이 있으므로 `userService` 제거함
13
14   // `userService` 의 싱글턴 인스턴스를 주입한다.
15   // `private` 프로퍼티로 설정한다.
16   constructor(private userService: UserService) {
17     // 따로 할 일이 없으므로 비워 둠
18   }
19
20   // 아래도 마찬가지임
21   signIn(): void {
22     // 로그인 폼에 입력하는 과정을 의미한다.
23     // 로그인 폼에 입력하는 과정을 의미한다.
24     this.userService.setUser({
25       name: 'Nate Murray'
26     });
27
28     // 서비스에서 사용자명을 읽는다.
29     this.userName = this.userService.getUser().name;
30     console.log('User name is: ', this.userName);
31   }
32 }
```

constructor에서는 userService: UserService를 UserDemoComponent의 인수로 만들었다. 이 컴포넌트가 만들어지면 앵귤러는 의존성을 해결하고 UserService 싱글턴을 주입한다. 앵귤러가 인스턴스를 관리하기 때문에 따로 신경 쓸 것이 없어 무척 편리하다. UserService를 주입하는 클래스는 전부 같은 싱글턴을 받는다.

6.4.1 providers는 키다

UserDemoComponent의 컨스트럭터에 UserService를 둘 때 앵귤러는 주입의 대상과 방식을 알고 있어야 한다. UserService를 NgModule의 providers 키에 두었기 때문이다. 클래스가 임의로 주입되지는 않는다. DI가 올바로 동작하기 위해서는 반드시 NgModule을 설정해야 한다.

싱글턴 서비스를 충분히 언급하기는 했지만 다른 주입 방식도 있다. 한번 살펴보기로 하자.

6.5 제공자

주입된 의존성을 해결하기 위한 설정 방법에는 여러 가지가 있다. 이를테면 다음과 같다.

- 클래스의 (싱글턴) 인스턴스를 주입한다(앞에서 언급한 바와 같다).
- 값을 주입한다.
- 어떤 함수든 호출하여 그 함수의 리턴값을 주입한다.

지금부터 하나씩 살펴보기로 하자.

6.5.1 클래스 사용하기

앞에서 살펴본 대로 클래스의 싱글턴 인스턴스를 주입하는 것이 가장 흔한 주입 형태라 할 수 있다. 다음과 같이 클래스 자체를 providers 리스트에 둔다.

```
1  providers: [ UserService ]
```

UserService가 주입될 때마다 UserService의 싱글턴 인스턴스가 제공된다. 이는 일반적으로 사용되는 패턴이라서 클래스 자체는 실제로 다음 설정의 축약형이라 할 수 있다.

```
1  providers: [
2    { provide: UserService, useClass: UserService }
3  ]
```

provide의 객체 설정에서 두 개의 키를 받는다는 점이 흥미롭다. provide는 '주입을 식별'하는 데 사용하는 토큰이며, 두 번째인 useClass는 '주입 방식과 대상'을 나타낸다.

여기서는 UserService 클래스를 UserService 토큰과 매핑했다. 이 경우, 클래스와 토큰의 이름이 일치하는 것이 좋다. 반드시 일치해야 하는 것은 아니라는 뜻이다.

싱글턴이 앱 뒤에서 만들어져 주입될 때마다 같은 인스턴스를 리턴한다. 물론, 처음에 주입될 때는 싱글턴이 아직 생성되지 않았으므로 UserService 인스턴스를 처음 만들 때 constructor 메서드가 호출되도록 한다.

■ 값 사용하기

값을 제공해도 DI를 사용할 수 있다. 이 방법은 전역 상수를 사용하는 것과 다름없다. 이를테면 다음과 같이 환경에 따라 API 엔드포인트 URL을 구성할 수 있다. NgModule의 providers에서 useValue 키를 사용해야 한다.

```
1  providers: [
2    { provide: 'API_URL', useValue: 'http://my.api.com/v1' }
3  ]
```

여기에서 provide 토큰에는 API_UTL이라는 문자열을 사용했다. provide 값에 문자열을 사용하면 앵귤러는 해결하려는 의존성을 타입에 따라 추론하지 않는다. 이를테면 다음처럼 작성할 수는 없다.

```
1  // 동작하지 않음 - 반례
2  export class AnalyticsDemoComponent {
3    constructor(apiUrl: 'API_URL') { // <--- 문자열을 넣으면
4                                     // 타입이 아니라 문자열이 된다.
5    }
6  }
```

그렇다면 어떻게 해야 할까? 여기서는 다음처럼 @Inject( ) 데코레이터를 사용한다.

```
1  import { Inject }  from '@angular/core';
2
3  export class AnalyticsDemoComponent {
4    constructor(@Inject('API_URL') apiUrl: string) {
5      // 동작한다! apiUrl을 사용할 수 있다.
6    }
7  }
```

useValue로 단순 값을 사용하는 방법과 useClass로 싱글턴 클래스를 사용하는 방법을 살펴보았다. 이제 좀 더 고급 내용인 '팩토리를 사용한 설정 가능 서비스 만들기'를 다루기로 하자.

■ 설정 가능 서비스

UserService의 constructor에는 인수가 필요 없다. 하지만 어떤 서비스의 constructor에 인수가 필요하다면 어떻게 될까? 이때는 **팩토리(factory)**를 사용하여 서비스를 구현할 수 있다. 팩토리란, 주입될 때 어떤 객체든 리턴할 수 있는 함수를 말한다.

예를 들어, 사용자의 분석을 기록하기 위한(다시 말해, 페이지에서 이뤄지는 사용자의 동작 이벤트를 기록하기 위한) 라이브러리를 작성한다고 해 보자. 여기서 AnalyticsService 라이브러리에는 신경 쓸 것이 하나 있다. 이벤트를 기록할 수 있는 인터페이스는 정의해야 하지만, **이벤트를 처리하기 위한 구현은 아니다.**

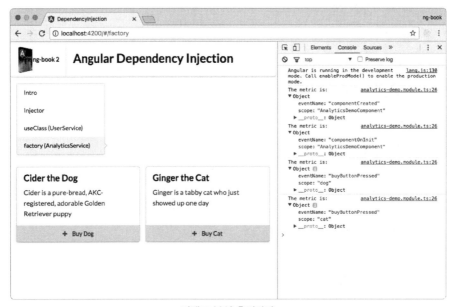

이벤트 분석 추적하기

이를테면 사용자가 구글 애널리틱스(Google Analytics)의 여러 수치를 기록한다거나, 옵티마이즐리(Optimizely) 등 다른 솔루션을 사용할 수도 있다. 구현 설정을 받을 수 있는 AnalyticsService 인젝터블을 작성해 보자. 우선, 몇 가지를 정의해야 한다. Metric부터 정의해 보자.

```
4  export interface Metric {
5    eventName: string;
6    scope: string;
7  }
```

Metric은 eventName과 scope를 저장한다. 예를 들어, nate 사용자가 로그인하면 eventName은 loggedIn이 되고 scope는 nate가 된다.

```
1  // 예일 뿐이다.
2  let metric: Metric = {
3    eventName: 'loggedIn',
4  scope: 'nate'
5  }
```

이론상으로는 이런 과정을 거쳐 사용자의 로그인 횟수 전체를 셀 수 있다. loggedIn 이벤트 횟수를 세면 된다. 그리고 nate처럼 특정 사용자의 로그인 횟수는 nate 사용자의 loggedIn 이벤트 횟수를 세면 된다.

분석 구현은 다음처럼 정의할 수 있다.

```
12    export interface AnalyticsImplementation {
13      recordEvent(metric: Metric): void;
14    }
```

AnalyticsImplementation 인터페이스에는 Metric을 인수로 받는 recordEvent 함수를 정의했다.

AnalyticsService를 정의하면 다음과 같다.

```
1  import { Injectable } from '@angular/core';
2  import {
3    Metric,
4    AnalyticsImplementation
5  } from '../analytics-demo/analytics-demo.interface';
6
7  @Injectable()
8  export class AnalyticsService {
```

```
 9    constructor(private implementation: AnalyticsImplementation) {
10    }
11
12    record(metric: Metric): void {
13      this.implementation.recordEvent(metric);
14    }
15  }
```

AnalyticsService에서 Metric을 인수로 받아 implementation에 전달하는 record 메서드를 정의했다.

 물론, 이 AnalyticsService가 허술해 보이는 것도 사실이다. 하지만 여기서는 추가 기능이 필요하지 않다. 사실 이와 같은 패턴은 좀 더 발전된 형태의 AnalyticsService에도 그대로 적용될 수 있다. 이를테면 미들웨어나 브로드캐스트를 추가할 수도 있다.

이 컨스트럭터 메서드는 파라미터로 구(phrase)를 받는다. '일반' useClsee 주입 방식을 사용한다면 다음과 비슷한 브라우저 오류가 출력될 수도 있다.

```
1  Cannot resolve all parameters for AnalyticsService.
```

이는 constructor에 필요한 구현을 인젝터에 제공하지 않았기 때문이다. 이 문제를 해결하려면 팩토리를 사용할 수 있도록 제공자를 설정해야 한다.

6.5.2 팩토리 사용하기

AnalyticsService를 사용하기 위해서는 다음 두 가지 일을 해야 한다.

- AnalyticsImplementation을 준수하는 구현 만들기
- useFactory로 이를 providers에 추가하기

코드는 다음과 같다.

code/dependency-injection/src/app/analytics-demo/analytics-demo.module.1.ts

```
1  import { NgModule } from '@angular/core';
2  import { CommonModule } from '@angular/common';
3  import {
4    Metric,
5    AnalyticsImplementation
6  } from './analytics-demo.interface';
```

```
7   import { AnalyticsService } from '../services/analytics.service';
8
9   @NgModule({
10    imports: [
11      CommonModule
12    ],
13    providers: [
14      {
15        // `AnalyticsService`는 주입할 _token_이다.
16        // 이 토큰은 클래스이지만 식별자로 사용되었다!
17        provide: AnalyticsService,
18
19        // useFactory는 함수다.
20        // 이 함수가 리턴하는 것은 모두 주입된다.
21        useFactory() {
22
23          // 이벤트를 로그한다.
24          const loggingImplementation: AnalyticsImplementation = {
25            recordEvent: (metric: Metric): void => {
26              console.log('The metric is:', metric);
27            }
28          };
29
30          // 새 `~`를 만든다.
31          return new AnalyticsService(loggingImplementation);
32        }
33      }
34    ],
35    declarations: [ ]
36  })
37  export class AnalyticsDemoModule { }
```

providers에 적용한 문법은 다음과 같다.

```
38  providers: [
39    { provide: AnalyticsService, useFactory: () => ... }
40  ]
```

useFactory는 함수를 받아 이 함수가 리턴하는 것을 주입한다.

provide: AnalyticsService도 눈여겨보아야 한다. 다시 한 번 언급하겠다. provide를 이런 식으로 사용하면 AnalyticsService 클래스는 주입 대상을 식별하기 위한 토큰으로 사용된다. (혼동은 되겠지만 아예 다른 별개의 클래스를 사용할 수도 있고, 덜 혼동되는 문자열을 사용할 수도 있다.)

useFactory에서는 recordEvent라는 함수가 포함된 AnalyticsImplementation 객체를 만들었다. recordEvent는 이론상 이벤트가 기록될 때 어떤 일이 일어나는지 설정하는 곳이다. 다시한 번 언급하지만, 실제 앱에서는 구글 애널리틱스나 커스텀 이벤트 기록 소프트웨어로 이벤트를 보내게 된다.

마지막으로, AnalyticsService 인스턴스를 생성하고 리턴했다.

■ 팩토리 의존성

팩토리는 인젝터블을 만들 수 있는 가장 강력한 수단이다. 팩토리 함수 안에서 무엇이든 할수 있기 때문이다. 경우에 따라서는 팩토리 함수 자신의 의존성 파일들을 가지지도 한다. 특정 URL에 HTTP 요청을 수행할 수 있도록 AnalyticsImplementation을 설정한다고 생각해보자. 이를 위해서는 다음 두 가지가 필요하다.

- 앵귤러 Http 클라이언트
- API_URL 값

다음은 설정 방법이다.

code/dependency-injection/src/app/analytics-demo/analytics-demo.module.ts

```
1  import { NgModule } from '@angular/core';
2  import { CommonModule } from '@angular/common';
3  import {
4    Metric,
5    AnalyticsImplementation
6  } from './analytics-demo.interface';
7  import { AnalyticsService } from '../services/analytics.service';
8
9  // 여기서부터 새로 추가한 부분 ->
10 import {
11   HttpModule,
12   Http
13 } from '@angular/http';
14
15 @NgModule({
16   imports: [
17     CommonModule,
18     HttpModule, // <-- 여기까지 새로 추가한 부분
19   ],
20   providers: [
21     // API_URL 제공자를 추가한다.
22     { provide: 'API_URL', useValue: 'http://devserver.com' },
23     {
```

```
24        provide: AnalyticsService,
25
26        // `deps`를 추가해 팩토리 의존성을 명시한다.
27        deps: [ Http, 'API_URL' ],
28
29        // 인수를 추가했다는 사실에 주의해야 한다.
30        // 인수의 순서는 deps의 순서와 같다.
31        useFactory(http: Http, apiUrl: string) {
32
33          // 이벤트 로그를 구현한다.
34          const loggingImplementation: AnalyticsImplementation = {
35            recordEvent: (metric: Metric): void => {
36              console.log('The metric is:', metric);
37              console.log('Sending to: ', apiUrl);
38              // ... 여기서 http를 사용해 metric을 보낸다. ...
39            }
40          };
41
42          // 새 `영문`을 만든다.
43          return new AnalyticsService(loggingImplementation);
44        }
45      },
46    ],
47    declarations: [ ]
48 })
49 export class AnalyticsDemoModule { }
```

두 군데에서 HttpModule을 가져왔다. 한 군데는 ES6의 import이고(이로 인해 해당 클래스의 상수들을 사용할 수 있다), 다른 한 곳은 NgModule의 imports이다(이로 인해 의존성 주입을 적용할 수 있다).

그리고 앞에서처럼 API_URL 제공자를 추가했다. AnalyticsService 제공자에서는 새 키인 deps를 추가했다. deps는 주입 토큰의 배열이며, 이 토큰들은 해결되어 팩토리 함수의 인수로 전달된다.

6.6 앱의 의존성 주입

이제 검토의 시간이다. 앱을 작성할 때 주입을 수행하기 위해서는 3단계를 진행해야 한다.

1. 의존성을 만든다(예: 서비스 클래스).
2. 주입을 설정한다(다시 말해, 앵귤러의 주입을 NgModule에 등록한다).
3. 해당 컴포넌트에서 의존성을 선언한다.

첫 번째 할 일은 서비스 클래스, 즉 사용하려는 동작을 드러내는 클래스를 만드는 것이다. 이를 가리켜 **인젝터블**(injectable)이라고 부른다. 이것이 주입을 통해 컴포넌트가 받게 될 '것'이기 때문이다.

용어를 정리해 보자. '제공자'(만들고 인스턴스를 생성하는 등)는 '인젝터블'(원하는 것)을 제공한다. 앵귤러에서 인젝터블에 액세스하려면 의존성을 함수(대개 constructor)로 주입해야 하고, 앵귤러의 의존성 주입 프레임워크는 이를 찾아 제공한다.

정리한 대로, 의존성 주입은 앱 안에서 의존성 파일들을 관리하는 강력한 방법인 것이다.

6.7 참고 리소스

- 앵귤러 공식 DI 문서[1]
- 앵귤러 1과 앵귤러 2의 DI를 비교한 빅터 사브킨의 자료[2]

---

1   https://angular.io/docs/ts/latest/guide/dependency-injection.html 〔단축URL〕 goo.gl/jcMWeJ
2   http://victorsavkin.com/post/126514197956/dependency-injection-in-angular-1-and-angular-2 〔단축URL〕 goo.gl/qsmm9t

7

HTTP

7.1 소개

앵귤러는 외부 API를 사용하기 위한 자체 HTTP 라이브러리를 제공한다. 외부 서버를 호출할 때는 사용자가 계속해서 페이지와 소통하도록 하는 것이 중요하다. 다시 말해, HTTP 요청이 외부 서버로부터 리턴될 때까지 페이지가 멈춰 있으면 안 된다. 이런 결과를 얻으려면 HTTP 요청이 **비동기**(asynchronous)여야 한다. 지금껏 비동기 코드는 동기(synchronous) 코드에 비해 다루기가 까다로웠다. 자바스크립트에서 비동기 코드를 처리할 수 있는 방식은 일반적으로 세 가지로 나뉜다.

1. 콜백(callback)

2. 프로미스(promise)

3. 옵저버블(observable)

앵귤러 2에서 선호되는 비동기 코드 처리 방식은 옵저버블이다. 이 장에서는 옵저버블에 관해 언급하고자 한다.

> ℹ️ RxJS와 옵저버블을 온전하게 다루는 장이 따로 마련되어 있다. 이 장에서는 옵저버블을 사용하겠지만 깊이 있게 다루지는 않을 것이다. 이 장부터 읽는 독자가 있다면 RxJS와 옵저버블을 온전하게 다루는 장이 따로 마련돼 있다는 점을 인지하기 바란다.

이 장에서 살펴볼 내용은 다음과 같다.

1. 기본적인 Http 예

2. 유튜브 검색 컴포넌트 만들기

3. Http 라이브러리 관련 API 세부 내용

> 🛈 이곳에서 다루는 예시들은 샘플 코드의 http 폴더에 제공된다. 프로젝트의 구현 및 실행 지침은
> 이 폴더의 README.md 파일을 참고하기 바란다.
>
> 이 장의 내용을 진행하면서 코드도 함께 실행해 보아야 한다. 통찰력이 훨씬 더 깊어질 것이다.

7.2 @angular/common/http 사용하기

HTTP는 앵귤러에서 별개의 모듈로 분리되었다. 다시 말해, HTTP를 사용하려면 @angular/common/http의 상수들을 가져와야(import) 한다. 이를테면 다음처럼 할 수 있다.

```
1  import {
2    // @angular/common/http를 사용하는 NgModule
3    HttpClientModule,
4
5    // 클래스 상수
6    HttpClient
7  } from '@angular/common/http';
```

7.2.1 @angular/http에서 가져오기

app.module.ts에서는 편리한 모듈 집합인 HttpModule을 다음처럼 가져올 수 있다.

code/http/src/app/app.module.ts

```
1  import { BrowserModule } from '@angular/platform-browser';
2  import { NgModule } from '@angular/core';
3  import { FormsModule } from '@angular/forms';
4  import { HttpModule } from '@angular/common/http';
```

app.module.ts에서는 편리한 모듈 컬렉션인 HttpClientModule을 가져올 것이다.

code/http/src/app/app.module.ts

```
14  @NgModule({
15    declarations: [
16      AppComponent,
17      SimpleHttpComponent,
18      MoreHttpRequestsComponent,
19      YouTubeSearchComponent,
20      SearchResultComponent,
21      SearchBoxComponent
22    ],
23    imports: [
24      BrowserModule,
25      FormsModule,
26      HttpModule // <-- 바로 여기
27    ],
28    providers: [youTubeSearchInjectables],
29    bootstrap: [AppComponent]
30  })
31  export class AppModule {  }
```

> declarations에는 커스텀 provider뿐만 아니라 커스텀 컴포넌트도 정의했다. 관련 설명은 나중으로 미루고자 한다.

이제 HttpClient 서비스를 컴포넌트(나 DI를 사용하는 곳)에 주입할 수 있다.

```
1  class MyFooComponent {
2    constructor(public http: Http) {
3    }
4
5    makeRequest(): void {
6      // this.http로 할 일
7    }
8  }
```

7.3 기본 요청

가장 먼저 해야 할 일은 jsonplaceholder API[1]에 단순 GET 요청을 수행하는 것이다. 그리고 다음과 같은 일들을 해야 한다.

---

1   http://jsonplaceholder.typicode.com

1. makeRequest를 호출하는 button을 만든다.

2. makeRequest는 http 라이브러리를 호출하여 API에 GET 요청을 수행한다.

3. 요청이 리턴되면 this.data를 해당 데이터의 결과로 업데이트한다. 즉, 뷰에서 새로 렌더링된다.

다음은 결과 화면이다.

Basic Request

`Make Request`

```
{
  "userId": 1,
  "id": 1,
  "title": "sunt aut facere repellat provident occaecati excepturi optio reprehenderit",
  "body": "quia et suscipit\nsuscipit recusandae consequuntur expedita et cum\nreprehende
rit molestiae ut ut quas totam\nnostrum rerum est autem sunt rem eveniet architecto"
}
```

기본 요청

7.3.1 SimpleHttpComponent 컴포넌트 만들기

가장 먼저 모듈 몇 가지를 가져오고 @Component에 selector를 지정한다.

code/http/src/app/simple-http/simple-http.component.ts

```
 1  import { Component, OnInit } from '@angular/core';
 2  import {Http, Response} from '@angular/common/http';
 3
 4  @Component({
 5    selector: 'app-simple-http',
 6    templateUrl: './simple-http.component.html'
 7  })
 8  export class SimpleHttpComponent implements OnInit {
 9    data: Object;
10    loading: boolean;
11
12    constructor(private http: Http) {
13    constructor(private http: HttpClient) {}
```

7.3.2 SimpleHttpComponent 템플릿 만들기

이제 뷰를 만든다.

code/http/src/app/simple-http/simple-http.component.html

```
1  <h2>Basic Request</h2>
2  <button type="button" (click)="makeRequest()">Make Request</button>
3  <div *ngIf="loading">loading...</div>
4  <pre>{{data | json}}</pre>
```

템플릿은 다음 세 부분으로 나눌 수 있다.

1. button

2. 로딩 표시기

3. data

button에서는 컨트롤러의 makeRequest 함수를 호출하기 위해 (click)에 바인딩한다. 이 함수
는 곧 정의할 것이다.

사용자에게 요청이 로드 중이라고 알릴 때는 ngIf를 사용하여 loading 인스턴스 변수가 참이
면 loading... 메시지를 나타낸다.

data는 Object이다. 객체를 디버깅할 때는 여기서처럼 json 파이프를 사용하는 것이 가장 효
율적이다. 여기서는 pre 태그에 두어 깔끔하고 쉽게 읽을 수 있는 형식으로 제공했다.

7.3.3 SimpleHttpComponent 컨트롤러 만들기

SimpleHttpComponent의 새 class부터 정의한다.

code/http/src/app/simple-http/simple-http.component.ts

```
8   export class SimpleHttpComponent implements OnInit {
9     data: Object;
10    loading: boolean;
```

data와 loading이라는 두 인스턴스 변수가 정의되었다. 이들은 API의 리턴값과 로딩 표시기
에 사용된다.

다음은 constructor를 정의한다.

code/http/src/app/simple-http/simple-http.component.ts

```
12    constructor(private http: HttpClient) {}
```

constructor의 몸체는 지금 빈 상태다. 여기에 Http를 주입한다.

 public http: Http처럼 public 키워드를 사용하면 타입스크립트는 http를 this.http에 대입한다.
이를 줄여서 표현하면 다음과 같다.

```
1    // 다른 인스턴스 변수가 오는 곳
2    http: Http;
3
4    constructor(http: Http) {
5      this.http = http;
6    }
```

이제 makeRequest 함수를 구현하여 첫 HTTP 요청을 수행해 보자.

code/http/src/app/simple-http/simple-http.component.ts

```
16   makeRequest(): void {
17     this.loading = true;
18     this.http
19       .get('https://jsonplaceholder.typicode.com/posts/1')
20       .subscribe(data => {
21         this.data = data;
22         this.loading = false;
23       });
24   }
```

makeRequest가 호출되면 this.loading = true가 설정된다. 그리고 로딩 표시기가 뷰에서 켜
진다. HTTP 요청 수행 과정은 직관적으로 구현된다. this.http.request를 호출하고 URL을
GET 요청을 수행하는 곳으로 전달한다. http.request는 Observable을 리턴한다. subscribe를
사용하여 변경 내용을 구독할 수 있다(프로미스의 then을 사용하는 것과 같다).

code/http/src/app/simple-http/simple-http.component.ts

```
18     this.http
19       .get('https://jsonplaceholder.typicode.com/posts/1')
20       .subscribe(data => {
```

http.request가 (서버로부터) 리턴되면 스트림이 Response 객체를 배출한다. json을 사용하여
이 응답의 몸체를 Object로 추출하고 this.data를 이 Object에 설정한다. 응답이 만들어졌으
니 더 이상 로딩하지 않는다. 따라서 this.loading = false를 설정한다.

.subscribe는 또한 두 번째와 세 번째 인수에 함수를 전달하면 각각 실패와 스트림 완료를 처리할 수 있다. 실제 앱에서는 두 경우도 함께 처리하는 것이 좋다. 다시 말해, this.loading은 요청이 실패할 경우에도(스트림이 오류를 배출하는 경우) false로 설정되어야 한다.

7.3.4 SimpleHttpComponent 전체 코드

다음은 SimpleHttpComponent의 전체 모습이다.

code/http/src/app/simple-http/simple-http.component.ts

```
1  import { Component, OnInit } from '@angular/core';
2  import { HttpClient } from '@angular/common/http';
3
4  @Component({
5    selector: 'app-simple-http',
6    templateUrl: './simple-http.component.html'
7  })
8  export class SimpleHttpComponent implements OnInit {
9    data: Object;
10   loading: boolean;
11
12   constructor(private http: HttpClient) {}
13
14   ngOnInit() {}
15
16   makeRequest(): void {
17     this.loading = true;
18     this.http
19       .get('https://jsonplaceholder.typicode.com/posts/1')
20       .subscribe(data => {
21         this.data = data;
22         this.loading = false;
23       });
24   }
25 }
```

7.4 YouTubeSearchComponent 작성하기

지난 예는 API 서버로부터 데이터를 코드로 가져오기 위한 가장 기본적인 방법이었다. 이제 좀 더 짜임새 있는 예를 소개하고자 한다. 이 절에서는 유튜브 검색을 구현해 보자. 검색 결과를 받아 동영상의 섬네일 이미지와 링크를 리스트로 표시하는 것이다. 다음은 'cats playing ipads'를 검색한 결과 스크린샷이다.

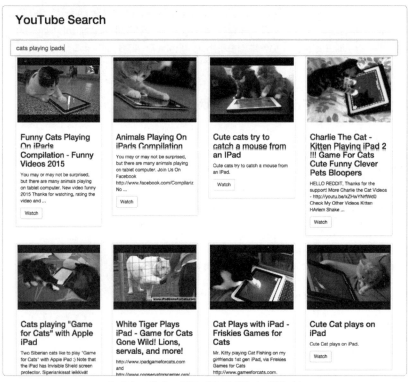

우리의 고양이도 앵귤러를 작성할 수 있을까?

앞으로 만들 것들을 구체적으로 나열하면 다음과 같다.

1. 각 결과에 해당하는 데이터가 담길 SearchResult 객체

2. 유튜브에 수행할 API 요청을 관리하고 결과를 SearchResult[] 스트림으로 전환할 YouTubeSearchService

3. YouTube 서비스를 사용자 타입으로 호출할 SearchBoxComponent

4. 특정 SearchResult를 렌더링할 SearchResultComponent

5. 유튜브 검색 앱 전체를 캡슐화하고 결과 리스트를 렌더링할 YouTubeSearchComponent

이제부터 하나씩 살펴보기로 하자.

> ℹ️ 앵귤러 클래스(AngularClass)의 공동 창업자인 패트릭 스태플턴(Patrick Stapleton)은 angular2-webpack-starter[2]라는 멋진 보관소(repository)를 제공하고 있다. 이 보관소에는 깃

---

2   https://github.com/angular-class/angular2-webpack-starter 단축URL goo.gl/AMnC4T

허브 보관소를 자동 완성하는 RxJS 예시가 담겨 있다. 이 절의 일부 아이디어는 그 예시에서 차용된 것이다. 한번 들러 볼 충분한 가치가 있는 보관소라 할 수 있다.

7.4.1 SearchResult 작성하기

우선, 기본 SearchResult 클래스부터 작성해 보자. 이 클래스는 검색 결과에서 특정 필드들을 편리하게 저장할 수 있는 방법이다.

code/http/src/app/you-tube-search/search-result.model.ts

```
1  /**
2   * SearchResult는 유튜브 동영상 검색 결과로부터
3   * 개별 기록을 담은 데이터 구조다.
4   */
5  export class SearchResult {
6    id: string;
7    title: string;
8    description: string;
9    thumbnailUrl: string;
10   videoUrl: string;
11
12   constructor(obj?: any) {
13     this.id             = obj && obj.id            || null;
14     this.title          = obj && obj.title         || null;
15     this.description    = obj && obj.description    || null;
16     this.thumbnailUrl   = obj && obj.thumbnailUrl   || null;
17     this.videoUrl       = obj && obj.videoUrl      ||
18                             `https://www.youtube.com/watch?v=${this.id}`;
19   }
20 }
```

이와 같이 obj?: any를 받는 패턴으로 키워드 인수를 모방할 수 있다. 새 SearchResult를 만들고, 지정하려는 키가 담긴 객체를 전달하면 되겠다는 생각이 바탕인 것이다.

여기서 한 가지 지적하고 싶은 것은 하드 코딩한(직접 코드에 입력한) URL 형식을 사용하여 videoUrl을 구성했다는 점이다. 이를 변경하여 인수를 더 많이 받는 함수로 만들 수도 있고, 필요하다면 이 URL을 빌드해 뷰에서 동영상 id를 직접 사용할 수도 있다.

7.4.2 YouTubeSearchService 작성하기

■ API

여기서는 유튜브 v3 검색 API[3]를 사용할 것이다.

 이 API를 사용하기 위해서는 API 키를 사용해야 한다. 이 API 키는 샘플 코드에 제공된다. 하지만 실제로 이 키는 사용 한계에 다다랐을지도 모른다. 그럴 경우에는 키를 직접 발급받아야 한다.

키를 발급받으려면 이 문서[4]를 참고한다. 단순한 처리를 위해 서버 키를 등록해 두었지만, 온라인으로 자바스크립트 코드를 작성하려면 직접 브라우저 키를 사용해야 한다.

YouTubeSearchService에는 API 키와 API URL에 매핑되는 상수 두 개를 설정한다.

```
1  let YOUTUBE_API_KEY: string = "XXX_YOUR_KEY_HERE_XXX";
2  let YOUTUBE_API_URL: string = "https://www.googleapis.com/youtube/v3/search";
```

최종적으로는 앱에서 테스트해야 한다. 테스트는 완성된 앱을 대상으로만 하지 않고 현재 개발 중인 앱을 대상으로 하며, 개발용 API를 직접 테스트한다. 이와 같은 환경을 설정하려면 이 두 상수를 인젝터블로 만든다.

그렇다면 일반적인 방법을 놔두고 왜 이 상수들을 주입해야 할까? 상수들을 인젝터블로 만들면 다음 일들이 가능해진다.

1. 배포 시 특정 환경에 알맞은 상수를 주입할 수 있다.
2. 주입된 값을 테스트 시 쉽게 교체할 수 있다.

값을 주입하면 유연성이 훨씬 높아진다. 이 값들을 인젝터블로 만들려면 다음처럼 { provide: ... , useValue: ... } 문법 구조를 사용한다.

code/http/src/app/you-tube-search/you-tube-search.injectables.ts

```
1  import {
2    YouTubeSearchService,
3    YOUTUBE_API_KEY,
4    YOUTUBE_API_URL
5  } from './you-tube-search.service';
6
```

---

3 https://developers.google.com/youtube/v3/docs/search/list 단축URL goo.gl/7TZRCl

4 https://developers.google.com/youtube/registering_an_application#Create_API_Keys 단축URL goo.gl/CfDe16

```
7  export const youTubeSearchInjectables: Array<any> = [
8    {provide: YouTubeSearchService, useClass: YouTubeSearchService},
9    {provide: YOUTUBE_API_KEY, useValue: YOUTUBE_API_KEY},
10   {provide: YOUTUBE_API_URL, useValue: YOUTUBE_API_URL}
11  ];
```

여기서는 YOUTUBE_API_KEY를 YOUTUBE_API_KEY의 값에 '주입 가능한 형태로' 바인딩했다. (YOUTUBE_API_URL도 같은 과정을 거치며, YouTubeSearchService는 곧 정의할 것이다.)

 인젝터블은 여러 가지 방법으로 만들 수 있다. 관련 내용은 6장 의존성 주입에서 설명하고 있다.

앱에 주입될 수 있는 형태로 만들기 위해서는 NgModule의 providers에 넣어야 한다. 여기서는 youTubeServiceInjectables을 내보내고 있으므로 app.module.ts에서 다음처럼 사용할 수 있다.

```
1   // http/app.module.ts
2   import { HttpModule } from '@angular/http';
3   import { youTubeServiceInjectables } from "components/YouTubeSearchComponent";
4
5   // ...
6   // 더 아래로
7   // ...
8
9   @NgModule({
10    declarations: [
11      HttpApp,
12      // 기타 ....
13    ],
14    imports: [ BrowserModule, HttpModule ],
15    bootstrap: [ HttpApp ],
16    providers: [
17      youTubeServiceInjectables // <--- 이곳
18    ]
19  })
20  class HttpAppModule {}
```

이제 변수를 직접 사용하는 대신 YOUTUBE_API_KEY(youTubeServiceInjectables에서)를 주입할 수 있다.

■ YouTubeSearchService 컨스트럭터

서비스를 class로 만들어 YouTubeSearchService를 만든다.

code/http/src/app/you-tube-search/you-tube-search.service.ts

```
26  /**
27   * YouTubeService는 YouTube API에 연결된다.
28   * See: * https://developers.google.com/youtube/v3/docs/search/list
29   */
30  @Injectable()
31  export class YouTubeSearchService {
32    constructor(
33      private http: HttpClient,
34      @Inject(YOUTUBE_API_KEY) private apiKey: string,
35      @Inject(YOUTUBE_API_URL) private apiUrl: string
36    ) {}
```

 @Injectable 어노테이션을 적용하면 이 클래스의 constructor에 주입할 수 있다.

constructor에서는 다음 세 가지를 주입한다.

1. Http

2. YOUTUBE_API_KEY

3. YOUTUBE_API_URL

세 인수로부터 각각 인스턴스 변수를 만들었다. 따라서 this.http, this.apiKey, this.apiUrl처럼 액세스할 수 있다. 그리고 @Inject(YOUTUBE_API_KEY) 표기 방식을 사용하여 명시적으로 주입했다.

■ YouTubeSearchService search 함수

그다음은 search 함수의 구현이다. search는 sring 쿼리를 받는다. 그리고 SearchResult[] 스트림을 배출하는 Observable를 리턴한다. 다시 말해, 배출된 각 항목은 SearchResult의 '배열'이다.

code/http/src/app/you-tube-search/you-tube-search.service.ts

```
38    search(query: string): Observable<SearchResult[]> {
39      const params: string = [
40        `q=${query}`,
41        `key=${this.apiKey}`,
```

```
42        `part=snippet`,
43        `type=video`,
44        `maxResults=10`
45      ].join('&');
46      const queryUrl = `${this.apiUrl}?${params}`;
```

여기서는 queryUrl을 직접 만든다. 우선 쿼리 파라미터들을 params 변수에 지정한다. (각 값의 의미는 API 문서[5]에서 참고하기 바란다.) 그리고 apiUrl과 params를 연결하여 queryUrl을 만든다. 이제, 요청을 수행할 수 있는 queryUrl이 만들어졌다. 여기서는 HttpClient가 POST, DELETE, GET 등 어떤 요청도 수행할 수 있지만 http.get을 사용한다.

code/http/src/app/you-tube-search/you-tube-search.service.ts

```
38    search(query: string): Observable<SearchResult[]> {
39      const params: string = [
40        `q=${query}`,
41        `key=${this.apiKey}`,
42        `part=snippet`,
43        `type=video`,
44        `maxResults=10`
45      ].join('&');
46      const queryUrl = `${this.apiUrl}?${params}`;
47      return this.http.get(queryUrl).map(response => {
48        return <any>response['items'].map(item => {
49          // console.log("raw item", item); // 디버그할 때는 주석에서 제외한다.
50          return new SearchResult({
51            id: item.id.videoId,
52            title: item.snippet.title,
53            description: item.snippet.description,
54            thumbnailUrl: item.snippet.thumbnails.high.url
55          });
56        });
57      });
58    }
```

여기서는 http.get의 리턴값을 받아 map을 사용하여 요청으로부터 Response를 가져온다. response에서 .json()을 사용하여 몸체를 객체로 추출한 다음, 각 항목을 반복 처리하면서 SearchResult로 전환한다.

 원시 item을 확인하려면 console.log 행에서 주석을 제거하고, 브라우저의 개발자 모드에서 살펴볼 수 있다.

---

5   https://developers.google.com/youtube/v3/docs/search/list [단축URL] goo.gl/7TZRCI

(<any>response.json( )).items 호출 부분을 눈여겨보아야 한다. 이 부분은 무슨 뜻일까? 한마디로, 타입 확인을 엄격하게 수행하지 않는다는 것이다. JSON API를 다룰 때는 일반적으로 API 응답에 필요한 타입들을 정의하지 않는다. 따라서 타입스크립트는 리턴된 Object에 items 키가 있다는 것을 알지 못한다. 그 결과 컴파일러는 오류를 내보낸다. response.json( )["items"]를 호출하고 이를 Array 등으로 변환할 수도 있지만, 여기서는 (그리고 SearchResult를 만들 때는) 단점을 감수하고 엄격한 타입 확인 대신 any 타입을 사용하는 것이 훨씬 명확하다.

■ YouTubeSearchService 전체 코드

다음은 YouTubeSearchService의 전체 코드다.

 이 장에서는 CSS 프레임워크의 부트스트랩[6]의 스타일을 추가한다.

code/http/src/app/you-tube-search/you-tube-search.service.ts

```
26  /**
27   * YouTubeService는 YouTube API에 연결된다.
28   * 참고: * https://developers.google.com/youtube/v3/docs/search/list
29   */
30  @Injectable()
31  export class YouTubeSearchService {
32    constructor(
33      private http: HttpClient,
34      @Inject(YOUTUBE_API_KEY) private apiKey: string,
35      @Inject(YOUTUBE_API_URL) private apiUrl: string
36    ) {}
37
38    search(query: string): Observable<SearchResult[]> {
39      const params: string = [
40        `q=${query}`,
41        `key=${this.apiKey}`,
42        `part=snippet`,
43        `type=video`,
44        `maxResults=10`
45      ].join('&');
46      const queryUrl = `${this.apiUrl}?${params}`;
47      return this.http.get(queryUrl).map(response => {
48        return <any>response['items'].map(item => {
49          // console.log("raw item", item); // 디버그할 때는 주석에서 제외한다.
50          return new SearchResult({
51            id: item.id.videoId,
52            title: item.snippet.title,
53            description: item.snippet.description,
```

---

6   http://getbootstrap.com

```
54            thumbnailUrl: item.snippet.thumbnails.high.url
55          });
56        });
57      });
58    }
59  }
```

7.4.3 SearchBoxComponent 작성하기

이 앱에서 중요한 역할을 담당하는 것이 바로 SearchBoxComponent이다. SearchBox Componentsms는 UI와 YouTubeSearchService의 중재자라 할 수 있다. SearchBox Component는 다음 일들을 수행한다.

1. input의 keyup을 주시하고 YouTubeSearchService에 검색을 제출한다.

2. 로딩 중일 때(또는 로딩 중이지 않을 때) loading 이벤트를 배출한다.

3. 새 결과가 있으면 results를 배출한다.

■ **SearchBoxComponent의 @Component 정의**

SearchBoxComponent @Component를 정의해 보자.

code/http/src/app/you-tube-search/search-box.component.ts

```
22  @Component({
23    selector: 'app-search-box',
24    template: `
25      <input type="text" class="form-control" placeholder="Search" autofocus>
26    `
27  })
28  export class SearchBoxComponent implements OnInit {
29    @Output() loading: EventEmitter<boolean> = new EventEmitter<boolean>();
30    @Output() results: EventEmitter<SearchResult[]> = new EventEmitter<SearchResul\
31  t[]>();
32
33    constructor(private youtube: YouTubeSearchService,
34                private el: ElementRef) {
35    }
```

selector는 앞에서도 여러 차례 살펴보았다. <app-search-box> 태그를 만들어 주는 것이 바로 selector이다. 두 개의 @Output은 이벤트가 이 컴포넌트에서 배출된다는 뜻이다. 다시 말해, 뷰에서 (output)="callback( )" 문법을 적용하면 이 컴포넌트의 이벤트들을 주시할 수 있다.

이를테면 다음은 뷰에서 <app-search-box> 태그를 사용하는 방법이다.

```
1  <app-search-box
2    (loading)="loading = $event"
3    (results)="updateResults($event)"
4    ></app-search-box>
```

여기서 SearchBoxComponent가 loading 이벤트를 배출할 때 loading 변수를 설정한다. 마찬가지로, SearchBoxComponent가 results 이벤트를 배출할 때 updateResults( ) 함수를 호출한다. 이때 값은 loading 변수에서 가져온다.

@Component 클래스에서는 이벤트의 프로퍼티를 loading과 results로 지정하고 있다. 각 이벤트는 해당 EventEmitter를 컨트롤러 클래스의 인스턴스 변수로 가지게 된다. 이는 잠시 뒤에 구현하겠다. 지금은 @Component가 컴포넌트의 공개 API와 같다고 생각하면 된다. 이벤트들의 이름이 지정된 것도 그 때문이다. EventEmitter 구현은 잠시 뒤로 미룬다.

■ **SearchBoxComponent의 template 정의**

템플릿은 input 태그가 하나뿐이어서 직관적으로 구현할 수 있다.

code/http/src/app/you-tube-search/search-box.component.ts

```
24   template: `
25     <input type="text" class="form-control" placeholder="Search" autofocus>
26   `
```

■ **SearchBoxComponent의 컨트롤러 정의**

SearchBoxComponent 컨트롤러에는 새 클래스가 있다.

code/http/src/app/you-tube-search/search-box.component.ts

```
28  export class SearchBoxComponent implements OnInit {
29    @Output() loading: EventEmitter<boolean> = new EventEmitter<boolean>();
30    @Output() results: EventEmitter<SearchResult[]> = new EventEmitter<SearchResul\
31  t[]>();
```

이 클래스는 OnInit을 implements한다. ngOnInit 라이프사이클 콜백을 사용해야 하기 때문이다. 클래스가 OnInit을 implements하면 변경 내용이 있는지 처음 검사하고 바로 ngOnInit 함수가 호출된다. ngOnInit은 (constructor에 비해) 초기화를 수행하기에 적절한 곳이다. 컴포넌트에 설정된 입력은 constructor에서 사용할 수 없기 때문이다.

loading과 results의 EventEmitter도 만들었다. loading은 검색이 로딩 중일 때 boolean을 배출하고, results는 검색이 완료되면 SearchResult 배열을 배출한다.

■ SearchBoxComponent의 컨트롤러 정의: constructor

SearchBoxComponent의 constructor를 언급하고자 한다.

code/http/src/app/you-tube-search/search-box.component.ts

```
32    constructor(private youtube: YouTubeSearchService,
33              private el: ElementRef) {
34    }
```

constructor에서는 다음을 주입한다.

1. YouTubeSearchService
2. 컴포넌트가 연결되는 el 요소. el은 ElementRef 타입의 객체이며, ElementRef 타입은 네이티브 요소를 감싸는 앵귤러 래퍼(wrapper)이다.

두 주입을 인스턴스 변수로 설정한다.

■ SearchBoxComponent의 컨트롤러 정의: ngOnInit

이 입력란에서는 keyup 이벤트를 주시한다. 중요한 것은 keyup마다 곧바로 검색을 하면 올바로 동작하지 않는다는 점이다. 사용자 경험을 개선하기 위한 방법에는 다음 세 가지가 있다.

1. 빈 쿼리 또는 짧은 쿼리를 거른다.
2. 입력을 '디바운싱'한다. 다시 말해, 모든 문자를 검색하지 않는다. 사용자가 입력을 멈추고 잠깐 지난 이후의 문자만 검색한다.
3. 지난 검색은 사용자의 새 검색이 있을 때 버린다.

keyup에 수동으로 바인딩하고 keyup 이벤트마다 함수를 호출한 다음, 필터링과 디바운싱을 구현할 수도 있다. 하지만 더 나은 방법이 있다. keyup 이벤트를 관찰 가능한 스트림으로 변환하는 방법이다.

RxJS에서는 Rx.Observable.fromEvent를 사용하여 요소의 이벤트를 주시할 수 있는 방법을 제공하고 있다. 사용 방법은 다음과 같다.

```
code/http/src/app/you-tube-search/search-box.component.ts
36    ngOnInit(): void {
37      // `keyup` 이벤트를 관찰 가능 스트림으로 전환한다.
38      Observable.fromEvent(this.el.nativeElement, 'keyup')
```

fromEvent에서 주목할 점은 다음과 같다.

- 첫 번째 인수는 this.el.nativeElement(컴포넌트가 연결되는 네이티브 DOM 요소)이다.
- 두 번째 인수는 문자열 'keyup'이다. 이는 스트림으로 변환할 이벤트의 이름이다.

이제 이 스트림에 RxJS 마술을 부려 SearchResult로 바꿀 수 있다. 차근차근 단계를 진행해 보자.

keyup 이벤트의 스트림에 메서드를 더 많이 연결할 수 있다. 이제부터 몇 가지 함수를 스트림에 연결하여 스트림을 변환할 것이다. 그리고 최종적으로 예시 전체를 나타낼 것이다.

우선, 입력 태그의 값을 추출한다.

```
1   .map((e: any) => e.target.value) // 입력 값을 추출한다.
```

각 keyup 이벤트에 매핑하면 이벤트 타깃(e.target, 즉 input 요소)을 찾아 그 요소의 value를 추출한다. 스트림이 문자열 스트림이 되었다는 뜻이다. 그다음을 보자.

```
1   .filter((text: string) => text.length > 1)
```

스트림이 1보다 작은 검색 문자열은 배출하지 않는다는 뜻이다. 편의에 따라 1보다 큰 숫자를 지정해도 된다.

```
1   .debounceTime(250)
```

250ms보다 더 빨리 들어오는 요청을 봉쇄한다. 다시 말해, 250ms 기다리고 이후 들어오는 키스트로크(keystroke)를 검색한다.

```
1   .do(() => this.loading.next(true)) // 로딩 활성화
```

스트림에 do를 사용하면 각 이벤트의 스트림 중간에 함수를 수행할 수 있다. 하지만 스트림이 변경되지는 않는다. 이 행을 정리하자면 이렇다. 검색을 받고 문자가 충분하면 디바운싱을 하고 실제 검색을 시작한다. 그러므로 loading을 켠다.

this.loading은 EventEmitter이다. loading을 켜려면 다음 번 이벤트 때 true를 배출한다. next를 호출하면 loading EventEmitter에 무언가를 배출할 수 있다. this.loading.next(true)는 loading EventEmitter에 true를 배출한다는 뜻이다. 컴포넌트에서 loading 이벤트를 주시하면 $event 값은 이제 true가 된다($event에 관해서는 다시 자세하게 언급할 것이다).

```
1   .map((query: string) => this.youtube.search(query))
2   .switch()
```

.map을 사용하여 각 쿼리에 검색을 수행한다. switch를 사용하면 기본적으로는 '최신 검색 이외의 것은 모두 무시'한다. 다시 말해, 새 검색이 들어오면 이전 것을 버린다.

반응형 프로그래밍 전문가라면 여기서 내가 속임수를 썼다는 것을 알 것이다. switch는 좀 더 상세하게 기술적으로 정의되며, 관련 내용은 RxJS 문서[7]에서 참고하기 바란다.

들어오는 query마다 YouTubeSearchService의 search를 수행한다. 지금까지의 내용을 합치면 다음과 같다.

code/http/src/app/you-tube-search/search-box.component.ts

```
36   ngOnInit(): void {
37     // `keyup` 이벤트를 관찰 가능 스트림으로 전환한다.
38     Observable.fromEvent(this.el.nativeElement, 'keyup')
39       .map((e: any) => e.target.value) // 입력값을 추출한다.
40       .filter((text: string) => text.length > 1) // 빈 것은 거른다.
41       .debounceTime(250)                      // 250ms마다 한 번씩만
42       .do(() => this.loading.next(true))      // 로딩 활성화
43       // 검색하고, 새 입력이 들어오면 이전 이벤트를 버린다.
44       .map((query: string) => this.youtube.search(query))
45       .switch()
46       // 검색 결과에 따라 동작한다.
47       .subscribe(
```

---

[7]   https://github.com/Reactive-Extensions/RxJS/blob/master/doc/api/core/operators/switch.md 단축URL goo.gl/MmvtUn

RxJS의 API는 규모가 방대하기 때문에 다루기에 다소 벅찰 수도 있다. 그래도 여기서는 몇 줄로 정교한 이벤트 처리 스트림을 구현했다!

YouTubeSearchService를 호출하기 때문에 이제 스트림은 SearchResult[ ]의 스트림이 된다. 이 스트림을 subscribe하여 그에 따른 동작을 수행할 수 있다. subscribe는 인수를 셋이나 받는다. onSuccess, onError, onCompletion이다.

code/http/src/app/you-tube-search/search-box.component.ts

```
47          .subscribe(
48          (results: SearchResult[]) => { // 성공 시
49            this.loading.next(false);
50            this.results.next(results);
51          },
52          (err: any) => { // 오류 시
53            console.log(err);
54            this.loading.next(false);
55          },
56          () => { // 완료 시
57            this.loading.next(false);
58          }
59        );
60      }
```

첫 번째 인수에는 스트림이 정규 이벤트를 배출할 때 해야 할 일이 지정된다. 여기서는 다음과 같이 두 EventEmitter에 이벤트를 배출한다.

1. this.loading.next(false)를 호출한다. 로딩을 중단한다는 뜻이다.
2. this.results.next(results)를 호출한다. 결과 리스트가 포함된 이벤트를 배출한다.

두 번째 인수에는 스트림에 오류가 있을 때 벌어질 일이 지정된다. 여기서는 this.loading.next(false)를 설정하여 오류를 출력한다.

세 번째 인수에는 스트림 완료 시 할 일이 지정된다. 여기서는 로딩이 완료되었다고 알린다.

■ SearchBoxComponent: 전체 코드

지금까지 내용을 모두 합친 SearchBoxComponent 컴포넌트의 모습은 다음과 같다.

code/http/src/app/you-tube-search/search-box.component.ts

```
22  @Component({
23    selector: 'app-search-box',
```

```
24    template: `
25      <input type="text" class="form-control" placeholder="Search" autofocus>
26      `
27  })
28  export class SearchBoxComponent implements OnInit {
29    @Output() loading: EventEmitter<boolean> = new EventEmitter<boolean>();
30    @Output() results: EventEmitter<SearchResult[]> = new EventEmitter<SearchResul\
31  t[]>();
32
33    constructor(private youtube: YouTubeSearchService,
34                private el: ElementRef) {
35  }
36
37    ngOnInit(): void {
38      // `keyup` 이벤트를 관찰 가능 스트림으로 전환한다.
39      Observable.fromEvent(this.el.nativeElement, 'keyup')
40        .map((e: any) => e.target.value) // 입력값을 추출한다.
41        .filter((text: string) => text.length > 1)        // 빈 것은 거른다.
42        .debounceTime(250)                                 // 250ms마다 한 번씩만
43        .do(() => this.loading.next(true))                 // 로딩 활성화
44        // 검색하고, 새 입력이 들어오면 이전 이벤트를 버린다.
45        .map((query: string) => this.youtube.search(query))
46        .switch()
47        // 검색 결과에 따라 동작한다.
48        .subscribe(
49          (results: SearchResult[]) => { // 성공 시
50            this.loading.next(false);
51            this.results.next(results);
52          },
53          (err: any) => { // 오류 시
54            console.log(err);
55            this.loading.next(false);
56          },
57          () => { // 완료 시
58            this.loading.next(false);
59          }
60        );
61    }
62  }
```

7.4.4 SearchResultComponent 작성하기

SearchBoxComponent는 꽤 복잡했다. SearchResultComponent는 그보다 훨씬 더 쉽다. SearchResultComponent의 임무는 단일 SearchResult를 렌더링하는 것이다. 앞에서 다룬 내용이 여기서도 반복되므로 곧장 코드로 뛰어들자.

Charlie The Cat - Kitten Playing iPad 2 !!! Game For Cats Cute Funny Clever Pets Bloopers

HELLO REDDIT, Thanks for the support! More Charlie the Cat Videos - http://youtu.be/xZHwYNrfWd0 Check My Other Videos Kitten HArlem Shake ...

[Watch]

단일 검색 결과 컴포넌트

code/http/src/app/you-tube-search/search-result.component.ts

```
1  import {
2    Component,
3    OnInit,
4    Input
5  } from '@angular/core';
6  import { SearchResult } from './search-result.model';
7
8
9  @Component({
10   selector: 'app-search-result',
11   templateUrl: './search-result.component.html'
12 })
13 export class SearchResultComponent implements OnInit {
14   @Input() result: SearchResult;
15
16   constructor() { }
17
18   ngOnInit() {
19   }
20
21 }
```

살펴볼 내용은 다음과 같다. @Component는 단일 입력인 input을 받는다. 컴포넌트의 SearchResult가 여기로 지정된다. 템플릿은 제목과 설명, 동영상의 섬네일, 버튼으로 표시된 동영상 링크를 나타낸다.

```
1  <div class="col-sm-6 col-md-3">
2    <div class="thumbnail">
3      <img src="{{result.thumbnailUrl}}">
4      <div class="caption">
5        <h3>{{result.title}}</h3>
6        <p>{{result.description}}</p>
7        <p><a href="{{result.videoUrl}}"
8             class="btn btn-default" role="button">
9             Watch</a></p>
10       </div>
11     </div>
12  </div>
```

단순하게 보면 SearchResultComponent는 result 인스턴스 변수에 SearchResult를 저장한다.

7.4.5 YouTubeSearchComponent 작성하기

마지막 컴포넌트는 YouTubeSearchComponent이다. 이 컴포넌트는 모든 것을 합치는 역할을
한다.

■ YouTubeSearchComponent의 @Component

code/http/src/app/you-tube-search/you-tube-search.component.ts

```
4  @Component({
5    selector: 'app-you-tube-search',
6    templateUrl: './you-tube-search.component.html'
7  })
8  export class YouTubeSearchComponent implements OnInit {
9    results: SearchResult[];
10   loading: boolean;
```

@Component 데코레이터는 직관적으로 구현할 수 있다. app-youtube-search라는 selector를
사용하면 된다.

■ YouTubeSearchComponent의 컨트롤러

템플릿을 들여다보기 전에 YouTubeSearchComponent 컨트롤러부터 살펴보기로 하자.

code/http/src/app/you-tube-search/you-tube-search.component.ts

```
8  export class YouTubeSearchComponent implements OnInit {
9    results: SearchResult[];
```

```
10    loading: boolean;
11
12    constructor() { }
13    ngOnInit() { }
14
15    updateResults(results: SearchResult[]): void {
16      this.results = results;
17      // console.log("results:", this.results); // 검토시 주석에서 제외한다.
18    }
19  }
```

이 컴포넌트에는 인스턴스 변수가 하나 정의되었다. SearchResult의 배열인 results이다. 함수
도 하나 정의되었다. updateResults라는 함수는 새 SearchResult[ ]를 받아 this.results를 새
값으로 설정한다. template에서는 results와 updateResults 둘 다 사용할 것이다.

■ YouTubeSearchComponent의 template

뷰는 다음 세 가지 일을 한다.

1. 로딩 중일 때는 로딩 표시기를 보여 준다.

2. search-box의 이벤트를 주시한다.

3. 검색 결과를 보여 준다.

이제 템플릿을 살펴보자. 기본 구조를 빌드하고 헤더 옆에 로딩을 나타내는 **gif** 이미지를 표시
한다.

code/http/src/app/you-tube-search/you-tube-search.component.html

```
1  <div class='container'>
2    <div class="page-header">
3      <h1>YouTube Search
4        <img
5          style="float: right;"
6          *ngIf="loading"
7          src='assets/images/loading.gif' />
8      </h1>
9    </div>
```

loading이 참일 때만 로딩 이미지를 보여 주어야 한다. 따라서 **ngIf**를 사용하여 이를 구현했
다. 그다음은 search-box를 사용할 마크업을 들여다보자.

code/http/src/app/you-tube-search/you-tube-search.component.html

```
10      <div class="row">
11        <div class="input-group input-group-lg col-md-12">
12          <app-search-box
13            (loading)="loading = $event"
14            (results)="updateResults($event)"
15            ></app-search-box>
16        </div>
```

loading과 results 출력에 어떻게 바인딩했는지가 관심 대상이다. 여기에 적용된 (output)="action( )" 문법에도 유의해야 한다.

loading 출력에는 loading = $event라는 수식을 적용했다. $event는 나중에 EventEmitter가 배출하는 이벤트의 값으로 대체된다. 다시 말해, SearchBoxComponent에서 this.loading. next(true)가 호출되면 $event는 true가 된다.

마찬가지로 results 출력에서도 일련의 새로운 결과가 배출될 때마다 updateResults( ) 함수가 호출된다. 따라서 컴포넌트가 results 인스턴스 변수를 업데이트하게 된다.

마지막으로, results 리스트를 컴포넌트에서 받아 각 항목에 맞춰 search-result를 렌더링한다.

code/http/src/app/you-tube-search/you-tube-search.component.html

```
19      <div class="row">
20        <app-search-result
21          *ngFor="let result of results"
22          [result]="result">
23        </app-search-result>
24      </div>
25  </div>
```

■ YouTubeSearchComponent의 전체 코드

다음은 YouTubeSearchComponent의 전체 코드다.

code/http/src/app/you-tube-search/you-tube-search.component.ts

```
4   @Component({
5     selector: 'app-you-tube-search',
6     templateUrl: './you-tube-search.component.html'
7   })
8   export class YouTubeSearchComponent implements OnInit {
9     results: SearchResult[];
```

```
10    loading: boolean;
11
12    constructor() { }
13    ngOnInit() { }
14
15    updateResults(results: SearchResult[]): void {
16      this.results = results;
17      // console.log("results:", this.results); // 검토시 주석에서 제외한다.
18    }
19  }
```

그리고 다음은 템플릿이다.

code/http/src/app/you-tube-search/you-tube-search.component.html

```
1   <div class='container'>
2     <div class="page-header">
3       <h1>YouTube Search
4         <img
5           style="float: right;"
6           *ngIf="loading"
7           src='assets/images/loading.gif' />
8       </h1>
9     </div>
10
11    <div class="row">
12      <div class="input-group input-group-lg col-md-12">
13        <app-search-box
14          (loading)="loading = $event"
15          (results)="updateResults($event)"
16          ></app-search-box>
17      </div>
18    </div>
19
20    <div class="row">
21      <app-search-result
22        *ngFor="let result of results"
23        [result]="result">
24      </app-search-result>
25    </div>
26  </div>
```

드디어 완성되었다! 온전한 유튜브 동영상 검색 기능을 구현했다! 직접 코드를 실행해 테스트
해 보기 바란다.

7.5 @angular/http API

물론 지금까지 살펴본 모든 HTTP 요청이 단순한 GET 요청만을 받지는 않는다. 따라서 다른 요청을 어떻게 수행하는지도 살펴보아야 할 것이다.

7.5.1 POST 요청 수행하기

@angular/http로 수행하는 POST 요청은 추가 파라미터인 몸체를 가져야 한다는 점만 제외하면 GET 요청과 매우 흡사하다. jsonplaceholder API[8]도 POST 요청 테스트 용도로 URL을 전환해 준다. 여기서 POST에 사용해 보자.

code/http/src/app/more-http-requests/more-http-requests.component.ts

```
20  makePost(): void {
21    this.loading = true;
22    this.http
23      .post(
24        'https://jsonplaceholder.typicode.com/posts',
25        JSON.stringify({
26          body: 'bar',
27          title: 'foo',
28          userId: 1
29        })
30      )
31      .subscribe(data => {
32        this.data = data;
33        this.loading = false;
34      });
35  }
```

두 번째 인수 자리에는 Object를 받고, JSON.stringify를 사용하여 이를 JSON 문자열로 변환했다.

7.5.2 PUT / PATCH / DELETE / HEAD

이 외에도 몇 가지 꽤 자주 사용되는 HTTP 요청이 있다. 호출 방법은 모두 동일하다.

- http.put과 http.patch는 각각 PUT과 PATCH에 매핑되며, 둘 다 URL과 몸체를 받는다.
- http.delete와 http.head는 각각 DELETE와 HEAD에 매핑되며, 둘 다 URL을 받는다(몸체 제외).

---

8 http://jsonplaceholder.typicode.com

다음은 DELETE 요청을 수행하는 코드다.

code/http/src/app/more-http-requests/more-http-requests.component.ts

```
37    makeDelete(): void {
38      this.loading = true;
39      this.http
40        .delete('https://jsonplaceholder.typicode.com/posts/1')
41        .subscribe(data => {
42          this.data = data;
43          this.loading = false;
44        });
45    }
```

7.6 맞춤형 HTTP 헤더

특별한 X-API-TOKEN이 사용되는 GET 요청을 조작한다고 생각해 보자. 이 헤더를 사용하는 요청을 다음처럼 만들 수 있다.

code/http/src/app/more-http-requests/more-http-requests.component.ts

```
47    makeHeaders(): void {
48      const headers: HttpHeaders = new HttpHeaders({
49        'X-API-TOKEN': 'ng-book'
50      });
51
52      const req = new HttpRequest(
53        'GET',
54        'https://jsonplaceholder.typicode.com/posts/1',
55        {
56          headers: headers
57        }
58      );
59
60      this.http.request(req).subscribe(data => {
61        this.data = data['body'];
62      });
63    }
```

7.7 정리

@angular/common/http는 다양한 API에 사용될 수 있어 유연하다. @angular/common/http의 가장 큰 장점은 백엔드 시뮬레이션을 지원하여 테스트 시 매우 유용하다는 것이다.

라우팅

웹 개발에서 **라우팅(routing)**은 애플리케이션을 브라우저의 현재 URL에 따라 여러 영역으로 분할하는 과정을 말한다. 예를 들어, 어떤 웹 사이트의 /에 접속한다면 이는 그 웹 사이트의 '홈 라우트(home route)'에 접속한 것이다. 마찬가지로 /visit에 접속한다면 'about page'가 렌더링되어야 한다.

8.1 라우팅은 왜 필요할까?

다음과 같은 이유에서 애플리케이션에 라우트를 정의한다.

- 앱의 여러 영역을 구분할 수 있다.
- 앱의 상태를 유지, 관리할 수 있다.
- 일정 규칙에 따라 앱의 영역들을 보호할 수 있다.

예를 들어, 앞에서 만든 재고 앱과 비슷한 앱을 만든다고 생각해 보자. 앱에 처음 접속하면 검색어를 입력할 수 있고, 입력된 검색어와 일치하는 제품들이 리스트로 출력되는 검색 폼이 보일 것이다. 그리고 어떤 제품을 클릭하면 그 제품의 상세 페이지로 이동된다.

이 앱은 클라이언트 사이드(client-side)이므로 '페이지'가 변경될 때 URL도 변경되어야 한다는 기술적 조건은 적용되지 않는다. 하지만 잠시 이런 고민을 해 보자. 모든 페이지에 같은 URL

을 사용하면 어떤 결과가 생길까?

- 페이지를 새로 고칠 수 없고 사용자의 앱 내 위치를 유지할 수 없다.
- 페이지를 즐겨찾기에 추가할 수 없어 나중에 다시 접속하기 어렵다.
- 페이지의 URL을 다른 사람과 공유할 수 없다.

긍정적인 면을 생각해 보면, 라우팅은 사용자가 앱의 어느 곳에 있는지 나타내는 URL 문자열을 정의해 준다. 예로 든 재고 앱에서는 다음과 같이 여러 라우트를 결정할 수 있다.

초기 루트(root) URL은 http://our-app/ 형식으로 표현된다. 이 페이지에 방문하면 '홈'인 http://our-app/home으로 행선지가 변경된다. 'About Us' 영역에 액세스할 때는 URL이 http://our-app/about이다. 이런 식으로 다른 사용자에게 http://our-app/about이라는 URL을 보내면 같은 페이지를 볼 수 있다.

8.2 클라이언트 사이드 라우팅의 동작 방식

아마도 예전에 서버사이드 라우팅 코드는 작성해 보았을 것이다(그 경험이 이 장을 진행하는 데 필요하다는 뜻은 아니다). 일반적으로 서버사이드 라우팅에서는 HTTP 요청이 들어오면, 서버는 수신한 URL에 따라 각기 다른 컨트롤러를 렌더링한다. 이를테면 Express.js[1]에서는 다음처럼 작성할 수도 있다.

```
1  var express = require('express');
2  var router = express.Router();
3
4  // About 라우트를 정의한다
5  router.get('/about', function(req, res) {
6    res.send('About us');
7  });
```

루비 온 레일즈[2]에서는 이렇게 작성할 수도 있다.

```
1  # routes.rb
2  get '/about', to: 'pages#about'
```

---

1 http://expressjs.com/guide/routing.html 단축URL goo.gl/YZwg7Q

2 http://rubyonrails.org/

```
3
4   # PagesController.rb
5   class PagesController < ActionController::Base
6     def about
7       render
8     end
9   end
```

패턴이야 프레임워크마다 다르다. 하지만 어느 경우든 요청을 받아 특정 컨트롤러로 라우팅하는 '서버'는 있어야 하며, 이때 해당 '컨트롤러'는 경로와 파라미터에 따라 특정 '동작'을 실행해야 한다.

클라이언트 사이드 라우팅은 개념적으로야 서버사이드 라우팅과 매우 흡사하지만 구현은 그렇지 않다. 클라이언트 사이드 라우팅에서는 URL이 변경될 때 꼬박꼬박 서버에 요청을 수행하지 않아도 된다. 앵귤러 앱에서는 이를 가리켜 **싱글 페이지 앱**(Single Page Apps, SPA)이라고 부른다. 서버는 싱글 페이지만을 제공하며, 페이지들을 렌더링하는 것은 자바스크립트이기 때문이다. 그렇다면 자바스크립트 코드로는 서로 다른 라우트를 어떻게 구현할 수 있을까?

8.2.1 시작: 앵커 태그 사용하기

클라이언트 사이드 라우팅은 기발한 기술로 시작한다. 다시 말해, SPA의 페이지에 해당하는 정상적인 서버사이드 URL을 사용하지 않고 클라이언트 사이드 URL로 **앵커 태그**(anchor tag)를 사용한다. 이미 알고 있을지 모르겠지만, 앵커 태그는 전통적으로 웹 페이지 내 특정 위치로 직접 연결하여 앵커가 정의된 곳으로 브라우저가 스크롤하도록 하는 데 사용된다. 이를테면 앵커 태그를 HTML 페이지에서 다음처럼 정의한다.

```
1   <!-- ... 다른 요소들 ... -->
2   <a name="about"><h1>About</h1></a>
```

http://something/#about이라는 URL에 방문하면, 브라우저는 about 앵커로 식별되는 H1 태그로 직행한다. SPA에 사용되는 클라이언트 사이드 프레임워크를 적절하게 변경하면, 앵커 태그를 받아 이를 사용하여 앱 내 라우트를 표현할 수 있다. 이때 라우트는 경로 형식으로 변환된다. 이를테면 SPA의 about 라우트는 http://something/#about처럼 될 텐데, 이를 가리켜 **해시 기반 라우팅**(hash-based routing)이라고 부른다. 이 방식은 슬래시를 붙여(/about처럼) 정상적인 URL처럼 보이는 장점이 있다.

8.2.2 진화: HTML5 클라이언트 사이드 라우팅

브라우저는 이미 표시한 URL을 '새 요청이 없이도' 변경하는 새로운 브라우저 방문 기록 항목을 프로그램상에서 만들 수 있다. 이는 HTML5를 도입함으로써 가능해졌다. 구체적으로 살펴보자면, history.pushState 메서드를 사용하여 브라우저의 방문 기록을 자바스크립트에 노출한다. 그런 이유에서 현대적인 프레임워크는 라우트를 옮겨다니는 기발한 앵커 기술보다 다시 로드하지 않고 방문 기록을 조작할 수 있는 pushState에 의존한다.

 앵귤러 1 노트: 이런 방식의 라우팅이 이미 앵귤러 1에 도입되었지만, $locationProvider.html5 Mode(true)를 사용하여 명시적으로 활성화해 주어야 했다.

하지만 앵귤러에서 HTML5는 기본 모드다. HTML5 모드에서 이전 앵커 태그 모드로 변경하는 방법은 잠시 뒤에 다룰 것이다.

 어찌 됐든 HTML5 모드를 사용할 때는 두 가지를 유념해야 한다.

  1. 모든 브라우저가 HML5 모드 라우팅을 지원하지는 않는다. 따라서 과거 브라우저를 지원해야 한다면 할 수 없이 당분간은 해시 기반 라우팅을 고집해야 할지도 모른다.

  2. **서버 또한 HTML5 기반 라우팅을 지원해야 한다.**

  왜 서버도 HTML5 기반 라우팅을 지원해야 하는지 지금은 명확하게 이해하지 못할 수도 있다. 이에 관해서는 잠시 뒤에 다룰 것이다.

8.3 첫 라우트 작성하기

 앵귤러 문서에는 HTML5 모드 라우팅을 권장한다[3]고 설명돼 있다. 하지만 앞 절에서 언급한 여러 제약 때문에 여기서는 해시 기반 라우팅을 사용하여 설명을 단순화하고자 한다.

앵귤러에서는 '경로(path)'를 해당 컴포넌트에 매핑하여 라우트를 설정한다. 라우트가 여럿인 작은 앱 하나를 만들어 보자. 라우트는 모두 세 개다.

- 메인 페이지 라우트. 경로는 /#/home이다.
- 어바웃 페이지. 경로는 /#/about이다.
- 연락처 페이지. 경로는 /#/contact이다.

---

3   https://angular.io/docs/ts/latest/guide/router.html#!#browser-url-styles (단축URL) goo.gl/LKBDzk

그리고 사용자가 루트 경로(/#/)에 방문하면 홈 경로로 목적지가 자동 변경된다.

8.4 앵귤러 라우팅의 구성 요소들

앵귤러에서 라우팅을 설정하는 데 사용할 구성 요소는 크게 세 가지다.

- Routes는 앱이 지원하는 라우트를 기술한다.
- RouterOutlet은 일종의 '자리 맡기' 컴포넌트로서, 각 라우트의 내용물이 지정되는 위치를 나타낸다.
- RouterLink 지시자는 라우트에 연결하는 데 사용된다.

이제부터 하나씩 면밀히 살펴보자.

8.4.1 imports

앵귤러에서 라우터를 사용하기 위해서는 @angular/router 패키지에서 상수들을 가져와야 한다.

code/routes/routing/src/app/app.module.ts

```
5  import {
6    RouterModule,
7    Routes
8  } from '@angular/router';
```

이제 라우터 설정을 정의할 수 있다.

■ Routes

앱에 사용할 라우트를 정의하려면, Routes 설정을 만들고 RouterModule.forRoot(routes)를 사용하여 라우터에 필요한 의존성을 제공해야 한다. 우선 라우트 정의부터 살펴보자.

code/routes/routing/src/app/app.module.ts

```
26  const routes: Routes = [
27    // 기본 라우트
28    { path: '', redirectTo: 'home', pathMatch: 'full' },
29    { path: 'home', component: HomeComponent },
30    { path: 'about', component: AboutComponent },
31    { path: 'contact', component: ContactComponent },
32    { path: 'contactus', redirectTo: 'contact' },
```

```
33
34    // authentication demo
35    { path: 'login', component: LoginComponent },
36    {
37      path: 'protected',
38      component: ProtectedComponent,
39      canActivate: [ LoggedInGuard ]
40    },
41
42    // nested
43    {
44      path: 'products',
45      component: ProductsComponent,
46      children: childRoutes
47    }
48  ];
```

여기서 라우트에 관해 몇 가지를 알아야 한다.

- path는 이 라우트가 처리할 URL을 지정한다.
- component는 지정된 라우트 경로가 묶일 라우트 처리 담당 컴포넌트다.
- 옵션인 redirectTo는 지정된 경로를 기존 라우트로 재지정할 때 사용된다.

라우트의 목적은 지정된 경로를 어느 컴포넌트가 처리하는지 명시하는 것이라는 전제를 바탕으로 이 장에서는 각 라우트를 깊이 있게 살펴보고자 한다.

■ 목적지 재지정(리디렉션)

라우트 정의에 redirectTo를 사용하면 라우트의 path에 방문하더라도 브라우저는 목적지를 다른 라우트로 재지정한다. 앞에서는 http://localhost:4200/#/로 root 경로에 방문하더라도 home으로 재지정된다. 한 가지 예를 더 들면, 다음과 같이 contactus 라우트가 있다.

code/routes/routing/src/app/app.module.ts

```
32  { path: 'contactus', redirectTo: 'contact' },
```

여기서는 http://localhost:4200/#/contactus라는 URL에 방문하더라도 브라우저는 /contact로 안내한다.

 샘플 코드 이 절에서 선보인 샘플 앱의 전체 코드는 샘플 코드의 routes/routing 폴더에 제공된다. 이 폴더에는 프로젝트 빌드 및 실행 관련 지침에 해당하는 README.md 파일도 제공된다.

라우팅에 필요한 import는 가짓수가 많다. 이후 코드에서도 파일명과 행 번호 정도만 표시하고 일일이 나열하지는 않을 것이다. 특정 클래스의 import 방법을 모르겠다면 에디터에서 코드를 열고 전체 코드를 살펴보기 바란다.

이 절의 내용을 진행하면서 간간이 코드를 실행해 보자. 동작 방식을 바라보는 통찰력이 깊어질 것이다.

8.4.2 라우트 설치하기

Routes인 routes를 만들었으니 설치를 해 보자. 앱에 라우트를 설치하려면 NgModule에 두 가지 일을 해야 한다.

1. RouterModule 가져오기

2. NgModule의 imports에서 RouterModule.forRoot(routes)를 사용하여 라우트 설치하기

다음은 NgModule에 설정한 라우트다.

code/routes/routing/src/app/app.module.ts

```
26  const routes: Routes = [
27    // 기본 라우트
28    { path: '', redirectTo: 'home', pathMatch: 'full' },
29    { path: 'home', component: HomeComponent },
30    { path: 'about', component: AboutComponent },
31    { path: 'contact', component: ContactComponent },
32    { path: 'contactus', redirectTo: 'contact' },
```

code/routes/routing/src/app/app.module.ts

```
59    imports: [
60      BrowserModule,
61      FormsModule,
62      HttpModule,
63      RouterModule.forRoot(routes), // <-- 라우트
64
65      // 자식 모듈에 추가한다.
66      ProductsModule
67    ],
```

8.4.3 RouterOutlet: <router-outlet> 사용하기

라우트를 변경할 때는 외부 '레이아웃' 템플릿을 그대로 유지하고, 페이지의 '내부 구역'을 라우트의 컴포넌트로 대체한다. 페이지 어느 곳에서 라우트의 내용물을 렌더링할지 기술하기

위해서는 RouterOutlet 지시자를 사용해야 한다.

@Component 컴포넌트에는 세 개의 template이 있다. 각각 div 구조와 Navigation 구역, router-outlet 지시자가 지정된다. router-outlet 요소는 각 라우트 컴포넌트의 내용물이 렌더링되는 위치를 나타낸다.

 템플릿에서 router-outlet 지시자를 사용할 수 있는 것은 NgModule에 RouterModule을 가져왔기 때문이다.

다음은 내비게이션 래퍼(navigation wrapper)에 해당하는 컴포넌트와 템플릿이다.

code/routes/routing/src/app/app.component.ts

```
6   @Component({
7     selector: 'app-root',
8     templateUrl: './app.component.html',
9     styleUrls: ['./app.component.css']
10  })
11  export class AppComponent {
12    constructor(private router: Router) {
13    };
14  }
```

다음은 템플릿이다.

code/routes/routing/src/app/app.component.html

```
1   <div class="page-header">
2     <div class="container">
3       <h1>Router Sample</h1>
4       <div class="navLinks">
5         <a [routerLink]="['/home']">Home</a>
6         <a [routerLink]="['/about']">About Us</a>
7         <a [routerLink]="['/contact']">Contact Us</a>
8         |
9         <a [routerLink]="['/products']">Products</a>
10        <a [routerLink]="['/login']">Login</a>
11        <a [routerLink]="['/protected']">Protected</a>
12      </div>
13    </div>
14  </div>
15
16  <div id="content">
17    <div class="container">
18      <router-outlet ></router-outlet>
```

```
19      </div>
20    </div>
```

여기서 내비게이션 메뉴 바로 아래 router-outlet 요소를 보자. /home은 HomeComponent 템플릿이 렌더링되는 곳이다. 다른 컴포넌트에도 같은 일이 반복된다.

8.4.4 RouterLink: [routerLink] 사용하기

라우트 템플릿이 어디서 렌더링되는지 살펴보았다. 그렇다면 지정된 라우트로는 어떻게 이동할까? HTML만 사용한다면 다음처럼 라우트에 직접 연결할 수도 있을 것이다.

```
1    <a href="/#/home">Home</a>
```

하지만 링크를 클릭하면 페이지가 다시 로드되며, 이는 싱글 페이지 앱에 어울린다고 할 수 없다. 이 문제를 해결하려면 페이지가 다시 로드되지 않고 라우트에 연결할 수 있는 방법이 필요하다. 바로 RouterLink 지시자가 하는 일이다. RouterLink 지시자를 사용하면 특별한 문법으로 링크를 작성할 수 있다.

code/routes/routing/src/app/app.component.html
```
3      <h1>Router Sample</h1>
4      <div class="navLinks">
5        <a [routerLink]="['/home']">Home</a>
6        <a [routerLink]="['/about']">About Us</a>
7        <a [routerLink]="['/contact']">Contact Us</a>
8        |
```

왼쪽에는 지시자를 현재 요소(여기서는 a 태그)에 적용하는 [routerLink]가 보인다. 오른쪽에는 "['home']"이나 "['about']"처럼 요소가 클릭되면 이동할 라우트 경로들이 첫 번째 요소로 자리한다. routerLink의 값은 문자열이 포함된 배열 문자열(['home']처럼)이라는 점에 유의해야 한다. 왜 이렇게 되었을까? 라우트에 연결될 때는 더 많은 것을 제공해야 하기 때문이다. 하지만 이에 관해서는 자식 라우트나 라우트 파라미터를 다룰 때 세부적으로 언급하겠다. 지금은 루트 앱 컴포넌트의 라우트 이름을 사용한다고만 이해하기 바란다.

8.5 모두 합치기

지금까지 기본적인 것들은 모두 완성했으니 이제 이들을 모두 합쳐 보자. 우선, 애플리케이션에 필요한 index.html 파일부터 작성한다. 다음은 index.html 파일의 전체 코드다.

code/routes/routing/src/index.html

```
1  <!doctype html>
2  <html>
3  <head>
4    <meta charset="utf-8">
5    <title>Routing</title>
6    <base href="/">
7
8    <meta name="viewport" content="width=device-width, initial-scale=1">
9    <link rel="icon" type="image/x-icon" href="favicon.ico">
10 </head>
11 <body>
12   <app-root>Loading...</app-root>
13 </body>
14 </html>
```

이 코드가 낯설지 않아야 한다. 다만, 다음 행은 설명이 필요하다.

```
6    <base href="/">
```

이 행은 HTML 태그인 base를 선언한다. 이 태그는 전통적으로 이미지 등 리소스를 어디에서 찾을지 알려 준다. 이때 리소스의 위치에는 상대 경로가 적용된다.

앵귤러의 라우터 또한 이 태그에 의존해 어떻게 라우팅 정보를 구성할지 결정한다. 이를테면 /hello라는 경로의 라우트가 있고 base 요소에서 href="/app"을 선언한다면, 앱은 /app/#을 구체적인 경로로 사용한다.

하지만 앵귤러 앱 개발자들이 애플리케이션 HTML의 head 구역에 액세스하지 못할 때도 있다. 예를 들어, 덩치가 큰 기본 애플리케이션의 헤더와 푸터를 재사용할 때가 그런 경우다. 다행히 해결책은 있다. APP_BASE_HREF 제공자를 사용하여 NgModule을 설정할 때 애플리케이션의 기본 경로를 프로그램상에서 선언하면 된다.

```
1  @NgModule({
2    declarations: [ RoutesDemoApp ],
```

```
3    imports: [
4      BrowserModule,
5      RouterModule.forRoot(routes) // <-- 라우트
6    ],
7    bootstrap: [ RoutesDemoApp ],
8    providers: [
9      { provide: LocationStrategy, useClass: HashLocationStrategy },
10     { provide: APP_BASE_HREF, useValue: '/' } // <--- 이곳
11   ]
12 })
```

{ provide: APP_BASE_HREF, useValue: '/' }를 providers에 두면 애플리케이션 HTML 헤더에 <base href="/">를 사용한 것과 같아진다.

 제품으로 배포할 때는 --base-href 커맨드라인 옵션을 사용하여 base-href의 값을 설정할 수도 있다.

8.5.1 컴포넌트 만들기

메인 앱 컴포넌트보다 먼저 단순한 컴포넌트 세 가지를 만들어 보자. 각 라우트에 해당하는 컴포넌트들이다.

■ HomeComponent

HomeComponent에는 환영 인사를 출력하는 h1 태그가 포함된다. 다음은 전체 코드다.

code/routes/routing/src/app/home/home.component.ts
```
1  import { Component, OnInit } from '@angular/core';
2
3  @Component({
4    selector: 'app-home',
5    templateUrl: './home.component.html',
6    styleUrls: ['./home.component.css']
7  })
8  export class HomeComponent implements OnInit {
9
10   constructor() { }
11
12   ngOnInit() {
13   }
14
15 }
```

템플릿은 다음과 같다.

code/routes/routing/src/app/home/home.component.html

```
1  <h1>Welcom Home!</h1>
```

■ AboutComponent

마찬가지로 AboutComponent에도 기본 h1 태그가 포함된다.

code/routes/routing/src/app/about/about.component.ts

```
1   import { Component, OnInit } from '@angular/core';
2
3   @Component({
4     selector: 'app-about',
5     templateUrl: './about.component.html',
6     styleUrls: ['./about.component.css']
7   })
8   export class AboutComponent implements OnInit {
9
10    constructor() { }
11
12    ngOnInit() {
13    }
14
15  }
```

템플릿은 다음과 같다.

code/routes/routing/src/app/about/about.component.html

```
1  <h1>About Us</h1>
```

■ ContactComponent

AboutComponent와 비슷하다.

code/routes/routing/src/app/contact/contact.component.ts

```
1   import { Component, OnInit } from '@angular/core';
2
3   @Component({
4     selector: 'app-contact' ,
5     templateUrl: './contact.component.html' ,
6     styleUrls: ['./contact.component.css']
7   })
```

```
 8  export class ContactComponent implements  OnInit {
 9
10    constructor() { }
11
12    ngOnInit() {
13    }
14
15  }
```

템플릿은 다음과 같다.

code/routes/routing/src/app/contact/contact.component.html

```
1  <h1>Contact Us</h1>
```

흥미를 끄는 곳이 없다. 어서 메인 app.module.ts 파일을 살펴보기로 하자.

8.5.2 애플리케이션 컴포넌트

이제 모든 것을 합칠 루트 레벨 '애플리케이션' 컴포넌트를 만들어 보자. 우선 필요한 import 들부터 시작할 텐데, core와 router 번들 둘 다에서 가져와야 한다.

code/routes/routing/src/app/app.module.ts

```
1  import { BrowserModule } from '@angular/platform-browser';
2  import { NgModule } from '@angular/core';
3  import { FormsModule } from '@angular/forms';
4  import { HttpModule } from '@angular/http';
5  import {
6    RouterModule,
7    Routes
```

그다음은 위에서 만든 세 컴포넌트를 가져오는 단계다.

code/routes/routing/src/app/app.module.ts

```
15  import { AppComponent } from './app.component';
16  import { HomeComponent } from './home/home.component';
17  import { ContactComponent } from './contact/contact.component';
18  import { AboutComponent } from './about/about.component';
```

루트 컴포넌트에는 두 라우터 지시자가 정의된다. RouterOutlet과 RouterLink이다. 이 두 지시자는 여느 라우터 지시자처럼 NgModule의 imports 구역에 RouterModule을 두면 가져올 수 있다. 다시 언급하자면, RouterOutlet 지시자는 템플릿에서 라우트의 내용물이 렌더링되어야 하는 곳을 지정하는 데 사용된다. AppComponent 템플릿에서는 <router-outlet></router-outlet> 스니펫으로 표현된다. RouterLink 지시자는 라우트에 내비게이션 링크를 만들 때 사용된다.

code/routes/routing/src/app/app.component.html

```
1   <div class="page-header">
2     <div class="container">
3       <h1>Router Sample</h1>
4       <div class="navLinks">
5         <a [routerLink]="['/home']">Home</a>
6         <a [routerLink]="['/about']">About Us</a>
7         <a [routerLink]="['/contact']">Contact Us</a>
8         |
9         <a [routerLink]="['/products']">Products</a>
10        <a [routerLink]="['/login']">Login</a>
11        <a [routerLink]="['/protected']">Protected</a>
12      </div>
13    </div>
14  </div>
15
16  <div id="content">
17    <div class="container">
18      <router-outlet></router-outlet>
19    </div>
20  </div>
```

[routerLink]를 사용하면 click 이벤트의 소유권을 가지게 되어, 라우트 스위치를 라우트 정의에 따라 올바른 위치로 초기화할 수 있다.

8.5.3 라우트 설정하기

라우트가 Routes 타입을 준수하는 객체 배열을 만들도록 선언해 보자.

code/routes/routing/src/app/app.module.ts

```
26  const routes: Routes = [
27    // 기본 라우트
28    { path: '', redirectTo: 'home', pathMatch: 'full' },
29    { path: 'home', component: HomeComponent },
30    { path: 'about', component: AboutComponent },
31    { path: 'contact', component: ContactComponent },
32    { path: 'contactus', redirectTo: 'contact' },
```

```
code/routes/routing/src/app/app.module.ts
50  @NgModule({
51    declarations: [
52      AppComponent,
53      HomeComponent,
54      ContactComponent,
55      AboutComponent,
56      LoginComponent,
57      ProtectedComponent,
58    ],
59    imports: [
60      BrowserModule,
61      FormsModule,
62      HttpModule,
63      RouterModule.forRoot(routes), // <-- 라우트
64
65      // 자식 모듈에 추가한다.
66      ProductsModule
67    ],
68    providers: [
69      // '해시뱅' 라우팅에서는 주석에서 제외한다.
70      // { provide: LocationStrategy, useClass: HashLocationStrategy }
71      AUTH_PROVIDERS,
72      LoggedInGuard
73    ],
74    bootstrap: [AppComponent]
75  })
76  export class AppModule { }
```

> 필요한 컴포넌트는 모두 declarations에 두었다. 어떤 컴포넌트의 라우트가 필요하면 NgModule
> 어딘가에(이 모듈이나 가져온 곳에) 선언해야 한다.

imports에서 RouterModule.forRoot(routes)를 가져왔다. RouterModule.forRoot(routes)
는 라우트를 받아 라우터를 설정하고, 라우팅이 올바로 동작하기 위한 클래스들을 비롯해
RouteRegistry와 Location 등의 의존성 파일들을 리스트로 리턴한다.

providers에는 다음이 정의돼 있다.

```
1      { provide: LocationStrategy, useClass: HashLocationStrategy }
```

이 행으로 무엇을 얻는지 면밀히 들여다보기로 하자.

8.6 라우팅 전략

앵귤러 애플리케이션이 라우트 정의를 파싱하여 그 경로를 생성하는 방법을 **위치 전략**(location strategy)이라고 부른다.

> ℹ️ 앵귤러 1에서는 '라우팅 모드(routing mode)'로 불렀다.

기본 전략은 HTML5 라우팅으로도 불리는 PathLocationStrategy이다. 이 전략은 /home이나 /contact처럼 정규 경로를 나타낸다. 앱에 사용되는 위치 전략을 변경할 때는 LocationStrategy 클래스를 구체적인 새 전략 클래스에 바인딩하면 된다. 기본 PathLocationStrategy 대신 HashLocationStrategy를 사용할 수도 있다.

해시 전략을 기본으로 사용하는 이유는 URL이 HTML5 라우팅에서 정규 경로로 취급되기 때문이다(다시 말해, 해시/앵커 태그를 사용하지 않는다). 이 방법에서는 클라이언트 사이드에서 링크를 클릭하고, 예를 들어 /about에서 /contact로 이동하면 라우트는 올바로 동작한다.

서버에 루트 URL을 요청하는 대신 페이지를 새로 고치면 /about이나 /contact가 요청된다. /about에는 해당 페이지가 없기 때문에 서버는 404를 리턴한다. 이 기본 전략은 해시 기반 경로에도 올바로 동작한다. /#/home이나 /#/contact 같은 해시 기반 경로는 서버에서 / 경로로 이해된다. (앵귤러 1의 기본 모드이기도 하다.)

> ℹ️ 최종 제품에서는 HTML5 모드를 사용하겠다고 생각해 보자. 어떻게 설정해야 할까? HTML5 모드를 사용하기 위해서는 '없는' 라우트 전부를 루트 URL로 목적지 재지정하도록 서버를 설정해야 한다. 앵귤러 CLI는 이를 네이티브로 지원한다. 하지만 서버에서 기본적으로 동작한다고 보장할 수는 없다. routes/routing 프로젝트에서는 ng serve를 실행하면 HTML5 라우트를 사용할 수 있다.

새 전략을 예시 애플리케이션에 적용하려면 우선 LocationStrategy와 HashLocationStrategy를 가져오고, 위치 전략을 NgModule의 제공자에 추가해야 한다.

> ℹ️ **물론, 전략을 직접 작성할 수도 있다.** LocationStrategy 클래스를 확장하고 메서드들을 구현하면 된다. HashLocationStrategy나 PathLocationStrategy 클래스의 앵귤러 소스를 찬찬히 살펴보는 것이 훌륭한 출발점일 것이다.

8.7 애플리케이션 실행하기

애플리케이션 루트 폴더(code/routes/routing)에서 npm start를 실행하면 애플리케이션을 시동할 수 있다. 브라우저에서 http://localhost:4200/에 방문하면 다음과 같이 홈 라우트가 렌더링된 모습을 확인할 수 있다.

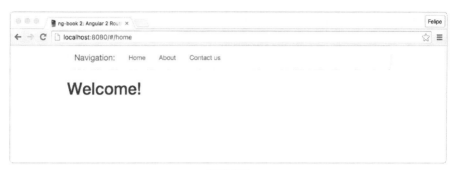

홈 라우트

브라우저에 표시된 URL이 http://localhost:4200/home으로 목적지가 재지정되었다는 점에 유의해야 한다. 링크를 클릭하여 라우트가 올바로 렌더링되는지 확인해 보자.

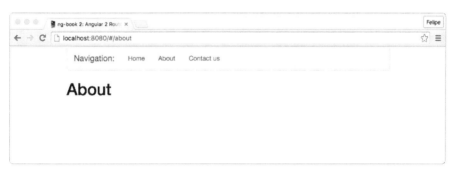

About 라우트

Contact Us 라우트

8.8 라우트 파라미터

앱에서는 특정 리소스로 이동할 수 있어야 한다. 이를테면 뉴스 웹 사이트에는 뉴스 게시물이 많은데, 각 게시물마다 ID가 지정돼 있어 ID가 3번인 게시물로 URL을 통해 이동하려면 다음처럼 나타낼 수 있다.

```
/articles/3
```

또한, 4번 ID의 게시물에 액세스한다면 다음처럼 나타낼 수 있을 것이다.

```
/articles/4
```

그런데 게시물마다 라우트를 작성할 수는 없는 노릇이니 변수를 사용해 보자. 이 변수를 가리켜 **라우트 파라미터**(route parameter)라고 부른다. 다음처럼 라우터에서 경로 부분 앞에 콜론(:)을 붙이면 파라미터를 받을 수 있다.

```
/route/:param
```

예로 든 뉴스 사이트에서는 다음처럼 라우트를 지정할 수 있을 것이다.

```
/product/:id
```

라우터 설정에 파라미터를 추가하려면 다음처럼 라우트 경로를 지정한다.

```
1  const routes: Routes = [
2    { path: 'product/:id', component: ProductComponent },
3  ];
```

/product/123 라우트에 방문하면 123 부분이 **id** 라우트 파라미터로 라우트에 전달된다. 하지만 지정된 라우트의 파라미터는 어떻게 알 수 있을까? 바로, 이 때문에 라우트 파라미터가 존재한다.

8.8.1 ActivatedRoute

라우트 파라미터를 사용하려면 먼저 ActivatedRoute부터 가져온다.

```
1  import { ActivatedRoute } from '@angular/router';
```

그리고 ActivatedRoute를 컴포넌트의 컨스트럭터에 주입한다. 이를테면 다음을 지정하는 Routes가 있다고 해 보자.

```
1  const routes: Routes = [
2    { path: 'product/:id', component: ProductComponent }
3  ];
```

이제 ProductComponent를 작성할 때 다음과 같이 ActivatedRoute를 컨스트럭터 인수 중 하나로 추가하면 된다.

```
1  export class ProductComponent {
2    id: string;
3
4    constructor(private route: ActivatedRoute) {
5      route.params.subscribe(params => { this.id = params['id']; });
6    }
7  }
```

route.params는 '옵저버블'이라는 데 유의해야 한다. 따라서 파라미터의 값을 직접 추출하려면 .subscribe를 사용한다. 여기서는 params['id']의 값을 컴포넌트의 id 인스턴스 변수에 지정했다. 이제 /product/230에 방문하면 컴포넌트의 id 속성은 230을 받게 된다.

8.9 음악 검색 앱

이제부터는 좀 더 복잡한 애플리케이션을 만들어 보자. 우리가 만들 앱은 음악 검색 앱으로서 다음 기능을 갖추기로 하자.

1. 지정된 검색어와 일치하는 '트랙 검색'
2. '검색 결과 트랙'을 그리드 형태로 보여 주기
3. 아티스트명이 클릭되면 '아티스트 세부 정보' 보여 주기
4. 앨범명이 클릭되면 트랙 리스트를 포함한 '앨범 세부 정보' 보여 주기
5. 곡명이 클릭되면 '미리 듣기'를 비롯한 '노래 세부 정보' 보여 주기

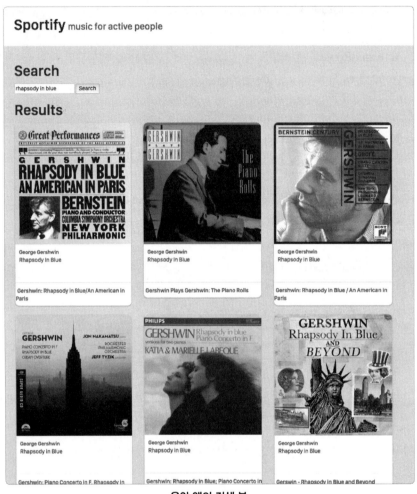

음악 앱의 검색 뷰

필요한 라우트는 다음과 같다.

- /search — 검색 폼과 결과

- /artists/:id — 아티스트 정보. 스포티파이 ID로 표현됨

- /albums/:id — 앨범 정보. 스포티파이 ID를 사용하여 트랙 리스트가 함께 표시됨

- /tracks/:id — 트랙 정보 및 미리 듣기. 스포티파이 ID 사용됨

> ⓘ **샘플 코드** 이 절에서 선보인 샘플 앱의 전체 코드는 샘플 코드의 routes/music 폴더에 제공된다. 이 폴더에는 프로젝트 빌드 및 실행 관련 지침에 해당하는 README.md 파일도 제공된다.

여기서는 트랙 및 아티스트, 앨범 정보 등을 가져오기 위해 Spotify API[4]를 사용한다.

8.9.1 첫 단계

첫 번째로 작업해야 할 파일은 app.module.ts이다. 우선, 필요한 클래스들부터 가져와야 할 것이다.

code/routes/music/src/app/app.module.ts

```
1  import { BrowserModule } from '@angular/platform-browser';
2  import { NgModule } from '@angular/core';
3  import { FormsModule } from '@angular/forms';
4  import { HttpModule } from '@angular/http';
5  import {
6    RouterModule,
7    Routes
8  } from '@angular/router';
9  import {
10   LocationStrategy,
11   HashLocationStrategy,
12   APP_BASE_HREF
13 } from '@angular/common';
14
15 import { AppComponent } from './app.component';
16 import { AlbumComponent } from './album/album.component';
17 import { ArtistComponent } from './artist/artist.component';
```

가져오기가 끝났으면 각 라우트에 사용할 컴포넌트를 다루어야 한다.

- Search 라우트에서는 SearchComponent를 만든다. 이 컴포넌트는 스포티파이 API에 요청하여 검색을 수행하고 결과를 그리드 형태로 표시한다.
- Artists 라우트에서는 아티스트 정보를 보여 주는 ArtistComponent를 만든다.
- Albums 라우트에서는 앨범에 수록된 트랙들을 리스트로 보여 주는 AlbumComponent를 만든다.
- Tracks 라우트에서는 트랙을 보여 주고 원하는 노래를 미리 들어 볼 수 있도록 하는 TrackComponent를 만든다.

컴포넌트들은 스포티파이 API와 소통해야 한다. 따라서 API 서버를 호출하기 위해 http 모듈을 사용하는 서비스를 빌드해야 한다.

---

4 https://developer.spotify.com/web-api 단축URL goo.gl/I7kI8O

앱의 모든 것은 데이터에 의존한다. 따라서 가장 먼저 SpotifyService부터 빌드하고자 한다.

8.9.2 SpotifyService

 SpotifyService의 최종 전체 코드는 샘플 코드의 routes/music/src/app 폴더에서 찾아볼 수 있다.

첫 번째로 구현할 메서드는 지정된 검색어에 따라 트랙을 검색하는 **searchTrack**이다. 스포티파이 API에 제공되는 엔드포인트(endpoint) 중에 Search 엔드포인트[5]가 있다. 이 엔드포인트가 바로 우리가 원하는 바다. 쿼리(q 파라미터가 사용된다)와 **type** 파라미터를 받는다. 여기서 쿼리는 검색어다. 노래를 검색하고 있기 때문에 **type=track**을 사용해야 한다. 다음은 서비스의 첫 번째 버전이다.

```
1  class SpotifyService {
2    constructor(public http: Http) {
3    }
4
5    searchTrack(query: string) {
6      let params: string = [
7        `q=${query}`,
8        `type=track`
9      ].join("&");
10     let queryURL: string = `https://api.spotify.com/v1/search?${params}`;
11     return this.http.request(queryURL).map(res => res.json());
12   }
13 }
```

여기서는 HTTP GET 요청을 https://api.spotify.com/v1/search URL에 수행하고, query를 검색어로 직접 입력한 type을 track으로 전달한다.

http 호출은 Observable을 리턴한다. 여기서는 RxJS 함수인 **map**을 사용하여 검색 결과(http 모듈의 Response 객체)를 받아 이를 JSON으로 파싱하고 이를 객체로 리턴한다.

searchTrack을 호출하는 함수는 예외 없이 Observable API를 사용하여 다음처럼 응답을 구독해야 한다.

---

5   https://developer.spotify.com/web-api/search-item/ 단축URL goo.gl/c3QHy4

```
1  service
2    .searchTrack('query')
3    .subscribe((res: any) => console.log('Got object', res))
```

8.9.3 SearchComponent

트랙 검색을 수행할 서비스가 준비되었다. 이제 SearchComponent를 구현해 보자. 다시 한 번 말하지만, 시작은 가져오기부터다.

code/routes/music/src/app/search/search.component.ts

```
1  /*
2   * Angular
3   */
4
5  import {Component, OnInit} from '@angular/core';
6  import {
7    Router,
8    ActivatedRoute,
9  } from '@angular/router';
10
11 /*
12  * Services
13  */
14 import {SpotifyService} from '../spotify.service';
```

여기서는 무엇보다 방금 만든 SpotifyService 클래스를 가져왔다. 이 클래스로 무엇을 해야 할까? 검색 결과로 받은 트랙을 다음처럼 하나씩 카드 형태로 렌더링할 것이다.

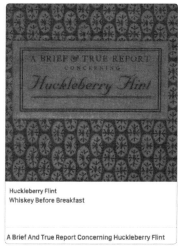

음악 앱 카드

이제 컴포넌트를 구현해 보자. search를 셀렉터로 사용하여 몇 가지를 가져오고 다음 템플릿을 사용한다. Bootstrap CSS 프레임워크[6]를 사용하여 스타일을 정리하느라 템플릿이 좀 길어졌다. 하지만 지금까지 다룬 템플릿에 비해 특별히 복잡하지는 않을 것이다.

code/routes/music/src/app/search/search.component.html

```
 1  <h1>Search</h1>
 2
 3  <p>
 4    <input type="text" #newquery
 5      [value]="query"
 6      (keydown.enter)="submit(newquery.value)">
 7    <button (click)="submit(newquery.value)">Search</button>
 8  </p>
 9
10  <div *ngIf="results">
11    <div *ngIf="!results.length">
12      No tracks were found with the term '{{ query }}'
13    </div >
14
15    <div *ngIf="results.length">
16      <h1>Results</h1>
17
18      <div class="row">
19        <div class="col-sm-6 col-md-4" *ngFor="let t of results">
20          <div class="thumbnail">
21            <div class="content">
22              <img src="{{ t.album.images[0].url }}" class="img-responsive" >
23              <div class="caption" >
24                <h3>
25                  <a [routerLink]="['/artists', t.artists[0].id]">
26                    {{ t.artists[0].name }}
27                  </a>
28                </h3>
29                <br>
30                <p>
31                  <a [routerLink]="['/tracks', t.id]">
32                    {{ t.name }}
33                  </a>
34                </p>
35              </div>
36              <div class="attribution">
37                <h4>
38                  <a [routerLink]="['/albums', t.album.id]">
39                    {{ t.album.name }}
40                  </a>
```

6   http://getbootstrap.com

```
41                    </h4>
42                  </div>
43                </div>
44              </div>
45            </div>
46          </div>
47        </div>
48  </div>
```

■ Search 필드

구역별로 HTML 템플릿을 깊게 파고들어 보자. 첫 번째로 살펴볼 구역은 검색 필드다.

code/routes/music/src/app/search/search.component.html

```
3  <p>
4    <input type="text" #newquery
5      [value]="query"
6      (keydown.enter)="submit(newquery.value)">
7    <button (click)="submit(newquery.value)">Search</button>
8  </p>
```

입력 필드에서는 그 DOM 요소인 value 프로퍼티에는 컴포넌트의 query 프로퍼티를 바인딩했다. 또한, 이 요소에 #newquery라는 템플릿 변수를 지정했다. 따라서 템플릿 코드 안에서 newquery.value를 사용하여 이 입력의 값에 액세스할 수 있다.

button은 컴포넌트의 submit 메서드를 트리거하여 입력 필드의 값을 파라미터로 전달했다. 또한, 사용자가 '엔터'를 누를 때도 submit 메서드를 트리거하도록 해야 하므로 keydown.enter 이벤트에 바인딩했다.

■ 검색 결과와 링크

다음 구역은 결과를 표시하는 곳이다. NgFor 지시자를 적용하여 결과 객체로 받은 트랙들을 반복 처리한다.

code/routes/music/src/app/search/search.component.html

```
18      <div class="row">
19        <div class="col-sm-6 col-md-4" *ngFor="let t of results">
20          <div class="thumbnail">
```

트랙마다 아티스트명을 표시한다.

code/routes/music/src/app/search/search.component.html

```
24              <h3>
25                <a [routerLink]="['/artists', t.artists[0].id]">
26                  {{ t.artists[0].name }}
27                </a>
28              </h3>
```

RouterLink 지시자를 사용하여 ['/artists', t.artists[0].id]를 목적지 재지정한 곳을 눈여겨보아야 한다. 지정된 라우트에 이 방법대로 라우트 파라미터를 설정했다. id가 abc123인 아티스트가 표시되었다고 생각해 보자. 이 링크를 클릭하면 앱은 /artist/abc123으로 이동될 것이다 (abc123은 :id 파라미터다). 다음은 이 라우트를 처리하는 컴포넌트 내에서 이 값을 조회하는 방법이다. 우선, 트랙 표시는 다음과 같다.

code/routes/music/src/app/search/search.component.html

```
30              <p>
31                <a [routerLink]="['/tracks', t.id]">
32                  {{ t.name }}
33                </a>
34              </p>
```

다음은 앨범 표시 방법이다.

code/routes/music/src/app/search/search.component.html

```
38              <a [routerLink]="['/albums', t.album.id]">
39                {{ t.album.name }}
40              </a>
41            </h4>
```

■ SearchComponent 클래스

우선 컨스트럭터부터 살펴보자.

code/routes/music/src/app/search/search.component.ts

```
22  export class SearchComponent implements OnInit {
23    query: string;
24    results: Object ;
25
26    constructor(private spotify: SpotifyService,
27                private router: Router,
28                private route: ActivatedRoute) {
29      this.route
```

```
30      .queryParams
31      .subscribe(params => { this.query = params['query' ] || '' ; });
32   }
```

여기서는 다음 두 프로퍼티를 정의했다.

- 현재 검색어인 query
- 검색 결과인 results

constructor에서는 SpotifyService(위에서 만든 서비스)와 Router, ActivatedRoute를 주입하고, 이들을 클래스의 프로퍼티로 만든다. 그리고 queryParams 파라미터를 subscribe한다. 이렇게 하면 검색어(params['query']) 등 쿼리 파라미터에 액세스할 수 있다. http://localhost/#/search ?query=cats&order=ascending, queryParams 같은 URL에서는 파라미터를 객체에 담아 제공한다. params['order']로 order(여기서는 ascending)에 액세스할 수 있다는 뜻이다.

queryParams는 route.params와 다르다는 데 유의해야 한다. route.params는 라우트의 파라미터에 해당하며, queryParams는 쿼리 문자열의 파라미터에 해당한다. 여기서는 query 파라미터가 없을 경우 this.query를 빈 문자열에 설정한다.

■ search

SearchComponent에서는 SpotifyService를 호출하여 결과를 렌더링한다. 검색은 다음 두 가지 경우로 구별된다. 검색은 사용자가 다음 두 가지 중 하나를 할 때 수행된다.

- 검색어를 입력하고 폼을 제출한다.
- 쿼리 파라미터에 지정된 URL의 페이지(이를테면 다른 사람이 링크를 공유했다거나 이 페이지 가 이미 즐겨찾기에 있을 때)로 이동한다.

실제 검색이 수행되려면 다음 search 메서드가 실행되어야 한다.

code/routes/music/src/app/search/search.component.ts

```
43   search(): void {
44     console.log('this.query', this.query);
45     if (!this.query) {
46       return;
47     }
48
49     this.spotify
50       .searchTrack(this.query)
```

```
51        .subscribe((res: any) => this.renderResults(res));
52    }
```

search 함수는 this.query의 현재 값을 사용하여 검색 대상을 파악한다. 컨스트럭터에서 queryParams를 구독했기 때문에 this.query는 항상 최신 값을 가지게 된다.

이제 searchTrack Observable을 구독하고, 새 결과가 배출될 때마다 renderResults를 호출한다.

code/routes/music/src/app/search/search.component.ts

```
54    renderResults(res: any): void {
55      this.results = null;
56      if (res && res.tracks && res.tracks.items) {
57        this.results = res.tracks.items;
58      }
59    }
```

results를 컴포넌트 프로퍼티로 선언했다. 그 값이 변경될 때마다 뷰는 자동으로 업데이트된다.

■ 페이지 로드 시 검색하기

위에서 언급한 대로, URL에 검색어가 포함됐다면 결과 페이지로 직행할 수 있어야 한다. 이를 위해 컴포넌트가 초기화될 때마다 실행되도록 앵귤러의 라우터에 제공되는 훅(hook)을 구현해 보자.

 하지만 그런 이유 때문에 컨스트럭터가 필요한 것이 아닐까? 뭐 그럴 수도 그렇지 않을 수도 있다. 물론, 컨스트럭터는 값을 초기화하는 데 사용된다. 하지만 테스트하기에 적합한 코드를 작성하려면 객체를 '생성'하는 과정에서 비롯되는 부작용을 최소화할 수 있어야 한다. 따라서 컴포넌트의 초기화 로그인은 항상 다음처럼 훅에 두어야 한다는 점을 잊지 말아야 한다.

다음은 ngOnInit 메서드의 구현 코드다.

code/routes/music/src/app/search/search.component.ts

```
34    ngOnInit(): void {
35      this.search();
36    }
```

ngOnInit을 사용하기 위해 OnInit 클래스를 가져와 컴포넌트가 OnInit을 구현한다고 선언했다.

드디어 검색이 수행된다. 검색어는 URL에 포함되므로 문제될 것은 전혀 없다.

■ submit

이제 사용자가 폼을 제출하면 무엇을 해야 하는지 살펴보자.

code/routes/music/src/app/search/search.component.ts

```
38    submit(query: string): void {
39      this.router.navigate(['search'], { queryParams: { query: query } })
40        .then(_ => this.search() );
41    }
```

여기서는 수동으로 검색 라우트로 이동하라고 알리고, **query** 파라미터를 제공한 다음, 실제 검색을 수행한다. 이 과정에서 큰 장점을 누릴 수 있다. 브라우저를 다시 로드해도 같은 검색 결과가 렌더링된다는 것이다. URL에서는 검색어가 유지된다고 할 수 있다.

■ 모두 합치기

다음은 SearchComponent 클래스의 전체 코드다.

code/routes/music/src/app/search/search.component.ts

```
1   /*
2    * Angular
3    */
4
5   import {Component, OnInit} from '@angular/core';
6   import {
7     Router,
8     ActivatedRoute,
9   } from '@angular/router';
10
11  /*
12   * Services
13   */
14  import {SpotifyService} from '../spotify.service';
15
16
17  @Component({
18    selector: 'app-search',
19    templateUrl: './search.component.html',
20    styleUrls: ['./search.component.css' ]
21  })
22  export class SearchComponent implements OnInit {
23    query: string;
24    results: Object;
25
```

```
26    constructor(private spotify: SpotifyService,
27                private router: Router,
28                private route: ActivatedRoute) {
29      this.route
30        .queryParams
31        .subscribe(params => { this.query = params['query'] || '' ; });
32    }
33
34    ngOnInit(): void {
35      this.search();
36    }
37
38    submit(query: string): void {
39      this.router.navigate(['search'], { queryParams: { query: query } })
40        .then(_ => this.search() );
41    }
42
43    search(): void {
44      console.log('this.query', this.query);
45      if (!this .query) {
46        return;
47      }
48
49      this.spotify
50        .searchTrack(this.query)
51        .subscribe((res: any) => this.renderResults(res));
52    }
53
54    renderResults(res: any): void {
55      this.results = null ;
56      if (res && res.tracks && res.tracks.items) {
57        this.results = res.tracks.items;
58      }
59    }
60  }
```

8.9.4 검색 시도하기

검색을 위한 코드가 완성되었다. 주저하지 말고 테스트해 보자.

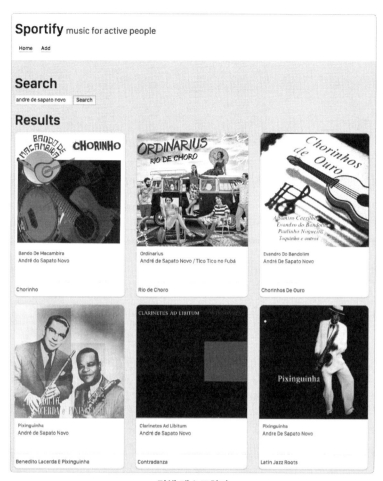

검색 테스트하기

아티스트나 트랙, 앨범 등을 클릭하면 해당 라우트로 이동할 수 있다.

■ TrackComponent

트랙 라우트에는 TrackComponent를 사용한다. 기본적으로 트랙명과 앨범 커버 이미지가 출력되어야 하며, 사용자는 미리 듣기 기능을 사용할 수 있어야 한다. 이때 적용할 방법은 HTML5 audio 태그다.

code/routes/music/src/app/track/track.component.html

```
1  <div *ngIf="track">
2    <h1>{{ track.name }}</h1>
3
4    <p>
```

```
 5      <img src="{{ track.album.images[1].url }}">
 6    </p>
 7
 8    <p>
 9      <audio controls src="{{ track.preview_url }}"></audio>
10    </p>
11
12    <p><a href (click)="back()">Back</a></p>
13  </div>
```

여기서도 검색 단계에서 진행한 바와 같이 스포티파이 API를 사용한다. searchTrack 메서드를 리팩터링하여 재사용할 수 있는 유용한 두 메서드를 추출한다.

code/routes/music/src/app/spotify.service.ts

```
17  export class SpotifyService {
18    static BASE_URL = 'https://api.spotify.com/v1';
19
20    constructor(private http: Http) {}
21
22    query(
23      URL: string,
24      params?: Array<string>
25    ): Observable<any[]> {
26      let queryURL = `${SpotifyService.BASE_URL}${URL}`;
27      if (params) {
28        queryURL = `${queryURL}?${params.join('&')}`;
29      }
30      const apiKey = environment.spotifyApiKey;
31      const headers = new Headers({
32        Authorization: `Bearer ${apiKey}`
33      });
34      const options = new RequestOptions({
35        headers: headers
36      });
37
38      return this.http
39        .request(queryURL, options)
40        .map((res: any) => res.json());
41    }
42
43    search(query: string, type: string): Observable<any[]> {
44      return this.query(`/search`, [
45        `q=${query}`,
46        `type=${type}`
47      ])
48    }
```

필요한 메서드들을 SpotifyService로 추출했으면 searchTrack이 얼마나 단순한지 알 수 있다.

code/routes/music/src/app/spotify.service.ts

```
50    searchTrack(query: string): Observable<any[]> {
51      return this.search(query, 'track');
52    }
```

이제 컴포넌트에서 트랙 ID를 기준으로 트랙 정보를 조회할 수 있는 메서드를 만들어 보자.

code/routes/music/src/app/spotify.service.ts

```
54    getTrack(id: string): Observable<any[]> {
55      return this.query(`/tracks/${id}`);
56    }
```

이제 TrackComponent에서 새 ngOnInit 메서드의 getTrack을 사용할 수 있다.

code/routes/music/src/app/track/track.component.ts

```
28    ngOnInit(): void {
29      this.spotify
30        .getTrack(this.id)
31        .subscribe((res: any) => this.renderTrack(res));
32    }
```

다른 컴포넌트들도 이와 비슷하게 동작한다. 그리고 SpotifyService의 get* 메서드를 사용하면 아티스트나 트랙의 ID를 기준으로 해당 정보를 조회할 수 있다.

8.9.5 음악 검색 마무리하기

꽤 쓸 만한 음악 검색 및 미리 듣기 앱이 완성되었다. 이제 직접 테스트해 보는 일만 남았다.

It had to Route You.

8.10 라우터 훅

라우트가 변경될 때 어떤 동작을 해야 할 경우가 있다. 단적인 예를 들라면, 인증(authentication)이 이런 경우라 하겠다. login 라우트와 protected 라우트가 있다고 생각해 보자.

앱은 로그인 페이지에서 올바른 사용자명과 암호가 제공될 때만 protected 라우트로 이동해야 한다. 이를 위해서는 라우터의 라이프사이클에 개입해 언제 protected 라우트가 활성화되는지 통보받아야 한다. 활성화 통보를 받으면 인증 서비스를 호출하고, 해당 사용자의 적절한 인증서 제공 여부를 확인해야 한다.

컴포넌트가 활성화될 수 있는지 확인하려면 라우터 설정에서 '가드 클래스(guard class)'를 canActivate 키에 추가한다.

처음 애플리케이션으로 돌아가 로그인 및 암호 입력 필드를 추가하고, 사용자명과 암호가 제공될 때만 새 protected 라우트가 동작하도록 해 보자.

 샘플 코드 첫 번째 절에서 선보인 샘플 앱의 전체 코드는 샘플 코드의 routes/routing 폴더에 제공된다. 이 폴더에는 프로젝트 빌드 및 실행 관련 지침에 해당하는 README.md 파일도 제공된다.

8.10.1 AuthService

서비스를 최소한으로한 대단히 기본적인 구현, 즉 인증 및 리소스 허용에 맞춰 진행할 것이다.

code/routes/routing/src/app/auth.service.ts

```
 1  import { Injectable } from '@angular/core';
 2
 3  @Injectable()
 4  export class AuthService {
 5    login(user: string, password: string): boolean {
 6      if (user === 'user' && password === 'password') {
 7        localStorage.setItem('username', user);
 8        return true;
 9      }
10
11      return false;
12    }
```

login 메서드는 제공된 사용자명/암호 쌍이 각각 'user'와 'password'일 때 참을 리턴한다. 그리고 사용자명/암호가 일치하는 경우, localStorage를 사용하여 사용자명을 저장한다. 이는 활성화된 로그인 사용자가 존재하는지를 나타내는 플래그로도 사용될 수 있다.

 localStorage가 생소하다면 브라우저에서 정보가 지속되기 위해 HTML5에 제공되는 키/값 쌍으로 생각하자. API는 매우 단순하다. 기본적으로 항목의 설정, 조회, 삭제가 허용된다. 세부적인 내용은 MDN 저장소 인터페이스 문서[7]를 참고하기 바란다.

logout 메서드는 단순히 username 값을 지운다.

code/routes/routing/src/app/auth.service.ts

```
14    logout(): any {
15      localStorage.removeItem('username');
16    }
```

마지막 두 메서드는 다음과 같다.

- getUser는 사용자명 또는 널(null)을 리턴한다.
- isLoggedIn은 사용자가 있을 경우 getUser()를 사용하여 참을 리턴한다.

다음은 이 두 메서드의 구현 코드다.

code/routes/routing/src/app/auth.service.ts

```
18    getUser(): any {
19      return localStorage.getItem('username');
20    }
21
22    isLoggedIn(): boolean {
23      return this.getUser() !== null;
24    }
```

마지막으로 할 일은 앱에 주입될 수 있도록 AUTH_PROVIDERS를 내보내는 것이다.

code/routes/routing/src/app/auth.service.ts

```
27    export const AUTH_PROVIDERS: Array<any> = [
28      { provide: AuthService, useClass: AuthService }
29    ];
```

---

7   https://developer.mozilla.org/en-US/docs/Web/API/Storage 단축URL goo.gl/PfP7Mj

이제 AuthService를 컴포넌트에 주입하면 사용자의 로그인을 수행할 수 있거나 현재 로그인한 사용자를 확인하고, 해당 사용자를 로그아웃시킬 수도 있다.

또한, 라우터에서 ProtectedComponent를 보호할 수도 있다. 하지만 지금은 로그인에 사용할 컴포넌트부터 만들어 보자.

8.10.2 LoginComponent

이 컴포넌트는 로그인된 사용자가 없을 때는 로그인 폼을 보여 주고, 있을 때는 로그아웃 링크와 함께 사용자 정보가 표시되는 작은 배너를 보여 준다. 관련 코드는 login과 logout 메서드다.

code/routes/routing/src/app/login/login.component.ts

```
 9  export class LoginComponent {
10    message: string;
11
12    constructor(public authService: AuthService) {
13      this.message = '';
14    }
15
16    login(username: string, password: string): boolean {
17      this.message = '';
18      if (!this.authService.login(username, password)) {
19        this.message = 'Incorrect credentials.';
20        setTimeout(function() {
21          this.message = ';
22        }.bind(this), 2500);
23      }
24      return false;
25    }
26
27    logout(): boolean {
28      this.authService.logout();
29      return false;
30    }
```

인증서의 유효성이 판단되면 사용자는 로그인된다. 컴포넌트 템플릿은 로그인된 사용자의 유무에 따라 표시되는 두 곳으로 나뉜다.

첫 번째는 로그인 폼이다. *ngIf="!authService.getUser( )"로 보호된다.

code/routes/routing/src/app/login/login.component.html

```
 5    </div>
 6
 7    <form class="form-inline" *ngIf="!authService.getUser()">
 8      <div class="form-group">
 9        <label for="username">User: (type <em>user</em>)</label>
10        <input class="form-control" name="username" #username>
11      </div>
12
13      <div class="form-group">
14        <label for="password">Password: (type <em>password</em>)</label>
15        <input class="form-control" type="password" name="password" #password>
16      </div>
17
18      <a class="btn btn-default" (click)="login(username.value, password.value)">
19        Submit
```

두 번째는 로그아웃 링크가 포함되는 정보 배너다. 앞에서와는 거꾸로인 *ngIf="authService.getUser()"로 보호된다.

code/routes/routing/src/app/login/login.component.html

```
23    <div class="well" *ngIf="authService.getUser()">
24      Logged in as <b>{{ authService.getUser() }}</b>
25      <a href (click)="logout()">Log out</a>
26    </div>
```

인증 오류 시 표시되는 다른 코드 부분도 있다.

code/routes/routing/src/app/login/login.component.html

```
 3    <div class="alert alert-danger" role="alert" *ngIf="message">
 4      {{ message }}
 5    </div>
```

이제 사용자 로그인을 처리할 수 있다. 사용자 로그인 뒤에서 보호할 리소스를 만들어 보자.

8.10.3 ProtectedComponent와 라우트 가드

■ **ProtectedComponent**

컴포넌트를 보호하려면 컴포넌트가 존재부터 해야 할 것이다. ProtectedComponent는 직관적으로 구현할 수 있다.

code/routes/routing/src/app/protected/protected.component.ts

```
1  import { Component, OnInit } from '@angular/core';
2
3  @Component({
4    selector: 'app-protected',
5    templateUrl: './protected.component.html',
6    styleUrls: ['./protected.component.css']
7  })
8  export class ProtectedComponent implements OnInit {
9
10   constructor() { }
11
12   ngOnInit() {
13   }
14
15 }
```

다음 템플릿은 보호된 콘텐트를 보여 준다.

code/routes/routing/src/app/protected/protected.component.html

```
1  <h1>Protected</h1>
2  <p>
3    Protected content
4  </p>
```

이 컴포넌트에는 로그인 사용자만 액세스할 수 있어야 한다. 어떻게 구현해야 할까? 라우터 훅인 canActivate를 가드 클래스와 사용하면 된다. 이때 가드 클래스에는 canActivate가 구현된다.

■ LoggedInGuard

다음과 같이 새 logged-in.guard.ts 파일을 만든다.

code/routes/routing/src/app/logged-in.guard.ts

```
1  /* tslint:disble max-line-length */
2  import { Injectable } from '@angular/core';
3  import {
4    CanActivate,
5    ActivatedRouteSnapshot,
6    RouterStateSnapshot,
7  } from '@angular/router';
8  import { Observable } from 'rxjs/Observable';
9  import { AuthService } from './auth.service';
10
11 @Injectable()
12 export class LoggedInGuard implements CanActivate {
```

```
13    constructor(private authService: AuthService) {}
14
15    canActivate(
16      next: ActivatedRouteSnapshot,
17      state: RouterStateSnapshot): Observable<boolean> | Promise<boolean> | boolea\
18  n {
19        const isLoggedIn = this.authService.isLoggedIn();
20        console.log('canActivate', isLoggedIn);
21        return isLoggedIn;
22    }
23  }
```

 앵귤러 CLI에는 가드를 생성하기 위한 제너레이터가 제공된다. 따라서 이 파일은 ng generate guard logged-in 명령으로 만들 수 있다.

가드는 CanActivate 인터페이스를 구현해야 한다. 따라서 canActivate 메서드를 구현하면 된다. AuthService를 컨스트럭터에서 이 클래스에 주입하고 이를 private 변수인 authService에 저장한다. canActivate 함수에서는 사용자가 isLoggedIn인지 this.authService로 확인한다.

■ 라우터 설정하기

라우터를 설정하려면 이 가드를 사용하여 다음을 진행해야 한다.

1. LoggedInGuard import하기
2. LoggedInGuard를 라우트 설정에 사용하기
3. LoggedInGuard를 제공자 리스트에 포함하기(그래야 주입될 수 있다)

app.ts에서 일련의 과정을 진행하면 된다. 먼저, LoggedInGuard를 가져온다.

code/routes/routing/src/app/app.module.ts

```
23  import { AUTH_PROVIDERS } from'./auth.service';
24  import { LoggedInGuard } from'./logged-in.guard';
```

canActivate를 가드와 함께 protected 라우트에 추가한다.

code/routes/routing/src/app/app.module.ts

```
26  const routes: Routes = [
27    // 기본 라우트
28    { path: '', redirectTo: 'home', pathMatch: 'full' },
29    { path: 'home', component: HomeComponent },
```

```
30    { path: 'about', component: AboutComponent },
31    { path: 'contact', component: ContactComponent },
32    { path: 'contactus', redirectTo: 'contact' },
33
34    // 인증 데모
35    { path: 'login', component: LoginComponent },
36    {
37      path: 'protected',
38      component: ProtectedComponent,
39      canActivate: [ LoggedInGuard ]
40    },
41
42    // 중첩
43    {
44      path: 'products',
45      component: ProductsComponent,
46      children: childRoutes
47    }
48  ];
```

LoggedInGuard를 제공자 리스트에 추가한다.

code/routes/routing/src/app/app.module.ts

```
68    providers: [
69      // '해시-뱅' 라투팅 시 주석에서 제외한다.
70      // { provide: LocationStrategy, useClass: HashLocationStrategy }
71      AUTH_PROVIDERS,
72      LoggedInGuard
73    ],
```

■ 로그인하기

LoginComponent를 가져온다.

code/routes/routing/src/app/app.module.ts

```
19  import { LoginComponent } from './login/login.component';
```

액세스하려면 다음이 있어야 한다.

1. LoginComponent에 연결되는 라우트

2. protected 라우트의 새 링크

브라우저에서 애플리케이션을 열면, 새 로그인 폼과 새 Protected 링크가 보일 것이다.

인증 앱 – 초기 페이지

Protected 링크를 클릭해도 아무런 일이 일어나지 않는다. 직접 http://localhost:4200/protected 에 방문해도 마찬가지다. user라는 문자열을 User 필드에 입력하고 password를 Password 필드에 입력한 다음, Submit을 클릭한다. 다음과 같이 현재 사용자가 배너 형태로 표시될 것이다.

인증 앱 – 로그인 성공

이제 충분히 Protected 링크를 클릭할 만하다. 클릭해 보면 목적지가 재지정되고 다음과 같이 컴포넌트가 렌더링될 것이다.

인증 앱 – 보호 영역

보안 문제 클라이언트 사이드 라우트 보호가 보안을 해결할 수 있다고 오판하지 말고, 그 동작 방식을 제대로 이해해야 한다. 다시 말해, 클라이언트 사이드 라우트 보호는 사용자 경험의 한 형태지 결코 보안의 한 형태로 생각해서는 안 된다. 결국 클라이언트에 어떤 역할을 하도록 앱에 포함된 자바스크립트는 사용자의 로그인 유무와 상관없이 일일이 검사될 수 있다. 따라서 보호해야 할 민감한 데이터는 '서버 사이드 인증'을 통해 보호해야 한다. 다시 말해, 서버에 인증된 사용자로부터 데이터 요청이 있을 때마다 API 키나 인증 토큰을 요구해야 한다.

풀 스택 인증 시스템을 작성하는 과정은 이 책의 범위를 넘어선다. 하지만 지금 알고 있어야 할 중요한 점은 클라이언트 사이드로 라우트를 보호하는 것이 라우트 뒤의 자바스크립트 페이지를 볼 수 없도록 금지할 수 있는 것은 아니라는 사실이다.

8.11 라우트 중첩

라우트 중첩은 어떤 라우트 안에 다른 라우트를 포함한다는 개념이다. 라우트를 중첩하면 부모 라우트의 기능을 캡슐화할 수 있고, 그 기능을 자식 라우트에 적용할 수 있다.

예를 들어, 사용자가 우리 앵귤러 팀을 알 수 있는 웹 사이트 영역이 있다고 생각해 보자. 이를테면 Who we are?이다. 그리고 Products라는 라우트도 하나 더 있다. Who we are?에 어울리는 완벽한 라우트는 /about이고, 제품은 /products일 것이다. 그리고 이 영역에 방문하는 사람들에게 기꺼이 우리 팀과 모든 제품을 표시할 것이다.

웹 사이트가 커져 팀원들이나 제품의 개별 정보를 표시해야 한다면 어떻게 해야 할까? 이런 상황을 지원하기 위해서는 라우트를 중첩할 수 있도록 정의해야 할 것이다. 라우트 중첩을 정의하려면 중첩된 router-outlet이 여러 개 있어야 한다. 그러면 애플리케이션의 각 영역에서 자식 컴포넌트와 해당 router-outlet을 각각 가질 수 있다.

예를 한 가지 들어 이 개념을 정리해 보자. 하이라이트된 두 가지 제품을 사용자가 볼 수 있는 제품 구역을 만들 텐데, 이때 사용자는 멋진 URL로 방문한다. 다른 제품들은 해당 제품 ID가 라우트에 사용된다.

8.11.1 라우트 설정하기

app.module.ts 파일에서 products 라우트를 기술하는 것이 출발점이라 할 수 있다.

code/routes/routing/src/app/app.module.ts

```
26  const routes: Routes = [
27    // 기본 라우트
```

```
28      { path: '', redirectTo: 'home', pathMatch: 'full' },
29      { path: 'home', component: HomeComponent },
30      { path: 'about', component: AboutComponent },
31      { path: 'contact', component: ContactComponent },
32      { path: 'contactus', redirectTo: 'contact' },
33
34      // 인증 데모
35      { path: 'login', component: LoginComponent },
36      {
37        path: 'protected',
38        component: ProtectedComponent,
39        canActivate: [ LoggedInGuard ]
40      },
41
42      // 중첩
43      {
44        path: 'products',
45        component: ProductsComponent,
46        children: childRoutes
47      }
48    ];
```

products에는 children 파라미터가 있다. 이 파라미터는 어디서 왔을까? ProductsModule이라는 새 모듈에서 childRoutes를 정의했다. 자세히 들여다보자.

8.11.2 ProductsModule

ProductsModule은 자체 라우트 설정을 가진다.

code/routes/routing/src/app/products/products.module.ts

```
15  export const routes: Routes = [
16    { path: '', redirectTo: 'main', pathMatch: 'full' },
17    { path: 'main', component: MainComponent },
18    { path: 'more-info', component: MoreInfoComponent },
19    { path: ':id', component: ProductComponent },
20  ];
```

주목할 부분은 첫 번째 객체의 path가 비었다는 점이다. 왜 그랬을까? /products에 방문하면 main 라우트로 목적지 재지정되어야 하기 때문이다.

또 살펴볼 라우트는 :id이다. 어떤 라우트와도 일치하지 않는 곳에 사용자 방문하면 이 라우트로 폴백(fallback)한다. / 다음 부분이 라우트의 파라미터인 id로 추출된다.

컴포넌트 템플릿에서 정적인 자식 라우트의 각 링크를 정의한다.

code/routes/routing/src/app/products/products.component.html

```
3  <div class="navLinks">
4    <a [routerLink]="['./main']" >Main</a> |
5    <a [routerLink]="['./more-info']" >More Info</a> |
```

라우트 링크 모두 형식이 ['./main']으로서 앞에 ./이 붙는다. 이는 현재 라우트를 기준으로 상대적인 라우트로 이동한다는 뜻이다.

['products', 'main'] 표기법으로도 라우트를 선언할 수 있다. 다만, 이 방법에는 자식 라우트가 부모 라우트를 알고 있어야 한다거나, 이 컴포넌트 주변으로 이동하고 컴포넌트를 재사용할 때 라우트 링크를 재작성해야 한다는 단점이 있다.

링크 다음에는 사용자가 제품 id를 입력할 곳에 입력 필드와 이동 버튼을 추가한다. 마지막으로, 다음과 같이 router-outlet을 추가한다.

code/routes/routing/src/app/products/products.component.html

```
1   <h2>Products</h2>
2
3   <div class="navLinks">
4     <a [routerLink]="['./main']">Main</a> |
5     <a [routerLink]="['./more-info']">More Info</a> |
6     Enter id: <input #id size="6">
7     <button (click)="goToProduct(id.value)">Go</button>
8   </div>
9
10  <div class="products-area">
11    <router-outlet></router-outlet>
12  </div>
```

이제 ProductsComponent 정의를 살펴보자.

code/routes/routing/src/app/products/products.component.ts

```
1   import { Component } from '@angular/core';
2   import {
3     ActivatedRoute,
4     Router
5   } from '@angular/router';
6
7   @Component({
8     selector: 'app-products',
```

```
 9    templateUrl: './products.component.html',
10    styleUrls: ['./products.component.css']
11  })
12  export class ProductsComponent {
13    constructor(private router: Router, private route: ActivatedRoute) {
14    }
15
16    goToProduct(id: string): void {
17      this.router.navigate(['./', id], {relativeTo: this.route});
18    }
19  }
```

컨스트럭터에서는 우선 Router에 해당하는 인스턴스 변수를 선언했다. 이 인스턴스 변수를 사용하여 id에 따라 해당 제품으로 이동해야 하기 때문이다.

특정 제품으로 이동하려면 goToProduct 메서드를 사용한다. goToProduct 메서드는 라우터의 navigate 메서드를 호출하고 라우트의 이름과 객체를 라우트 파라미터로 제공한다. 여기서는 id만 전달한다.

navigate 함수에는 상대 경로인 ./를 사용했다. 또한 이를 위해 relativeTo 객체를 옵션으로 전달했다. 이제 애플리케이션을 실행하면 다음 메인 페이지가 보일 것이다.

중첩된 라우트 앱

Products 링크를 클릭하면 /products/main으로 목적지가 재지정되어 다음처럼 렌더링된다.

중첩된 라우트 앱 - Products 구역

❶ 얇은 선 아래에 보이는 모든 것이 메인 애플리케이션의 router-outlet을 사용하여 렌더링되었다. ❷ 점선 안의 내용물은 ProductComponent의 router-outlet 안에서 렌더링되었다. 부모 및 자식 라우트는 바로 이런 식으로 렌더링된다.

제품 링크 중 하나에 방문하거나 입력란에 ID를 입력하고 Go를 클릭하면, 다음과 같이 새 콘텐트가 ProductComponent의 아웃렛 안에서 렌더링된다.

중첩된 라우트 앱 - ID별 제품

여기서 한 가지 주목해야 한다. 앵귤러의 라우터는 파라미터로 처리된 라우트(예 /products/123)보다 구체적인 라우트(예 /products/sportify)를 우선시할 만큼 똑똑하다는 점이다. 따라서 /products/sportify는 /products/:id처럼 모든 것이 담긴 제네릭 라우트로는 처리되지 않는다.

■ 중첩된 라우트의 목적지 재정하기와 연결하기

노파심에서 다시 언급한다. 최상위 라우트에서 MyRoute라는 라우트로 이동하려면 ['myRoute']를 사용한다. 이는 같은 최상위에 있을 때만 가능하다. 자식 컴포넌트에 있고 ['myRoute']로 연결하거나 재지정하려면 자식 라우트 때문에 오류가 일어난다. 이때는 ['/myRoute']처럼 슬래시로 시작해야 한다. 마찬가지로, 최상위에서 자식 라우트로 연결하거나 재지정하려면 라우트 정의 배열의 여러 요소를 사용해야 한다. 예를 들어, Product 라우트의 자식 라우트인 Show에 방문한다면, 라우트 정의로 ['product', 'show']를 사용해야 한다.

8.12 정리

지금까지 진행한 바와 같이 앵귤러의 라우터는 매우 강력하고 유연하다. 이제부터 앱에 적극적으로 사용해 보기 바란다.

9

앵굴러 4의 데이터 아키텍처

9.1 데이터 아키텍처 개요

데이터 관리는 지속 가능한 앱을 작성할 때 가장 어려운 부분일 것이다. 데이터를 애플리케이션에 가져오기 위한 방법은 이루 헤아릴 수 없이 많다.

- AJAX HTTP 요청
- 웹소켓
- Indexdb
- LocalStorage
- 서비스 워커(Service Worker)
- 기타

데이터 아키텍처의 문제는 다음 질문들을 던진다는 것이다.

- 서로 다른 이 소스들을 일관된 시스템으로 어떻게 통합할 수 있을까?
- 의도치 않은 부작용으로 인한 버그를 어떻게 피할 수 있을까?
- 새로운 팀원들이 더 쉽게 관리할 수 있도록 어떻게 코드를 합리적으로 구조화할 수 있을까?

- 데이터가 변경되더라도 어떻게 앱을 가능한 한 빠르게 실행되도록 만들 수 있을까?

오랫동안 MVC는 애플리케이션의 데이터 아키텍처를 위한 표준 패턴이었다. 모델은 도메인 로직을 담고, 뷰는 데이터를 표시하며, 컨트롤러는 이 모든 것을 합치는 것이다. 문제는 MVC가 클라이언트 사이드 웹 애플리케이션에 직접적으로는 그리 제대로 적용되지 않는다는 사실이다.

그동안 데이터 아키텍처 분야에는 일종의 르네상스가 일어나 수많은 새로운 아이디어가 탐구되었다. 예를 들면 다음과 같다.

- **MVC/양방향 데이터 바인딩**: 모델-뷰-아무거나(Model-View-Whatever)는 앵귤러 1의 기본 아키텍처를 기술할 때 사용되는 용어[1]다. $scope는 양방향 데이터 바인딩을 제공한다. 다시 말해, 전체 애플리케이션은 동일한 데이터 구조를 공유하며, 어떤 영역의 변경은 나머지 앱 영역에도 영향을 미친다.
- **플럭스(Flux)[2]**: 단방향 데이터 흐름을 사용한다. 플럭스에서는 스토어(Store)가 데이터를 담고, 뷰가 스토어에 담긴 데이터를 렌더링하며, 액션(Action)은 스토어에 담긴 데이터를 변경한다. 플럭스를 설정하려면 적잖은 과정을 거쳐야 하지만 데이터가 단방향으로만 흐르기 때문에 이해하기가 매우 수월하다.
- **옵저버블(Observable)**: 옵저버블은 데이터 스트림을 제공한다. 우리는 이 스트림을 구독하여 변경 응답 등 여러 연산을 수행한다. RxJS[3]가 가장 인기가 많은 자바스크립트용 반응형 스트림 라이브러리다. 데이터 스트림의 강력한 구성 연산 등이 RxJS에 제공된다.

 이들의 변종들도 꽤 많다. 예를 들면 다음과 같다.
  - 플럭스는 패턴이지 구현한 결과물이 아니다. 플럭스를 다양하게 구현된 플럭스 버전이 매우 많다(MVC도 여러 가지로 구현된 버전이 많다).
  - Immutability는 위에서 언급한 모든 데이터 아키텍처의 공통된 변종이다.
  - 팔코(Falcor)[4]는 클라이언트 사이드 모델을 서버 사이드 데이터로 바인딩하는 강력한 프레임워크다. 팔코는 흔히 옵저버블 타입의 데이터 아키텍처와 함께 사용된다.

---

1   https://plus.google.com/+AngularJS/posts/aZNVhj355G2 [단축URL] goo.gl/mJCBtB
2   https://facebook.github.io/flux/
3   https://github.com/Reactive-Extensions/RxJS [단축URL] goo.gl/QFv29f
4   http://netflix.github.io/falcor/

9.1.1 앵귤러 4의 데이터 아키텍처

앵귤러 4는 대단히 유연한 데이터 아키텍처를 지원한다. 어떤 프로젝트에 적합한 데이터 전략이 다른 프로젝트에도 모두 적합하다고는 할 수 없다. 따라서 앵귤러는 특정 스택을 미리 정해 두지 않고, 어떤 아키텍처든 쉽게 사용할 수 있도록 하고 있다(그러면서도 빠른 성능을 희생하지 않는다).

이 방식은 앵귤러를 거의 모든 상황에 적용할 수 있다는 장점을 보인다. 다만, 프로젝트에 무엇이 적합한지 직접 결정해야 하는 단점도 존재한다. 여기서는 그 결정을 여러분의 몫으로 남겨 두지 않을 것이다! 이어지는 장들에서 이들 패턴들을 사용하여 애플리케이션을 어떻게 빌드할 수 있는지 자세하게 다룰 것이다.

10

옵저버블 데이터 아키텍처 1부
— 서비스

10.1 옵저버블과 RxJS

앵귤러에서는 옵저버블을 데이터 아키텍처의 근간으로 사용할 수 있도록 애플리케이션을 구조화할 수 있다. 옵저버블을 사용한 데이터 구조화를 **반응형 프로그래밍**(Reactive Programming)이라고 부른다.

그런데 옵저버블이나 반응형 프로그래밍이 도대체 무엇일까? 반응형 프로그래밍은 데이터의 비동기 스트림을 처리할 수 있는 방법이다. 옵저버블은 반응형 프로그래밍을 구현하는 데 사용할 주 데이터 구조다. 하지만 이들 용어가 명확하지 않다는 데는 어느 정도 인정하는 바이다. 그런 이유에서 이제부터는 더욱더 명확해질 수 있는 구체적인 예를 이 장 끝까지 다룰까 한다.

10.1.1 노트: 필요한 RxJS 지식

우선 반응형 프로그래밍이 여기서 다룰 주요 주제가 아니라는 점부터 밝혀 두고자 한다. 반응형 프로그래밍의 기초를 습득할 수 있는 훌륭한 리소스가 도처에 제공되고 있으니 참고하기 바란다. 그중에서 몇 가지는 이어지는 내용에서 간추리겠다.

이 장은 그저 RxJS와 앵귤러를 함께 다루기 위한 간단한 튜토리얼 정도로만 생각하는 것이 좋다. RxJS와 반응형 프로그래밍을 다루는 포괄적인 개론서와는 거리가 멀다. 이 장에서는 앞으로 만나게 될 RxJS의 개념들과 API를 상세하게 다룰 것이다. 하지만 RxJS를 처음 대하는 독자들은 다른 리소스를 참고하여 이 장의 내용을 보충해야 한다.

 이 장에 사용된 Underscore.js Underscore.js는 인기가 많은 라이브러리로서 Array나 Object 등의 자바스크립트 데이터 구조에 함수형 연산자를 제공한다. 이 장에는 RxJS와 함께 특히 많이 사용되었다. 코드에서 _.map이나 _.sortBy처럼 _가 보이면 Underscore.js 라이브러리를 사용한 것으로 생각하면 된다. Underscore.js의 문서는 웹사이트[1]에서 참고하기 바란다.

10.1.2 반응형 프로그래밍과 RxJS 배우기

RxJS가 처음인 독자들은 우선 다음 게시물을 읽어보기 바란다.

- 안드레 스톨츠(Andre Staltz)의 The introduction to Reactive Programming you've been missing[2](반응형 프로그래밍 소개)

RxJS 이면의 여러 개념에 익숙해졌다면 다음 링크도 함께 살펴보기 바란다.

- Which static operators to use to create streams?[3](스트림 생성용 정적 연산자)
- Which instance operators to use on streams?[4](스트림에 사용할 인스턴스 연산자)
- RxMarbles[5] - 다양한 스트림 연산을 보여 주는 인터랙티브 다이어그램

이 장을 통해 RxJS의 API 문서 링크를 제시할 것이다. RxJS 문서에는 엄청난 예시 코드가 함께 제공되므로 각종 스트림과 연산자의 동작 방식을 깊이 있게 살펴볼 수 있을 것이다.

 앵귤러 4를 위해 반드시 RxJS를 사용해야 할까? 아니다. 절대로 그렇지 않다. 옵저버블은 단지 앵귤러 4에 사용할 수 있는 여러 패턴 중 하나일 뿐이다. 사용할 수 있는 다른 데이터 패턴에 관해서는 9장을 참고하기 바란다.

여기서 분명하게 경고하고자 한다. RxJS를 처음 배울 때는 다소 골치가 아플 수도 있다. 하지만 나를 믿고 따라온다면 그만한 결실을 얻을 수 있을 것이다. 다음은 유용한 스트림 개념들이다.

---

1 http://underscorejs.org/
2 https://gist.github.com/staltz/868e7e9bc2a7b8c1f754 `단축URL` goo.gl/3gXmsB
3 https://github.com/Reactive-Extensions/RxJS/blob/master/doc/gettingstarted/which-static.md `단축URL` goo.gl/xAAjyR
4 https://github.com/Reactive-Extensions/RxJS/blob/master/doc/gettingstarted/which-instance.md
   `단축URL` goo.gl/2kQD6l
5 http://staltz.com/rxmarbles

1. 프로미스(promise)는 단일 값을 배출하지만 스트림은 많은 값을 배출한다. 스트림이 애플리케이션에서 맡은 역할은 프로미스와 같다. 콜백에서 프로미스로 옮겨 왔다면 프로미스가 콜백에 비해 가독성이나 데이터 유지보수 측면에서 거대한 진전을 이뤘는지 알 수 있을 것이다. 또한, 스트림은 데이터 변경에 계속해서 응답할 수 있다는 점에서 프로미스보다 크게 개선되었다(프로미스의 해결 방식은 일회성이다).

2. 명령형 코드는 데이터를 '끌어오는' 반면, 반응형 스트림은 데이터를 '밀어낸다'. 반응형 프로그래밍에서 코드는 변경 내용을 통보받도록 구독하고, 스트림은 데이터를 구독자에게 '밀어낸다'.

3. RxJS는 함수형이다. map이나 reduce, filter 등의 함수형 연산자 팬이라면 RxJS가 편할 것이다. 스트림은 어떤 면에서 리스트이므로 강력한 함수형 연산자를 적용할 수 있기 때문이다.

4. 스트림은 구성할 수 있다. 스트림을 데이터 연산들의 파이프라인으로 생각해 보자. 스트림 중 어느 부분이라도 구독할 수 있다. 심지어는 이들을 결합하여 새 스트림으로 만들 수도 있다.

10.2 대화 앱 개요

이 장에서는 RxJS를 사용하여 대화 앱을 만들 것이다. 다음은 최종 앱의 모습이다.

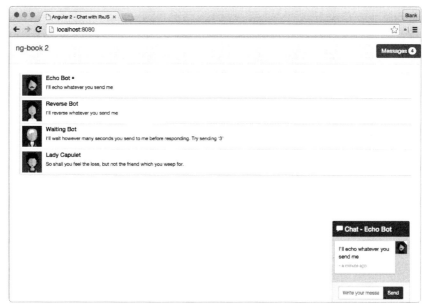

완성된 대화 앱

일반적으로는 코드 전체를 지면에 실어야 하지만, 대화 애플리케이션에는 가변적인 요소가 많아 이 장에서는 과감하게 코드를 덜어내겠다. 행 하나하나를 실을 수 없다는 뜻이다. 이 장의 샘플 코드는 code/rxjs/rxjs-chat 폴더에 제공된다. 코드의 흐름을 알 수 있도록 가능한 곳에 필터를 두고 일부 코드만 실을 것이다.

이 애플리케이션은 대화할 수 있는 봇(bot)도 제공한다. 다음 코드를 실행해 보자.

```
1   cd code/rxjs/rxjs-chat
2   npm install
3   npm start
```

이제 브라우저를 열고 http://localhost:4200을 입력한다. 이 애플리케이션에 관해 다음 몇 가지를 생각해 보자.

- 다른 사람과 대화할 수 있는 스레드를 클릭할 수 있다.
- 봇이 받아치는 대화는 봇의 성격에 따라 다르다.
- 상단 구석에는 읽지 않은 메시지 개수가 실제 읽지 않은 메시지의 개수와 동기화되어 표시된다.

이 앱의 구조를 살펴보자. 크게 다음 세 부분으로 나눌 수 있다.

- 세 개의 최상위 앵귤러 컴포넌트
- 세 개의 모델
- 세 개의 서비스

이제부터 하나씩 살펴보기로 하자.

10.2.1 컴포넌트

페이지는 다음 세 개의 최상위 컴포넌트로 구성된다.

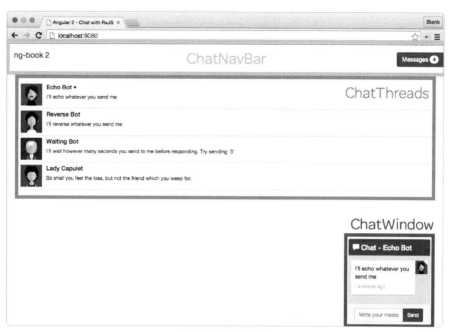

최상위 대화 컴포넌트

- ChatNavBarComponent — 읽지 않은 메시지 개수를 담는다.
- ChatThreadsComponent — 클릭할 수 있는 스레드 리스트와 최근 메시지 및 대화 아바타를 나타낸다.
- ChatWindowComponent — 새 메시지를 보낼 입력란과 현재 스레드의 메시지를 보여준다.

10.2.2 모델

앱에는 모델도 세 개가 있다.

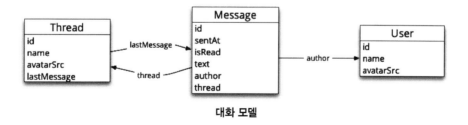

대화 모델

- User — 대화 참가자 정보를 저장한다.
- Message — 개별 메시지를 저장한다.
- Thread — Message 컬렉션과 대화 관련 데이터 일부를 저장한다.

10.2.3 서비스

앱에는 각 모델에 해당하는 '서비스'가 있어야 한다. 서비스는 싱글턴 객체로서 다음 두 가지 역할을 맡는다.

1. 애플리케이션이 구독할 수 있는 데이터 스트림을 제공한다.
2. 데이터를 추가하거나 수정할 연산을 제공한다.

이를테면 UsersService는 다음 두 가지 일을 한다.

- 현재 사용자를 배출하는 스트림을 발행한다.
- 현재 사용자를 설정할(다시 말해, 현재 사용자를 currentUser 스트림으로부터 배출할) setCurrentUser 함수를 제공한다.

10.2.4 정리

애플리케이션의 데이터 아키텍처는 다음 두 가지 이유에서 직관적이라 할 수 있다.

- 서비스는 모델(例 Message들)을 배출하는 스트림을 유지한다.
- 컴포넌트는 스트림을 구독하고 최근 값에 따라 렌더링한다.

이를테면 ChatThreads 컴포넌트는 ThreadService의 최신 스레드 리스트를 주시하며, ChatWindow는 최신 메시지 리스트를 구독한다.

이제부터는 앵귤러 4와 RxJS를 사용하여 이들을 어떻게 구현하는지 깊이 있게 살펴볼 것이다. 우선 모델부터 구현한다. 그리고 스트림을 관리하기 위한 서비스를 생성한다. 마지막으로 컴포넌트를 구현한다.

10.3 모델 구현하기

일단, 시작은 가볍게 모델부터 살펴보기로 하자.

10.3.1 User

User 클래스는 직관적이다. id, name, avatarSrc를 정의한다.

code/rxjs/rxjs-chat/src/app/user/user.model.ts

```
1  import { uuid } from '../util/uuid';
2
3  /**
4   * User는 메시지 전송 담당 에이전트를 나타낸다.
5   */
6  export class User {
7    id: string;
8
9    constructor(public name: string,
10               public avatarSrc: string) {
11     this.id = uuid();
12   }
13 }
```

 컨스트럭터에 타입스크립트 줄임꼴을 사용했다. public name: string은 두 가지를 나타낸다.

1. name은 public 프로퍼티다.

2. 새 인스턴스가 만들어질 때 인수의 값을 이 프로퍼티에 대입한다.

10.3.2 Thread

Thread도 직관적인 타입스크립트 클래스다.

code/rxjs/rxjs-chat/src/app/thread/thread.model.ts

```
1  import { Message } from '../message/message.model';
2  import { uuid } from '../util/uuid';
3
4  /**
5   * Thread는 메시지를 교환하는 일련의 User들을 나타낸다.
6   */
7  export class Thread {
8    id: string;
9    lastMessage: Message;
10   name: string;
11   avatarSrc: string;
12
13   constructor(id?: string,
14               name?: string,
15               avatarSrc?: string) {
16     this.id = id || uuid();
```

```
17        this.name = name;
18        this.avatarSrc = avatarSrc;
19    }
20  }
```

Thread에서는 lastMessage의 참조를 저장한다. 그래야 스레드 리스트에서 최근 메시지의 미리 보기를 제공할 수 있다.

10.3.3 Message

Message 또한 타입스크립트 클래스다. 다만, 컨스트럭터의 형식이 살짝 다르다.

code/rxjs/rxjs-chat/src/app/message/message.model.ts

```
1  import { User } from '../user/user.model';
2  import { Thread } from '../thread/thread.model';
3  import { uuid } from './../util/uuid';
4
5  /**
6   * Message는 Thread로 전송된 메시지 하나를 나타낸다.
7   */
8  export class Message {
9      id: string;
10     sentAt: Date;
11     isRead: boolean;
12     author: User;
13     text: string;
14     thread: Thread;
15
16     constructor(obj?: any) {
17       this.id      = obj && obj.id        || uuid();
18       this.isRead  = obj && obj.isRead    || false;
19       this.sentAt  = obj && obj.sentAt    || new Date();
20       this.author  = obj && obj.author    || null;
21       this.text    = obj && obj.text      || null;
22       this.thread  = obj && obj.thread    || null;
23     }
24   }
```

이 패턴으로 컨스트럭터에서 키워드 인수를 사용할 수 있다. 따라서 어떤 데이터든 사용하여 새 Message를 만들 수 있다. 여기서 인수의 순서는 개의치 않아도 된다. 이를테면 다음처럼 할 수 있다.

```
1   let msg1 = new Message();
2
3   # 이렇게 할 수도 있다.
4
5   let msg2 = new Message({
6     text: "Hello Nate Murray!"
7   })
```

모델을 모두 살펴보았다. 첫 번째 서비스인 UsersService를 살펴보자.

10.4 UsersService 구현하기

UsersService의 핵심은 애플리케이션에 현재 사용자를 파악할 수 있는 위치를 제공하고, 현재 사용자가 변경되면 애플리케이션의 다른 영역에 알리는 것이다. 우선, 타입스크립트 클래스부터 만들고 @Injectable 데코레이터를 추가해야 한다.

code/rxjs/rxjs-chat/src/app/user/users.service.ts

```
10  export class UsersService {
11    // `currentUser`는 사용자를 담는다
12    currentUser: Subject<User> = new BehaviorSubject<User>(null);
13
14    public setCurrentUser(newUser: User): void {
15      this.currentUser.next(newUser);
16    }
17  }
```

 여기서는 다른 컴포넌트의 의존성으로 사용될 클래스를 만든다. 간단히 말해, 의존성 주입의 장점은 다음 두 가지로 표현할 수 있다.

1. 객체의 라이프사이클 처리를 앵귤러에 맡길 수 있다.

2. 주입된 컴포넌트를 더 쉽게 테스트할 수 있다.

@Injectable에 관해서는 6장 의존성 주입에서 깊이 있게 다루고 있지만, 결론만 말하자면 다음처럼 컨스트럭터에 의존성을 주입할 수 있다.

```
1   class UsersService {
2     constructor(public someOtherService: SomeOtherService) {
3       // 여기서 someOthrService로 무슨 일을 한다.
4     }
5   }
```

10.4.1 currentUser의 스트림

현재 사용자를 관리하는 데 사용할 스트림을 설정해 보자.

code/rxjs/rxjs-chat/src/app/user/users.service.ts

```
12    currentUser: Subject<User> = new BehaviorSubject<User>(null);
```

한 행일 뿐이지만 진행되는 과정은 낯다. 구체적으로 나눠 생각하면 다음과 같다.

- Subject 스트림인 인스턴스 변수를 정의한다. 이름은 currentUser이다.
- 구체적으로 currentUser는 User가 포함될 BehaviorSubject이다.
- 하지만 이 스트림의 첫 번째 값은 null(컨스트럭터 인수)이다.

RxJS 경험이 많지 않다면 Subject나 BehaviorSubject가 무엇인지 모를 것이다. Subject는 '읽기/쓰기' 스트림이다.

 기술적으로는 Observable[6]과 Observer[7]를 상속한 것이 Subject[8]이다.

메시지들은 즉각 게시되기 때문에 새 구독자는 스트림의 최신 값을 놓칠 수도 있다. 이를 보완해 주는 것이 BehaviourSubject이다. BehaviourSubject[9]는 **마지막 값을 저장한다**는 점에서 특별한 프로퍼티다. 다시 말해, 이 스트림 구독자는 최신 값을 받게 된다. 앱의 어느 부분에서도 UsersService.currentUser 스트림을 구독할 수 있으며, 그 즉시 현재 사용자가 누구인지 알 수 있다.

10.4.2 새 사용자 설정하기

(로그인 등으로) 현재 사용자가 변경되면 새 사용자를 스트림에 게시할 방법이 필요하다. 이와 관련한 API를 사용할 수 있는 방법은 두 가지다.

---

6   https://github.com/Reactive-Extensions/RxJS/blob/master/doc/api/core/observable.md 단축URL goo.gl/iH51iZ

7   https://github.com/Reactive-Extensions/RxJS/blob/master/doc/api/core/observer.md 단축URL goo.gl/Bzzq8A

8   https://github.com/Reactive-Extensions/RxJS/blob/master/doc/api/subjects/subject.md 단축URL goo.gl/Urp3zD

9   https://github.com/Reactive-Extensions/RxJS/blob/master/doc/api/subjects/behaviorsubject.md 단축URL goo.gl/F1nDTU

1. 스트림에 직접 새 사용자 추가하기

가장 직관적인 방법이다. UsersService의 클라이언트들이 새 User를 스트림에 직접 게시하도록 한다. 방법은 다음과 같다.

```
1   UsersService.subscribe((newUser)  => {
2     console.log('New User is: ', newUser.name);
3   })
4
5   // => New User is: originalUserName
6
7   let u = new User('Nate', 'anImgSrc');
8   UsersService.currentUser.next(u);
9
10  // => New User is: Nate
```

 새 값을 스트림에 푸시하기 위해 Subject의 next 메서드를 사용했다.

이렇게 하면 어떤 장점을 얻을까? 스트림의 기존 API를 재사용할 수 있어 새 코드나 API를 도입하지 않아도 된다.

2. setCurrentUser(newUser: User) 메서드 만들기

현재 사용자를 업데이트할 수 있는 두 번째 방법은 다음처럼 UsersService에 도우미 메서드를 만드는 것이다.

code/rxjs/rxjs-chat/src/app/user/users.service.ts

```
14      public setCurrentUser(newUser: User): void {
15        this.currentUser.next(newUser);
16      }
```

currentUser 스트림에 next 메서드가 그대로 사용되고 있다. 귀찮게 왜 그래야 할까? currentUser의 구현과 스트림의 구현을 분리할 때 값이 있기 때문이다. next를 setCurrentUser 호출에 래핑(wrapping)하면 클라이언트들을 중지시키지 않아도 UserService의 구현을 변경할 여지가 생긴다.

여기서는 한 메서드만을 강력하게 권장하지 않을 것이다. 다만, 프로젝트의 덩치가 커지면 관리의 편이성에서 차이가 크게 난다.

세 번째 방법도 있다. 업데이트가 직접 스트림(현재 사용자를 변경하는 동작이 놓일 스트림)에 노출되도록 하면 된다. 이 패턴은 다음 MessagesService에서 살펴볼 것이다.

10.4.3 UserService.ts

지금까지 진행된 내용을 합치면 다음과 같다.

code/rxjs/rxjs-chat/src/app/user/users.service.ts

```
1  import { Injectable } from '@angular/core';
2  import { Subject, BehaviorSubject } from 'rxjs';
3  import { User } from './user.model';
4
5
6  /**
7   * UserService는 현재 사용자를 관리한다.
8   */
9  @Injectable()
10 export class UsersService {
11   // `currentUser` 는 현재 사용자를 담는다.
12   currentUser: Subject<User> = new BehaviorSubject<User>(null);
13
14   public setCurrentUser(newUser: User): void {
15     this.currentUser.next(newUser);
16   }
17 }
18
19 export const userServiceInjectables: Array<any> = [
20   UsersService
21 ];
```

10.5 MessagesService

MessagesService는 앱의 근간에 해당한다. 모든 메시지가 MessagesService를 통과하기 때문이다. MessagesService는 UserService보다 훨씬 정교하고 복잡한 스트림을 가진다. 모두 5개의 스트림을 가지는데, 그중에서 3개는 '데이터 관리' 스트림이고, 나머지 2개는 '동작' 스트림이다. 데이터 관리 스트림 3개는 다음과 같다.

- newMessages — 새 Message를 오직 한 번만 배출한다.
- messages — 현재 Messages의 배열을 배출한다.
- updates — messages에 연산을 수행한다.

10.5.1 newMessages 스트림

newMessages는 새 Message를 한 번만 게시하는 Subject이다.

code/rxjs/rxjs-chat/src/app/message/messages.service.ts

```
14  export class MessagesService {
15    // 새 메시지를 한 번만 게시하는 스트림
16    newMessages: Subject<Message> = new Subject<Message>();
```

Message들을 이 스트림에 추가하기 위한 도우미 메서드를 정의할 수도 있다.

code/rxjs/rxjs-chat/src/app/message/messages.service.ts

```
90    addMessage(message: Message): void {
91      this.newMessages.next(message);
92    }
```

스레드에서 사용자를 특정하지 않고 모든 메시지를 받는 스트림도 가지는 것이 좋다. 예를 들어, 에코 봇(Echo Bot)을 생각해 보자.

진지한 에코 봇

에코 봇을 구현할 때는 무한 루프에 빠지거나 봇의 메시지에 응답하지 않도록 주의해야 한다. newMessages 스트림을 구독하고, 다음 두 가지 경우의 메시지들을 거른다.

1. 이 스레드의 메시지

2. 봇이 작성하지 않은 메시지

지정된 Thread에서 이 User에 해당하는 메시지 스트림이 필요하다.

code/rxjs/rxjs-chat/src/app/message/messages.service.ts

```
94    messagesForThreadUser(thread: Thread, user: User): Observable<Message> {
95      return this.newMessages
96      .filter((message: Message) => {
97              // 이 스레드 소속임
98        return (message.thread.id === thread.id) &&
99              // 이 사용자의 소유가 아님
100             (message.author.id !== user.id);
101     });
102   }
```

messagesForThreadUser는 Thread와 User를 받아 Message들로 구성된 새 스트림을 리턴한다. 이 Message들은 Thread에서 User가 작성하지 않은 것들을 걸러 낸 것이다. 다시 말해, 이 Thread에서 다른 모든 사람의 메시지들로 구성된 스트림이다.

10.5.2 messages 스트림

newMessages는 개별 Message들을 배출하는 반면, messages 스트림은 최신 Message들의 배열을 배출한다.

code/rxjs/rxjs-chat/src/app/message/messages.service.ts

```
19    messages: Observable<Message[]>;
```

 Message[] 타입은 Array<Message>와 같다. Observable<Array<Message>>와도 같다. messages의 타입을 Observable<Message[]>로 정의하면 이 스트림은 개별 Message들이 아니라 이 Message들의 Array를 배출한다.

messages를 어떻게 담을까? updates 스트림과 새 패턴인 Operation 스트림을 다룰 차례가 왔다.

10.5.3 Operation 스트림 패턴

기본적인 개념은 이렇다.

- 최신 Message들의 Array를 담게 될 messages의 상태를 유지한다.

- messages에 적용할 '함수들의 스트림'인 updates 스트림을 사용한다.

updates 스트림에 적용되는 함수는 모두 현재 메시지 리스트를 변경한다고 생각할 수 있다. updates 스트림에 적용되는 함수는 Message 리스트를 받아 Message 리스트를 리턴해야 한다. 인터페이스를 만들어 이 생각을 코드로 구체화해 보자.

code/rxjs/rxjs-chat/src/app/message/messages.service.ts

```
 9  interface IMessagesOperation extends Function {
10    (messages: Message[]): Message[];
11  }
```

updates 스트림을 정의해 보자.

code/rxjs/rxjs-chat/src/app/message/messages.service.ts

```
21    // `updates`는 `message`에 적용될 _operations_를 받는다.
22    // 이런 식으로 '모든' 메시지를 변경할 수 있다.
23    // (`message`에 저장된 메시지)
24    updates: Subject<any> = new Subject<any>();
```

updates는 메시지 리스트에 적용할 '연산'을 받는다는 점을 잊지 않았을 것이다. 그런데 어떻게 해야 할까? MessagesService의 constructor에서 다음처럼 하면 된다.

code/rxjs/rxjs-chat/src/app/message/messages.service.ts

```
30    constructor() {
31      this.messages = this.updates
32        // 업데이트를 주시하고 메시지 연산을 누적한다.
33        .scan((messages: Message[],
34            operation: IMessagesOperation) => {
35            return operation(messages);
36          },
37        initialMessages)
38        // 바로 이전 메시지 리스트를 구독하고 캐시 처리하는
```

여기서는 새 스트림 함수인 scan[10]을 소개하고 있다. scan은 함수형 프로그래밍의 reduce와 매우 흡사하다. 받은 스트림의 각 요소에 함수를 실행하며 '값을 누적한다'. scan이 특별한 것

---

10   https://github.com/Reactive-Extensions/RxJS/blob/master/doc/api/core/operators/scan.md `단축URL` goo.gl/oGTRzb

은 중간 결과에 해당하는 값을 배출한다는 점 때문이다. 다시 말해, 스트림이 완료될 때까지 기다렸다 결과를 배출하는 것이 아니다.

this.updates.scan이 호출되면 update 스트림에서 구독하는 새 스트림이 만들어진다. 이 과정에서 다음 두 가지를 받는다.

1. 누적되는 messages
2. 적용할 새 operation

그리고 새 Message[ ]를 리턴한다.

10.5.4 스트림 공유하기

스트림은 기본적으로 공유가 불가능하다. 다시 말해, 한 구독자가 스트림에서 값을 읽으면 그것으로 끝이다. 여기서는 첫째로 같은 스트림을 구독자끼리 공유하고, 둘째로 '뒤늦은' 구독자가 마지막 값을 받을 수 있도록 해 보자. 이를 위해 필요한 연산자는 publishReplay와 refCount이다.

- publishReplay는 다수의 구독자 사이에서 구독을 공유하고, 미래의 구독자에게 값을 n 번 반복 재생한다(publish[11]와 replay[12] 참고).
- refCount[13]는 게시된 리턴값을 쉽게 사용하도록 한다. 이때 옵저버블이 언제 값을 배출하는지 관리한다.

 잠깐! refCount가 하는 일은 무엇일까? refCount는 이해하기 까다로울 수 있다. '핫(hot)' 옵저버블과 '콜드(cold)' 옵저버블의 관리 방법과 관련되기 때문이다. 자세한 내용은 다음을 참고하기 바란다.
- refCount 관련 RxJS 문서[14]
- Rx 소개: 핫 옵저버블과 콜드 옵저버블[15]
- RefCount 마블(Marble) 다이어그램[16]

---

11 https://github.com/Reactive-Extensions/RxJS/blob/master/doc/api/core/operators/publish.md 단축URL goo.gl/oGTRzb
12 https://github.com/Reactive-Extensions/RxJS/blob/master/doc/api/core/operators/replay.md 단축URL goo.gl/UiSnCw
13 https://github.com/Reactive-Extensions/RxJS/blob/master/doc/api/core/operators/refcount.md 단축URL goo.gl/JPNQp8
14 https://github.com/Reactive-Extensions/RxJS/blob/master/doc/api/core/operators/refcount.md 단축URL goo.gl/JPNQp8
15 http://www.introtorx.com/Content/v1.0.10621.0/14_HotAndColdObservables.html#RefCount 단축URL goo.gl/j3q1rA
16 http://reactivex.io/documentation/operators/refcount.html 단축URL goo.gl/gIXCWB

code/rxjs/rxjs-chat/src/app/message/messages.service.ts

```
32        // 업데이트를 주시하고 메시지 연산을 누적한다.
33        .scan((messages: Message[],
34            operation: IMessagesOperation) => {
35              return operation(messages);
36            },
37            initialMessages)
38        // 바로 이전 메시지 리스트를 구독하고 캐시 처리하는 사람들과
39        // 최신 메시지 리스트를 공유할 수 있는지
40        // 확인한다.
41        .publishReplay(1)
42        .refCount();
```

10.5.5 messages 스트림에 Message 추가하기

messages 스트림에 Message를 추가하는 방법은 다음과 같다.

```
1  var myMessage = new Message(/* 파라미터들... */);
2
3  updates.next( (messages: Message[]): Message[] => {
4    return messages.concat(myMessage);
5  })
```

여기에서 updates 스트림에 연산을 추가했다. 그 결과, messages는 이 스트림에 '구독'된다. 따라서 messages 누적 리스트에 newMessage를 concat하는 연산이 적용된다.

 곰곰이 생각하느라 시간이 걸려도 상관없다. 이런 스타일의 프로그래밍에 익숙치 않으면 충분히 그럴 수 있다.

이와 같은 접근 방법에는 사용하기가 번거롭다는 문제가 있다. 안쪽 함수를 매번 작성하지 않도록 하는 것이 훨씬 편하다. 다음처럼 다시 작성할 수도 있다.

```
1  addMessage(newMessage: Message)  {
2    updates.next( (messages: Message[]): Message[] => {
3      return messages.concat(newMessage);
4    })
5  }
6
7  // 다른 곳
8
9  var myMessage = new Message(/* 파라미터들... */);
```

```
10    MessagesService.addMessage(myMessage);
```

조금 나아졌다. 하지만 '반응형'이라고 하기에는 아직 부족하다. 부분적으로는 메시지 생성 동작이 다른 스트림을 구성하지 못하기 때문이다. 또한, 이 메서드는 newMessages 스트림을 피한다. 자세한 내용은 나중으로 미루고자 한다.

새 메시지를 반응형으로 생성하려면 스트림에서 **Message**들을 받아 리스트에 추가해야 한다. 다시 말하지만, 이는 경험이 없다면 생소한 과정일 수 있다. 구현 과정을 정리하자면 다음과 같다.

우선 create이라는 동작 스트림을 만든다. ('동작 스트림'이라는 용어는 우리의 서비스에서 맡은 역할을 기술할 뿐이다. 스트림 자체는 여전히 정규 Subject이다.)

code/rxjs/rxjs-chat/src/app/message/messages.service.ts

```
26    // 동작 스트림
27    create: Subject<Message> = new Subject<Message>();
```

그다음은, constructor에서 create 스트림을 설정한다.

code/rxjs/rxjs-chat/src/app/message/messages.service.ts

```
58       this.create
59        .map( function(message: Message): IMessagesOperation {
60          return (messages: Message[]) => {
61            return messages.concat(message);
62          };
63        })
```

map 연산자[17]는 자바스크립트 내장 함수인 Array.map과 상당히 닮았다. 스트림에 동작한다는 점만 다를 뿐이다. 다시 말해, map 연산자는 스트림의 항목마다 한 번씩 함수를 실행하여 그 리턴값을 배출한다.

여기서는 입력으로 받는 Message마다 리스트에 추가하는 IMessagesOperation을 리턴한다는 뜻이다. 다시 말해, 이 스트림은 Message 리스트를 받아 현재 Message를 메시지 리스트에 추가하는 함수를 배출한다.

---

17   https://github.com/Reactive-Extensions/RxJS/blob/master/doc/api/core/operators/select.md

create 스트림이 만들어졌다. 이제 할 일이 한 가지만 남았다. 실제로 updates 스트림에 연결되도록 해야 한다. subscribe[18]를 살펴보자.

code/rxjs/rxjs-chat/src/app/message/messages.service.ts

```
58      this.create
59        .map( function(message: Message): IMessagesOperation {
60          return (messages: Message[]) => {
61            return messages.concat(message);
62          };
63        })
64        .subscribe(this.updates);
```

여기서는 updates 스트림을 구독하여 create 스트림을 주시한다. 다시 말해, create가 Message를 받으면 updates가 받게 될 IMessagesOperation을 배출하고 Message는 messages에 추가된다. 다음은 현재 상황을 정리한 다이어그램이다.

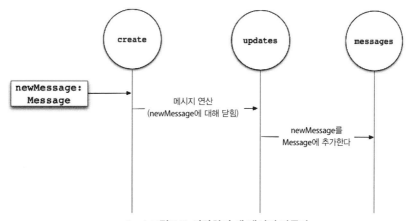

create 스트림으로 시작하여 새 메시지 만들기

지금 이 과정이 대단한 것은 다음 세 가지를 얻을 수 있기 때문이다.

1. messages로부터 받는 현재 메시지 리스트
2. 현재 메시지 리스트에 (updates를 통해) 연산을 수행하는 방법
3. updates 스트림에 (create를 통해) 만들기 연산을 사용할 수 있는 스트림

코드 어디에서든 최신 메시지 리스트를 받으려면 messages 스트림에 접근해야 한다. 하지만

---

18 https://github.com/Reactive-Extensions/RxJS/blob/master/doc/api/core/operators/subscribe.md

여기에는 문제가 하나 있다. 이 흐름을 아직 **newMessages** 스트림에 연결하지 않은 것이다. 이 스트림을 newMessages의 Message에 쉽게 연결할 수 있는 방법이 있다면 좋을 것이다. 직접 경험해 보겠지만 정말 쉬운 방법이 있다.

code/rxjs/rxjs-chat/src/app/message/messages.service.ts

```
66        this.newMessages
67          .subscribe(this.create);
```

이제 다이어그램은 다음과 같다.

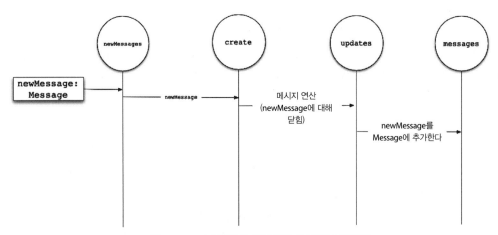

newMessages 스트림으로 시작하여 새 메시지 만들기

이제 흐름이 완성되었다! newMessages를 통해 개별 메시지의 스트림을 구독할 수 있고, 최신 리스트를 원하면 messages를 구독할 수도 있는 두 마리 토끼를 잡을 수 있게 되었다.

 이 디자인이 의미하는 바를 지적하고 넘어가야겠다. newMessages를 직접 구독할 때는 그 결과로 일어날 수 있는 변화에 주의해야 한다. 여기서는 세 가지를 고려한다.

1. Message들에 적용되는 후속 업데이트를 받지 못한다.

2. 다수의 Message 객체가 만들어진다. 따라서 newMessages를 구독하고 Message의 참조를 저장하면 그 Message의 속성이 변경된다.

3. Message의 변경 가능성 장점이 필요한 곳에서 정작 그 장점을 누리지 못할 수도 있다. 각 Message의 복사본을 만들고 그 복사본을 변형하는 updates 큐에 연산을 적용할 수 있는 경우(지금보다는 나은 디자인이기는 하다)를 생각해 보자. 이 경우에는 '최종' 상태로 돌입한 newMessages로부터 직접 배출된 어떤 Message에도 의존할 수 없다.

다시 말해, 이 세 가지를 고려한다면 골칫거리는 상당 부분 덜어낼 수 있다.

10.5.6 완성된 MessagesService

다음은 완성된 MessagesService의 모습이다.

```
1   import { Injectable } from '@angular/core';
2   import { Subject, Observable } from 'rxjs';
3   import { User } from '../user/user.model';
4   import { Thread } from '../thread/thread.model';
5   import { Message } from '../message/message.model';
6
7   const initialMessages: Message[] = [];
8
9   interface IMessagesOperation extends Function {
10    (messages: Message[]): Message[];
11  }
12
13  @Injectable()
14  export class MessagesService {
15    // 새 메시지를 한 번만 게시하는 스트림
16    newMessages: Subject<Message> = new Subject<Message>();
17
18    // `messages`는 최신 메시지 배열을 배출하는 스트림이다.
19    messages: Observable<Message[]>;
20
21    // `updates`는 `messages`에 적용될
22    // _operations_를 받는다.  이런 식으로 모든 메시지
23    // (현재 `messages`에 저장된)를 받는다.
24    updates: Subject<any> = new Subject<any>();
25
26    // 동작 스트림
27    create: Subject<Message> = new Subject<Message>();
28    markThreadAsRead: Subject<any> = new Subject<any>();
29
30    constructor() {
31      this.messages = this.updates
32        // 업데이트를 주시하고 메시지 연산을 누적한다.
33        .scan((messages: Message[],
34              operation: IMessagesOperation) => {
35                return operation(messages);
36              },
37              initialMessages)
38        // 바로 이전 메시지 리스트를 구독하고 캐시 처리하는 사람들과
39        // 최신 메시지 리스트를 공유할 수 있는지
40        // 확인한다.
41        .publishReplay(1)
42        .refCount();
43
44      // `create`는 메시지 리스트에 Message를 추가하기 위해
45      // Message를 받아 연산(안쪽 함수)을 `updates` 스트림에 수행한다.
```

```
46     //
47     // 즉, (`next`를 사용하여) `create`에 추가된 각 항목에 대해
48     // 이 스트림은 결합 연산 함수를 배출한다..
49     //
50     // 그다음으로는 `this.updates`를 구독해 이 스트림을 주시한다.
51     // 다시 말해 생성된 각 연산을 받는다.
52     //
53     // 단순히 'addMessage' 함수를 수정해
54     // 안쪽 연산 함수를 업데이트 스트림에 직접 추가하고
55     // 다른 동작 스트림을 모두 제거해도 아무런 문제가 없다.
56     // 코드가 깔끔해지는 것이 장점이고
57     // 스트림을 더 이상 구성할 수 없다는 단점이다.
58     this.create
59       .map( function(message: Message): IMessagesOperation {
60         return (messages: Message[]) => {
61           return messages.concat(message);
62         };
63       })
64       .subscribe(this.updates);
65
66     this.newMessages
67       .subscribe(this.create);
68
69     // 마찬가지로 `markThreadAsRead`는 Thread를 받아 `updates` 스트림에 연산을 추가하면
70     // Message를 읽은 것으로 표시할 수 있다.
71     this.markThreadAsRead
72       .map( (thread: Thread) => {
73         return (messages: Message[]) => {
74           return messages.map( (message: Message) => {
75             // `message`를 직접 조작하고 있다.
76             // 변경성은 혼동의 소지가 있으며, Message 객체나
77             // 다른 '변경할 수 없는' 객체를복사해야 할 이유는 수도 없이 많다.
78             if (message.thread.id === thread.id) {
79               message.isRead = true;
80             }
81             return message;
82           });
83         };
84       })
85       .subscribe(this.updates);
86
87   }
88
89   // 동작 스트림의 함수 호출
90   addMessage(message: Message): void {
91     this.newMessages.next(message);
92   }
93
94   messagesForThreadUser(thread: Thread, user: User): Observable<Message> {
95     return this.newMessages
96       .filter((message: Message) => {
```

```
 97                 // 이 스레드의 것이다.
 98        return (message.thread.id === thread.id) &&
 99                 // 이 사용자의 것이 아니다.
100                 (message.author.id !== user.id);
101      });
102    }
103  }
104
105  export const messagesServiceInjectables: Array<any> = [
106    MessagesService
107  ];
```

10.5.7 MessagesService 테스트하기

코드를 열고 직접 실행해 가며 MessagesService가 어떻게 동작하는지 살펴볼 때가 되었다. code/rxjs/rxjs-chat/src/app/message/messages.service.spec.ts에 시작해 볼 수 있는 몇 가지 예를 함께 두었다.

 이 프로젝트를 테스트하려면 터미널을 열고 다음을 입력한다.

```
1  cd /path/to/code/rxjs/rxjs-chat // <-- 경로는 제각각임
2  npm install
3  npm run test
```

모델의 인스턴스를 몇 개 만들어 사용해 보자.

code/rxjs/rxjs-chat/src/app/message/messages.service.spec.ts

```
 1  import { MessagesService } from './messages.service';
 2
 3  import { Message } from './message.model';
 4  import { Thread } from './../thread/thread.model';
 5  import { User } from './../user/user.model';
 6
 7  describe('MessagesService', () => {
 8    it('should test', () => {
 9
10      const user: User = new User('Nate', '');
11      const thread: Thread = new Thread('t1', 'Nate', '');
12      const m1: Message = new Message({
13        author: user,
14        text: 'Hi!',
15        thread: thread
16      });
```

```
17
18        const m2: Message = new Message({
19          author: user,
20          text: 'Bye!',
21          thread: thread
22        });
```

이제 스트림을 구독한다.

code/rxjs/rxjs-chat/src/app/message/messages.service.spec.ts

```
24        const messagesService: MessagesService = new MessagesService();
25
26        // 메시지가 들어오는 대로 주시한다.
27        messagesService.newMessages
28          .subscribe( (message: Message) => {
29            console.log('=> newMessages: ' + message.text);
30          });
31
32        // 현재 메시지의 스트림을 주시한다.
33        messagesService.messages
34          .subscribe( (messages: Message[]) => {
35            console.log('=> messages: ' + messages.length);
36          });
37
38        messagesService.addMessage(m1);
39        messagesService.addMessage(m2);
40
41        // => messages: 1
42        // => newMessages: Hi!
43        // => messages: 2
44        // => newMessages: Bye!
45      });
46
47
48    });
```

newMessages를 먼저 구독하고 newMessages는 addMessage가 직접 호출하더라도 messages 구독이 먼저 기록된다. 이 테스트에서는 (MessagesService의 인스턴스가 생성되었을 때) 우리의 구독보다 먼저 messages가 newMessages에 구독되기 때문이다. (코드에서 개별 스트림의 순서에는 개의치 않아도 된다. 하지만 왜 이렇게 동작하는지는 생각해 보아야 한다.)

MessagesService와 스트림을 마음껏 테스트한다. 이들은 ThreadsService를 빌드하는 다음 절에서도 사용된다.

10.6 ThreadsService

ThreadsService에서는 각각 다음을 배출하는 4개의 스트림을 정의한다.

1. 현재 Thread 집합의 맵(threads에서)

2. 최신 스레드가 맨 위에 보이는 시간별 Thread 리스트(orderedthreads에서)

3. 현재 선택된 Thread(currentThread에서)

4. 현재 선택된 Thread에 사용할 Message 리스트(currentThreadMessages에서)

각 스트림을 어떻게 빌드하는지 차근차근 살펴보기로 하자. RxJS에 관한 내용도 함께 다룰 것이다.

10.6.1 현재 Thread 집합의 맵(threads에서)

ThreadsService 클래스와 Thread를 배출할 인스턴스 변수부터 정의하자.

code/rxjs/rxjs-chat/src/app/thread/threads.service.ts

```
1  import { Injectable } from '@angular/core';
2  import { Subject, BehaviorSubject, Observable } from 'rxjs';
3  import { Thread } from './thread.model';
4  import { Message } from '../message/message.model';
5  import { MessagesService } from '../message/messages.service';
6  import * as _ from 'lodash';
7
8  @Injectable()
9  export class ThreadsService {
10
11    // `threads`는 최신 스레드 리스트를 담는 옵저버블이다.
12    threads: Observable<{ [key: string]: Thread }>;
```

이 스트림은 Thread의 id가 string 키인 맵(객체임)을 배출한다. Thread 자체는 값이 된다.

현재 스레드 리스트를 유지하는 스트림을 만들려면 MessagesService.messages 스트림에 연결부터 해야 한다.

code/rxjs/rxjs-chat/src/app/thread/threads.service.ts

```
12    threads: Observable<{ [key: string]: Thread }>;
```

새 Message가 스트림에 추가될 때마다 messages는 현재 Message의 배열을 배출한다. 각

Message를 들여다보고 고유 Thread 리스트를 리턴해 보자.

code/rxjs/rxjs-chat/src/app/thread/threads.service.ts

```
27    this.threads = messagesService.messages
28      .map( (messages: Message[]) => {
29        const threads: {[key: string]: Thread} = {};
30        // `threads`에 메시지의 스레드를 저장한다.
31        messages.map((message: Message) => {
32          threads[message.thread.id] = threads[message.thread.id] ||
33            message.thread;
```

여기서는 매번 새 threads 리스트를 만들었다. (이를테면 대화를 종료할 때) 일부 메시지를 삭제할 수도 있기 때문이다. 그리고 매번 스레드 리스트를 재계산하기 때문에 메시지가 없을 때 스레드를 '삭제'하는 것이 자연스럽다.

스레드 리스트에서는 그 Thread의 최신 Message 텍스트를 사용하여 대화 미리 보기를 제공한다.

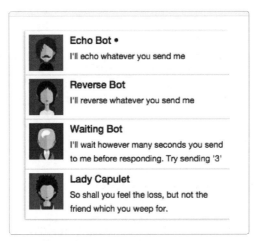

대화 미리 보기가 제공되는 스레드 리스트

Thread마다 최신 Message를 저장한다. 어떤 Message가 최신인지는 sentAt을 여러 번 비교하면 알 수 있다.

code/rxjs/rxjs-chat/src/app/thread/threads.service.ts

```
34        // 각 스레드의 최신 메시지를 캐시 처리한다.
35        const messagesThread: Thread = threads[message.thread.id];
36        if (!messagesThread.lastMessage ||
```

```
37              messagesThread.lastMessage.sentAt < message.sentAt) {
38            messagesThread.lastMessage = message;
39          }
40        });
41        return threads;
42      });
```

지금까지 내용을 모두 합치면 다음과 같다.

code/rxjs/rxjs-chat/src/app/thread/threads.service.ts

```
27      this.threads = messagesService.messages
28        .map( (messages: Message[]) => {
29          const threads: {[key: string]: Thread} = {};
30          // `threads`에 메시지의 스레드를 저장한다.
31          messages.map((message: Message) => {
32            threads[message.thread.id] = threads[message.thread.id] ||
33              message.thread;
34
35            // 각 스레드의 최신 메시지를 캐시 처리한다.
36            const messagesThread: Thread = threads[message.thread.id];
37            if (!messagesThread.lastMessage ||
38                messagesThread.lastMessage.sentAt < message.sentAt) {
39              messagesThread.lastMessage = message;
40            }
41          });
42          return threads;
43        });
```

■ ThreadsService 테스트하기

ThreadsService를 테스트해 보자. 우선 함께 사용할 모델 몇 가지를 만든다.

code/rxjs/rxjs-chat/src/app/thread/threads.service.spec.ts

```
1  import { Message } from './../message/message.model';
2  import { Thread } from './thread.model';
3  import { User } from './../user/user.model';
4
5  import { ThreadsService } from './threads.service';
6  import { MessagesService } from './../message/messages.service';
7  import * as _ from 'lodash';
8
9  describe('ThreadsService', () => {
10   it('should collect the Threads from Messages', () => {
11
12     const nate: User = new User('Nate Murray', '');
13     const felipe: User = new User('Felipe Coury', '');
```

```
14
15     const t1: Thread = new Thread('t1', 'Thread 1', '');
16     const t2: Thread = new Thread('t2', 'Thread 2', '');
17
18     const m1: Message = new Message({
19       author: nate,
20       text: 'Hi!',
21       thread: t1
22     });
23
24     const m2: Message = new Message({
25       author: felipe,
26       text: 'Where did you get that hat?',
27       thread: t1
28     });
29
30     const m3: Message = new Message({
31       author: nate,
32       text: 'Did you bring the briefcase?',
33       thread: t2
34     });
```

이제 서비스들의 인스턴스를 만든다.

code/rxjs/rxjs-chat/src/app/thread/threads.service.spec.ts

```
36     const messagesService: MessagesService = new MessagesService();
37     const threadsService: ThreadsService = new ThreadsService(messagesService);
```

> **i** 여기서는 MessagesService를 ThreadsService의 컨스트럭터에 인수로 전달한다. 정상적으로
> 는 의존성 주입에 따라 자동으로 처리된다. 하지만 테스트에서는 의존성을 직접 제공할 수 있다.

threads를 구독하고 받는 것들을 출력한다.

code/rxjs/rxjs-chat/src/app/thread/threads.service.spec.ts

```
37     const threadsService: ThreadsService = new ThreadsService(messagesService);
38
39     threadsService.threads
40       .subscribe( (threadIdx: { [key: string]: Thread }) => {
41         const threads: Thread[] = _.values(threadIdx);
42         const threadNames: string = _.map(threads, (t: Thread) => t.name)
43                                      .join(', ');
44         console.log(`=> threads (${threads.length}): ${threadNames} `);
45       });
46
47     messagesService.addMessage(m1);
```

```
48      messagesService.addMessage(m2);
49      messagesService.addMessage(m3);
50
51      // => threads (1): Thread 1
52      // => threads (1): Thread 1
53      // => threads (2): Thread 1, Thread 2
54
55    });
56  });
```

10.6.2 최신 스레드가 맨 위에 보이는 시간별 Thread 리스트 (orderedthreads에서)

threads는 스레드 리스트의 '인덱스' 역할을 하는 맵을 제공한다. 하지만 스레드 뷰는 최신 메시지 순서를 따라야 한다.

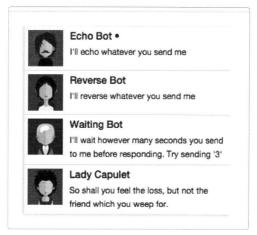

시간 순서로 정돈된 스레드 리스트

최신 Message에 따라 정돈된 Thread들의 Array를 리턴하는 새 스트림을 만들어 보자. 우선, 인스턴스 프로퍼티로 orderedThreads부터 정의한다.

code/rxjs/rxjs-chat/src/app/thread/threads.service.ts

```
14    // `orderedThreads`는 시간순으로 스레드 리스트를 담는다(최신 항목이 맨 위).
15    orderedThreads: Observable<Thread[]>;
```

그다음에는 최신 메시지에 맞춰 정돈된 threads를 구독하여 constructor에서 orderedThreads를 정의한다.

```
45    this.orderedThreads = this.threads
46      .map((threadGroups: { [key: string]: Thread }) => {
47        const threads: Thread[] = _.values(threadGroups);
48        return _.sortBy(threads, (t: Thread) => t.lastMessage.sentAt).reverse();
49      });
```

10.6.3 현재 선택된 Thread(currentThread에서)

앱은 어떤 Thread가 현재 선택된 스레드인지 알고 있어야 한다. 이를 통해 우리가 알 수 있는 것은 다음과 같다.

1. 어느 스레드가 메시지 창을 표시하는가

2. 어느 스레드가 스레드 리스트에서 현재 스레드로 지정되는가

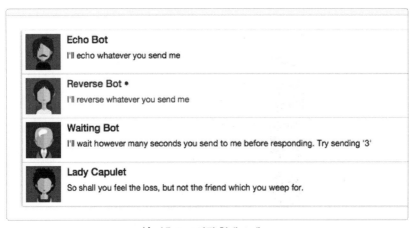

'·' 기호로 표시된 현재 스레드

currentThread를 저장할 BehaviorSubject를 만들어 보자.

code/rxjs/rxjs-chat/src/app/thread/threads.service.ts

```
17    // `currentThread` 현재 선택된 스레드를 담는다.
18    currentThread: Subject<Thread> =
19      new BehaviorSubject<Thread>(new Thread());
```

빈 Thread를 기본값으로 발행했다. 따라서 currentThread의 설정은 여기까지다.

■ 현재 Thread 설정하기

현재 스레드를 설정하면 클라이언트에서 다음 둘 중 한 가지를 할 수 있다.

1. next를 통해 직접 새 스레드를 제출할 수 있다.

2. 도우미 메서드를 추가하여 이 일을 대신하게 할 수 있다.

순서상 다음 스레드를 설정하는 도우미 메서드인 setCurrentThread를 정의해 보자.

code/rxjs/rxjs-chat/src/app/thread/threads.service.ts

```
70    setCurrentThread(newThread: Thread): void {
71      this.currentThread.next(newThread);
72    }
```

■ 현재 Thread를 읽은 것으로 표시하기

읽지 않은 메시지가 몇 개인지 추적해 보자. 그리고 새 Thread로 전환하면 이전 Thread의 모든 Message들은 읽은 상태가 되도록 해 보자. 우선, 할 일을 나누면 다음과 같다.

1. MessagesService.makeThreadAsRead는 Thread를 받아 이 Thread의 모든 Message를 읽은 것으로 표시한다.

2. currentThread는 현재 Thread를 나타내는 단일 Thread를 배출한다.

따라서 우리가 해야 할 일이라고는 이들을 서로 연결하는 것뿐이다.

code/rxjs/rxjs-chat/src/app/thread/threads.service.ts

```
67    this.currentThread.subscribe(this.messagesService.markThreadAsRead);
```

10.6.4 현재 선택된 Thread에 사용할 Message 리스트 (currentThreadMessages에서)

현재 선택된 스레드 처리가 끝났으니 이 Thread의 Message 리스트를 보여 줄 수 있다.

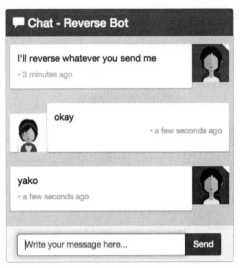

현재 메시지 리스트는 거꾸로 봇을 위한 것이다.

이를 구현하는 과정은 겉으로 보이는 것보다 조금 더 복잡하다. 다음 코드를 살펴보자.

```
1   var theCurrentThread: Thread;
2
3   this.currentThread.subscribe((thread: Thread) => {
4     theCurrentThread = thread;
5   })
6
7   this.currentThreadMessages.map(
8     (mesages: Message[]) => {
9       return _.filter(messages,
10        (message: Message) => {
11          return message.thread.id == theCurrentThread.id;
12        })
13    })
```

이 접근 방법에는 어떤 문제가 있을까? currentThread가 변경되더라도 currentThread Messages는 이를 알지 못한다. 따라서 currentThreadMessages 리스트는 구식이 된다! 만일 이를 뒤집어 현재 메시지 리스트를 변수에 담고, currentThread의 변경 추이를 구독한다면 어떻게 될까? 같은 문제가 발생하지만, 이번에는 언제 새 메시지가 들어왔는지가 아니라 언제 스레드가 변경되는지를 알게 된다. 그렇다면 이 문제는 어떻게 해결할 수 있을까?

RxJS에는 다수의 스트림을 결합할 수 있는 일련의 연산자를 지원한다. 여기서는 current Thread나 messagesService.messages 중 하나가 변경되면 무언가를 배출해야 한다. 이를 위해

combineLatest 연산자[19]를 사용한다.

code/rxjs/rxjs-chat/src/app/thread/threads.service.ts
```
51      this.currentThreadMessages = this.currentThread
52        .combineLatest(messagesService.messages,
53                    (currentThread: Thread, messages: Message[])  =>  {
```

두 스트림이 결합되면 어느 한 스트림이 다른 스트림보다 앞에 있기 때문에, 두 스트림의 값을 하나로 가져올 수는 없다. 따라서 필요한 것이 무엇인지 반드시 확인해야 한다. 그러지 않으면 빈 리스트를 리턴하게 된다.

현재 스레드와 메시지가 준비되었다. 이제 관심 대상인 메시지만 걸러 보자.

code/rxjs/rxjs-chat/src/app/thread/threads.service.ts
```
51      this.currentThreadMessages = this.currentThread
52        .combineLatest(messagesService.messages,
53                    (currentThread: Thread, messages: Message[]) => {
54        if (currentThread && messages.length > 0) {
55          return _.chain(messages)
56            .filter((message: Message) =>
57                    (message.thread.id === currentThread.id))
```

하나만 세부적으로 언급하겠다. 현재 스레드의 메시지들을 확인하고 있으므로 여기서 이들 메시지를 읽은 것으로 표시하는 것이 좋다.

code/rxjs/rxjs-chat/src/app/thread/threads.service.ts
```
55          return _.chain(messages)
56            .filter((message: Message) =>
57                    (message.thread.id === currentThread.id))
58            .map((message: Message) => {
59              message.isRead = true;
60              return message; })
61            .value();
```

 메시지를 읽은 것으로 표시해야 하는지가 논란의 대상이기는 하다. 기본적으로는 '읽은' 스레드에서 객체를 변형한다는 것이 가장 큰 단점이다. 다시 말해, 이는 부작용을 배제하지 못한 읽기 연산이며, 일반적인 관점에서 보자면 '배드 아이디어'다. 하지만 이 앱에서는

19 https://github.com/Reactive-Extensions/RxJS/blob/master/doc/api/core/operators/combinelatestproto.md
    단축URL goo.gl/LmLtNZ

currentThreadMessages가 currentThread에만 적용되고, currentThread는 항상 자신의 메시지를 읽은 것으로 표시한다. '부작용을 배제하지 못한 읽기'는 일반적으로 권장하는 패턴이 아닌 것이다.

지금까지 내용을 모두 합치면 currentThreadMessages의 모습은 다음과 같다.

code/rxjs/rxjs-chat/src/app/thread/threads.service.ts

```
51      this.currentThreadMessages = this.currentThread
52        .combineLatest(messagesService.messages,
53                    (currentThread: Thread, messages: Message[]) => {
54        if (currentThread && messages.length > 0) {
55          return _.chain(messages)
56          .filter((message: Message) =>
57                  (message.thread.id === currentThread.id))
58          .map((message: Message) => {
59            message.isRead = true;
60            return message; })
61          .value();
62        } else {
63          return [];
64        }
65      });
```

10.6.5 완성된 ThreadsService

다음은 ThreadsService의 모습이다.

code/rxjs/rxjs-chat/src/app/thread/threads.service.ts

```
1   import { Injectable } from '@angular/core';
2   import { Subject, BehaviorSubject, Observable } from 'rxjs';
3   import { Thread } from './thread.model';
4   import { Message } from '../message/message.model';
5   import { MessagesService } from '../message/messages.service';
6   import * as _ from 'lodash';
7
8   @Injectable()
9   export class ThreadsService {
10
11    // `threads`는 최신 스레드 리스트를 담은 옵저버블이다.
12    threads: Observable<{ [key: string]: Thread }>;
13
14    // `orderedThreads`는 최신 스레드 리스트를 담는다.
15    orderedThreads: Observable<Thread[]>;
16
17    // `currentThread`는 현재 선택된 스레드를 담는다.
```

```
18   currentThread: Subject<Thread> =
19     new BehaviorSubject<Thread>(new Thread());
20
21   // `currentThreadMessages`는 현재 선택된 스레드의
22   // 메시지들을 담는다.
23   currentThreadMessages: Observable<Message[]>;
24
25   constructor(public messagesService: MessagesService) {
26
27     this.threads = messagesService.messages
28       .map( (messages: Message[]) => {
29         const threads: {[key: string]: Thread} = {};
30         // 메시지의 스레드를 저장한다.
31         messages.map((message: Message) => {
32           threads[message.thread.id] = threads[message.thread.id] ||
33             message.thread;
34
35           // 각 스레드에 대해 최근 메시지를 캐시 처리한다.
36           const messagesThread: Thread = threads[message.thread.id];
37           if (!messagesThread.lastMessage ||
38               messagesThread.lastMessage.sentAt < message.sentAt) {
39             messagesThread.lastMessage = message;
40           }
41         });
42         return threads;
43       });
44
45     this.orderedThreads = this.threads
46       .map((threadGroups: { [key: string]: Thread }) => {
47         const threads: Thread[] = _.values(threadGroups);
48         return _.sortBy(threads, (t: Thread) => t.lastMessage.sentAt).reverse();
49       });
50
51     this.currentThreadMessages = this.currentThread
52       .combineLatest(messagesService.messages,
53                      (currentThread: Thread, messages: Message[]) => {
54         if (currentThread && messages.length > 0) {
55           return _.chain(messages)
56             .filter((message: Message) =>
57                     (message.thread.id === currentThread.id))
58             .map((message: Message) => {
59               message.isRead = true;
60               return message; })
61             .value();
62         } else {
63           return [];
64         }
65       });
66
67     this.currentThread.subscribe(this.messagesService.markThreadAsRead);
68   }
```

```
69
70   setCurrentThread(newThread: Thread): void {
71     this.currentThread.next(newThread);
72   }
73
74 }
75
76 export const threadsServiceInjectables: Array<any> = [
77   ThreadsService
78 ];
```

10.7 데이터 모델 정리

우리의 데이터 모델과 서비스가 완성되었다! 이제 뷰 컴포넌트에 연결할 모든 준비는 끝
났다! 다음 장에서는 3개의 주요 컴포넌트를 빌드하여 스트림들을 렌더링하고 소통할 것
이다.

11

옵저버블 데이터 아키텍처 2부
— 뷰 컴포넌트

11.1 뷰 빌드하기: 최상위 컴포넌트, ChatApp

이제 관심을 앱으로 돌려, 뷰 컴포넌트를 구현해 보자.

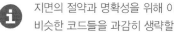 지면의 절약과 명확성을 위해 이어지는 몇 절에서는 import 구문과 CSS를 비롯한 몇 가지 비슷비슷한 코드들을 과감히 생략할 것이다. 세부 코드가 궁금한 독자는 샘플 코드를 직접 확인해 보기 바란다. 샘플 코드에는 이 앱을 실행할 수 있는 모든 요소가 담겼다.

우선 최상위 컴포넌트인 chat-app부터 만들어 보자. 앞에서도 언급한 대로 페이지는 3개의 최상위 컴포넌트로 구성된다.

- ChatNavBarComponent — 읽지 않은 메시지 개수를 담는다.
- ChatThreadsComponent — 클릭 가능한 스레드 리스트를 최신 메시지와 대화용 아바타와 함께 보여 준다.
- ChatWindowComponent — 현재 스레드의 메시지들을 새 메시지 전송용 입력란과 함께 보여 준다.

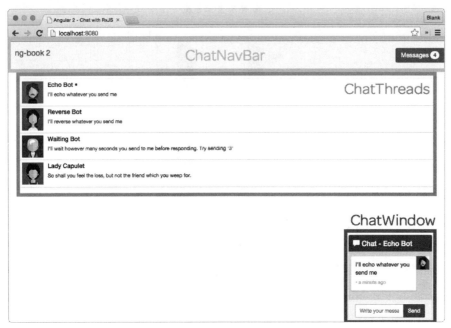

최상위 컴포넌트들

다음은 최상위 컴포넌트의 코드다.

code/rxjs/rxjs-chat/src/app/app.component.ts

```
1  import { Component, Inject } from '@angular/core';
2  import { ChatExampleData } from './data/chat-example-data';
3
4  import { UsersService } from './user/users.service';
5  import { ThreadsService } from './thread/threads.service';
6  import { MessagesService } from './message/messages.service';
7
8  @Component({
9    selector: 'app-root',
10   templateUrl: './app.component.html',
11   styleUrls: ['./app.component.css']
12 })
13   export class AppComponent {
14     constructor(public messagesService: MessagesService,
15                 public threadsService: ThreadsService,
16                 public usersService: UsersService) {
17     ChatExampleData.init(messagesService, threadsService, usersService);
18   }
19 }
```

다음은 템플릿이다.

code/rxjs/rxjs-chat/src/app/app.component.html

```
1  <div>
2    <chat-page></chat-page>
3  </div>
```

 이 장에서는 CSS 프레임워크 부트스트랩[1]을 사용하여 스타일을 적용한다.

constructor를 살펴보자. 여기서 MessagesService와 ThreadsService, UserService 서비스를 주입한다. 이들 서비스를 사용하여 예시 데이터를 초기화할 것이다.

 예시 데이터는 code/rxjs/rxjs-chat/src/app/data/chat-example-data.ts에서 찾아볼 수 있다.

chat-page는 잠시 뒤에 빌드하고, 우선 ChatThreadsComponent에서 스레드 리스트를 빌드해 보자.

11.2 ChatThreadsComponent

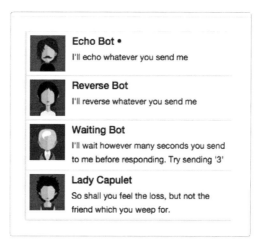

시간순으로 정렬된 스레드 리스트

---

1   http://getbootstrap.com

code/rxjs/rxjs-chat/src/app/chat-threads/chat-threads.component.ts

```
 1  import {
 2    Component,
 3    OnInit,
 4    Inject
 5  } from '@angular/core';
 6  import { Observable } from 'rxjs';
 7  import { Thread } from '../thread/thread.model';
 8  import { ThreadsService } from './../thread/threads.service';
 9
10  @Component({
11    selector: 'chat-threads',
12    templateUrl: './chat-threads.component.html',
13    styleUrls: ['./chat-threads.component.css']
14  })
15  export class ChatThreadsComponent {
16    threads: Observable<any>;
17
18    constructor(public threadsService: ThreadsService) {
19      this.threads = threadsService.orderedThreads;
20    }
21  }
```

여기서는 ThreadsService를 주입하고 orderedThreads가 참조를 유지한다.

11.2.1 ChatThreadsComponent 템플릿

마지막으로 template과 그 설정을 살펴보자.

code/rxjs/rxjs-chat/src/app/chat-threads/chat-threads.component.html

```
 1  <!-- conversations -->
 2  <div class="row">
 3    <div class="conversation-wrap">
 4
 5      <chat-thread
 6          *ngFor="let thread of threads | async"
 7          [thread]="thread">
 8      </chat-thread>
 9
10    </div>
11  </div>
```

여기서는 async 파이프가 적용된 ngFor, ChangeDetectionStrategy, ChatThreadComponent, 이렇게 세 가지를 살펴보아야 한다. ChatThreadComponent 지시자 컴포넌트(마크업의 chatthread에 해당한다)는 Threads의 뷰를 나타낸다. 이 컴포넌트의 정의는 잠시 뒤로 미룬다.

NgFor는 threads를 반복 처리하며, 입력인 [thread]를 ChatThreadComponent 지시자에 전달한다. 하지만 *ngFor에서 새롭게 눈여겨볼 곳은 async의 파이프다. async는 AsyncPipe에서 구현되며, 뷰에서 RxJS Observable를 사용할 수 있도록 한다. 비동기 옵저버블을 마치 동기 컬렉션인 것처럼 사용할 수 있다는 점이 async의 강점이다. 정말로 편리하면서도 멋지다고 할 수 있다.

컴포넌트에서는 커스텀 changeDetection을 지정한다. 앵귤러는 유연하고 효율적인 변경 감지 시스템을 제공하고 있다. 이를 통해 얻는 장점은 바인딩이 변경 불가능하다거나 관찰 가능한 컴포넌트에서 애플리케이션이 매우 효율적으로 실행된다는 어떤 단서를 파악할 수 있다는 것이다.

 다양한 변경 감지 전략을 14장 '컴포넌트 고급'에서 다루고 있다.

여기서는 Thread 배열을 감시하여 변경 여부를 파악하지 않고 threads 옵저버블의 변경 여부를 구독한다. 그리고 새 이벤트 배출 시 업데이트를 트리거한다.

11.3 단일 ChatThreadComponent

ChatThreadComponent를 살펴보자. ChatThreadComponent는 '단일 스레드'를 표시할 때 사용되는 컴포넌트다. 우선 @Component부터 시작해 보자.

code/rxjs/rxjs-chat/src/app/chat-thread/chat-thread.component.ts

```
1  import {
2    Component,
3    OnInit,
4    Input,
5    Output,
6    EventEmitter
7  } from '@angular/core';
8  import { Observable } from 'rxjs';
9  import { ThreadsService } from './../thread/threads.service';
10 import { Thread } from '../thread/thread.model';
11
12 @Component({
13   selector: 'chat-thread',
14   templateUrl: './chat-thread.component.html',
```

```
15    styleUrls: ['./chat-thread.component.css'] 1
16  })
17  export class ChatThreadComponent implements OnInit {
18    @Input() thread: Thread;
19    selected = false;
20
21    constructor(public threadsService: ThreadsService) {
22    }
23
24    ngOnInit(): void {
25      this.threadsService.currentThread
26        .subscribe( (currentThread: Thread) => {
27          this.selected = currentThread &&
28            this.thread &&
29            (currentThread.id === this.thread.id);
30        });
31    }
32
33    clicked(event: any): void {
34      this.threadsService.setCurrentThread(this.thread);
35      event.preventDefault();
36    }
37  }
```

일단 코드만 소개하고 잠시 뒤에 돌아와 template까지 살펴보겠다. 우선, 컴포넌트 정의 컨트롤러부터 들여다보자.

11.3.1 ChatThreadComponent 컨트롤러와 ngOnInit

새 인터페이스인 ngOnInit을 구현해 보자. 앵귤러 컴포넌트는 어떤 라이프사이클 이벤트를 주시하겠다고 선언할 수 있다. 라이프사이클 이벤트는 14장 '컴포넌트 고급'에서 자세하게 다룰 것이다.

여기서는 ngOnInit을 구현하겠다고 선언했으므로 ngOnInit 메서드는 컴포넌트의 변경 유무가 처음으로 판단된 뒤 호출된다. ngOnInit을 사용하는 가장 큰 이유는 바로 thread 프로퍼티를 constructor에서 사용할 수 없다는 것이다. ngOnInit에서는 threadsService.currentThread를 구독하고, currentThread가 컴포넌트의 thread 프로퍼티와 일치할 경우 selected를 true로 설정한다(반대의 경우에는 false로 설정한다).

또한 clicked 이벤트 핸들러도 처리한다. 이는 현재 스레드를 어떻게 선택하는지 처리하는 방법이라고 할 수 있다. template(아래)에서는 clicked()를 스레드 뷰 클릭에 바인딩한다.

clicked( )를 받으면 ThreadsService는 현재 스레드를 이 컴포넌트의 Thread로 설정한다.

11.3.2 ChatThreadComponent 템플릿

다음은 템플릿이다.

code/rxjs/rxjs-chat/src/app/chat-thread/chat-thread.component.html

```
1  <div class="media conversation">
2    <div class="pull-left">
3      <img class="media-object avatar"
4          src="{{thread.avatarSrc}}">
5    </div>
6    <div class="media-body">
7      <h5 class="media-heading contact-name">{{thread.name}}
8        <span *ngIf="selected">&bull;</span>
9      </h5>
10     <small class="message-preview">{{thread.lastMessage.text}}</small>
11   </div>
12   <a (click)="clicked($event)" class="div-link">Select</a>
13 </div>
```

여기에는 {{thread.avatarSrc}}나 {{thread.name}}, {{thread.lastMessage.text}}처럼 직관적인 바인딩이 적용되었다. *ngIf에서는 이 스레드가 선택될 때만 • 기호를 표시한다. 마지막으로, clicked( ) 핸들러를 호출하기 위한 (click) 이벤트에 바인딩한다. clicked를 호출할 때는 $event 인수를 전달한다는 점에 유의해야 한다. $event는 이벤트를 기술하기 위해 앵귤러가 제공하는 특별한 변수다. 이 변수를 clicked 핸들러에서 사용하려면 event.preventDefault( ); 처럼 호출해야 한다. 그래야 다른 페이지로 이동하지 않는다.

11.4 ChatWindowComponent

ChatWindowComponent가 앱에서 가장 복잡한 컴포넌트라고 해도 과언은 아닐 것이다. 한 부분씩 나눠 살펴보기로 하자.

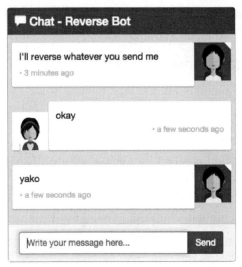

대화 창

우선, 시작은 @Component의 정의부터다.

code/rxjs/rxjs-chat/src/app/chat-window/chat-window.component.ts

```
17  @Component({
18    selector: 'chat-window',
19    templateUrl: './chat-window.component.html',
20    styleUrls: ['./chat-window.component.css'],
21    changeDetection: ChangeDetectionStrategy.OnPush
```

11.4.1 ChatWindowComponent 클래스 프로퍼티

ChatWindowComponent 클래스에는 모두 네 개의 프로퍼티가 정의된다.

code/rxjs/rxjs-chat/src/app/chat-window/chat-window.component.ts

```
23  export class ChatWindowComponent implements OnInit {
24    messages: Observable<any>;
25    currentThread: Thread;
26    draftMessage: Message;
27    currentUser: User;
```

다음은 각 프로퍼티가 사용되는 곳을 나타낸 다이어그램이다.

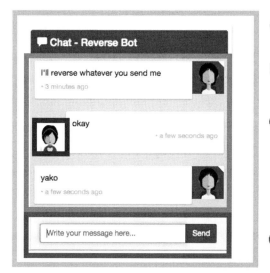

currentThread

messages

currentUser

draftMessage

대화 창 프로퍼티

constructor에서는 다음 네 가지를 주입한다.

code/rxjs/rxjs-chat/src/app/chat-window/chat-window.component.ts

```
29    constructor(public messagesService: MessagesService,
30              public threadsService: ThreadsService,
31              public UsersService: UsersService,
32              public el: ElementRef) {
33    }
```

처음 세 개는 서비스들이다. 네 번째인 el은 ElementRef로서, 이를 사용하면 호스트 DOM 요소에 액세스할 수 있다. 새 메시지를 만들거나 받을 때 대화 창 아래로 스크롤하기 위해서 필요하다.

 기억할 것이 있다. 컨스트럭터에서 public messagesService: MessagesService를 사용하면 MessagesService가 주입될 뿐만 아니라 나중에 this.messagesService를 통해 클래스에서 사용할 수 있는 인스턴스 변수도 설정된다.

■ **ChatWindowComponent ngOnInit**

컴포넌트 초기화는 ngOnInit에 둔다. 그렇게 하는 주된 이유는 컴포넌트 프로퍼티들을 변경하게 될 옵저버블의 구독을 설정하기 때문이다.

code/rxjs/rxjs-chat/src/app/chat-window/chat-window.component.ts

```
35    ngOnInit(): void {
36      this.messages = this.threadsService.currentThreadMessages;
37
38      this.draftMessage = new Message();
```

우선 currentThreadMessages를 messages에 저장한다. 그리고 기본 draftMessage에 해당하는 빈 Message를 만든다. 새 메시지를 보낼 때는 Message가 보내기용 Thread의 참조를 저장하고 있는지 확인해야 한다. 보내기용 스레드는 항상 현재 스레드가 된다. 현재 스레드의 참조를 저장해 보자.

code/rxjs/rxjs-chat/src/app/chat-window/chat-window.component.ts

```
40      this.threadsService.currentThread.subscribe(
41        (thread: Thread) => {
42          this.currentThread = thread;
43        });
```

또한, 현재 사용자가 새 메시지를 보낼 수 있도록 currentUser에도 같은 과정을 거쳐야 한다.

code/rxjs/rxjs-chat/src/app/chat-window/chat-window.component.ts

```
45      this.UsersService.currentUser
46        .subscribe(
47          (user: User) => {
48            this.currentUser = user;
49          });
```

■ ChatWindowComponent sendMessage

이제 새 메시지를 보내기 위한 sendMessage 함수를 구현해 보자.

code/rxjs/rxjs-chat/src/app/chat-window/chat-window.component.ts

```
65    sendMessage(): void {
66      const m: Message = this.draftMessage;
67      m.author = this.currentUser;
68      m.thread = this.currentThread;
69      m.isRead = true;
70      this.messagesService.addMessage(m);
71      this.draftMessage = new Message();
72    }
```

sendMessage 함수는 draftMessage를 받고 컴포넌트 프로퍼티를 사용하여 author와 thread 를 설정한다. 보내는 메시지들은 이미 '읽었다'고 할 수 있다(메시지를 작성했기 때문에). 따라서 읽은 것으로 표시한다.

여기서는 draftMessage 텍스트를 업데이트하지 않았다. 몇 분 뒤에 뷰에서 메시지 텍스트의 값을 바인딩하기 때문이다. draftMessage 프로퍼티를 업데이트한 다음에는 messagesService 로 보내고 새 Message를 만들어 이를 this.draftMessage에 설정한다. 이는 이미 보낸 메시지 를 변형하지 않겠다는 뜻이다.

■ ChatWindowComponent onEnter

뷰에서는 다음 두 시나리오에 따라 메시지를 보낸다.

1. 사용자가 '보내기' 버튼을 클릭한다.

2. 사용자가 엔터를 누른다.

이 이벤트를 처리할 함수를 정의해 보자.

code/rxjs/rxjs-chat/src/app/chat-window/chat-window.component.ts

```
60    onEnter(event: any): void {
61      this.sendMessage();
62      event.preventDefault();
63    }
```

■ ChatWindowComponent scrollToBottom

메시지를 보낼 때나 새 메시지를 받을 때는 대화 창 아래로 스크롤한다. 이를 구현하려면 scrollTop 프로퍼티를 호스트 요소에 설정해야 한다.

code/rxjs/rxjs-chat/src/app/chat-window/chat-window.component.ts

```
74    scrollToBottom(): void {
75      const scrollPane: any = this.el
76        .nativeElement.querySelector('.msg-container-base');
77      scrollPane.scrollTop = scrollPane.scrollHeight;
78    }
```

아래로 스크롤하는 함수를 언제 호출해야 할까? ngOnInit으로 다시 돌아가 currentThread Messages 리스트를 구독하고, 새 메시지를 받을 때 아래로 스크롤해 보자.

code/rxjs/rxjs-chat/src/app/chat-window/chat-window.component.ts

```
50    this.messages
51      .subscribe(
52        (messages: Array<Message>) => {
53          setTimeout(() => {
54            this.scrollToBottom();
55          });
56        });
57    }
```

 setTimeout은 어디에 사용할까?　새 메시지를 받고 곧바로 scrollToBottom을 호출하면 새 메
시지가 렌더링이 되기도 전에 아래로 스크롤된다. setTimeout을 사용하면 자바스크립트는 현재
실행 대기열이 모두 완료되어야 이 함수를 실행한다. 컴포넌트가 렌더링되고 함수가 실행되기 때
문에 원하던 바를 이룰 수 있는 것이다.

■ ChatWindowComponent template

template은 낯설지 않을 테니 마크업과 패널 헤더를 정의해 보자.

code/rxjs/rxjs-chat/src/app/chat-window/chat-window.component.html

```
1   <div class="chat-window-container">
2     <div class="chat-window">
3       <div class="panel-container">
4         <div class="panel panel-default">
5
6           <div class="panel-heading top-bar">
7             <div class="panel-title-container">
8               <h3 class="panel-title">
9                 <span class="glyphicon glyphicon-comment"></span>
10                Chat - {{currentThread.name}}
11              </h3>
12            </div>
13            <div class="panel-buttons-container">
14              <!-- 최소화 버튼이나 닫기 버튼을 추가할 수 있다. -->
15            </div>
16          </div>
```

이제 메시지 리스트를 보여 준다. 여기서는 ngFor와 async 파이프를 사용하여 메시지 리스트
를 반복 처리한다. 개별 chat-message 컴포넌트는 잠시 뒤에 다루겠다.

code/rxjs/rxjs-chat/src/app/chat-window/chat-window.component.html

```
18            <div class="panel-body msg-container-base">
19              <chat-message
```

```
20          *ngFor="let message of messages | async"
21          [message]="message">
22        </chat-message>
23      </div>
```

마지막으로, 메시지 입력란과 닫는 태그가 필요하다.

code/rxjs/rxjs-chat/src/app/chat-window/chat-window.component.html

```
24        <div class="panel-footer">
25          <div class="input-group">
26            <input type="text"
27            class="chat-input"
28            placeholder="Write your message here..."
29            (keydown.enter)="onEnter($event)"
30            [(ngModel)]="draftMessage.text" />
31            <span class="input-group-btn">
32              <button class="btn-chat"
33              (click)="onEnter($event)"
34              >Send</button>
35              </span>
36          </div>
37        </div>
38
39      </div>
40    </div>
41  </div>
```

메시지 입력란은 뷰에서 가장 흥미로운 부분이다. 지금부터는 (keydown.enter)와 [(ngModel)]
을 살펴보자.

■ 키스트로크 처리하기

앵귤러에서는 키보드 동작을 직관적으로 처리할 수 있다. 이벤트를 요소에 바인딩하면 된다.
여기서는 input 태그에서 keydown.enter에 바인딩한다. keydown.enter는 '엔터'가 눌리면 수
식에 지정된 함수, 즉 onEnter($event)를 호출한다.

■ NgModel 사용하기

앞에서도 언급한 바와 같이 앵귤러는 양방향 바인딩에 적용할 일반적인 모델을 지원하지 않
는다. 하지만 양방향 바인딩은 컴포넌트와 뷰 사이에서 매우 유용하게 사용된다. 컴포넌트에
서는 로컬로 남는 부작용이 있기는 하지만, 컴포넌트 프로퍼티와 뷰의 동기화를 유지하는 데
는 이만큼 편리한 방법도 없다.

여기서는 **입력 태그의 값과 draftMessage.text** 사이에 양방향 바인딩을 구현한다. 다시 말해, input 태그에 뭔가를 입력하면 draftMessage.text는 자동으로 input의 값으로 설정된다. 마찬가지로, 코드에서 draftMessage.text를 업데이트하면 input 태그의 값이 뷰에서 변경된다.

code/rxjs/rxjs-chat/src/app/chat-window/chat-window.component.html

```
27              <input type="text"
28              class="chat-input"
29              placeholder="Write your message here..."
30              (keydown.enter)="onEnter($event)"
31              [(ngModel)]="draftMessage.text"  />
```

■ '보내기' 클릭하기

'보내기' 버튼에서는 (click) 프로퍼티를 컴포넌트의 onEnter 함수에 바인딩한다.

code/rxjs/rxjs-chat/src/app/chat-window/chat-window.component.html

```
32              <span class="input-group-btn">
33                <button class="btn-chat"
34                (click)="onEnter($event)"
35                >Send</button>
36              </span>
```

■ ChatWindowComponent 전체 코드

설명의 편의성 때문에 조각조각 나누었다. 여기에 ChatWindowComponent의 전체 코드를 실을 테니 전체 흐름을 살펴보기 바란다.

code/rxjs/rxjs-chat/src/app/chat-window/chat-window.component.ts

```
1   import {
2     Component,
3     Inject,
4     ElementRef,
5     OnInit,
6     ChangeDetectionStrategy
7   } from '@angular/core';
8   import { Observable } from 'rxjs';
9
10  import { User } from '../user/user.model';
11  import { UsersService } from '../user/users.service';
12  import { Thread } from '../thread/thread.model';
13  import { ThreadsService } from '../thread/threads.service';
14  import { Message } from '../message/message.model';
15  import { MessagesService } from '../message/messages.service';
```

```
16
17   @Component({
18     selector: 'chat-window',
19     templateUrl: './chat-window.component.html',
20     styleUrls: ['./chat-window.component.css'],
21     changeDetection: ChangeDetectionStrategy.OnPush
22   })
23   export class ChatWindowComponent implements OnInit {
24     messages: Observable<any>;
25     currentThread: Thread;
26     draftMessage: Message;
27     currentUser: User;
28
29     constructor(public messagesService: MessagesService,
30                 public threadsService: ThreadsService,
31                 public UsersService: UsersService,
32                 public el: ElementRef) {
33     }
34
35     ngOnInit(): void {
36       this.messages = this.threadsService.currentThreadMessages;
37
38       this.draftMessage = new Message();
39
40       this.threadsService.currentThread.subscribe(
41         (thread: Thread) => {
42           this.currentThread = thread;
43         });
44
45       this.UsersService.currentUser
46         .subscribe(
47           (user: User) => {
48             this.currentUser = user;
49           });
50
51       this.messages
52         .subscribe(
53         (messages: Array<Message>) => {
54           setTimeout(() => {
55             this.scrollToBottom();
56           });
57         });
58     }
59
60     onEnter(event: any): void {
61       this.sendMessage();
62       event.preventDefault();
63     }
64
65     sendMessage(): void {
66       const m: Message = this.draftMessage;
```

```
67    m.author = this.currentUser;
68    m.thread = this.currentThread;
69    m.isRead = true;
70    this.messagesService.addMessage(m);
71    this.draftMessage = new Message();
72  }
73
74  scrollToBottom(): void {
75    const scrollPane: any = this.el
76      .nativeElement.querySelector('.msg-container-base');
77    scrollPane.scrollTop = scrollPane.scrollHeight;
78  }
79 }
```

그리고 다음은 템플릿이다.

code/rxjs/rxjs-chat/src/app/chat-window/chat-window.component.html

```
1  <div class="chat-window-container">
2    <div class="chat-window">
3      <div class="panel-container">
4        <div class="panel panel-default">
5
6          <div class="panel-heading top-bar">
7            <div class="panel-title-container">
8              <h3 class="panel-title">
9                <span class="glyphicon glyphicon-comment"></span>
10               Chat - {{currentThread.name}}
11             </h3>
12           </div>
13           <div class="panel-buttons-container">
14             <!-- 최소화 버튼이나 닫기 버튼을 추가할 수 있다. -->
15           </div>
16         </div>
17
18         <div class="panel-body msg-container-base">
19           <chat-message
20           *ngFor="let message of messages | async"
21           [message]="message">
22           </chat-message>
23         </div>
24
25         <div class="panel-footer">
26           <div class="input-group">
27             <input type="text"
28             class="chat-input"
29             placeholder="Write your message here..."
30             (keydown.enter)="onEnter($event)"
31             [(ngModel)]="draftMessage.text" />
```

```
32          <span class="input-group-btn">
33            <button class="btn-chat"
34            (click)="onEnter($event)"
35            >Send</button>
36          </span>
37        </div>
38      </div>
39
40    </div>
41  </div>
42 </div>
```

11.5 ChatMessageComponent

각 Message는 ChatMessageComponent에서 렌더링된다.

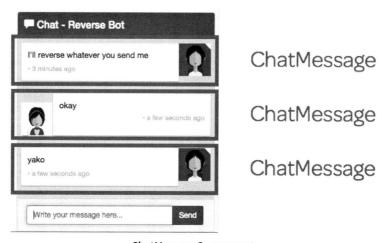

ChatMessageComponent

이 컴포넌트는 다른 컴포넌트에 비해 비교적 직관적이다. 기본 로직을 살펴보자면, 현재 사용자가 메시지를 작성했는지에 따라 뷰를 살짝만 바꿔 렌더링한다. Message가 현재 사용자의 것이 아니라면 이를 incoming으로 판단한다.

ChatMessageComponent마다 Message가 달라지기 때문에 ngOnInit에서는 currentUser 스트림을 구독하고 이 Message가 현재 사용자의 것인지에 따라 incoming을 설정한다.

우선 @Component부터 정의해 보자.

```
1   import {
2     Component,
3     OnInit,
4     Input
5   } from '@angular/core';
6   import { Observable } from 'rxjs';
7
8   import { UsersService } from './../user/users.service';
9   import { ThreadsService } from './../thread/threads.service';
10  import { MessagesService } from './../message/messages.service';
11
12  import { Message } from './../message/message.model';
13  import { Thread } from './../thread/thread.model';
14  import { User } from './../user/user.model';
15
16  @Component({
17    selector: 'chat-message',
18    templateUrl: './chat-message.component.html',
19    styleUrls: ['./chat-message.component.css']
20  })
21  export class ChatMessageComponent implements OnInit {
22    @Input() message: Message;
23    currentUser: User;
24    incoming: boolean;
25
26    constructor(public UsersService: UsersService) {
27    }
28
29    ngOnInit(): void {
30      this.UsersService.currentUser
31        .subscribe(
32          (user: User) => {
33            this.currentUser = user;
34            if (this.message.author && user) {
35              this.incoming = this.message.author.id !== user.id;
36            }
37          });
38    }
39  }
```

11.5.1 ChatMessageComponent 템플릿

template에서는 두 가지에 관심을 가져야 한다.

1. FromNowPipe

2. [ngClass]

다음은 해당 코드다.

code/rxjs/rxjs-chat/src/app/chat-message/chat-message.component.html

```
1  <div class="msg-container"
2      [ngClass]="{'base-sent': !incoming, 'base-receive': incoming}">
3
4    <div class="avatar"
5        *ngIf="!incoming">
6      <img src="{{message.author.avatarSrc}}">
7    </div>
8
9    <div class="messages"
10     [ngClass]="{'msg-sent': !incoming, 'msg-receive': incoming}">
11     <p>{{message.text}}</p>
12     <p class="time">{{message.sender}} • {{message.sentAt | fromNow}}</p>
13   </div>
14
15   <div class="avatar"
16       *ngIf="incoming">
17     <img src="{{message.author.avatarSrc}}">
18   </div>
19 </div>
```

FromNowPipe는 파이프로서, Message의 전송 시간을 사람이 읽을 수 있는 형태인 '몇 초 전'으로 변환한다. 사용법은 {{message.sentAt | fromNow}}와 같다.

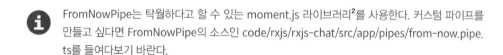

FromNowPipe는 탁월하다고 할 수 있는 moment.js 라이브러리[2]를 사용한다. 커스텀 파이프를 만들고 싶다면 FromNowPipe의 소스인 code/rxjs/rxjs-chat/src/app/pipes/from-now.pipe.ts를 들여다보기 바란다.

또한, 뷰에는 **ngClass**를 광범위하게 사용할 것이다. 기본적인 개념은 다음 코드로 표현할 수 있다.

```
1      [ngClass]="{'msg-sent': !incoming, 'msg-receive': incoming}"
```

incoming이 진짜라면 msg-receive 클래스가 적용된다(가짜일 때는 msg-sent가 적용된다). incoming 프로퍼티를 사용하면 받은 메시지와 보내는 메시지를 다르게 표시할 수 있다.

---

2 http://momentjs.com/

11.6 ChatNavBarComponent

드디어 마지막 컴포넌트만이 기다리고 있다. 이름하여 ChatNavBarComponent이다. 이 컴포넌트는 읽지 않은 메시지를 다음처럼 사용자에게 보여 준다.

ChatNavBarComponent의 읽지 않은 메시지 개수

 읽지 않은 메시지 개수를 테스트할 때는 이른바 '대기 봇'을 사용하는 것이 가장 좋다. '3'이라는 메시지를 대기 봇에 보내고 다른 창으로 전환해 보라. 대기 봇이 3초 기다리다 답장하고, 읽지 않은 메시지 개수가 증가할 것이다.

11.6.1 ChatNavBarComponent @Component

ChatNavBarComponent 컨트롤러에 필요한 단 하나가 unreadMessagesCount이다. 생각만큼 구현하기가 간단치는 않을 것이다. 여러 구현 방법이 있겠지만 messagesService.messages를 주시하며 isRead가 거짓인 Message의 개수를 모두 더하는 방법이 가장 직관적이라 할 수 있다. 이 방법은 현재 스레드 밖에 있는 메시지들에도 적용할 수 있다. 하지만 현재 스레드에 있는 새 메시지들은 messages가 새 값을 배출할 때 읽은 것으로 표시된다는 보장이 없다.

이를 처리할 때는 messages와 currentThread 스트림을 결합하여 현재 스레드의 일부분인 메시지는 그 수를 세지 않도록 하는 방법이 가장 안전하다. 이때 필요한 연산자가 combineLatest이다. 이 연산자는 이미 이 장 앞부분에서 살펴본 적이 있다.

code/rxjs/rxjs-chat/src/app/chat-nav-bar/chat-nav-bar.component.ts

```
1  import {
2    Component,
3    Inject,
4    OnInit
5  } from '@angular/core';
6  import * as _ from 'lodash';
7
8  import { ThreadsService } from './../thread/threads.service';
9  import { MessagesService } from './../message/messages.service';
10
11 import { Thread } from './../thread/thread.model';
12 import { Message } from './../message/message.model';
13
```

```
14  @Component({
15    selector: 'chat-nav-bar',
16    templateUrl: './chat-nav-bar.component.html',
17    styleUrls: ['./chat-nav-bar.component.css']
18  })
19  export class ChatNavBarComponent implements OnInit {
20    unreadMessagesCount: number;
21
22    constructor(public messagesService: MessagesService,
23                public threadsService: ThreadsService) {
24    }
25
26    ngOnInit(): void {
27      this.messagesService.messages
28        .combineLatest(
29          this.threadsService.currentThread,
30          (messages: Message[], currentThread: Thread) =>
31            [currentThread, messages] )
32
33        .subscribe(([currentThread, messages]: [Thread, Message[]]) => {
34          this.unreadMessagesCount =
35            _.reduce(
36              messages,
37              (sum: number, m: Message) => {
38                const messageIsInCurrentThread: boolean = m.thread &&
39                  currentThread &&
40                  (currentThread.id === m.thread.id);
41                // note: '실제' 앱에서는
42                // 현재 사용자의 메시지도 배제해야 한다.
43                // 이미 읽은 것이기 때문이다.
44                if (m && !m.isRead && !messageIsInCurrentThread) {
45                  sum = sum + 1;
46                }
47                return sum;
48              },
49              0);
50        });
51    }
52  }
```

타입스크립트 전문가가 아니라면 여기 적용된 문법을 해석하기가 다소 까다로울 것이다. combineLatest 콜백 함수에서는 currentThread와 messages가 두 요소인 배열을 리턴한다.

그리고 이 스트림을 subscribe하고, 함수 호출 시 해당 개체들을 디스트럭처링(destructuring) 한다. 그다음은 messages에 reduce하고 현재 스레드에 없는 메시지 중 읽지 않은 메시지의 개수를 센다.

11.6.2 ChatNavBarComponent 템플릿

뷰에서는 unreadMessagesCount만 표시하면 된다.

code/rxjs/rxjs-chat/src/app/chat-nav-bar/chat-nav-bar.component.html

```
1  <nav class="navbar navbar-default">
2    <div class="container-fluid">
3      <div class="navbar-header">
4        <a class="navbar-brand" href="https://ng-book.com/2">
5          <img src="assets/images/logos/ng-book-2-minibook.png"/>
6          ng-book 2
7        </a>
8      </div>
9      <p class="navbar-text navbar-right">
10       <button class="btn btn-primary" type="button">
11         Messages <span class="badge">{{ unreadMessagesCount }}</span>
12       </button>
13     </p>
14   </div>
15 </nav>
```

11.7 정리

이제 모두 끝났다. 지금까지 다룬 내용을 한데 모으면 멋진 앱이 완성되는 것이다!

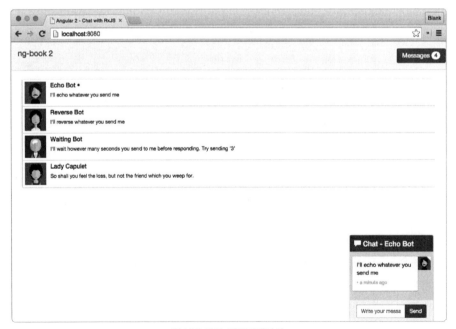

완성된 대화 애플리케이션

code/rxjs/rxjs-chat/src/app/data/chat-example-data.ts에는 봇을 여럿 작성했으므로 이들 봇과 대화를 나눌 수 있을 것이다. 다음은 거꾸로 봇(Reverse Bot)의 코드 일부다.

```
1  let rev: User = new User("Reverse  Bot", require("images/avatars/female-avatar-4.\
2  png"));
3  let tRev: Thread = new Thread("tRev", rev.name, rev.avatarSrc);
```

code/rxjs/rxjs-chat/src/app/data/chat-example-data.ts

```
91      messagesService.messagesForThreadUser(tRev, rev)
92        .forEach( (message: Message): void => {
93        messagesService.addMessage(
94          new Message({
95            author: rev,
96            text: message.text.split('').reverse().join(''),
97            thread: tRev
98          })
99        );
100       },
```

거꾸로 봇에 보내는 메시지를 구독할 때 messagesForThreadUser를 사용했다. 직접 봇을 작성해 보라.

12

리덕스와 함께하는 타입스크립트

이 장과 다음 장에서는 리덕스(Redux)라는 데이터 아키텍처를 살펴보고자 한다. 우선 이 장에서는 리덕스의 개념부터 살펴보고, 자체 미니 버전을 빌드해 이를 앵귤러에 연결할 것이다. 다음 장에서는 리덕스를 사용하여 규모가 더 큰 애플리케이션을 빌드해 보자.

지금까지 진행한 프로젝트들에서는 상태를 꽤 직접적으로 관리했다. 서비스로부터 데이터를 가져와 이를 컴포넌트에서 렌더링하고, 그 결과를 컴포넌트 계층 구조에 따라 아래로 전달했다. 앱이 작을 때는 이런 방식의 앱 관리가 무난하다. 하지만 앱의 덩치가 커지면 여러 컴포넌트에서 각기 다른 상태를 관리하는 일은 번잡스럽다. 이를테면 값 모두를 컴포넌트로 내려 보내면 다음과 같은 단점을 감수해야 한다.

프로퍼티 즉시 전달 — 컴포넌트의 상태를 얻기 위해서는 inputs를 통해 값을 전달해야 한다. 이는 직접적인 관계도 없는 많은 중간 컴포넌트 단계에서 상태를 전달해야 한다는 뜻이다.

경직된 리팩토링 — 컴포넌트 계층 구조 아래로 inputs를 전달하기 때문에 부모 컴포넌트와 자식 컴포넌트가 짝으로 존재해야 한다. 따라서 자식 컴포넌트를 계층 구조 내 다른 곳에 두기가 어려워진다. 상태를 전달받기 위한 새 부모 컴포넌트로 일일이 변경해야 하기 때문이다.

서로 일치하지 않는 상태 트리와 DOM 트리 — 상태의 '모양'이 뷰/컴포넌트 계층 구조의 '모양'과 일치하지 않을 때가 많다. props를 통해 데이터를 컴포넌트 트리로 내려 보내면 트리 구조에서 거리가 먼 데이터를 참조해야 하는 불편이 잦아진다.

앱 전반의 상태 — 컴포넌트를 통해 상태를 관리하면 앱 전체의 상태를 스냅샷으로 관리하기가 어려워진다. 이 때문에 어느 컴포넌트가 특정 데이터를 '소유'하는지 또는 어느 컴포넌트가 변경 내용과 관련되는지 파악하기가 어려워진다.

컴포넌트에서 데이터를 가져와 서비스로 전달하면 큰 도움이 된다. 적어도 서비스가 데이터의 '소유자'라면 데이터를 어디에 둘지 한결 쉽게 판단할 수 있다. 하지만 이 역시도 '서비스 소유의 데이터'에는 어떤 패턴이 적합하냐는 문제를 안고 있다. 우리가 적용할 수 있는 패턴이 있을까? 있다!

이 장에서는 리덕스라는 데이터 아키텍처를 논의할 것이다. 바로 앞에서 언급한 문제들을 해결하기 위해 디자인된 아키텍처인 것이다. 우선, 모든 상태를 한곳에 저장하는 우리만의 미니 리덕스 버전을 구현할 것이다. 애플리케이션의 모든 상태를 한곳에 담겠다는 생각은 약간 헛소리로 들릴 가능성도 없지 않지만, 결과를 보면 꽤 만족할 것이다.

12.1 리덕스

리덕스(Redux)를 처음 접하는 독자는 공식 웹사이트[1]에서 관련 내용을 읽어 보는 것도 좋을 것이다. 전통적인 데이터 구조와 방법으로는 지금의 대형 웹 앱을 감당하기 어려운 현실에서 웹 애플리케이션의 데이터 아키텍처는 하루가 다르게 진화하고 있다. 강력하고 이해하기 쉬운 리덕스는 그 인기가 대단히 높아졌다.

데이터 아키텍처는 복잡한 주제다. 따라서 리덕스의 가장 강력한 무기는 단순함일 것이다. 실제로 리덕스에서 핵심 코어는 코드가 100줄도 되지 않는다. 애플리케이션의 백본(backbone)으로 리덕스를 사용한다면 풍부하고 이해하기 쉬운 웹 앱을 빌드할 수 있다. 하지만 먼저 리덕스 최소 버전을 어떻게 작성하는지부터 살펴보고 대형 앱에 적용할 수 있는 패턴을 만들 것이다.

---

1 http://redux.js.org/

리덕스 또는 리덕스 기반 시스템을 앵귤러에서 사용하려는 시도는 수차례 있었다. 주목할 만한 사례로는 다음 두 가지가 있다.

- ngrx[2]
- angular2-redux[3]

ngrx는 리덕스 기반 아키텍처로서 매우 깊게 옵저버블 기반이기도 하다. angular2-redux는 리덕스 자체를 의존성으로 사용하며, 일부 앵귤러 헬퍼(의존성 주입이나 옵저버블 래퍼)를 추가한다.

그러나 여기서는 둘 다 사용하지 않을 것이다. 여기서는 새 의존성을 소개하지 않고 개념을 보여주기 위해 리덕스를 직접 사용한다. 어찌 됐든 이 두 라이브러리는 앱 작성 시 여러모로 도움이 될 것이다.

12.1.1 리덕스: 핵심 개념

리덕스의 핵심 개념은 다음과 같다.

- 애플리케이션의 모든 데이터는 단일 데이터 구조인 상태(state)로 표현된다. 상태는 저장소(store)에 저장된다.
- 앱은 저장소에서 상태를 가져와 읽는다.
- 이 저장소는 직접 변형할 수 없다.
- 사용자 인터랙션(과 다른 코드들)은 일어날 일을 기술하기 위한 동작(action)을 유발한다.
- 새 상태는 리듀서(reducer)라는 함수로 이전 상태와 동작을 결합하여 만들어진다.

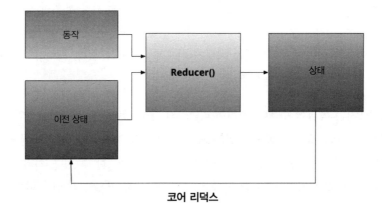

코어 리덕스

---

2   https://github.com/ngrx/store
3   https://github.com/InfomediaLtd/angular2-redux 단축URL goo.gl/HqdzxC

이 다섯 가지가 무슨 의미인지 와닿지 않아도 좋다. 하나하나 따져 보고 구현하는 것이 이 장의 목표다.

12.2 코어 리덕스 개념

12.2.1 리듀서란 무엇일까?

먼저, **리듀서(reducer)**부터 살펴보자. 리듀서는 이전 상태와 동작을 받아 새 상태를 리턴한다. 리듀서는 반드시 순수한 함수(pure function)여야 한다.[4] 다시 말해, 다음 두 조건을 충족해야 한다.

1. 현재 상태를 직접적으로 변형해서는 안 된다.
2. 인수 밖의 데이터를 사용해서는 안 된다.

정리하자면, 순수한 함수는 인수가 같다면 언제나 같은 값을 리턴한다. 그리고 외부 환경에 영향을 미치는 어떤 함수도 호출하지 않는다. 이를테면 데이터베이스 호출이나 HTTP 호출 등 외부의 데이터 구조를 변형하는 호출은 허용되지 않는다.

리듀서는 항상 현재 상태를 '읽기 전용'으로 다룬다. 기존 상태를 변경하지는 않지만 새 상태를 리턴은 할 수 있다. (이 새 상태라는 것이 이전 상태의 복사본일 때가 많지만 지금은 그렇다고만 이해하기 바란다.)

드디어 첫 리듀서를 정의해 보자. 다음 세 가지가 포함된다는 점을 잊어서는 안 된다.

1. 할 일을 정의하는 Action(인수는 옵션)
2. 애플리케이션의 모든 데이터를 저장하는 state
3. state와 Action을 받아 새 상태를 리턴하는 Reducer

12.2.2 Action과 Reducer 인터페이스 정의하기

타입스크립트에서는 모든 것이 타입으로 지정돼야 한다. 따라서 Action과 Reducer에 사용할 인터페이스부터 설정해 보자.

---

4 https://en.wikipedia.org/wiki/Pure_function 참고 [단축URL] goo.gl/mmZrcJ

■ Action 인터페이스

Action 인터페이스는 다음과 같다.

code/redux/redux-chat/tutorial/01-identity-reducer.ts

```
1  interface Action {
2    type: string;
3    payload?: any;
4  }
```

Action에는 필드가 둘 있다.

1. type

2. payload

type은 INCREMENT나 ADD_USER처럼 동작을 기술하는 문자열이다. payload는 종류와 상관 없이 객체가 될 수 있다. payload의 ?는 필드가 옵션이라는 뜻이다.

■ Reducer 인터페이스

Reducer의 모습은 다음과 같다.

code/redux/redux-chat/tutorial/01-identity-reducer.ts

```
6  interface Reducer<T> {
7    (state: T, action: Action): T;
8  }
```

Reducer는 타입스크립트의 '제네릭(generics)'이라는 기능을 사용한다. 여기서는 타입 T가 state의 타입이다. 유효한 Reducer에는 (타입 T의) state와 Action을 받아 새 state를 리턴하는 함수가 포함된다.

12.2.3 첫 Reducer 만들기

가장 단순한 리듀서는 상태 자체만을 리턴한다. (이를 가리켜 '정체성(identity)' 리듀서라고 부르는 경우도 있다. 상태에 정체성 함수[5]를 적용하기 때문이다. 이는 모든 리듀서의 기본값이다.)

---

5   https://en.wikipedia.org/wiki/Identity_function 단축URL goo.gl/PDgjmz

code/redux/redux-chat/tutorial/01-identity-reducer.ts

```
10  let reducer: Reducer<number> = (state: number, action: Action) => {
11    return state;
12  };
```

이 Reducer는 Reducer<number> 문법을 적용하여 제네릭 타입을 구체적인 number로 만든다. 단일 숫자를 넘어서는 좀 더 정교한 상태는 잠시 뒤에 정의하기로 한다.

아직 Action을 사용하지 않았다. 하지만 리듀서를 그대로 시도할 수는 있다.

 이 절의 예제 코드 실행하기   이 장의 코드는 code/redux에 제공된다. 실행할 수 있는 예시일 경우, 코드의 위치로 파일명이 지정되었다.

이 절의 예시 코드들은 브라우저 밖에서 node.js가 실행한다. 예시에는 타입스크립트를 사용했기 때문에 커맨드라인 도구인 ts-node를 사용하여 실행해야 한다(node를 직접 사용하면 안 된다).

우선, 다음 명령을 실행하여 ts-node를 설치한다.

```
1  npm install -g ts-node
```

code/redux/redux-chat 디렉터리에서 npm install을 실행하고 ./node_modules/.bin/ts-node [filename]을 호출해도 된다.

이를테면 위의 예시 코드는 다음 과정에 따라 실행할 수 있다($는 입력하는 것이 아니다).

```
1  $ cd code/redux/redux-chat/tutorial
2  $ npm install
3  $ ./node_modules/.bin/ts-node 01-identity-reducer.ts
```

이 장의 다른 코드들도 같은 과정을 거쳐 실행한다. 브라우저에서 실행해야 할 때는 그렇다고 언급할 것이다.

12.2.4 첫 Reducer 실행하기

지금까지 내용을 모두 합치고 리듀서를 실행해 보자.

code/redux/redux-chat/tutorial/01-identity-reducer.ts

```
1  interface Action {
2    type: string;
3    payload?: any;
4  }
```

```
 5
 6  interface Reducer<T> {
 7    (state: T, action: Action): T;
 8  }
 9
10  let reducer: Reducer<number> = (state: number, action: Action) => {
11    return state;
12  };
13
14  console.log( reducer(0, null) ); // -> 0
```

이제 실행할 차례다.

```
1  $ cd code/redux/redux-chat/tutorial
2  $ ./node_modules/.bin/ts-node 01-identity-reducer.ts
3  0
```

예시 코드 이상의 의미는 없지만 리듀서의 첫 번째 원칙을 이해하는 데는 충분할 것이다. 리듀서는 기본적으로 원래 상태를 리턴한다. 여기서는 0번 상태와 null 동작을 전달했다. 이 리듀서의 결과는 0번 상태다. 이번에는 좀 더 흥미롭게 상태를 변경해 보자.

12.2.5 동작으로 카운터 조정하기

어찌 됐든 상태라는 것이 단일 숫자보다는 훨씬 더 정교하다. 앱에 사용되는 모든 데이터는 state에 담긴다. 따라서 상태에 적합한 더 나은 데이터 구조가 필요하다. 하지만 상태에 단일 숫자를 사용하면 다른 문제에 집중할 수 있는 장점이 있다. 그런 이유에서 지금은 state가 단순히 카운터를 저장하는 단일 숫자라는 개념을 유지할 것이다.

그렇다면 state 숫자를 변경해 보자. 리덕스에서는 상태를 변경할 수 없다는 사실을 잊지 않았을 텐데, 여기서는 새 상태 생성 방법을 리듀서에 알려 줄 동작을 만들 것이다.

본격적으로 Action을 만들어 카운터를 변경해 보자. 유일한 요구형 프로퍼티는 type이라는 사실을 잊지 말기 바란다. 첫 번째 동작은 다음처럼 정의할 수 있다.

```
1  let incrementAction: Action = { type: 'INCREMENT' }
```

카운터를 줄이도록 리듀서에 알려 주는 두 번째 동작도 만들어야 한다.

```
1   let decrementAction: Action = { type: 'DECREMENT' }
```

이 두 동작을 리듀서에서 사용해 보자.

code/redux/redux-chat/tutorial/02-adjusting-reducer.ts

```
10  let reducer: Reducer<number> = (state: number, action: Action) => {
11    if (action.type === 'INCREMENT') {
12      return state + 1;
13    }
14    if (action.type === 'DECREMENT') {
15      return state - 1;
16    }
17    return state;
18  };
```

이제 리듀서 전체를 테스트해 볼 수 있다.

code/redux/redux-chat/tutorial/02-adjusting-reducer.ts

```
20  let incrementAction: Action = { type: 'INCREMENT' };
21
22  console.log( reducer(0, incrementAction )); // -> 1
23  console.log( reducer(1, incrementAction )); // -> 2
24
25  let decrementAction: Action = { type: 'DECREMENT' };
26
27  console.log( reducer(100, decrementAction )); // -> 99
```

깔끔하다! 리듀서에 전달하는 동작에 따라 상태의 새 값이 리턴되었다.

12.2.6 리듀서 switch

if를 많이 두지 말고, 이를 switch로 바꿔 리듀서를 구현하는 것이 일반적이라 할 수 있다.

code/redux/redux-chat/tutorial/03-adjusting-reducer-switch.ts

```
10  let reducer: Reducer<number> = (state: number, action: Action) => {
11    switch (action.type) {
12    case 'INCREMENT':
13      return state + 1;
14    case 'DECREMENT':
15      return state - 1;
16    default:
17      return state; // <-- 잊지 말 것!
18    }
```

```
19  };
20
21  let incrementAction: Action = { type: 'INCREMENT' };
22  console.log(reducer(0, incrementAction)); // -> 1
23  console.log(reducer(1, incrementAction)); // -> 2
24
25  let decrementAction: Action = { type: 'DECREMENT' };
26  console.log(reducer(100, decrementAction)); // -> 99
27
28  // 다른 동작은 입력 상태를 리턴할 뿐이다.
29  let unknownAction: Action = { type: 'UNKNOWN' };
30  console.log(reducer(100, unknownAction)); // -> 100
```

switch의 default case에서는 원래 state를 리턴한다. 그래야 알 수 없는 동작이 전달되어도 오류가 출력되지 않고 원래 state가 변경되지 않는다.

 Q: 잠깐, 애플리케이션의 상태들이 거대한 switch 하나에 전부 들어가는 것일까?
A: 그럴 수도 있고 아닐 수도 있다.

리덕스 리듀서는 처음 경험하는 것이므로 애플리케이션의 모든 상태 변화가 거대한 switch 하나에 담긴다는 것이 다소 낯설지도 모르겠다. 지금 시점에서 반드시 알아야 하는 것이 두 가지 있다.

1. 상태 변화를 한 곳에 집중하면 프로그램 유지가 상당히 수월해진다. 이는 특히 변화의 위치를 쉽게 추적할 수 있기 때문이다. (더욱이 어떤 상태 변화가 특정 동작의 결과인지 쉽게 파악할 수 있다. 이는 해당 동작의 type에 지정된 토큰 코드를 검색할 수 있기 때문이다.)

2. 리듀서를 몇 가지 서브리듀서로 나눌 수 있다. 각 서브리듀서가 상태 트리의 다른 가지를 담당하는 것이다. 이에 관해서는 나중에 다시 언급하겠다.

12.2.7 동작의 '인수'

지난 예에서 동작은 리듀서에 상태의 증감 여부를 알려 주는 type만을 포함했다. 하지만 자주 변경되는 앱을 값 하나로 설명할 수는 없다. 그런 이유에서 변경 내용을 설명하는 파라미터가 필요하며, Action에 payload가 있는 것이다.

이번 카운터 예에서는 9 INCREMENT 동작을 보내 9를 카운터에 추가한다. 하지만 이 방법은 효율적이지 않다. 특히 9000을 더한다면 더더욱 그렇다. 그 대신 PLUS 동작을 추가해 보자. 이 동작은 payload 파라미터를 사용하여 얼마를 카운터에 추가할지 지정한다.

```
1  let plusSevenAction = { type: 'PLUS', payload: 7 };
```

그다음에는 이 동작을 지원하기 위해 새 case를 리듀서에 추가한다. 이 case에서는 'PLUS' 동작을 처리한다.

code/redux/redux-chat/tutorial/04-plus-action.ts

```
10  let reducer: Reducer<number> = (state: number, action: Action) => {
11    switch (action.type) {
12    case 'INCREMENT':
13      return state + 1;
14    case 'DECREMENT':
15      return state - 1;
16    case 'PLUS':
17      return state + action.payload;
18    default:
19      return state;
20    }
21  };
```

PLUS는 action.payload에 있는 숫자를 state에 추가한다. 다음을 테스트해 보자.

code/redux/redux-chat/tutorial/04-plus-action.ts

```
23  console.log( reducer(3, { type: 'PLUS', payload: 7}) );    // -> 10
24  console.log( reducer(3, { type: 'PLUS', payload: 9000}) ); // -> 9003
25  console.log( reducer(3, { type: 'PLUS', payload: -2}) );   // -> 1
```

첫 행에서는 3번 상태와 payload의 7을 PLUS하도록 받는다. 그 결과는 물론 10이다. 깔끔하지 않은가? 하지만 state를 전달하는 동안에는 절대로 변경되지 않는다는 점에 유의해야 한다. 다시 말해, 리듀서의 변화의 결과를 저장하여 미래의 동작을 위해 재사용하지 않는다.

12.3 상태 저장하기

리듀서는 순수한 함수이며, 외부 환경을 변경하지 않는다. 문제는 앱에서 모든 것이 변경된다는 점이다. 구체적으로 말하자면, 상태는 변화하고 앱 어딘가에서는 새 상태를 유지하고 있어야 한다.

리덕스에서는 상태를 저장소(store)에 보관한다. 저장소는 리듀서를 실행하여 새 상태를 유지할 책임을 진다. 최소한으로 구현한 다음 저장소를 살펴보자.

code/redux/redux-chat/tutorial/05-minimal-store.ts

```ts
10  class Store<T> {
11    private _state: T;
12
13    constructor(
14      private reducer: Reducer<T>,
15      initialState: T
16    ) {
17      this._state = initialState;
18    }
19
20    getState(): T {
21      return this._state;
22    }
23
24    dispatch(action: Action): void {
25      this._state = this.reducer(this._state, action);
26    }
27  }
```

Store는 제네릭 타입이다. state의 타입을 제네릭 타입인 T로 지정한 것이다. 상태를 저장할 곳은 private 변수인 _state이다.

Store에 Reducer도 지정한다. Reducer도 T에 동작한다. 이는 저장소마다 특정 리듀서에 연결되기 때문이다. Reducer는 private 변수인 reducer에 저장한다.

 리덕스에서는 일반적으로 애플리케이션당 하나의 저장소와 하나의 최상위 리듀서를 지원한다.

이제 코드를 자세히 들여다보자.

- constructor에서는 _state를 초기 상태로 설정했다.
- getState()는 단순히 현재 _state를 리턴한다.
- dispatch는 동작을 받아 이를 리듀서로 보낸 뒤 _state의 값을 리턴값으로 업데이트한다.

dispatch는 아무것도 리턴하지 않는다. 저장소의 상태를 '업데이트'할 뿐이다(결과가 리턴되면). 이는 리덕스의 중요한 원칙이다. dispatch는 이른바 '발사후 망각형' 미사일처럼[6] 상태를 직접적으로 조작하지만 새 상태를 리턴하지는 않는다.

---

6   역주: fire-and-forget 디자인 패턴을 빗댄 것입니다.

동작을 디스패치할 때 일어날 일의 알림을 보낸 것이다. 시스템의 현재 상태를 알기 위해서는 저장소의 상태를 클릭해야 한다.

12.3.1 저장소 사용하기

저장소를 사용해 보자.

code/redux/redux-chat/tutorial/05-minimal-store.ts

```
43  // 새 저장소 생성
44  let store = new Store<number>(reducer, 0);
45  console.log(store.getState()); // -> 0
46
47  store.dispatch({ type: 'INCREMENT' });
48  console.log(store.getState()); // -> 1
49
50  store.dispatch({ type: 'INCREMENT' });
51  console.log(store.getState()); // -> 2
52
53  store.dispatch({ type: 'DECREMENT' });
54  console.log(store.getState()); // -> 1
```

우선 새 Store를 만들어 이를 store에 저장한다. 현재 상태를 가져오고 동작을 디스패치하는 데 사용된다. 상태는 처음에 0으로 설정된다. INCREMENT가 두 번, DECREMENT가 한 번이므로 최종 상태는 1이다.

12.3.2 subscribe로 알림 받기

Store에서 변경 여부를 추적하는 것은 좋은 방법이지만, 앞의 예에서는 상태 변화를 알려면 store.getState()가 필요하다. 새 동작이 디스패치될 때 이를 즉시 알 수 있다면 좋을 것이다. 옵저버(Observer) 패턴을 구현해 보자. 다시 말해, 모든 변화를 구독하는 콜백 함수를 등록할 것이다.

다음은 동작 과정이다.

1. subscribe를 사용하여 리스너(listener) 함수를 등록한다.
2. dispatch가 호출되면 모든 리스너를 반복 호출한다. 이는 상태가 변경되었다는 알림이다.

■ 리스너 등록하기

리스너 콜백은 인수가 없는 함수와 같다. 이를 잘 나타내기 위한 인터페이스를 정의해 보자.

code/redux/redux-chat/tutorial/06-store-w-subscribe.ts

```
10  interface ListenerCallback {
11    (): void;
12  }
```

리스너를 '구독 해지'할 수도 있어야 할 것이다. 구독 해지 함수용 인터페이스도 정의해 보자.

code/redux/redux-chat/tutorial/06-store-w-subscribe.ts

```
14  interface UnsubscribeCallback {
15    (): void;
16  }
```

언급할 내용은 별로 없다. 인수도 리턴값도 없는 또 하나의 함수일 뿐이다. 하지만 이렇게 정의해 놓으면 코드를 읽기가 한결 깔끔해진다.

저장소에서는 ListenerCallbacks 리스트를 유지한다. 여기에 Store를 추가해 보자.

code/redux/redux-chat/tutorial/06-store-w-subscribe.ts

```
18  class Store<T> {
19    private _state: T;
20    private _listeners: ListenerCallback[] = [];
```

이제 subscribe 함수가 포함된 _listeners 리스트에 추가한다.

code/redux/redux-chat/tutorial/06-store-w-subscribe.ts

```
38    subscribe(listener: ListenerCallback): UnsubscribeCallback {
39      this._listeners.push(listener);
40      return () => { // '구독할 수 없는' 함수를 리턴한다.
41        this._listeners = this._listeners.filter(l => l !== listener);
42      };
43    }
```

subscribe는 ListenerCallback(인수나 리턴값이 없는 함수임)을 받아 UnsubscribeCallback(같은 방식의 함수임)을 리턴한다. 새 리스너는 쉽게 추가할 수 있다. _listeners 배열에 넣기만 하면 된다. 리턴값은 지금 추가한 listener가 없는 _listeners 리스트에 맞춰 _listeners 리스트를 업데이트할 함수다. 다시 말해, 이 리스너를 리스트에서 삭제하는 데 사용할 Unsubscribe Callback을 리턴한다.

■ 리스너에 알리기

상태가 변경될 때마다 리스너 함수가 호출된다. 다시 말해 새 동작을 dispatch할 때마다, 그러니까 상태가 변경될 때마다 모든 리스너가 호출된다.

code/redux/redux-chat/tutorial/06-store-w-subscribe.ts

```
33    dispatch(action: Action): void {
34      this._state = this.reducer(this._state, action);
35      this._listeners.forEach((listener: ListenerCallback) => listener());
36    }
```

■ 완성된 저장소

이제 테스트해 보자. 그전에 다음 새 Store 코드부터 살펴보자.

code/redux/redux-chat/tutorial/06-store-w-subscribe.ts

```
18  class Store<T> {
19    private _state: T;
20    private _listeners: ListenerCallback[] = [];
21
22    constructor(
23      private reducer: Reducer<T>,
24      initialState: T
25    ) {
26      this._state = initialState;
27    }
28
29    getState(): T {
30      return this._state;
31    }
32
33    dispatch(action: Action): void {
34      this._state = this.reducer(this._state, action);
35      this._listeners.forEach((listener: ListenerCallback) => listener());
36    }
37
38    subscribe(listener: ListenerCallback): UnsubscribeCallback {
39      this._listeners.push(listener);
40      return () => { // '구독할 수 없는' 함수를 리턴한다.
41        this._listeners = this._listeners.filter(l => l !== listener);
42      };
43    }
44  }
```

■ subscribe 테스트하기

이제 저장소의 변화를 subscribe할 수 있다.

code/redux/redux-chat/tutorial/06-store-w-subscribe.ts

```
61  let store = new Store<number>(reducer, 0);
62  console.log(store.getState()); // -> 0
63
64  // 구독
65  let unsubscribe = store.subscribe(() => {
66  console.log('subscribed: ', store.getState());
67  });
68
69  store.dispatch({ type: 'INCREMENT' }); // -> 구독함: 1
70  store.dispatch({ type: 'INCREMENT' }); // -> 구독함: 2
71
72  unsubscribe();
73  store.dispatch({ type: 'DECREMENT' }); // (로그된 것 없음)
74
75  // 주시하고 있지 않더라도 감소가 일어난다.
76  console.log(store.getState()); // -> 1
```

여기서는 저장소를 구독하고, 콜백 함수에서는 subscribed:와 현재 저장소 상태를 출력한다.

> ℹ️ 리스너 함수는 현재 상태를 인수로 받지 않는다. 이상한 선택으로 보일지 모르겠지만, 이 방법에는 몇 가지 골칫거리가 있기 때문에 상태 변화의 알림을 현재 상태와 별도로 생각하는 것이 좋다.[7]

unsubscribe 콜백을 저장했다. unsubscribe()를 호출한 이후에는 로그 메시지가 호출되지 않으므로 주의해야 한다. 동작은 여전히 디스패치할 수 있지만 저장소를 요청해야 그 결과를 확인할 수 있다.

> ℹ️ RxJS나 Observable을 선호하는 독자라면, 우리가 구현하는 자체 구독 리스너를 RxJS로도 구현할 수 있다는 사실을 알고 있을 것이다. 자체 구독 대신 Observable을 사용하도록 Store를 재작성할 수도 있다. 사실 이 과정을 이미 진행했다. 샘플 코드는 code/redux/redux-chat/tutorial/06b-rx-store.ts에서 확인할 수 있다. Store에 RxJS를 사용하는 것도 애플리케이션 데이터의 백본에 RxJS를 기꺼이 사용하겠다면 흥미롭고 강력한 패턴이랄 수 있다.
>
> 여기서는 Observable을 그렇게 많이는 사용하지 않을 것이다. 리덕스 자체를 논의해야 하고 단일 상태 트리로 데이터 아키텍처를 생각해야 하기 때문이다. 리덕스 자체는 애플리케이션에서

---

7 관련 내용은 https://github.com/reactjs/redux/issues/1707 (단축URL goo.gl/NXk599)과 https://github.com/reactjs/redux/issues/1513 (단축URL goo.gl/MRaaMz), https://github.com/reactjs/redux/issues/303 (단축URL goo.gl/Yxw2JX)에서 설명하고 있다.

Observable을 사용하지 않을 만큼 강력하다. 리덕스를 '순수하게' 사용하는 방법론을 이해해 놓으면 나중에 Observable을 추가하는 과정은 어렵지 않다(RxJS을 이해했다면 그렇다는 뜻이다). 지금은 리덕스만 '순수하게' 사용할 것이다. Observable 기반 리덕스-래퍼는 나중에 다시 다룰 것이다.

12.3.3 리덕스 코어

이 저장소는 리덕스의 필수 코어다. 리듀서는 현재 상태와 동작을 받아 새 상태를 리턴한다. 제품으로서 대형 웹 앱을 빌드하기 위해서는 지금까지 다룬 내용보다 훨씬 더 많은 것을 추가해야 한다. 하지만 앞으로 다룰 새로운 내용들은 전부, 지금 빌드하는 변경 불가능의 단순한 중앙집중형 상태 저장소가 그 바탕이다. 지금까지 다룬 개념을 이해했다면 고급 앱에서나 볼 수 있는 각종 패턴(과 라이브러리들)을 직접 만들 수 있을 것이다. 어찌 됐든 리덕스를 사용하면서 만나게 될 주제가 아직 많이 남았다. 이를테면 다음을 알고 있어야 한다.

- 상태에서 더욱 복잡해진 데이터 구조를 세밀하게 처리하는 방법
- (구독을 통해) 상태를 폴링(polling)하지 않고도 그 변화를 통보받을 수 있는 방법
- 디버깅을 위해 디스패치를 가로채는 방법('미들웨어'라고도 함)
- (셀렉터로) 도출한 값을 계산하는 방법
- 관리 목적으로 리듀서를 더 작게 나누는 방법(과 나눈 리듀서를 재결합하는 방법)
- 비동기 데이터를 처리하는 방법

이들 주제는 하나씩 이 장과 다음 장에서 설명할 것이다. 우선, 상태에서 좀 더 복잡한 데이터 구조를 다루어 보자. 이를 위해 카운터보다는 흥미로운 예를 들고자 한다. 사용자들이 서로에게 메시지를 보낼 수 있는 대화 앱을 빌드할 것이다.

12.4 메시지 앱

메시지 앱에서는 여느 리덕스 앱처럼 데이터 모델이 다음 세 가지로 구분된다.

1. 상태
2. 동작
3. 리듀서

12.4.1 메시지 앱의 state

카운터 앱의 state는 단일 숫자였다. 메시지 앱에서 state는 객체가 적당할 것이다. 상태 객체는 messages라는 프로퍼티를 하나 가진다. messages는 문자열 배열이며, 각 문자열은 개별 메시지를 나타낸다. 이를테면 다음과 같다.

```
1  // `state` 값의 예
2  [
3    messages: [
4      'here is message one',
5      'here is message two'
6    ]
7  }
```

앱의 상태에 적용할 타입은 다음처럼 정의할 수 있다.

code/redux/redux-chat/tutorial/07-messages-reducer.ts

```
7  interface AppState {
8    messages: string[];
9  }
```

12.4.2 메시지 앱의 action

앱에서는 ADD_MESSAGE와 DELETE_MESSAGE, 이렇게 두 가지 동작을 처리한다. ADD_MESSAGE 동작 객체는 상태에 추가될 메시지인 messages 프로퍼티를 가진다. ADD_MESSAGE 동작 객체는 다음처럼 생겼다.

```
1  {
2    type: 'ADD_MESSAGE',
3    message: 'Whatever message we want here'
4  }
```

DELETE_MESSAGE 동작 객체는 특정 메시지를 상태에서 삭제한다. 삭제하려면 삭제할 메시지를 지정할 수 있어야 하는데, 사실 이 과정이 문제이기는 하다.

메시지가 객체라면 메시지가 만들어질 때마다 id 프로퍼티를 지정할 수도 있다. 하지만 상황을 간단히 정리하기 위해 여기서는 메시지를 단순 문자열로 정의했다. 따라서 메시지를 다른 방법으로 다루어야 한다. 가장 쉬운 방법은 메시지의 배열 내 인덱스를 (ID의 프록시로) 사용하는 것이다. 이 점을 명심하고 DELETE_MESSAGE 동작 객체를 정의하면 다음과 같을 것이다.

```
1  {
2    type: 'DELETE_MESSAGE',
3    index: 2  // <- 어떤 인덱스로 무방함
4  }
```

이 두 동작에 타입을 정의하려면 타입스크립트의 interface ... extends 문법 구조를 적용한다.

code/redux/redux-chat/tutorial/07-messages-reducer.ts

```
11  interface AddMessageAction extends Action {
12    message: string;
13  }
14
15  interface DeleteMessageAction extends Action {
16    index: number;
17  }
```

여기서는 AddMessageAction이 messages를 지정할 수 있고, DeleteMessageAction은 index를 지정할 수 있다.

12.4.3 메시지 앱의 reducer

리듀서는 ADD_MESSAGE와 DELETE_MESSAGE라는 두 동작을 처리해야 한다. 하나씩 살펴보기로 하자.

■ ADD_MESSAGE 리듀서

code/redux/redux-chat/tutorial/07-messages-reducer.ts

```
19  let reducer: Reducer<AppState> =
20    (state: AppState, action: Action): AppState => {
21    switch (action.type) {
22    case 'ADD_MESSAGE':
23      return {
24        messages: state.messages.concat(
25          (<AddMessageAction>action).message
26        ),
27      };
```

우선 action.type으로 전환하여 ADD_MESSAGE 케이스를 처리한다.

 타입스크립트 객체는 이미 타입을 가지고 있는데, 왜 type 필드를 추가할까? 지금 같은 '다형성 디스패치'를 처리할 수 있는 방법에는 여러 가지가 있다. type 필드(여기서 type은 '동작-타입'이 다)에 문자열을 두는 것은 서로 다른 여러 동작을 구분하고, 이들을 하나의 리듀서에서 처리하기 위한 직관적이면서도 간편한 방법이다. 그리고 동작마다 새 interface를 만들지 않아도 된다는 의 미도 된다.

그렇기는 하지만 리플렉션(reflection)을 사용하여 구체적인 타입으로 전환하는 것이 더 만족스 러운 방법일 것이다. 이때 필요한 것이 타입 가드[8]이지만 현재 타입스크립트에서는 이를 사용할 수 없다.

일반적으로 말하면 타입은 컴파일 타임 컨스트럭트이며, 이 코드는 자바스크립트로 하향 컴파일 되어 일부 타입 관련 메타데이터가 소실될 수도 있다.

그렇기는 해도 type 필드로 전환하는 것이 불편하고 언어가 제공하는 기능을 직접 사용하겠다 면, 데코레이션 리플렉션 메타데이터(decoration reflection metadata)를 사용할 수도 있다. 관 련 내용은 WOLK SOFTWARE ENGINEERING 블로그[9]에서 설명하고 있다. 하지만 지금은 단순 type 필드면 충분할 것이다.

■ **변형하지 않고 항목 추가하기**

ADD_MESSAGE 동작을 처리할 때는 받은 메시지를 상태에 추가해야 한다. 이때 새 상태를 리턴해야 하는데, 리듀서는 '순수'하고 이전 상태를 변형해서는 안 된다는 점에 유의해야 한다.

다음 코드에는 어떤 문제가 있을까?

```
1  case 'ADD_MESSAGE':
2    state.messages.push( action.message );
3    return { messages: messages };
4    // ...
```

이 코드에는 state.messages 배열을 '변형(mutate)'하여 결국 이전 상태를 변경하는 문제가 있 다! state.messages 배열의 복사본을 만들어 새 메시지를 복사본에 추가해 보자.

code/redux/redux-chat/tutorial/07-messages-reducer.ts

```
22   case 'ADD_MESSAGE':
23     return {
```

---

8   https://basarat.gitbooks.io/typescript/content/docs/types/typeGuard.html 단축URL goo.gl/kV8rzB
9   http://blog.wolksoftware.com/decorators-metadata-reflection-in-typescript-from-novice-to-expert-part-4 단축URL goo.gl/VdMgJk

```
24      messages: state.messages.concat(
25        (<AddMessageAction>action).message
26      ),
27    };
```

<AddMessageAction>action 문법은 action을 구체적인 타입으로 변환한다. 다시 말해, 리듀서는 messages 필드가 없는 더 일반적인 타입인 Action을 받는다. 이 문법을 적용하지 않으면 컴파일러는 Action에 messages 필드가 없다며 오류를 출력한다.

ADD_MESSAGE 동작을 AddMessageAction으로 변환할 수 있는데, 괄호를 사용하면 action.message가 아닌 action을 변환할 수 있다.

리듀서는 새 AppState를 리턴할 수 있다. 리듀서에서 리턴한 객체는 AppState와 형식이 일치해야 한다. 여기서는 messages 키를 유지해야 하지만, 상태가 복잡한 경우에는 신경 쓸 필드가 많을 것이다.

■ 변형하지 않고 항목 삭제하기

DELETE_MESSAGE 동작을 처리할 때는 요소의 인덱스를 가짜 ID로 전달해야 한다. (실제 ID 항목을 처리하는 방법도 같은 개념이다.) 다시 한 번 언급하지만, 이전 messages 배열은 변형하기 말아야 하기 때문에 매우 세심하게 이 과정을 진행해야 한다.

code/redux/redux-chat/tutorial/07-messages-reducer.ts
```
28    case 'DELETE_MESSAGE':
29      let idx = (<DeleteMessageAction>action).index;
30      return {
31        messages: [
32          ...state.messages.slice(0, idx),
33          ...state.messages.slice(idx + 1, state.messages.length)
34        ]
```

여기서는 slice 연산자를 두 번 사용한다. 한 번은 삭제하려는 항목에 도달할 때까지 항목들을 받을 때 사용한다. 그리고 그 결과로 항목들을 서로 연결할 때도 사용한다.

비변형 연산에는 네 가지가 있다.

- 배열에 항목 추가하기
- 배열에서 항목 삭제하기
- 객체에 키 추가하기/변경하기
- 객체에서 키 삭제하기

처음 두 (배열) 연산자는 앞에서 다루었다. 여기서는 객체 연산을 파헤칠 것이다. 일반적으로는 다음처럼 Object.assign을 사용한다.

```
1  Object.assign({}, oldObject, newObject)
2            // <-------<-------------
```

Object.assign은 오른쪽에서 왼쪽으로 진행하는 객체의 병합과도 같다. 여기서는 newObject가 oldObject로 병합되고 다시 { }로 병합된다. 이렇게 해서 oldObject의 모든 필드가 유지된다. 다만 newObject의 필드는 제외된다. oldObject나 newObject는 변형되지 않는다.

물론, 직접 이 과정을 수행하려면 힘도 많이 들고 실수할 가능성도 높아진다. 그래서 사람들이 변형을 방지하는 데이터 구조인 Immutable.js[10]를 사용하는 것이다.

12.4.4 동작 테스트하기

이제 동작을 테스트해 보자.

code/redux/redux-chat/tutorial/07-messages-reducer.ts

```
42  let store = new Store<AppState>(reducer, { messages: [] });
43  console.log(store.getState()); // -> { messages: [] }
44
45  store.dispatch({
46    type: 'ADD_MESSAGE',
47    message: 'Would you say the fringe was made of silk?'
48  } as AddMessageAction);
49
50  store.dispatch({
51    type: 'ADD_MESSAGE',
52    message: 'Wouldnt have no other kind but silk'
53  } as AddMessageAction);
54
55  store.dispatch({
56    type: 'ADD_MESSAGE',
57    message: 'Has it really got a team of snow white horses?'
58  } as AddMessageAction);
59
60  console.log(store.getState());
61  // ->
62  // { messages:
63  //   [ 'Would you say the fringe was made of silk?',
64  //   'Wouldnt have no other kind but silk',
65  //   'Has it really got a team of snow white horses?' ] }
```

---

10 https://facebook.github.io/immutable-js/ 단축URL goo.gl/rpCC0m

여기서는 새 저장소를 시작하고 store.getState()를 호출하여 빈 messages 배열을 만든다.

세 가지 메시지[11]를 저장소에 추가한다. 메시지마다 type을 ADD_MESSAGE로 지정하고 각 객체를 AddMessageAction으로 변환한다. 마지막으로, 새 상태를 로그로 출력하면 messages 에 세 메시지 전부가 포함된 것을 확인할 수 있다.

세 군데 dispatch는 다음 두 가지 이유에서 지저분해 보인다.

1. type 문자열을 매번 수동으로 지정해야 한다. 상수를 사용할 수도 있지만 이 역시도 번거롭다.

2. AddMessageAction으로 수동 변환한다.

이를 해결하려면, 이들 객체를 객체로 직접 만들지 말고 객체를 만드는 '함수'를 만들어야 한다. 동작을 만들기 위해 함수를 만든다는 개념은 리덕스에는 일반적인 것이며, 이를 **동작 생성자(Action Creator)**라고 부른다.

12.4.5 동작 생성자

ADD_MESSAGE 동작을 객체로 직접 만들지 말고, 그럴 수 있는 함수를 만들어 보자.

code/redux/redux-chat/tutorial/08-action-creators.ts

```
19  class MessageActions {
20    static addMessage(message: string): AddMessageAction {
21      return {
22        type: 'ADD_MESSAGE',
23        message: message
24      };
25    }
26    static deleteMessage(index: number): DeleteMessageAction {
27      return {
28        type: 'DELETE_MESSAGE',
29        index: index
30      };
31    }
32  }
```

---

11 https://en.wikipedia.org/wiki/The_Surrey_with_the_Fringe_on_Top

여기서는 정적 메서드인 addMessage와 deleteMessage가 정의되는 클래스를 만들었다. 이 둘은 각각 AddMessageAction과 DeleteMessageAction을 리턴한다.

 동작 생성자에 반드시 정적 메서드를 만들어야 하는 것은 아니다. 평범한 함수. 즉 네임스페이스의 함수를 사용할 수도 있다. 심지어는 객체의 인스턴스 메서드를 사용할 수도 있다. 핵심 개념은 사용하기 쉬운 방법으로 동작을 구성하자는 것이다.

이제 새 동작 생성자를 사용해 보자.

code/redux/redux-chat/tutorial/08-action-creators.ts

```
55  let store = new Store<AppState>(reducer, { messages: [] });
56  console.log(store.getState()); // -> { messages: [] }
57
58  store.dispatch(
59    MessageActions.addMessage('Would you say the fringe was made of silk?'));
60
61  store.dispatch(
62    MessageActions.addMessage('Wouldnt have no other kind but silk'));
63
64  store.dispatch(
65    MessageActions.addMessage('Has it really got a team of snow white horses?'));
66
67  console.log(store.getState());
68  // ->
69  // { messages:
70  // [ 'Would you say the fringe was made of silk?',
71  // 'Wouldnt have no other kind but silk',
72  // 'Has it really got a team of snow white horses?' ] }
```

훨씬 깔끔해졌다!

한 가지 장점이 더 있다. 메시지 형식을 바꾸게 되더라도 dispatch를 일일이 업데이트할 필요가 없다. 이를테면 메시지가 생성된 시간을 추가할 때 created_at 필드를 addMessage에 추가하면 AddMessageActions 전체가 created_at 필드를 받게 된다.

```
1  class MessageActions {
2    static addMessage(message: string): AddMessageAction {
3      return {
4        type: 'ADD_MESSAGE',
5        message: message,
6        // 단순 예임
7        created_at: new Date()
8      };
```

```
9    }
10   // ....
```

12.4.6 진짜 리덕스 사용하기

지금까지 미니 리덕스를 직접 빌드했다. 이런 질문을 생각해 보자. "진짜 리덕스를 사용하려면 따로 무엇을 해야 할까?" 다행히 별로 많지 않다. 바로 지금 코드를 업데이트해 진짜 리덕스를 사용해 보자!

 아직 준비가 되지 않았다면 code/redux/redux-chat/tutorial 디렉터리에서 npm install을 실행한다.

우선 Action과 Reducer, Store를 redux 패키지에서 가져와야 한다. 도우미 메서드인 createStore도 가져와야 한다.

code/redux/redux-chat/tutorial/09-real-redux.ts

```
1  import {
2    Action,
3    Reducer,
4    Store,
5    createStore
6  } from 'redux';
```

저장소를 생성할 때 초기 상태를 직접 지정하지 말고, 리듀서가 초기 상태를 만들도록 한다. 따라서 기본 인수를 리듀서에 지정한다. 이렇게 하면 전달받은 상태가 없는 경우(이를테면 초기화 시 처음 호출되는 경우) 초기 상태를 사용할 수 있다.

code/redux/redux-chat/tutorial/09-real-redux.ts

```
35  let initialState: AppState = { messages: [] };
36
37  let reducer: Reducer<AppState> =
38    (state: AppState = initialState, action: Action) => {
```

리듀서가 그대로 유지되어 코드가 깔끔해진다. 마지막으로 createStore 도우미 메서드를 사용하여 리듀서로부터 저장소를 만들어야 한다.

code/redux/redux-chat/tutorial/09-real-redux.ts

```
58  let store: Store<AppState> = createStore<AppState>(reducer);
```

이제 모든 것이 올바로 동작한다!

code/redux/redux-chat/tutorial/09-real-redux.ts

```
58  let store: Store<AppState> = createStore<AppState>(reducer);
59  console.log(store.getState()); // -> { messages: [] }
60
61  store.dispatch(
62    MessageActions.addMessage('Would you say the fringe was made of silk?'));
63
64  store.dispatch(
65    MessageActions.addMessage('Wouldnt have no other kind but silk'));
66
67  store.dispatch(
68    MessageActions.addMessage('Has it really got a team of snow white horses?'));
69
70  console.log(store.getState());
71  // ->
72  // { messages:
73  //    [ 'Would you say the fringe was made of silk?',
74  //      'Wouldnt have no other kind but silk',
75  //      'Has it really got a team of snow white horses?' ] }
```

지금까지 리덕스만 따로 사용하는 방법을 살펴보았다. 그다음에는 이를 웹 앱에 연결하는 과정이 기다리고 있다. 바로 지금 시작해 보자.

12.5 앵귤러에서 리덕스 사용하기

지난 절에서는 리덕스의 코어를 살펴보고, 데이터를 관리하기 위한 리듀서 작성 방법과 저장소 사용 방법을 개별적으로 다루었다. 이제 레벨을 높여 리덕스를 앵귤러 컴포넌트와 통합하는 방법을 살펴보자. 이 절에서는 카운터만 포함된 단순한 앵귤러 앱을 만들 것이다. 이 카운터는 버튼 클릭으로 숫자의 증감을 표시한다.

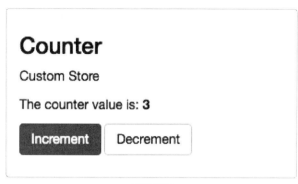

카운터 앱

우선 작은 앱으로 리덕스와 앵귤러의 통합 지점에 집중하고, 다음 절에서 더 큰 앱으로 이어가고자 한다. 우선 이 카운터 앱을 어떻게 빌드하는지 살펴보자.

 여기서는 도우미 라이브러리 없이 리덕스를 앵귤러와 직접 통합할 것이다. 이 과정에 사용할 수 있는 오픈 소스 라이브러리가 몇 종류 있다. 참고할 곳을 나중에 따로 언급하겠다. 일단 개념을 이해해 두면 라이브러리를 훨씬 더 수월하게 사용할 수 있다. 지금부터 하나씩 자세히 들여다보기로 하자.

12.6 앱 기획하기

기억하겠지만 리덕스 앱 기획에는 세 단계가 있었다.

1. 앱 상태의 구조 정의하기
2. 상태를 변경할 동작 정의하기
3. 이전 상태와 동작을 받아 새 상태를 리턴하는 리듀서 정의하기

여기서는 카운터를 증가시키거나 감소시킬 것이다. 지난 절에서도 경험한 대로 동작이나 저장소, 리듀서가 꽤 친숙할 것이다.

앵귤러 앱을 작성할 때는 한 가지 과정을 더 거쳐야 하는데, 바로 컴포넌트의 생성 위치를 결정하는 일이다. 여기서는 스크린샷에서 본 뷰를 포함하는 최상위 AppComponent가 이 일을 담당한다.

전체적으로 보면, 다음 세 가지 일을 해야 한다.

1. Store를 생성하고 앱 전체에서 의존성 주입을 통해 여기에 액세스할 수 있도록 한다.

2. Store 변화를 구독하고 이를 컴포넌트에 표시한다.

3. (버튼이 클릭되는 등) 변화가 감지되면 Store에 동작을 디스패치한다.

이 정도면 기획은 충분하다. 실제 동작 과정을 살펴보기로 하자.

12.7 리덕스 설정하기

12.7.1 애플리케이션 상태 정의하기

AppState는 다음과 같다.

code/redux/redux-chat/redux-counter/src/app/app.state.ts

```
 9  export interface AppState {
10    counter: number;
11  };
```

여기서는 코어 상태 구조를 AppState로 정의한다. 이는 counter라는 키 하나를 가진 객체이며, 이때 counter는 number이다. 다음 예(대화 앱)에서는 좀 더 정교한 상태를 다룰 것이지만, 지금은 이것으로 충분하다.

12.7.2 리듀서 정의하기

애플리케이션 상태에서 카운터의 증감을 처리할 리듀서를 정의해 보자.

code/redux/redux-chat/redux-counter/src/app/counter.reducer.ts

```
 6  import {
 7    INCREMENT,
 8    DECREMENT
 9  } from './counter.actions';
10
11  const initialState: AppState = { counter: 0 };
12
13  // 상태 변경 내용을 처리할 리듀서를 생성한다.
14  export const counterReducer: Reducer<AppState> =
15    (state: AppState = initialState, action: Action): AppState => {
16      switch (action.type) {
17      case INCREMENT:
18        return Object.assign({}, state, { counter: state.counter + 1 });
19      case DECREMENT:
```

```
20        return Object.assign({}, state, { counter: state.counter - 1 });
21      default:
22        return state;
23      }
24    };
```

우선 INCREMENT와 DECREMENT 상수를 가져오는 것으로 시작한다. 이 두 상수는 동작 생성자가 내보내는 것들이며, 각각 'INCREMENT'와 'DECREMENT'라는 문자열로 정의되었지만 입력 오류를 방지하기 위해 컴파일러의 도움을 받는 것이 좋다. 동작 생성자는 잠시 뒤에 살펴볼 것이다.

initialState는 카운터가 0인 AppState이다. counterReducer는 두 개의 동작을 처리한다. INCREMENT는 현재 카운터에 1을 더하고, DECREMENT는 1을 뺀다. 두 동작은 Object. assign을 사용하여 이전 상태를 변형하지 않고 새 상태로 리턴받은 새 객체를 만든다. 이제 동작 생성자를 살펴보자.

12.7.3 동작 생성자 정의하기

동작 생성자는 동작이 받도록 정의된 객체를 리턴하는 함수다. increment와 decrement는 해당 type으로 정의된 객체를 리턴한다.

code/redux/redux-chat/redux-counter/src/app/counter.actions.ts

```
1  import {
2    Action,
3    ActionCreator
4  } from 'redux';
5
6  export const INCREMENT: string = 'INCREMENT';
7  export const increment: ActionCreator<Action> = () => ({
8    type: INCREMENT
9  });
10
11  export const DECREMENT: string = 'DECREMENT';
12  export const decrement: ActionCreator<Action> = () => ({
13    type: DECREMENT
14  });
```

여기서는 동작 생성자 함수가 ActionCreator<Action> 타입을 리턴한다. ActionCreator 는 제네릭 클래스로서 리덕스가 정의한 것이다. 이를 사용해 동작을 만드는 함수를 정의할 수 있다. 여기서는 구체적인 클래스인 Action을 사용하지만, 지난 절에서 정의한 AddMessageAction처럼 더욱 구체적인 Action 클래스를 사용할 수도 있다.

12.7.4 저장소 만들기

리듀서와 상태가 만들어졌다. 저장소는 다음처럼 만들 수 있다.

```
1  let store: Store<AppState> = createStore<AppState>(counterReducer);
```

하지만 짜임새 있는 개발자 도구를 제공하는 것이 리덕스의 무기라 할 수 있다. 구체적으로 언급하자면, 애플리케이션의 상태를 모니터하고 동작을 디스패치할 수 있는 크롬 확장 프로그램[12]이 있다.

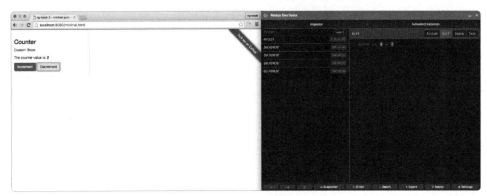

카운터 앱에서 리덕스 Devtools 사용하기

리덕스 Devtools는 시스템 내 모든 동작의 흐름과 각 동작이 상태에 미치는 영향을 명확하게 들여다볼 수 있다는 점에서 매우 유용하다.

 망설이지 말고 지금 바로 리덕스 Devtools 크롬 확장 프로그램[13]을 설치하기 바란다!

Devtools를 사용하려면 한 가지 과정을 거쳐야 한다. 바로, 저장소에 추가하는 일이다.

---

12 https://chrome.google.com/webstore/detail/redux-devtools/lmhkpmbekcpmknklioeibfkpmmfibljd?hl=en
    단축URL goo.gl/uglfpd
13 위의 각주 참고

code/redux/redux-chat/redux-counter/src/app/app.store.ts

```
16   const devtools: StoreEnhancer<AppState> =
17     window['devToolsExtension'] ?
18     window['devToolsExtension']() : f => f;
```

앱 사용자 전부가 리덕스 Devtools를 설치하는 것은 아닐 테니, 사용자의 환경을 확인할 방법이 필요하다. 리덕스 Devtools에 정의된 window.devToolsExtension 부분이다. Devtools가 존재하면 사용하고, 존재하지 않으면 '정체성 함수(f => f)'를 리턴한다. 이 함수는 무엇이든 전달받은 것을 리턴한다.

 미들웨어(middleware)는 다른 라이브러리의 기능을 향상해 주는 함수를 가리키는 용어로서, 리덕스 Devtools는 리덕스용 여러 미들웨어 라이브러리 중 하나다. 리덕스는 다양한 미들웨어를 지원하며, 직접 작성하는 방법도 쉽다. 관련 내용은 redux.js 웹사이트[14]에서 찾아볼 수 있다.

devtools를 사용하기 위해서는 리덕스 저장소에 미들웨어로 전달해야 한다.

code/redux/redux-chat/redux-counter/src/app/app.store.ts

```
20   export function createAppStore(): Store<AppState> {
21     return createStore<AppState>(
22       reducer,
23       compose(devtools)
24     );
25   }
```

이제 동작을 디스패치하고 상태를 변경할 때마다 이를 브라우저에서 확인할 수 있다!

12.8 저장소 제공하기

리덕스 코어 설정이 끝났다. 이제 앵귤러 컴포넌트에 집중하자. 우선 최상위 앱 컴포넌트인 AppComponent부터 만들 것이다. AppComponent는 앵귤러를 bootstrap하기 위해 사용하는 컴포넌트다. 여기서는 AppComponent를 루트 컴포넌트로 사용할 것이다. 지금 만들고 있는 앱은 리덕스 앱이므로 앱 어느 곳에서든지 저장소 인스턴스에 액세스할 수 있어야 한다. 어떻게 해야 할까? 의존성 주입을 사용할 것이다.

---

14   http://redux.js.org/docs/advanced/Middleware.html 단축URL goo.gl/BYUxqp

지난 6장 '의존성 주입'에서는 무엇이든 DI를 통해 사용할 수 있도록 할 때 providers 설정을 NgModule의 providers 리스트에 추가했다. DI 시스템에 무엇이든 제공할 때는 다음 두 가지를 지정해야 한다.

1. 주입 가능한 의존성을 참조하기 위한 토큰
2. 의존성을 주입할 방법

싱글턴 서비스도 제공할 때가 많다. 이때는 다음처럼 useClass 옵션을 사용하기도 한다.

```
1  { provide: SpotifyService, useClass: SpotifyService }
```

여기서는 SpotifyService 클래스를 DI 시스템의 토큰으로 사용한다. useClass 옵션을 적용하면 SpotifyService의 인스턴스를 만들고 SpotifyService 주입이 필요할 때마다(싱글턴 유지 등)이 인스턴스를 재사용할 수 있다.

이때 한 가지 문제가 있다. 저장소는 createStore로 직접 만들었기 때문에 자동으로 만들어지면 안 된다. 직접 만든 store를 사용만 하면 된다. 이를 위해 provide의 useValue 옵션을 사용한다. 우리는 앞에서 API_URL처럼 설정할 수 있는 값으로도 이 과정을 진행한 적이 있다.

```
1  { provide: API_URL, useValue: 'http://localhost/api' }
```

이제 주입을 위해 어떤 토큰이 필요한지만 정하면 된다. 우리의 store는 타입이 Store<App State>이다.

code/redux/redux-chat/redux-counter/src/app/app.store.ts

```
20  export function createAppStore(): Store<AppState> {
21    return createStore<AppState>(
22      reducer,
23      compose(devtools)
24    );
25  }
26
27  export const appStoreProviders = [
28    { provide: AppStore, useFactory: createAppStore }
29  ];
```

Store는 인터페이스지 클래스가 아니다. 따라서 안타깝지만 인터페이스를 의존성 주입으로 사용할 수 없다.

 왜 인터페이스를 의존성 주입으로 사용할 수 없을까? 타입스크립트의 인터페이스는 컴파일 이후 제거되어 런타임에서는 사용할 수 없기 때문이다.[15]

따라서 저장소를 주입할 때 사용할 자체 토큰을 만들어야 한다. 다행히 앵귤러에서는 이 과정을 쉽게 진행할 수 있다. 토큰을 만들어 이를 애플리케이션 내 어느 곳에서도 import할 수 있도록 해 보자.

code/redux/redux-chat/redux-counter/src/app/app.store.ts

```
14  export const AppStore = new InjectionToken('App.store');
```

여기서는 앵귤러의 OpaqueToken 클래스를 사용하는 const AppStore를 만들었다. 문자열을 직접 주입하는 것보다 OpaqueToken이 나은 선택이라고 할 수 있다. 충돌을 막는 데 도움이 되기 때문이다.

이제 AppStore 토큰을 provide에 사용해 보자.

12.9 앱 시동하기

app.module.ts로 돌아가 앱을 시동할(bootstrap) NgModule을 만들어 보자.

code/redux/redux-chat/redux-counter/src/app/app.module.ts

```
1  import { BrowserModule } from '@angular/platform-browser';
2  import { NgModule } from '@angular/core';
3  import { FormsModule } from '@angular/forms';
4  import { HttpModule } from '@angular/http';
5
6  import { appStoreProviders } from './app.store';
7
8  import { AppComponent } from './app.component';
```

---

15 자세한 내용은 다음 사이트를 참고하기 바란다.
   http://stackoverflow.com/questions/32254952/binding-a-class-to-an-interface 단축URL goo.gl/8fjwFn
   https://github.com/angular/angular/issues/135 단축URL goo.gl/R3iajY
   http://victorsavkin.com/post/126514197956/dependency-injection-in-angular-1-and-angular-2 단축URL goo.gl/qsmm9t

```
 9
10   @NgModule({
11     declarations: [
12       AppComponent
13     ],
14     imports: [
15       BrowserModule,
16       FormsModule,
17       HttpModule
18     ],
19     providers: [ appStoreProviders ],
20     bootstrap: [AppComponent]
21   })
22   export class AppModule {  }
```

AppStore를 주입하여 앱 내 어느 곳에서든지 리덕스 저장소를 참조할 수 있게 되었다. 지금 가장 필요한 곳은 AppComponent일 것이다.

 여기서는 app.store.ts에서 appStoreProviders 함수를 내보냈다. 그리고 이 함수를 providers 에서 사용했다. 왜 { provide: ..., useFactory: ... } 문법 구조를 직접 적용하지 않았을까? 정답은 AOT와 관련이 있다. 함수를 사용하는 제공자가 AOT 컴파일(ahead-of-time compile)되려면 다른 모듈에서 이를 함수로 내보내는 것이 먼저다.

12.10 AppComponent

설정이 무난히 진행되었다. 실제로 카운터를 사용자에게 표시하는 컴포넌트를 만들고 상태를 변경할 수 있는 버튼도 제공해 보자.

12.10.1 import

import부터 살펴볼 것이다.

code/redux/redux-chat/redux-counter/src/app/app.component.ts

```
1   import { Component, Inject } from '@angular/core';
2   import { Store } from 'redux';
3   import { AppStore } from './app.store';
4   import { AppState } from './app.state';
5   import * as CounterActions from './counter.actions';
```

리덕스에서 Store와 인젝터 토큰인 AppStore를 가져왔다. 이 토큰으로 저장소의 싱글턴 인스턴스를 참조할 수 있다. 그리고 AppState 타입도 가지고 왔다. 이를 통해 중심 상태의 구조를 파악할 수 있다.

마지막으로, 동작 생성자도 * as CounterActions를 통해 가지고 왔다. 이는 CounterActions.increment()를 호출해 INCREMENT 동작을 생성한다는 문법이다.

12.10.2 템플릿

AppComponent의 템플릿을 살펴보자.

 이 장에서는 CSS 프레임워크인 부트스트랩[16]을 추가했다.

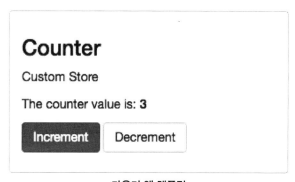

카운터 앱 템플릿

code/redux/redux-chat/redux-counter/src/app/app.component.html

```
1  <div class="row">
2    <div class="col-sm-6 col-md-4">
3      <div class="thumbnail">
4        <div class="caption">
5          <h3>Counter</h3>
6          <p>Custom Store</p>
7
8          <p>
9            The counter value is:
10           <b>{{ counter }}</b>
11         </p>
12
13         <p>
```

---

16 http://getbootstrap.com

```
14          <button (click)="increment()"
15                  class="btn btn-primary">
16            Increment
17          </button>
18          <button (click)="decrement()"
19                  class="btn btn-default">
20            Decrement
21          </button>
22        </p>
23      </div>
24    </div>
25  </div>
26 </div>
```

눈여겨볼 것은 세 가지다.

1. {{ counter }}로 카운터의 값 표시하기

2. 버튼에서 increment( ) 함수 호출하기

3. 버튼에서 decrement( ) 함수 호출하기

12.10.3 constructor

이 컴포넌트는 Store에 의존한다. 따라서 이를 컨스트럭터에 주입해야 한다. 이런 식으로 커스 텀 AppStore 토큰을 사용하여 의존성을 주입하는 것이다.

code/redux/redux-chat/redux-counter/src/app/app.component.ts

```
1  import { Component, Inject } from '@angular/core';
2  import { Store } from 'redux';
3  import { AppStore } from './app.store';
4  import { AppState } from './app.state';
5  import * as CounterActions from './counter.actions';
6
7  @Component({
8    selector: 'app-root',
9    templateUrl: './app.component.html',
10   styleUrls: ['./app.component.css']
11 })
12 export class AppComponent {
13   counter: number;
14
15   constructor(@Inject(AppStore) private store: Store<AppState>) {
16     store.subscribe(() => this.readState());
17     this.readState();
18   }
```

```
19
20    readState() {
21      const state: AppState = this.store.getState() as AppState;
22      this.counter = state.counter;
23    }
24
25    increment() {
26      this.store.dispatch(CounterActions.increment());
27    }
28
29    decrement() {
30      this.store.dispatch(CounterActions.decrement());
31    }
32  }
```

AppStore를 주입하려면 @Inject 데코레이터가 필요한데, store 변수의 타입을 Store<AppState>
에 맞춰 정의한 것이 중요하다. 주입된 의존성의 타입과 다른 주입 토큰을 사용하는 것은 클
래스를 주입 토큰으로 사용할 때와 다소 다르다(그리고 앵귤러는 주입 대상을 추론한다).

store를 인스턴스 변수로 설정했다(private store). 변화를 주시할 수 있는 저장소가 만들어졌으
므로 store.subscribe를 호출하고 이어서 this.readState()를 호출한다. 저장소가 subscribe를
호출할 때는 새 동작이 디스패치될 때뿐이다. 따라서 여기서는 컴포넌트가 초기 데이터를 받
을 수 있도록 readState를 적어도 한 번 수동으로 호출해야 한다.

readState 메서드는 저장소에서 this.counter를 읽어 이를 현재 값에 맞게 업데이트한다. this.
counter가 이 클래스의 프로퍼티이고 뷰에 바인딩되었기 때문에 앵귤러는 그 변화를 감지해
컴포넌트를 다시 렌더링한다.

increment와 decrement라는 도우미 메서드를 정의한다. 각 동작을 저장소에 디스패치하는
메서드들이다.

12.10.4 모두 합치기

이제 테스트해 보자!

```
1   cd code/redux/redux-chat/redux-counter
2   npm install
3   npm start
4   open http://localhost:4200
```

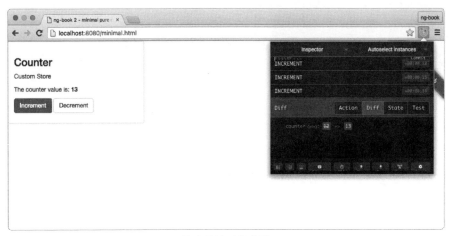

동작 중인 카운터 앱

축하한다! 드디어 첫 앵귤러 및 리덕스 앱이 완성되었다!

12.11 앞으로 갈 곳

지금까지 리덕스와 앵귤러를 사용하여 기본적인 앱을 빌드했다. 이제 좀 더 복잡한 앱을 빌드해 보자. 빌드할 앱이 커지면 다음과 같은 새로운 도전과 마주하게 된다.

- 리듀서를 어떻게 결합해야 할까?
- 서로 다른 상태 가지(branch)에서 데이터를 어떻게 추출해야 할까?
- 리덕스 코드를 어떻게 구성해야 할까?

다음 장에서는 이 모든 문제를 해결할 수 있는 대화 앱을 빌드할 것이다.

12.12 참조

리덕스를 깊이 있게 배우고 싶은 독자를 위해 몇 가지 훌륭한 리소스를 소개하겠다.

- 리덕스 공식 웹 사이트[17]
- 리덕스 창시자의 튜토리얼 동영상[18]

---

17 http://redux.js.org/
18 https://egghead.io/courses/getting-started-with-redux (단축URL) goo.gl/ZGhBGF

- 현실적 리덕스(프레젠테이션 슬라이드)[19]
- 강력한 고차원 리듀서[20]

리덕스와 앵귤러 관련 리소스

- angular2-redux[21]
- ng2-redux[22]
- ngrx/store[23]

부단히 노력만이!

---

19 https://speakerdeck.com/chrisui/real-world-redux 단축URL goo.gl/ZIb8Yv
20 http://slides.com/omnidan/hor
21 https://github.com/InfomediaLtd/angular2-redux 단축URL goo.gl/HqdzxC
22 https://github.com/angular-redux/ng2-redux 단축URL goo.gl/L9hOFY
23 https://github.com/ngrx/store

CHAPTER

13

중급자를 위한 앵귤러 리덕스

지난 장에서는 우아하면서도 널리 사용되는 리덕스를 다루었다. 또한, 앵귤러 컴포넌트와 리덕스 저장소가 서로 연결된 지극히 기본적인 앱을 빌드했다. 이 장에서는 지난 장의 개념들을 바탕으로 한결 정교해진 대화 앱을 빌드하고자 한다. 다음은 우리가 빌드할 앱의 모습이다.

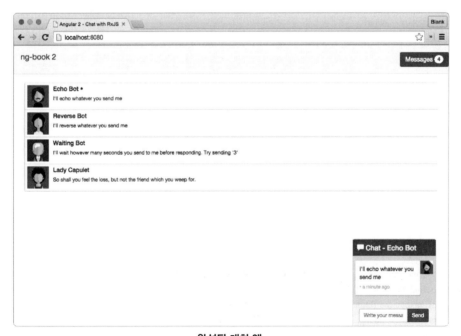

완성된 대화 앱

13.1 이 장의 관점

지난 10장에서는 RxJS를 사용하여 대화 앱을 빌드했다. 여기서는 같은 앱을 리덕스로만 빌드할 것이다. 두 데이터 아키텍처를 비교하고, 서로 다른 데이터 아키텍처 전략이 적용된 같은 앱이 어떤 모습을 보일지 대조해 보는 것이 이 장의 요점이라 하겠다.

하지만 이 장의 내용을 진행하기 위해 10장을 미리 읽어야 하는 것은 아니다. 이 장은 10장과 독립적으로 진행된다. 이미 앞 내용을 진행한 독자는 이 장의 내용을 군데군데 훑고 지나가도 될 것이다. 코드가 상당히 같기 때문이다(이를테면 데이터 모델 자체는 크게 변하지 않았다). 하지만 리덕스를 다룬 이전 장은 반드시 읽어야 한다. 적어도 리덕스의 기능들을 이해하고 있어야 할 것이다.

13.2 대화 앱 조감도

이 앱에서는 사용자와 대화를 진행할 수 있는 봇(bot)을 여러 가지 제공한다. 코드를 열고 테스트를 해 보자.

```
1  cd code/redux/redux-chat
2  npm install
3  npm start
```

브라우저를 열고 http://localhost:4200에 접속한다. 이 애플리케이션에 관해 다음 몇 가지를 생각해 보자.

- 다른 사람과 대화할 수 있는 스레드를 클릭할 수 있다.
- 봇이 받아치는 대화는 봇의 성격에 따라 다르다.
- 상단 구석에는 읽지 않은 메시지 개수가 실제 읽지 않은 메시지의 개수와 동기화되어 표시된다.

이 앱의 구조를 살펴보자. 크게 다음 세 부분으로 나눌 수 있다.

- 세 개의 최상위 앵귤러 컴포넌트
- 세 개의 모델
- 두 개의 리듀서(각각 동작 생성자가 포함됨)

이제부터 하나씩 살펴보기로 하자.

13.2.1 컴포넌트

페이지는 다음 세 개의 최상위 컴포넌트로 구성된다.

- ChatNavBarComponent — 읽지 않은 메시지 개수를 담는다.
- ChatThreadsComponent — 클릭할 수 있는 스레드 리스트와 최근 메시지 및 대화 아바타를 나타낸다.
- ChatWindowComponent — 새 메시지를 보낼 입력란과 현재 스레드의 메시지를 보여준다.

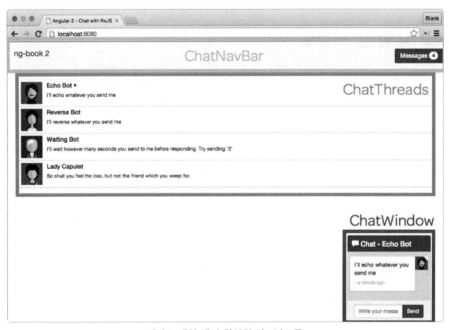

리덕스 대화 앱의 최상위 컴포넌트들

13.2.2 모델

앱에는 모델도 세 개가 있다.

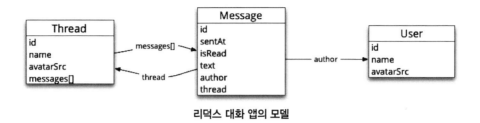

리덕스 대화 앱의 모델

- User — 대화 참가자 정보를 저장한다.
- Message — 개별 메시지를 저장한다.
- Thread — Message 컬렉션과 대화 관련 데이터 일부를 저장한다.

13.2.3 리듀서

앱에는 리듀서가 두 개 있다.

- UsersReducer — 현재 사용자 정보를 처리한다.
- ThreadsReducer — 스레드와 메시지를 처리한다.

13.2.4 정리

애플리케이션의 데이터 아키텍처의 모습은 다음과 같다.

- 사용자와 스레드(메시지를 담고 있는 것) 관련 정보 전체는 중앙 저장소에 담긴다.
- 컴포넌트는 이 저장소의 변화를 구독하고 적절한 데이터(읽지 않은 메시지 개수, 스레드 리스트, 메시지 자체)를 표시한다.
- 사용자가 메시지를 보내면 컴포넌트기 저장소에 동작을 디스패치한다.

이 장 끝까지 앵귤러와 리덕스를 사용해 이를 어떻게 구현하는지 깊이 있게 다룰 것이다. 우선 모델부터 구현한다. 그리고 앱 상태와 리듀서를 어떻게 만드는지 들여다보고, 마지막으로 컴포넌트를 구현한다.

13.3 모델 구현하기

일단 시작은 가볍게 모델부터 살펴보기로 하자. 모델 정의는 interface로 지정한다. 하지만 반드시 그래야 하는 것은 아니며, 더 정교한 객체를 사용해도 무방하다. 다만, 내부 상태를 변형하는 메서드가 포함된 객체는 모델의 기능에 방해가 될 수 있다. 바꿔 말하면, 앱 상태의 변형은 모두 리듀서가 담당한다. 상태에 포함된 객체는 변형될 수 없어야 한다. 모델에 필요한 interface를 정의하면 다음 일들을 할 수 있다.

1. 객체는 컴파일 타임에 예상 형식을 준수할 수 있다.
2. 모델 객체에 실수로라도 예상치 못한 결과를 초래할 수 있는 메서드를 추가할 위험을 방지할 수 있다.

13.3.1 User

User 인터페이스에는 id, name, avatarSrc가 정의된다.

code/redux/redux-chat/src/app/user/user.model.ts

```
1  /**
2   * 사용자는 메시지를 보내는 에이전트를 나타낸다.
3   */
4  export interface User {
5    id: string;
6    name: string;
7    avatarSrc: string;
8    isClient?: boolean;
9  }
```

불리언인 isClient도 정의된다(물음표는 이 필드가 옵션이라는 뜻이다). 이 값은 User가 클라이언트, 즉 앱 사용자일 때 true로 설정된다.

13.3.2 Thread

마찬가지로 Thread도 타입스크립트 인터페이스다.

code/redux/redux-chat/src/app/thread/thread.model.ts

```
1  import { Message } from '../message/message.model';
2
3  /**
4   * 스레드는 메시지를 교환하는 일련의 사용자를 나타낸다.
5   */
6  export interface Thread {
7    id: string;
8    name: string;
9    avatarSrc: string;
10   messages: Message[];
11 }
```

Thread의 id와 name, 현재 avatarSrc를 저장한다. 또한 messages 필드에는 Message 배열이
와야 한다.

13.3.3 Message

Message는 세 번째이자 마지막 interface이다.

code/redux/redux-chat/src/app/message/message.model.ts

```
1   import { User } from '../user/user.model';
2   import { Thread } from '../thread/thread.model';
3
4   /**
5    * Message는 스레드로 보내는 메시지 하나를 나타낸다.
6    */
7   export interface Message {
8     id?: string;
9     sentAt?: Date;
10    isRead?: boolean;
11    thread?: Thread;
12    author: User;
13    text: string;
14  }
```

각 메시지는 다음을 담는다.

- id — 메시지의 ID

- sentAt — 메시지를 보낸 시간

- isRead — 메시지를 읽었는지 나타내는 불리언

- author — 메시지를 작성한 User

- text — 메시지 텍스트

- thread — Thread 참조

13.4 앱 상태

모델이 준비되었다. 이제 중심 상태의 모양을 살펴보자. 이전 장에서 중심 상태는 number라
는 값의 counter 키가 포함된 단일 객체였다. 하지만 이번에는 다소 복잡해졌다. 다음은 앱
상태의 첫 번째 부분이다.

code/redux/redux-chat/src/app/app.reducer.ts

```
18  export interface AppState {
19    users: UsersState;
20    threads: ThreadsState;
21  }
```

AppState는 interface이기도 하며, 두 개의 최상위 키인 users와 threads를 가진다. 이 둘은 UsersState와 ThreadsState라는 인터페이스에서 정의된다. 이 두 인터페이스는 해당 리듀서에서 정의된다.

13.4.1 효율적인 코드 레이아웃

리듀서마다 최상위 상태는 최상위 키를 가진다는 패턴은 리덕스 앱에서 일반적이다. 여기서는 app.reducer.ts에 최상위 리듀서를 유지할 것이다. 리듀서마다 자체 파일이 있다. 이 파일에는 다음을 저장한다.

- 상태 트리의 가지를 기술하는 interface
- 상태 트리의 해당 가지에서 초기 상태의 값
- 리듀서 자체
- 상태 트리의 가지를 조회하는 셀렉터(아직 셀렉터를 다루지 않았다. 곧 다루겠다)

서로 다른 이 모든 것을 한꺼번에 두는 이유는 전부 상태 트리의 같은 가지에서 구조를 다루고 있기 때문이다. 이들을 같은 파일에 두면, 모든 것을 동시에 리팩토링하기가 매우 수월해진다. 여러 레이어를 중첩해도 무방하다. 큰 모듈을 작게 쪼개야 효율이 높아진다.

13.4.2 루트 리듀서

리듀서 세분화를 다루었으니 루트 리듀서부터 살펴보기로 하자.

code/redux/redux-chat/src/app/app.reducer.ts

```
18  export interface AppState {
19    users: UsersState;
20    threads: ThreadsState;
21  }
22
23  const rootReducer: Reducer<AppState> = combineReducers<AppState>({
24    users: UsersReducer,
```

```
25    threads: ThreadsReducer
26 });
27
28 export default rootReducer;
```

대칭성이 눈에 띈다. UsersReducer는 타입이 UsersState인 users 키를 바탕으로 동작하고, ThreadsReducer는 타입이 ThreadsState인 threads 키를 바탕으로 동작한다. 이는 키와 리듀서의 맵을 받아 새 리듀서를 리턴하는 combineReducers 함수 때문에 가능하다. 리턴되는 새 리듀서도 이들 키를 바탕으로 동작한다. 물론, 아직까지 AppState의 구조를 모두 살펴보지는 않았다. 바로 지금 마무리하자.

13.4.3 UsersState

UsersState는 currentUser의 참조를 담는다.

code/redux/redux-chat/src/app/user/users.reducer.ts
```
18 export interface UsersState {
19   currentUser: User;
20 };
21
22 const initialState: UsersState = {
23   currentUser: null
24 };
```

상태 트리의 이 가지에서는 모든 사용자의 정보, 이를테면 그들의 접속 시간, 대화하지 않고 기다리는 시간 등을 담는다. 지금은 이 정도 정보면 충분할 것이다. 앞으로는 리듀서에 initialState를 정의하여 사용할 것이지만, 지금은 현재 사용자를 null로 설정해 둔다.

13.4.4 ThreadsState

이제 ThreadsState를 살펴보자.

code/redux/redux-chat/src/app/thread/threads.reducer.ts
```
25 export interface ThreadsEntities {
26   [id: string]: Thread;
27 }
28
29 export interface ThreadsState {
30   ids: string[];
```

```
31    entities: ThreadsEntities;
32    currentThreadId?: string;
33  };
34
35  const initialState: ThreadsState = {
36    ids: [],
37    currentThreadId: null,
38    entities: {}
39  };
```

ThreadsEntities라는 인터페이스부터 정의한다. ThreadsEntities는 Thread에 대한 id 스레드의 맵이다. 맵에서 id별로 스레드를 찾을 수 있도록 하자는 것이 그 개념이다.

ThreadsState에 id 배열을 저장한다. entities에서 찾을 수 있는 id 리스트가 저장되는 것이다.

 이 전략은 일반적이라고 할 수 있는 normalizr[1]에 사용된다. 리덕스 상태에서 엔티티의 저장 방식을 표준화하면 도우미 라이브러리를 사용할 수 있고, 그 사용법 또한 깔끔해진다는 것이 기본 생각이다. 상태 트리에 어떤 형식이 적합한지 고민하지 않아도 되며, normalizr를 사용하면 선택할 수 있는 옵션이 매우 많아져 더욱 빠르게 처리할 수 있다.

이 장에서는 normalizr 사용법을 언급하지 않을 것이다. 그것 말고도 언급할 이야기가 많기 때문이다. 개인적으로는 제품 애플리케이션에 normalizr를 상당히 자주 사용한다.

normalizr는 순전히 옵션이다. normalizr를 사용하지 않는다고 해서 앱이 크게 달라질 것은 없다. normalizr 관련 정보는 공식 문서[2]나 블로그 포스트[3], 리덕스 창시자인 댄 아브라모프(Dan Abramov)의 참조 스레드[4]를 참고하기 바란다.

지금 본 스레드는 currentThreadId에 저장한다. 사용자가 어느 스레드를 보고 있는지 알기 위해서다. initialState는 '빈(empty)' 값으로 설정한다.

1   https://github.com/paularmstrong/normalizr 단축URL goo.gl/vGif10

2   위 각주 참조

3   https://medium.com/@mcowpercoles/using-normalizr-js-in-a-redux-store-96ab33991369#.l8ur7ipu6
     단축URL goo.gl/zMtcQW

4   https://twitter.com/dan_abramov/status/663032263702106112 단축URL goo.gl/RDG8m1

13.4.5 AppState 시각화하기

리덕스 Devtools는 앱의 상태를 '차트'로 보여 준다. 다음은 나의 시스템에서 데모 데이터로 시동한 이후 표시된 모습이다.

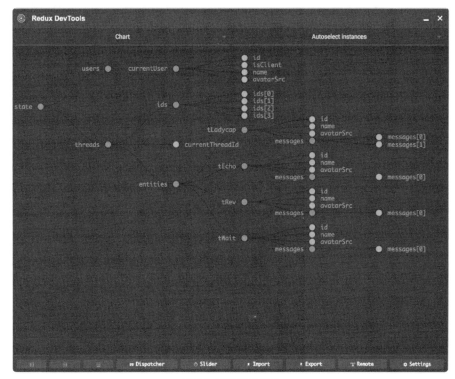

리덕스 대화 상태 차트

노드에 마우스를 가져가면 해당 데이터의 속성이 깔끔하게 표시된다.

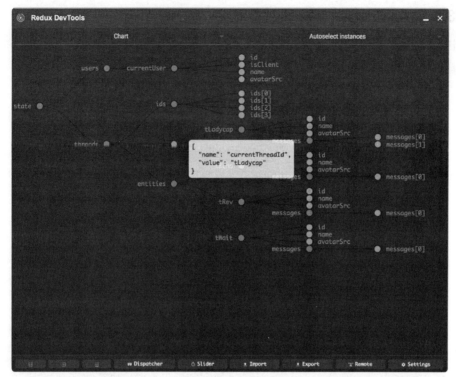

현재 스레드 파악하기

13.5 리듀서(그리고 동작 생성자) 빌드하기

리듀서를 사용하여 중심 상태를 변경해 보자. 리듀서는 동작을 처리하기 때문에 동작의 형식을 알고 있어야 한다. 따라서 리듀서를 빌드할 때 동작 생성자도 함께 빌드해 보자.

13.5.1 현재 사용자 동작 생성자 설정하기

UsersState는 현재 사용자를 저장한다. 다시 말해, 현재 사용자를 설정할 동작이 필요하다. 동작은 actions 폴더에 두고 동작의 이름은 해당 리듀서의 이름과 일치시킨다. 여기서는 UserActions로 지정한다.

code/redux/redux-chat/src/app/user/user.actions.ts

```
20  export const SET_CURRENT_USER = '[User] Set Current';
21  export interface SetCurrentUserAction extends Action {
22    user: User;
23  }
```

```
24  export const setCurrentUser: ActionCreator<SetCurrentUserAction> =
25    (user) => ({
26      type: SET_CURRENT_USER,
27      user: user
28    });
```

리듀서로 switch하는 데 사용할 const SET_CURRENT_USER를 정의했다. 그리고 Action
을 확장하여 user 프로퍼티를 추가하기 위한 새 서브인터페이스인 SetCurrentUserAction
도 정의했다. setCurrentUser는 동작 생성 함수다. user를 인수로 받아 리듀서에 제공되는
SetCurrentUserAction을 리턴한다.

13.5.2 UsersReducer — 현재 사용자 설정하기

이제 UsersReducer를 살펴보자.

code/redux/redux-chat/src/app/user/users.reducer.ts

```
26  export const UsersReducer =
27    function(state: UsersState = initialState, action: Action): UsersState {
28    switch (action.type) {
29      case UserActions.SET_CURRENT_USER:
30      const user: User = (<UserActions.SetCurrentUserAction>action).user;
31        return {
32          currentUser: user
33        };
34      default:
35        return state;
36    }
37  };
```

UsersReducer는 UsersState를 첫 번째 인수로 받는다. 단, 이는 AppState가 아니니 주의해야
한다. '자식 리듀서'는 상태 트리의 해당 가지에서만 동작한다. UsersReducer는 여느 리듀서
처럼 새 상태를 리턴한다. 여기서는 UsersState 타입을 리턴한다. 그다음에는 action.type으로
switch하고 UserActions.SET_CURRENT_USER를 처리한다.

현재 사용자를 설정하기 위해서는 들어오는 동작에서 user를 가져와야 한다. 그러려면 우선
action을 UserActions.SetCurrentUserAction으로 변환하고 .user 필드를 읽는다.

 타입을 직접 사용하지 않고, 처음에 SetCurrentUserAction을 만들었다 type 문자열로 전환하
는 과정이 이상하게 보일 수 있다. 사실 이 부분에서 타입스크립트와 '사투'를 벌어야 한다. 타입스
크립트가 자바스크립트로 컴파일되는 과정에서 인터페이스 메타데이터는 사라진다. 이를 해결하

려면 다른 형태의 리플렉션(reflection)이 필요하다(데코레이터나 컨스트럭터 등).

SetCurrentUserAction을 dispatch의 Action을 하향 변환했다 다시 변환하면, 다소 비효율적이고 깔끔하지도 않지만 앱의 '다형성 디스패치'를 직관적이면서도 번거롭지 않게 처리할 수 있다.

이제 새 UsersState를 리턴해야 한다. UsersState에는 키가 하나뿐이므로 들어오는 동작의 user에 설정된 currentUser와 함께 객체를 리턴해야 한다.

13.5.3 스레드와 메시지 개요

이 앱의 핵심은 바로 스레드로 표현되는 메시지다. 지원해야 할 동작은 다음과 같다.

1. 상태에 새 스레드 추가하기
2. 스레드에 메시지 추가하기
3. 스레드 선택하기

새 스레드를 만드는 과정부터 살펴보자.

13.5.4 새 스레드 동작 생성자 추가하기

다음은 새 Thread 상태에 추가하는 동작 생성자다.

code/redux/redux-chat/src/app/thread/thread.actions.ts

```
22  export const ADD_THREAD = '[Thread] Add';
23  export interface AddThreadAction extends Action {
24    thread: Thread;
25  }
26  export const addThread: ActionCreator<AddThreadAction> =
27    (thread) => ({
28      type: ADD_THREAD,
29      thread: thread
30    });
```

구조적으로 보자면 이전 동작 생성자와 상당히 비슷하다. const ADD_THREAD와 커스텀 Action, Action을 생성하는 동작 생성자인 addThread를 정의한다. 다만, Thread 자체는 초기화하지 않는다. Thread를 인수로 받을 수 있기 때문이다.

13.5.5 새 스레드 리듀서 추가하기

ADD_THREAD를 처리하여 ThreadsReducer를 시작해 보자.

code/redux/redux-chat/src/app/thread/threads.reducer.ts

```
45  export const ThreadsReducer =
46    function(state: ThreadsState = initialState, action: Action): ThreadsState {
47    switch (action.type) {
48
49      // 엔터티 리스트에 새 스레드를 추가한다.
50      case ThreadActions.ADD_THREAD: {
51        const thread = (<ThreadActions.AddThreadAction>action).thread;
52
53        if (state.ids.includes(thread.id)) {
54          return state;
55        }
56
57        return {
58          ids: [ ...state.ids, thread.id ],
59          currentThreadId: state.currentThreadId,
60          entities: Object.assign({}, state.entities, {
61            [thread.id]: thread
62          })
63        };
64      }
65
66      // 새 Meassge를 특별한 스레드에 추가한다.
```

ThreadsReducer는 ThreadsState를 처리한다. ADD_THREAD 동작을 처리할 때는 action 객체를 ThreadActions.AddThreadAction으로 변환하고 Thread를 추출한다.

그다음은 이 새 thread.id가 state.ids 리스트에 있는지 확인한다. 있다면 아무것도 변경하지 않고 현재 state를 리턴한다. 이와 반대로, 이 thread가 새 스레드라면 현재 상태에 추가해야 한다.

새 ThreadsState를 만들 때는 이전 상태를 변형하게 되므로 조심해야 한다. 이 과정은 지금까지 상태에 적용한 여느 과정보다 복잡하다. 하지만 원리상으로는 크게 다르지 않다.

우선 thread.id를 ids 배열에 추가부터 한다. 여기서는 ES6의 펼침 연산자(...)를 사용하여 기존 state.ids 전부를 이 새 배열에 두고, 끝에는 thread.id를 덧붙인다.

currentThreadId는 새 스레드를 추가할 때 변경되지 않는다. 따라서 이 필드에 이전 state.currentThreadId를 리턴한다.

entities에서는 스레드의 키 ID가 string이고, 값은 스레드 자체인 객체를 눈여겨보아야 한다. 여기서는 Object.assign을 사용하여 새 객체를 만든다. 이 객체는 이전 state.entities와 새로 추가된 thread를 새 객체로 병합하기 위해 필요하다.

 이 과정에서는 객체들을 일일이 복사하느라 지쳤을지도 모르겠다. 누구나 다 그런 것 같다. 사실 실수도 자주 일어난다. 그래서 Immutable.js가 있는 것이다. Immutable.js[5]는 이런 수고를 덜기 위해 리덕스와 자주 사용되며, 자동으로 처리되므로 여러모로 편리하다. Immutable.js가 무엇인지 그리고 여러분의 앱에 어울리는지 살펴보기 바란다.

이제 새 스레드를 중심 상태에 추가해 보자!

13.5.6 동작 생성자에 새 메시지 추가하기

스레드에 메시지를 추가해 보자. 우선, 메시지를 추가하기 위한 새 동작을 정의해야 한다.

code/redux/redux-chat/src/app/thread/thread.actions.ts

```
32  export const ADD_MESSAGE = '[Thread] Add Message';
33  export interface AddMessageAction extends Action {
34    thread: Thread;
35    message: Message;
36  }
```

AddMessageAction이 Message를 Thread에 추가한다.

다음은 메시지를 추가할 동작 생성자다.

code/redux/redux-chat/src/app/thread/thread.actions.ts

```
37  export const addMessage: ActionCreator<AddMessageAction> =
38    (thread: Thread, messageArgs: Message): AddMessageAction => {
39      const defaults = {
40        id: uuid(),
41        sentAt: new Date(),
42        isRead: false,
43        thread: thread
44      };
45      const message: Message = Object.assign({}, defaults, messageArgs);
46
47      return {
48        type: ADD_MESSAGE,
```

---

5   https://facebook.github.io/immutable-js/ 단축URL goo.gl/rpCC0m

```
49        thread: thread,
50        message: message
51    };
52  };
```

addMessage 동작 생성자는 thread와 객체를 받는다. 중요한 점은 defaults 리스트를 유지해야 한다는 사실이다. ID 생성, 타임스탬프 설정, isRead 상태 설정을 캡슐화하면 메시지를 보내려는 사람이 UUID의 구성 방식 등을 몰라도 될 것이다.

하지만 이 라이브러리를 사용하는 클라이언트에서 이미 메시지를 생성했을 수도 있고, 기존 ID로 메시지를 보낸 경우에는 기존 ID도 유지해야 한다. 이와 같은 기본 처리 방식을 활성화하려면 messageArgs를 defaults로 병합하고, 이들 값을 새 객체로 복사한다.

마지막으로, 이 thread와 새 message를 비롯하여 ADD_MESSAGE 동작을 리턴한다.

13.5.7 새 메시지 리듀서 추가하기

ADD_MESSAGE 핸들러를 ThreadsReducer에 추가해 보자. 새 메시지가 추가되면 스레드를 받아 여기에 메시지를 추가해야 한다. 이 과정에서 한 가지 명확하지 않은 것을 처리해야 한다. thread가 '현재 스레드'라면 이 메시지를 읽은 것으로 표시해야 한다.

사용자는 현재 스레드에 해당하는 스레드 하나를 항상 가지고 있다. 새 메시지가 현재 스레드에 추가되면 읽은 것으로 자동 표시되어야 할 것이다.

code/redux/redux-chat/src/app/thread/threads.reducer.ts
```
67    case ThreadActions.ADD_MESSAGE: {
68      const thread = (<ThreadActions.AddMessageAction>action).thread;
69      const message = (<ThreadActions.AddMessageAction>action).message;
70
71      // 특별 케이스: 추가된 메시지가 현재 스레드에 있으면
72      // 읽은 것으로 표시한다.
73      const isRead = message.thread.id === state.currentThreadId ?
74                      true : message.isRead;
75      const newMessage = Object.assign({}, message, { isRead: isRead });
76
77      // 이전 스레드를 저장한다.
78      const oldThread = state.entities[thread.id];
79
80      // newMessage를 가진 새 스레드를 만든다.
81      const newThread = Object.assign({}, oldThread, {
82        messages: [...oldThread.messages, newMessage]
```

```
83        });
84
85        return {
86          ids: state.ids, // 바뀌지 않음
87          currentThreadId: state.currentThreadId, // 바뀌지 않음
88          entities: Object.assign({}, state.entities, {
89            [thread.id]: newThread
90          })
91        };
92      }
93
94      // UI에서 특별한 스레드를 선택한다.
```

코드가 다소 길어졌다. 원래 스레드를 변형하지 않으려고 했기 때문이다. 하지만 원리상으로는 지금까지 해 온 것과 크게 달라지지 않았다.

우선 thread와 message를 추출한다. 그다음에는 현재 스레드의 일부분이라면 메시지를 읽은 것으로 표시한다(현재 스레드를 설정하는 방법은 잠시 뒤에 다루겠다). 그리고 oldThread로 newThread를 만든다. newThread는 이전 messages에 덧붙은 newMessage를 가지고 있다.

마지막으로 ThreadsState를 리턴한다. ids라는 현재 스레드 리스트와 currentThreadId는 메시지가 추가되어도 변경되지 않는다. 따라서 이전 값을 여기로 전달한다. 변경되는 것은 entities를 newThread로 업데이트한 것뿐이다.

이제 데이터 백본의 마지막 부분을 구현해 보자. 바로, 스레드 선택이다.

13.5.8 스레드 동작 생성자 선택하기

사용자는 대화 세션을 동시에 여러 개 열어 둘 수 있다. 하지만 지금은 대화 창(사용자가 메시지를 읽고 보낼 수 있는 곳)이 하나뿐이다. 사용자가 어떤 스레드를 클릭하면 그 스레드의 메시지들을 대화 창에 표시해야 할 것이다.

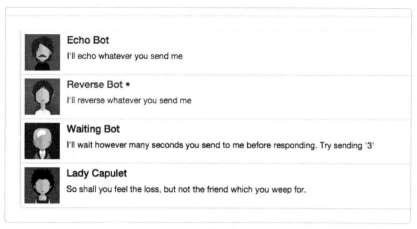

스레드 선택하기

어느 스레드가 현재 선택된 스레드인지 추적하려면 ThreadsState에서 currentThreadId를 사용한다. 여기에 필요한 동작을 만들어 보자.

code/redux/redux-chat/src/app/thread/thread.actions.ts

```
54  export const SELECT_THREAD = '[Thread] Select';
55  export interface SelectThreadAction extends Action {
56    thread: Thread;
57  }
58  export const selectThread: ActionCreator<SelectThreadAction> =
59    (thread) => ({
60      type: SELECT_THREAD,
61      thread: thread
62    });
```

개념적으로는 새로울 것이 없다. SELECT_THREAD라는 새 타입을 가져오고 인수로 선택한 Thread를 전달한다.

13.5.9 스레드 리듀서 선택하기

thread를 선택하려면 다음 두 과정을 거쳐야 한다.

1. 선택된 thread의 id에 currentThreadId 설정하기
2. thread의 모든 메시지를 읽은 것으로 표시하기

다음은 리듀서의 코드다.

code/redux/redux-chat/src/app/thread/threads.reducer.ts

```
 95      case ThreadActions.SELECT_THREAD: {
 96        const thread = (<ThreadActions.SelectThreadAction>action).thread;
 97        const oldThread = state.entities[thread.id];
 98
 99        // 메시지를 읽은 것으로 표시한다.
100        const newMessages = oldThread.messages.map(
101          (message) => Object.assign({}, message, { isRead: true }));
102
103        // 새 스레드에 전달한다.
104        const newThread = Object.assign({}, oldThread, {
105          messages: newMessages
106        });
107
108        return {
109          ids: state.ids,
110          currentThreadId: thread.id,
111          entities: Object.assign({}, state.entities, {
112            [thread.id]: newThread
113          })
114        };
115      }
116
117      default:
118        return state;
119  }
120 };
```

우선 thread부터 가져온다. 그리고 thread.io를 사용하여 state에 존재하는 현재 Thread로부터 값을 가져온다.

 이 방법은 다소 방어적이다. 전달받은 thread를 사용하면 안 될까? 일부 앱에서는 이 방법도 옳은 결정일 수 있다. 여기서는 state.entities에서 해당 스레드의 마지막 값을 읽어 thread의 외부 변형을 막기 위한 방법이다.

그다음에는 이전 메시지의 모든 복사본을 만들고 이들을 isRead: true로 설정한다. 그리고 이들을 newThread에 지정한다.

마지막으로, 새 ThreadsState를 리턴한다.

13.5.10 리듀서 정리

드디어 끝났다! 지금까지 데이터 아키텍처의 백본에 필요한 모든 과정을 진행했다. 정리하자면, 현재 사용자를 유지하는 UsersReducer를 만들었고, 다음을 관리하는 ThreadsReducer를 만들었다.

- 스레드 리스트
- 스레드의 메시지
- 현재 선택된 스레드

이들 데이터로부터 필요한 모든 것을 뽑아낼 수 있다(예 읽지 않은 메시지 개수). 이제 컴포넌트에 연결해 보자.

13.6 앵귤러 대화 앱 빌드하기

앞에서 언급한 대로, 페이지는 다음 세 개의 최상위 컴포넌트로 구성된다.

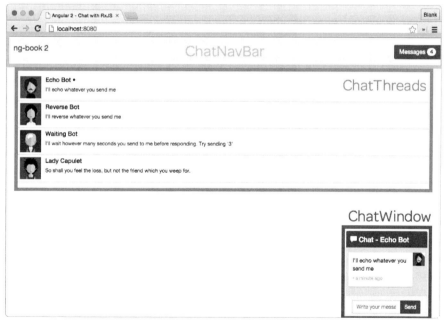

리덕스 대화 앱의 최상위 컴포넌트

- ChatNavBarComponent — 읽지 않은 메시지 개수를 담는다.
- ChatThreadsComponent — 클릭할 수 있는 스레드 리스트와 최근 메시지 및 대화 아바타를 나타낸다.

- ChatWindowComponent — 새 메시지를 보낼 입력란과 현재 스레드의 메시지를 보여준다.

앱은 지난 장에서 했던 것과 상당히 흡사하게 시동된다. 앱의 상위에 있는 리덕스 저장소를 초기화하고 이를 앵귤러의 의존성 주입 시스템에 따라 제공한다(필요하다면 앞에서 언급한 내용을 참고하기 바란다).

code/redux/redux-chat/src/app/app.store.ts

```
 1  import { InjectionToken } from '@angular/core';
 2  import {
 3    createStore,
 4    Store,
 5    compose,
 6    StoreEnhancer
 7  } from 'redux';
 8
 9  import {
10    AppState,
11    default as reducer
12  } from './app.reducer';
13
14  export const AppStore = new InjectionToken('App.store');
15
16  const devtools: StoreEnhancer<AppState> =
17    window['devToolsExtension'] ?
18    window['devToolsExtension']() : f => f;
19
20  export function createAppStore(): Store<AppState> {
21    return createStore<AppState>(
22      reducer,
23      compose(devtools)
24    );
25  }
26
27  export const appStoreProviders = [
28    { provide: AppStore, useFactory: createAppStore }
29  ];
```

13.6.1 ChatApp 최상위 컴포넌트

ChatApp은 최상위 컴포넌트다. ChatPage를 렌더링하는 일이 거의 전부라 할 수 있다.

code/redux/redux-chat/src/app/app.component.ts

```
1  import { Component, Inject } from '@angular/core';
2  import { Store } from 'redux';
3
4  import { AppStore } from './app.store';
5  import { AppState } from './app.reducer';
6  import { ChatExampleData } from './data/chat-example-data';
7
8  @Component({
9    selector: 'app-root',
10   templateUrl: './app.component.html',
11   styleUrls: ['./app.component.css']
12 })
13 export class AppComponent {
14   constructor(@Inject(AppStore) private store: Store<AppState>) {
15     ChatExampleData(store);
16   }
17 }
```

그리고 다음은 템플릿이다.

code/redux/redux-chat/src/app/app.component.html

```
1  <div>
2    <chat-page></chat-page>
3  </div>
```

 이 앱에서는 봇이 서버에 연결되지 않은 클라이언트 형태로 데이터에 따라 동작한다. Chat ExampleData( ) 함수는 앱의 초기 데이터를 설정한다. 다만, 관련 코드는 여기서 다루지 않는다. 동작 과정을 세부적으로 알고 싶은 독자는 샘플 코드를 참고하기 바란다.

이 앱에서는 라우터를 사용하지 않는다. 하지만 사용한다면 앱의 최상위인 이곳에 두어야 한다. 지금은 앱의 대부분을 렌더링할 ChatPage를 만들 것이다.

앱에 다른 페이지가 없지만 페이지마다 컴포넌트를 따로 갖춰 놓는 것이 좋다. 나중에 추가할 수도 있기 때문이다.

13.6.2 ChatPage 컴포넌트

대화 페이지는 다음 세 가지 메인 컴포넌트를 렌더링한다.

- ChatNavBarComponent

- ChatThreadsComponent

- ChatWindowComponent

다음 코드를 살펴보자.

code/redux/redux-chat/src/app/chat-page/chat-page.component.ts

```
1  import { Component, OnInit } from '@angular/core';
2
3  @Component({
4    selector: 'chat-page',
5    templateUrl: './chat-page.component.html',
6    styleUrls: ['./chat-page.component.css']
7  })
8  export class ChatPageComponent implements OnInit {
9    constructor() { }
10   ngOnInit() { }
11 }
```

그리고 다음은 템플릿이다.

code/redux/redux-chat/src/app/chat-page/chat-page.component.html

```
1  <div>
2    <chat-nav-bar></chat-nav-bar>
3    <div class="container">
4      <chat-threads></chat-threads>
5      <chat-window></chat-window>
6    </div>
7  </div>
```

이 앱에서는 **컨테이너 컴포넌트(container component)**라는 디자인 패턴을 사용한다. 이 세 컴포넌트는 모두 컨테이너 컴포넌트다. 하나씩 살펴보기로 하자.

13.6.3 컨테이너 vs. 표현용 컴포넌트

컴포넌트 전체에 데이터가 퍼져 있다면 앱에서 이를 추적하기 쉽지 않다. 하지만 우리의 앱은 동적이다. 런타임 데이터가 적용되어야 하며, 사용자 인터랙션에 적절히 반응해야 한다. 이런 요구를 해결하기 위해 등장한 패턴 중 하나가 표현용 컴포넌트 vs. 컨테이너 컴포넌트라는 개념이다. 이를 소개하자면 다음과 같다.

1. 외부 데이터 소스(예: API, 리덕스 저장소, 쿠키 등)와 소통하는 컴포넌트의 개수를 최소로 줄인다.

2. 따라서 일부러 '컨테이너' 컴포넌트에 액세스를 가능하게 한다.

3. 순수한 '함수적' 차원에서 표현용 컴포넌트(presentation component)가 컨테이너 컴포넌트의 모든 프로퍼티(입력과 출력 전부)를 가져야 한다.

이 디자인은 표현용 컴포넌트가 예측 가능하다는 점에서 뛰어난 장점을 보인다. 표현용 컴포넌트는 전체적인 데이터 아키텍처를 가정하지 않고 필요한 경우로만 한정하기 때문에 재사용이 가능하다. 하지만 재사용보다 더 의미 있는 것은 입력이 같으면 리턴되는 출력도 같아(렌더링이 같아) 예측 가능성이 높다는 것이다.

 통찰력을 발휘하자면, 리듀서에 순수한 함수가 필요하다는 철학이 표현용 컴포넌트가 '순수한 컴포넌트'여야 한다는 것과 일맥상통한다.

앱 전체가 표현용 컴포넌트가 된다면 좋을 것이다. 하지만 물론 현실의 데이터는 지저분하고 자주 변한다. 따라서 현실 세계 데이터를 컨테이너 컴포넌트에 적용할 때는 복잡성부터 해결해야 한다.

 실력이 좋은 프로그래머는 MVC와 컨테이너/표현용 컴포넌트의 유사성을 짐작했을 것이다. 다시 말해, 표현용 컴포넌트는 전달받은 데이터의 '뷰'에 해당한다고도 할 수 있다. 컨테이너 컴포넌트는 일종의 '컨트롤러'에 해당한다. '모델(앱의 데이터에 해당)'을 받아 이를 표현용 컴포넌트에 적용하기 때문이다. 다만, 프로그래밍 경험이 많지 않다면 이 비유를 어느 정도 감안해서 생각해야 한다. 앵귤러 컴포넌트는 이미 뷰이고 컨트롤러이기 때문이다.

앱에서 컨테이너 컴포넌트는 저장소와 소통하는 컴포넌트가 된다. 다시 말해, 다음 일을 하는 컨테이너 컴포넌트라는 뜻이다.

1. 저장소에서 데이터를 읽는다.
2. 변경 여부를 파악하기 위해 저장소를 구독한다.
3. 저장소에 동작을 디스패치한다.

앞에서 언급한 세 가지 메인 컴포넌트는 컨테이너 컴포넌트이며, 그 아래에 있는 모든 것은 표현용이다(즉, 함수적이고, 순수하며, 저장소와 소통하지 않는다). 첫 번째 컨테이너 컴포넌트인 내비게이션 바를 만들어 보자.

13.7 ChatNavBarComponent 빌드하기

내비게이션 바는 읽지 않은 메시지를 다음처럼 사용자에게 보여 준다.

ChatNavBarComponent의 읽지 않은 메시지 개수

 읽지 않은 메시지 개수를 테스트할 때는 이른바 '대기 봇'을 사용하는 것이 가장 좋다. '3'이라는 메시지를 대기 봇에 보내고 다른 창으로 전환해 보라. 대기 봇이 3초 기다리다 답장하고, 읽지 않은 메시지 개수가 증가할 것이다.

먼저, 코드부터 살펴보자.

code/redux/redux-chat/src/app/chat-nav-bar/chat-nav-bar.component.ts

```
 1  import { Component, Inject } from '@angular/core';
 2  import { AppStore } from '../app.store';
 3  import { Store } from 'redux';
 4  import {
 5    AppState,
 6    getUnreadMessagesCount
 7  } from '../app.reducer';
 8
 9  @Component({
10    selector: 'chat-nav-bar',
11    templateUrl: './chat-nav-bar.component.html',
12    styleUrls: ['./chat-nav-bar.component.css']
13  })
14  export class ChatNavBarComponent {
15    unreadMessagesCount: number;
16
17    constructor(@Inject(AppStore) private store: Store<AppState>) {
18      store.subscribe(() => this.updateState());
19      this.updateState();
20    }
21
22    updateState() {
23      this.unreadMessagesCount = getUnreadMessagesCount(this.store.getState());
24    }
25  }
```

다음은 템플릿이다.

```
1   <nav class="navbar navbar-default">
2     <div class="container-fluid">
3       <div class="navbar-header">
4         <a class="navbar-brand" href="https://ng-book.com/2">
5           <img src="assets/images/logos/ng-book-2-minibook.png"/>
6             ng-book 2
7         </a>
8       </div>
9       <p class="navbar-text navbar-right">
10        <button class="btn btn-primary" type="button">
11          Messages <span class="badge">{{ unreadMessagesCount }}</span>
12        </button>
13      </p>
14    </div>
15  </nav>
```

템플릿은 내비게이션 바를 렌더링할 때 필요한 DOM 구조와 CSS를 제공한다(CSS 클래스는 CSS 프레임워크 부트스트랩에 제공된다). 이 템플릿으로 보여주는 유일한 변수는 unreadMessagesCount이다. ChatNavBarComponent는 unreadMessagesCount를 인스턴스 변수로 가지고 있다. 이 숫자는 모든 스레드에서 읽지 않은 메시지의 총합으로 설정된다.

constructor에서는 다음 세 가지 일을 한다.

1. 저장소를 주입한다.
2. 저장소의 변화를 구독한다.
3. this.updateState()를 호출한다.

subscribe 다음에 this.updateState()를 호출한다. 이 컴포넌트가 최신 데이터로 초기화되어야 하기 때문이다. subscribe는 컴포넌트 초기화 이후 변경된 것이 있을 때만 호출된다.

updateState()가 가장 흥미로운 함수인 것 같다. unreadMessagesCount를 getUnreadMessagesCount 함수의 값으로 설정했다. getUnreadMessagesCount는 무엇이고 어디서 가져온 것일까? getUnreadMessagesCount는 셀렉터(selector)라는 새 개념이다.

13.7.1 리덕스 셀렉터

AppState를 생각해 보자. 읽지 않은 메시지 개수를 어떻게 알 수 있을까? 아마 다음처럼 구현할 수 있을 것이다.

```
1    // 상태를 받는다.
2    let state = this.store.getState();
3
4    // 스레드의 상태를 받는다.
5    let threadsState = state.threads;
6
7    // 스레드에서 엔터티를 받는다.
8    let threadsEntities = threadsState.entities;
9
10   // 상태에서 모든 스레드를 받는다.
11   let allThreads = Object.keys(threadsEntities)
12                   .map((threadId) => entities[threadId]);
13
14   // 모든 스레드를 반복 처리한다.
15   let unreadCount = allThreads.reduce(
16       (unreadCount: number, thread: Thread) => {
17         // 해당 스레드의 각 메시지에 대해
18         thread.messages.forEach((message: Message) => {
19           if (!message.isRead) {
20             // 읽지 않았다면 unreadCount를 늘린다.
21             ++unreadCount;
22           }
23         });
24         return unreadCount;
25       },
26       0);
```

이 로직을 ChatNavBarComponent에 넣어야 할까? 그렇게 하면 두 가지 문제가 생긴다.

1. 이 코드는 AppState 깊은 곳까지 건드린다. 이 논리를 상태가 작성된 곳 근처에 두는 것이 더 낫다.

2. 읽지 않은 메시지 개수가 앱의 다른 곳에서 필요하다면? 이 논리를 어떻게 공유해야 할까?

이 두 문제를 해결하기 위한 것이 바로 **셀렉터(selector)**다. 셀렉터는 상태의 일부분과 값을 리턴하는 함수다. 셀렉터 몇 가지를 만들어 자세하게 살펴보기로 하자.

13.7.2 Threads 셀렉터

쉬운 것부터 시작해 보자. AppState에서 ThreadsState를 가져오고자 한다.

code/redux/redux-chat/src/app/thread/threads.reducer.ts

```
122  export const getThreadsState = (state): ThreadsState => state.threads;
```

정말 쉽다! 최상위 AppState일 때 state.threads에서 ThreadsState를 찾을 수 있다.

현재 스레드를 가져오려면 다음처럼 할 수 있다.

```
1  const getCurrentThread = (state: AppState): Thread => {
2    let currentThreadId = state.threads.currentThreadId;
3    return state.threads.entities[currentThreadId];
4  }
```

예시는 작지만 셀렉터의 동작 모습을 잘 나타내고 있다. 하지만 앱이 커지면 셀렉터를 어떻게 관리해야 효율적인지 생각해 볼 필요가 있다. 셀렉터를 사용하여 다른 셀렉터를 조회할 수 있다면 좋을 것이다. 또한, 여러 셀렉터가 딸린 셀렉터를 의존성으로 지정할 수 있어도 좋을 것이다.

지금 이 내용을 바로 reselect 라이브러리[6]가 제공하고 있다. reselect를 적용하면 작고 집중력 있는 셀렉터를 만들고, 이들을 더 큰 기능으로 결합할 수 있다. 다음은 reselect의 createSelector를 사용하여 현재 스레드를 가져오는 방법이다.

code/redux/redux-chat/src/app/thread/threads.reducer.ts

```
124  export const getThreadsEntities = createSelector(
125    getThreadsState,
126    ( state: ThreadsState ) => state.entities );
```

우선 getThreadsEntities부터 작성한다. getThreadsEntities는 createSelector를 사용하여 인수 두 개를 전달한다.

1. 위에서 정의한 셀렉터인 getThreadsState
2. 1번 셀렉터의 값을 받아 선택 값을 리턴하는 콜백 함수

state.entities를 호출하는 것이 오버헤드가 많지만, 훨씬 더 유지 가능한 셀렉터를 설정해 준다. createSelector를 사용하는 getCurrentThread를 살펴보자.

code/redux/redux-chat/src/app/thread/threads.reducer.ts

```
147  export const getCurrentThread = createSelector(
148    getThreadsEntities,
```

---

6   https://github.com/reactjs/reselect#createselectorinputselectors--inputselectors-resultfunc 단축URL //goo.gl/14cQRD

```
149    getThreadsState,
150    ( entities: ThreadsEntities, state: ThreadsState ) =>
151      entities[state.currentThreadId]  );
```

여기서는 getThreadsEntities와 getThreadsState 셀렉터를 의존성으로 사용했다. 이 두 셀렉터는 콜백 함수의 인수가 된다. 이 둘을 결합하여 최종 스레드를 리턴한다.

13.7.3 읽지 않은 메시지 개수 셀렉터

지금까지 이해한 셀렉터의 동작 방식을 바탕으로 읽지 않은 메시지 개수를 가져오는 셀렉터를 만들어 보자. 앞에서는 변수마다 셀렉터가 될 수 있다고 언급했다(getThreadsState, getThreadsEntities 등). 다음은 모든 Threads를 가져오는 셀렉터다.

code/redux/redux-chat/src/app/thread/threads.reducer.ts

```
128  export const getAllThreads = createSelector(
129    getThreadsEntities,
130    ( entities: ThreadsEntities ) => Object.keys(entities)
131                        .map((threadId) => entities[threadId]));
```

다음처럼 모든 스레드에서 읽지 않은 메시지 개수의 총합을 알 수 있다.

code/redux/redux-chat/src/app/thread/threads.reducer.ts

```
133  export const getUnreadMessagesCount = createSelector(
134    getAllThreads,
135    ( threads: Thread[] ) => threads.reduce(
136      (unreadCount: number, thread: Thread) => {
137        thread.messages.forEach((message: Message) => {
138          if (!message.isRead) {
139            ++unreadCount;
140          }
141        });
142        return unreadCount;
143      },
144    0));
```

이 셀렉터를 사용하면 ChatNavBarComponent(와 앱 내 다른 곳)에서 읽지 않은 메시지의 개수를 가져올 수 있다.

13.8 ChatThreadsComponent 빌드하기

이제 ChatThreadsComponent에서 스레드 리스트를 빌드해 보자.

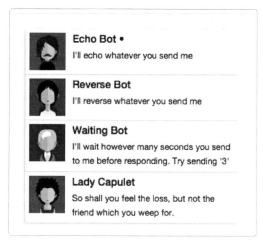

스레드의 시간별 리스트

13.8.1 ChatThreadsComponent 컨트롤러

ChatThreadsComponent 컴포넌트 컨트롤러부터 살펴보고 곧이어 템플릿을 들여다보자.

code/redux/redux-chat/src/app/chat-threads/chat-threads.component.ts

```
1  import {
2    Component,
3    OnInit,
4    Inject
5  } from '@angular/core';
6  import { AppStore } from '../app.store';
7  import { Store } from 'redux';
8  import {
9    Thread
10 } from '../thread/thread.model';
11 import * as ThreadActions from '../thread/thread.actions';
12 import {
13   AppState,
14   getCurrentThread,
15   getAllThreads
16 } from '../app.reducer';
17
18 @Component({
19   selector: 'chat-threads',
20   templateUrl: './chat-threads.component.html',
```

```
21    styleUrls: ['./chat-threads.component.css']
22  })
23  export class ChatThreadsComponent {
24    threads: Thread[];
25    currentThreadId: string;
26
27    constructor(@Inject(AppStore) private store: Store<AppState>) {
28      store.subscribe(() => this.updateState());
29      this.updateState();
30    }
31
32    updateState() {
33      const state = this.store.getState();
34
35      // 스레드 리스트를 저장한다.
36      this.threads = getAllThreads(state);
37
38      // 현재 스레드를 선택한 것으로 표시하려면
39      // currentThreadId를 값으로 저장한다.
40      this.currentThreadId = getCurrentThread(state).id;
41    }
42
43    handleThreadClicked(thread: Thread) {
44      this.store.dispatch(ThreadActions.selectThread(thread));
45    }
46  }
```

이 컴포넌트에는 두 인스턴스 변수를 저장한다.

- threads — Threads 리스트
- currentThreadId — 사용자가 참여하고 있는 현재 스레드(대화)

constructor에서는 리덕스 참조를 두고 업데이트를 구독한다. 그리고 저장소가 변경되면 updateState()를 호출한다. updateState()는 인스턴스 변수들과 리덕스 저장소의 동기화 유지를 담당한다. 여기에 사용되는 셀렉터는 다음 두 가지다.

- getAllThreads
- getCurrentThread

이 둘은 인스턴스 변수마다 최신 상태로 유지하는 책임을 맡았다.

새로 소개할 것은 이벤트 핸들러인 handleThreadClicked이다. handleThreadClicked는 selectThread 동작을 디스패치한다. 스레드가 클릭되면 저장소에서는 선택된 스레드로 이 새

스레드를 설정하고 앱 내 다른 곳에서도 순서대로 업데이트를 이어간다.

13.8.2 ChatThreadsComponent 템플릿

ChatThreadsComponent 템플릿과 그 설정을 살펴보자.

code/redux/redux-chat/src/app/chat-threads/chat-threads.component.html

```
1   <!-- 대화 -->
2     <div class="row">
3       <div class="conversation-wrap">
4       <chat-thread
5           *ngFor="let thread of threads"
6           [thread]="thread"
7           [selected]="thread.id === currentThreadId"
8           (onThreadSelected)="handleThreadClicked($event)">
9       </chat-thread>
10    </div>
11  </div>
```

템플릿에서는 ngFor를 사용하여 threads를 반복 처리한다. 새 지시자를 사용하여 Chat ThreadComponent라는 각 스레드를 렌더링한다. ChatThreadComponent는 '표현용' 컴포넌트다. 따라서 ChatThreadComponent의 저장소에는 데이터를 가져오거나 동작을 디스패치하기 위해 액세스할 수 없다. 하지만 필요한 것은 inputs를 통해 모두 이 컴포넌트로 전달하여 outputs를 통해 반복을 처리할 수 있다. ChatThreadComponent의 구현은 곧 살펴볼 것이다. 우선 템플릿의 입력과 출력부터 살펴보자.

- 개별 thread에 [thread] 입력을 보낸다.
- [selected] 입력에서 이 스레드(thread.id)가 '현재' 스레드(currentThreadId)인지를 나타내는 불리언을 전달한다.
- 스레드가 클릭되면 출력 이벤트(onThreadSelected)를 배출한다. 그리고 handleThread Clicked()(스레드가 선택된 이벤트를 저장소에 디스패치한다)를 호출한다.

이제 ChatThreadComponent를 들여다보자.

13.9 단일 ChatThreadComponent

ChatThreadComponent는 스레드 리스트의 단일 스레드를 표시할 때 사용된다. 중요한 것은

ChatThreadComponent가 표현용 컴포넌트라는 사실이다. 다시 말해, 받은 데이터를 어떤 식으로든 직접 조작할 수 없다. 다음은 컴포넌트 컨트롤러 코드다.

code/redux/redux-chat/src/app/chat-thread/chat-thread.component.ts

```
1  import {
2    Component,
3    OnInit,
4    Input,
5    Output,
6    EventEmitter
7  } from '@angular/core';
8  import { Thread } from '../thread/thread.model';
9
10 @Component({
11   selector: 'chat-thread',
12   templateUrl: './chat-thread.component.html',
13   styleUrls: ['./chat-thread.component.css']
14 })
15 export class ChatThreadComponent implements OnInit {
16   @Input() thread: Thread;
17   @Input() selected: boolean;
18   @Output() onThreadSelected: EventEmitter<Thread>;
19
20   constructor() {
21     this.onThreadSelected = new EventEmitter<Thread>();
22   }
23
24   ngOnInit() { }
25
26   clicked(event: any): void {
27     this.onThreadSelected.emit(this.thread);
28     event.preventDefault();
29   }
30 }
```

관심을 가질 곳은 onThreadSelected: EventEmitter인데, EventEmitters는 관찰자 패턴을 구현한 것으로서 이 컴포넌트의 '출력 채널'로 사용된다. 데이터를 보낼 때는 onThreadSelected. emit을 호출하여 데이터를 함께 전달한다. 여기서는 현재 스레드를 EventEmitter에 인수로 배출한다. 이 요소가 클릭되면 onThreadSelected.next(this.thread)를 호출한다. 부모 컴포넌트(ChatThreadsComponent)에서 콜백이 트리거될 것이다. 이곳은 thread와 selected의 @Input( )들이 지정되는 곳이기도 하다. 또한 onThreadSelected의 @Output도 지정된다.

13.9.1 ChatThreadComponent 템플릿

다음은 @Component 데코레이터와 template의 코드다.

code/redux/redux-chat/src/app/chat-thread/chat-thread.component.html

```
1  <div class="media conversation">
2    <div class="pull-left">
3      <img class="media-object avatar"
4          src="{{thread.avatarSrc}}">
5    </div>
6    <div class="media-body">
7      <h5 class="media-heading contact-name">{{thread.name}}
8        <span *ngIf="selected">&bull;</span>
9      </h5>
10     <small class="message-preview">
11       {{thread.messages[thread.messages.length - 1].text}}
12     </small>
13   </div>
14   <a (click)="clicked($event)" class="div-link">Select</a>
15 </div>
```

뷰에서는 {{thread.avatarSrc}}나 {{thread.name}} 등의 직관적인 바인딩이 진행된다. message-preview 태그로 다음을 가져올 수 있다.

```
11  {{thread.messages[thread.messages.length - 1].text}}
```

이렇게 하면 스레드의 마지막 메시지를 가져와 그 텍스트를 표시할 수 있다. 스레드에서 최신 메시지의 미리 보기를 보여 주는 것이다.

그리고 선택된 스레드일 때 • 기호만을 나타내는 *ngIf가 적용되었다.

마지막으로 (click) 이벤트를 바인딩해 clicked() 핸들러를 호출한다. clicked를 호출하면 $event 인수가 전달된다. 이 인수는 앵귤러에 제공되는 특별한 변수로서 이벤트를 기술한다. event.preventDefault();를 호출하여 이 변수를 clicked 핸들러에 사용한다. 그래야 다른 페이지로 이동하지 않는다.

13.10 ChatWindowComponent 빌드하기

ChatWindowComponent가 앱에서 가장 복잡한 컴포넌트라고 해도 과언은 아닐 것이다. 한 부분씩 나눠 살펴보기로 하자.

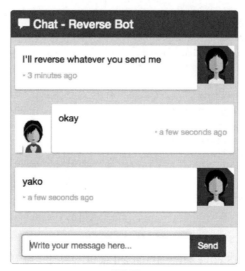

대화 창

ChatWindowComponent 클래스에는 currentThread(messages를 담는다), draftMessage, currentUser 등 모두 세 개의 프로퍼티가 정의된다.

code/redux/redux-chat/src/app/chat-window/chat-window.component.ts

```
23  export class ChatWindowComponent {
24    currentThread: Thread;
25    draftMessage: { text: string };
26    currentUser: User;
```

다음은 각 프로퍼티가 사용되는 곳을 나타낸 다이어그램이다.

currentThread

messages

currentUser

draftMessage

대화 창 프로퍼티

constructor에서는 다음 두 가지를 주입한다.

code/redux/redux-chat/src/app/chat-window/chat-window.component.ts

```
28    constructor(@Inject(AppStore) private store: Store<AppState>,
29                private el: ElementRef) {
30      store.subscribe(() => this.updateState() );
31      this.updateState();
32      this.draftMessage = { text: '' };
33    }
```

첫 번째는 리덕스 저장소다. 두 번째인 el은 ElementRef로서, 이를 사용하면 호스트 DOM 요소에 액세스할 수 있다. 새 메시지를 만들거나 받을 때 대화 창 아래로 스크롤하기 위해서 필요하다.

컨스트럭터에서는 다른 컨테이너 컴포넌트에서처럼 저장소를 구독한다.

그다음에는 기본 draftMessage의 text로 빈 문자열을 설정한다. 사용자가 메시지를 입력하고 있는지 파악하기 위해 draftMessage를 사용하여 입력란을 추적할 것이다.

■ ChatWindowComponent updateState( )

저장소가 변경되면 이 컴포넌트의 인스턴스 변수를 업데이트한다.

```
35    updateState() {
36      const state = this.store.getState();
37      this.currentThread = getCurrentThread(state);
38      this.currentUser = getCurrentUser(state);
39      this.scrollToBottom();
40    }
```

현재 스레드와 현재 사용자를 저장한다. 새 메시지가 들어오면 창 아래로 스크롤해야 한다. scrollToBottom을 호출하기에는 조금 투박하지만 새 메시지가 있을 때마다(또는 새 스레드로 전환할 때마다) 사용자가 수동으로 스크롤하지 않도록 하려면 이만큼 간단한 방법도 없다.

■ ChatWindowComponent scrollToBottom( )

대화 창 아래로 스크롤하려면 컨스트럭터에 저장된 ElementRef el을 사용해야 한다. 호스트 요소의 scrollTop 프로퍼티를 다음처럼 설정한다.

code/redux/redux-chat/src/app/chat-window/chat-window.component.ts

```
42    scrollToBottom(): void {
43      const scrollPane: any = this.el
44        .nativeElement.querySelector('.msg-container-base');
45      if (scrollPane) {
46        setTimeout(() => scrollPane.scrollTop = scrollPane.scrollHeight);
47      }
48    }
```

> **❓ setTimeout은 어디에 사용할까?** 새 메시지를 받고 곧바로 scrollToBottom을 호출하면 새 메시지가 렌더링이 되기도 전에 아래로 스크롤된다. setTimeout을 사용하면 자바스크립트는 현재 실행 대기열이 모두 완료되어야 이 함수를 실행한다. 컴포넌트가 렌더링되고 함수가 실행되기 때문에 원하던 바를 이룰 수 있는 것이다.

■ ChatWindowComponent sendMessage

새 메시지를 보내려면 다음을 받아야 한다.

- 현재 스레드
- 현재 사용자
- 메시지 텍스트

그리고 새 addMessage 동작을 저장소에 디스패치한다. 다음은 이를 구현한 코드다.

code/redux/redux-chat/src/app/chat-window/chat-window.component.ts

```
50    sendMessage(): void {
51      this.store.dispatch(ThreadActions.addMessage(
52        this.currentThread,
53        {
54          author: this.currentUser,
55          isRead: true,
56          text: this.draftMessage.text
57        }
58      ));
59      this.draftMessage = { text: '' };
60    }
```

sendMessage 함수는 draftMessage를 받아 컴포넌트 프로퍼티를 사용하여 author와 thread
를 설정한다. 보내는 메시지마다 '읽었음'을 표시한다. 메시지를 작성했다는 것은 이미 읽었다
는 뜻이기 때문이다.

메시지를 디스패치하면 새 Message를 만들고 새 Message를 this.draftMessage로 설정한다.
이렇게 하면 검색란이 깨끗이 지워지며, 새 객체가 만들어져도 저장소로 보낸 메시지가 변형
되지 않는다.

■ ChatWindowComponent onEnter

뷰에서는 다음 두 시나리오에 따라 메시지를 보낸다.

1. 사용자가 '보내기' 버튼을 클릭한다.
2. 사용자가 엔터를 누른다.

이 이벤트를 처리할 함수를 정의해 보자.

code/redux/redux-chat/src/app/chat-window/chat-window.component.ts

```
62    onEnter(event: any): void {
63      this.sendMessage();
64      event.preventDefault();
65    }
```

 onEnter 이벤트 핸들러를 sendMessage와 별개인 함수로 만든다. onEnter는 event를 인수로
받아 event.preventDefault( )를 호출하기 때문이다. 이런 방법으로 브라우저 이벤트가 아닌 시

나리오상으로 sendMessage를 호출할 수 있다. 여기서는 어떤 상황이든 실제로 sendMessage를 호출하지 않는다. 하지만 이벤트 핸들러를 '실제로 일을 하는' 함수와 분리하는 것은 바람직하다.

다시 말해, 이벤트가 전달되도록 하고, 이 이벤트도 처리하는 sendMessage는 일을 너무 많이 하는 복잡한 함수라 할 수 있다.

이제 템플릿을 살펴보자.

■ ChatWindowComponent template

템플릿은 패널 태그를 열고 대화명을 헤더에 표시한다.

code/redux/redux-chat/src/app/chat-window/chat-window.component.html

```
1  <div class="chat-window-container">
2    <div class="chat-window">
3      <div class="panel-container">
4        <div class="panel panel-default">
5
6          <div class="panel-heading top-bar">
7            <div class="panel-title-container">
8              <h3 class="panel-title">
9                <span class="glyphicon glyphicon-comment"></span>
10               Chat - {{currentThread.name}}
11             </h3>
12           </div>
13           <div class="panel-buttons-container"        >
14             <!-- 최소화 버튼이나 닫기 버튼이 오는 곳 -->
15           </div>
16         </div>
17
18         <div class="panel-body msg-container-base">
19           <chat-message
20             *ngFor="let message of currentThread.messages"
21             [message]="message">
22           </chat-message>
23         </div>
24
25         <div class="panel-footer">
26           <div class="input-group">
27             <input type="text"
28                    class="chat-input"
29                    placeholder="Write your message here..."
30                    (keydown.enter)="onEnter($event)"
31                    [(ngModel)]="draftMessage.text" />
32             <span class="input-group-btn">
33               <button class="btn-chat"
34                 (click)="onEnter($event)"
```

```
35                    >Send</button>
36                </span>
37            </div>
38        </div>
39
40      </div>
41    </div>
42  </div>
43 </div>
```

그다음에는 메시지 리스트를 표시한다. 여기서는 ngFor를 사용하여 메시지 리스트를 반복 처리한다. 개별 chat-message 컴포넌트는 잠시 뒤에 살펴볼 것이다.

code/redux/redux-chat/src/app/chat-window/chat-window.component.html

```
18          <div class="panel-body msg-container-base">
19            <chat-message
20              *ngFor="let message of currentThread.messages"
21              [message]="message">
22            </chat-message>
23          </div>
```

마지막으로, 메시지 입력란과 닫는 태그를 둔다.

code/redux/redux-chat/src/app/chat-window/chat-window.component.html

```
25          <div class="panel-footer">
26            <div class="input-group">
27              <input type="text"
28                    class="chat-input"
29                    placeholder="Write your message here..."
30                    (keydown.enter)="onEnter($event)"
31                    [(ngModel)]="draftMessage.text" />
32              <span class="input-group-btn">
33                <button class="btn-chat"
34                  (click)="onEnter($event)"
35                    >Send</button>
36              </span>
37            </div>
38          </div>
39
40        </div>
41      </div>
42  </div>
```

뷰에서 가장 흥미로운 곳이 메시지 입력란일 것이다. (keydown.enter)와 [(ngModel)] 프로퍼티 때문이다.

■ 키스트로크 처리하기

앵귤러에서는 키보드 동작을 직관적으로 처리할 수 있다. 이벤트를 요소에 바인딩하면 된다. 여기서는 input 태그에서 keydown.enter에 바인딩한다. keydown.enter는 '엔터'가 눌리면 수식에 지정된 함수, 즉 onEnter($event)를 호출한다.

code/redux/redux-chat/src/app/chat-window/chat-window.component.html

```
27            <input type="text"
28                   class="chat-input"
29                   placeholder="Write your message here..."
30                   (keydown.enter)="onEnter($event)"
31                   [(ngModel)]="draftMessage.text" />
```

■ NgModel 사용하기

앞에서도 언급한 바와 같이, 일반적으로는 양방향 바인딩을 사용하지 않는다. 우리의 데이터 아키텍처의 난제이기도 하다(앵귤러 1에서도 마찬가지다). 이는 단방향 데이터 흐름만 엄격하게 지원하는 리덕스를 사용할 때 특히 문제가 된다. 하지만 양방향 바인딩은 컴포넌트와 뷰 사이에서 매우 유용하게 사용된다. 컴포넌트에서는 로컬로 남는 부작용이 있기는 하지만, 컴포넌트 프로퍼티와 뷰의 동기화를 유지하는 데는 이만큼 편리한 방법도 없다.

여기서는 입력 태그의 값과 draftMessage.text 사이에 양방향 바인딩을 구현한다. 다시 말해 input 태그에 뭔가를 입력하면, draftMessage.text는 자동으로 input의 값으로 설정된다. 마찬가지로 코드에서 raftMessage.text를 업데이트하면 input 태그의 값이 뷰에서 변경된다.

■ '보내기' 클릭하기

'보내기' 버튼에서는 (click) 프로퍼티를 컴포넌트의 onEnter 함수에 바인딩한다.

code/redux/redux-chat/src/app/chat-window/chat-window.component.html

```
33            <button class="btn-chat"
34               (click)="onEnter($event)"
35               >Send</button>
```

버튼이 클릭될 때나 엔터가 눌릴 때 앞에서와 같은 onEnter 함수를 사용하여 메시지 텍스트
를 처리한다.

13.11 ChatMessageComponent

개별 메시지의 코드를 렌더링을 이 컴포넌트에 두지 않고, 표현용 컴포넌트인 ChatMessage
Component를 따로 만들 것이다.

 팁: ngFor를 사용한다면 새 컴포넌트를 만들어야 한다는 뜻도 된다.

각 Message는 ChatMessageComponent에서 렌더링된다.

ChatMessageComponent

이 컴포넌트는 다른 컴포넌트에 비해 비교적 직관적이다. 기본 로직을 살펴보자면, 현재 사용
자가 메시지를 작성했는지에 따라 뷰를 살짝만 바꿔 렌더링한다. Message가 현재 사용자의
것이 아니라면 이를 incoming으로 판단한다.

13.11.1 incoming 설정하기

ChatMessageComponent마다 Message가 달라지기 때문에 ngOnInit에서는 이 Message가
현재 사용자의 것인지에 따라 incoming을 설정한다.

code/redux/redux-chat/src/app/chat-message/chat-message.component.ts

```
1  import {
2    Component,
3    OnInit,
4    Input
5  } from '@angular/core';
6  import { Message } from '../message/message.model';
7
8  @Component({
9    selector: 'chat-message',
10   templateUrl: './chat-message.component.html',
11   styleUrls: ['./chat-message.component.css']
12 })
13 export class ChatMessageComponent implements OnInit {
14   @Input() message: Message;
15   incoming: boolean;
16
17   ngOnInit(): void {
18     this.incoming = !this.message.author.isClient;
19   }
20 }
```

13.11.2 ChatMessageComponent 템플릿

template에서는 두 가지에 관심을 가져야 한다.

1. FromNowPipe

2. [ngClass]

다음은 해당 코드다.

code/redux/redux-chat/src/app/chat-message/chat-message.component.html

```
1  <div class="msg-container"
2      [ngClass]="{'base-sent': !incoming, 'base-receive': incoming}">
3
4    <div class="avatar"
5        *ngIf="!incoming">
6      <img src="{{message.author.avatarSrc}}">
7    </div>
8
9    <div class="messages"
10     [ngClass]="{'msg-sent': !incoming, 'msg-receive': incoming}">
11     <p>{{message.text}}</p>
12     <p class="time">{{message.sender}} • {{message.sentAt | fromNow}}</p>
13   </div>
```

```
14
15  <div class="avatar"
16      *ngIf="incoming">
17    <img src="{{message.author.avatarSrc}}">
18    </div>
19  </div>
```

FromNowPipe는 파이프로서 Message의 전송 시간을 사람이 읽을 수 있는 형태인 '몇 초 전'으로 변환한다. 사용법은 {{message.sentAt | fromNow}}와 같다.

 FromNowPipe는 탁월하다고 할 수 있는 moment.js 라이브러리[7]를 사용한다. 커스텀 파이프를 만들고 싶다면 FromNowPipe의 소스인 code/rxjs/rxjs-chat/src/app/pipes/from-now.pipe.ts를 들여다보기 바란다.

또한, 뷰에는 ngClass를 광범위하게 사용할 것이다. 기본적인 개념은 다음 코드로 표현할 수 있다.

```
10  [ngClass]="{'msg-sent': !incoming, 'msg-receive': incoming}"
```

incoming이 진짜라면 msg-receive 클래스가 적용된다(가짜일 때는 msg-sent가 적용된다).

incoming 프로퍼티를 사용하면 받은 메시지와 보내는 메시지를 다르게 표시할 수 있다.

13.12 정리

이제 모두 끝났다. 지금까지 다룬 내용을 한데 모으면 멋진 앱이 완성되는 것이다!

---

7   http://momentjs.com/

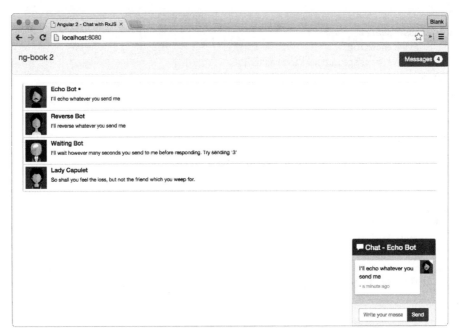

완성된 대화 애플리케이션

code/redux/redux-chat/src/app/data/chat-example-data.ts에는 봇을 여럿 작성했으므로 이들 봇과 대화를 나눌 수 있을 것이다. 코드를 확인해 보고 직접 봇을 작성해 보라.

CHAPTER

14

컴포넌트 고급

지금까지 앵귤러의 내장 지시자 사용법(4장)과 컴포넌트 생성법(3장)을 다뤘다. 이 장에서는 컴포넌트를 생성할 때 적용할 수 있는 고급 기능을 속속들이 파헤쳐보고자 한다. 구체적으로는 다음 개념들을 소개할 것이다.

- 컴포넌트의 스타일(캡슐화 포함)

- 호스트 DOM 요소 수정하기

- 콘텐트 보호를 적용하여 템플릿 수정하기

- 이웃 지시자에 액세스하기

- 라이프사이클 훅 사용하기

- 변화 감지하기

 이 장의 사용법　이 장에서는 고급 앵귤러 API를 파헤칠 것이다. 독자들은 기본적인 컴포넌트 생성법, 내장 지시자 사용법, 컴포넌트 파일 구성법 등에 익숙해 있어야 한다. 앞으로 다룰 내용은 중급 내지 고급 수준이므로 기본적인 과정, 이를테면 의존성 가져오기 등은 직접 진행할 수 있어야 한다.

이 장에도 실행할 수 있는 코드를 제공한다. advanced-components 폴더를 참고하기 바란다. 본문 설명이 부족하다고 느끼는 독자들은 샘플 코드를 찬찬히 검토해 보기를 권한다. 이 장의 데모 코드를 실행하려면 프로젝트 폴더로 이동하여 다음을 실행한다.

```
1  npm install
2  npm start
```

그리고 브라우저를 열고 http://localhost:4200에 접속한다.

14.1 스타일

앵귤러는 컴포넌트 전용 스타일을 지정할 수 있는 메커니즘을 제공하고 있다. **CSS**는
cascading style sheet(단계적 스타일 시트)를 의미하지만, 단계적인 구조가 필요하지 않을 때도
있다. 그럴 때는 페이지 내 다른 부분으로 전파되지 않는 컴포넌트 스타일이 필요하다. 앵귤
러는 두 가지 속성을 제공하여 컴포넌트에 필요한 CSS 클래스들을 정의하고 있다.

컴포넌트에 스타일을 정의하려면 View 속성인 styles를 사용하여 인라인 스타일을 정의해도
되고, styleUrls로 외부 CSS 파일을 사용해도 된다. 또한 Component 데코레이터에 직접 속
성들을 선언해도 된다. 인라인 스타일을 적용하는 컴포넌트부터 작성해 보자.

code/advanced-components/src/app/styling/inline-style/inline-style.component.ts

```
1  import { Component } from '@angular/core';
2
3  @Component({
4    selector: 'app-inline-style',
5    styles: [`
6    .highlight {
7      border: 2px solid red;
8      background-color: yellow;
9      text-align: center;
10     margin-bottom: 20px;
11   }
12   `],
13   template: `
14   <h4 class="ui horizontal divider header">
15     Inline style example
16   </h4>
17
18   <div class="highlight">
19     This uses component <code>styles</code>
20     property
21   </div>
22   `
23  })
24  export class InlineStyleComponent {
25  }
```

여기서는 사용하려는 스타일을 정의하려고 styles 파라미터의 배열에 .highlight 클래스를 항목으로 선언했다. 템플릿에서는 <div class="highlight">를 사용하여 div에서 이 클래스를 참조한다. 결과는 예상하는 그대로, 빨간색 테두리(실선)와 노란색 배경(음영)의 div이다.

Inline style example

This uses component `styles` property

스타일을 사용하는 컴포넌트

CSS 클래스를 선언하는 두 번째 방법은 styleUrls 프로퍼티를 사용하는 것이다. 이 방법을 적용하면 외부 파일에 CSS를 선언해 두고 컴포넌트에서 이들을 참조할 수 있다. 이 방법을 적용하여 컴포넌트를 또 만들어 보자. 우선 다음 클래스가 정의되는 external-style.component.css 파일부터 생성한다.

code/advanced-components/src/app/styling/external-style/external-style.component.css

```
1  .highlight {
2    border: 2px dotted red;
3    text-align: center;
4    margin-bottom: 20px;
5  }
```

이제 이를 참조하는 코드를 작성한다.

code/advanced-components/src/app/styling/external-style/external-style.component.ts

```
1  import { Component, OnInit } from '@angular/core';
2
3  @Component({
4    selector: 'app-external-style',
5    styleUrls: ['./external-style.component.css'],
6    template: `
7  <h4 class="ui horizontal divider header">
8    External style example
9  </h4>
10
11 <div class="highlight">
12   This uses component <code>styleUrls</code>
13   property
14 </div>
15 `
16 })
17 export class ExternalStyleComponent {
18 }
```

이제 페이지를 로드하면 점선 테두리로 표시된 div가 보일 것이다.

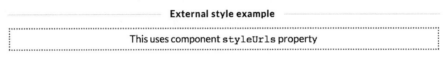

styleUrls을 사용하는 컴포넌트

14.1.1 뷰(스타일) 캡슐화

두 예에서 한 가지 흥미로운 점을 찾을 수 있다. 두 컴포넌트에 highlight라는 클래스가 정의되었는데, 프로퍼티는 서로 다르지만 그 속성들이 다른 곳으로 전파되지 않았다. 이는 앵귤러 스타일이 컴포넌트 컨텍스트에 따라 기본적으로 캡슐화되기 때문이다. 페이지의 <head> 부분을 살펴보면 우리의 스타일이 정의된 <style> 태그가 자동으로 주입됐다는 것을 알 수 있다.

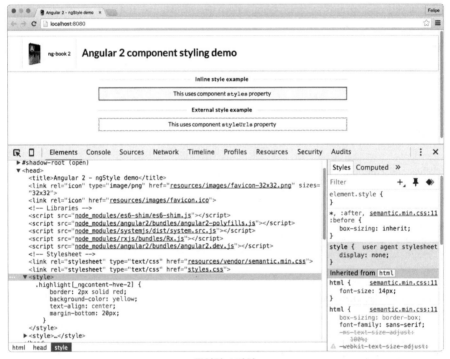

주입된 스타일

또한, CSS 클래스가 다음과 같이 _ngcontent-hve-2로 스코핑된 것도 알 수 있다.

```
1  .highlight[\_ngcontent-hve-2] {
2    border: 2px solid red;
3    background-color: yellow;
4    text-align: center;
5    margin-bottom: 20px;
6  }
```

그리고 <div>가 어떻게 렌더링되었는지 확인해 보면 _ng-content-hve-2가 추가되었다는 것을 알 수 있다.

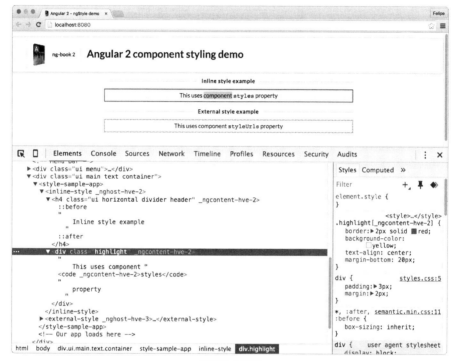

주입된 스타일

외부 스타일도 마찬가지다.

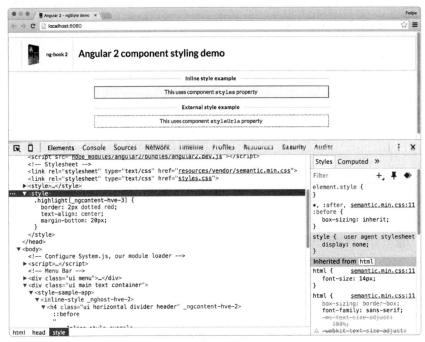

외부 스타일

그리고 다음 그림에서도 이를 확인할 수 있다.

외부 스타일

앵귤러에서는 encapsulation 프로퍼티를 사용하여 이 방식을 변경할 수 있다. encapsulation 프로퍼티는 ViewEncapsulation 열거형에 따라 정의된 다음 값을 가질 수 있다.

- **Emulated** — 기본 옵션이며, 앞에서 설명한 테크닉을 사용하여 스타일을 캡슐화한다.
- **Native** — Shadow DOM(자세한 설명은 잠시 뒤에)이 적용된다.
- **None** — 스타일을 캡슐화하지 않는다. 따라서 페이지 내 다른 요소로 스타일이 전파된다.

14.1.2 Shadow DOM 캡슐화

이런 의문이 들 수도 있다. 왜 Shadow DOM을 사용해야 하는 거지? Shadow DOM을 사용하면 페이지 내 다른 요소로부터 가려지는 고유 DOM 트리를 사용할 수 있다. 해당 요소 안에 정의된 스타일은 페이지 내 다른 곳에서 보이지 않는 것이다.

 Shadow DOM에 관한 세부 내용은 에릭 비델먼(Eric Bidelman)이 작성한 가이드[1]를 참고하기 바란다.

Native 캡슐화(Shadow DOM)를 사용하는 새 컴포넌트를 만들어 좀 더 깊이 있게 파고들어 보자.

code/advanced-components/src/app/styling/native-encapsulation/native-encapsulation.component.ts

```
1  import {
2    Component,
3    ViewEncapsulation
4  } from '@angular/core';
5
6  @Component({
7    selector: 'app-native-encapsulation',
8    styles: [`
9    .highlight {
10     text-align: center;
11     border: 2px solid black;
12     border-radius: 3px;
13     margin-botton: 20px;
14   }`],
15   template: `
16   <h4 class="ui horizontal divider header">
17     Native encapsulation example
```

---

1 http://www.html5rocks.com/en/tutorials/webcomponents/shadowdom/ (단축URL) goo.gl/MCdoXj

```
18    </h4>
19
20    <div class="highlight">
21      This component uses <code>ViewEncapsulation.Native</code>
22    </div>
23    `,
24    encapsulation: ViewEncapsulation.Native
25  })
26  export class NativeEncapsulationComponent {
27  }
```

이 소스 코드에서는 다음을 확인할 수 있다.

Native 캡슐화

#shadow-root 요소 안에 있는 모든 것이 캡슐화되어 페이지 내 다른 요소와 분리되었다.

14.1.3 캡슐화 금지

ViewEncapsulation.None으로 지정된 컴포넌트를 만들면 스타일 캡슐화는 적용되지 않는다.

code/advanced-components/src/app/styling/no-encapsulation/no-encapsulation.component.ts

```
1  import {
2    Component,
3    ViewEncapsulation
4  } from '@angular/core';
5
6  @Component({
7    selector: 'app-no-encapsulation',
8    styles: [`
9    .highlight {
10     border: 2px dashed red;
11     text-align: center;
12     margin-bottom: 20px;
13   }
14   `],
15   template: `
16   <h4 class="ui horizontal divider header">
17     No encapsulation example
18   </h4>
19
20   <div class="highlight">
21     This component uses <code>ViewEncapsulation.None</code>
22   </div>
23   `,
24   encapsulation: ViewEncapsulation.None
25 })
26 export class NoEncapsulationComponent {
27 }
```

요소를 조사해 보면 다음과 같다.

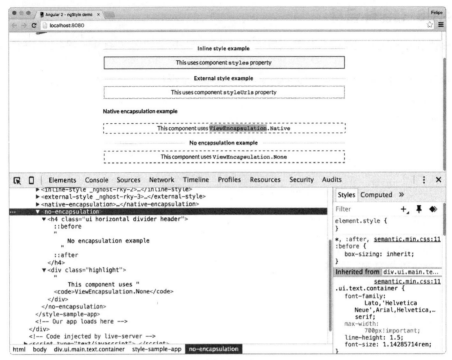

캡슐화 금지

HTML에는 아무것도 주입되지 않았다. 또한, 헤더에는 앞에서 styles 파라미터에 정의한 그대로 <style> 태그가 주입되었다.

```
1  .highlight {
2    border: 2px dashed red;
3    text-align: center;
4    margin-bottom: 20px;
5  }
```

ViewEncapsulation.None을 사용하면 한 가지 부작용을 고려해야 한다. 캡슐화가 적용되지 않기 때문에 현재 스타일이 다른 컴포넌트로 '스며든다'. 다시 말해 전파된다는 것이다. 앞의 그림을 예로 들면, ViewEncapsulation.Native 컴포넌트 스타일이 이 새 컴포넌트의 스타일의 영향을 받는다. 하지만 경우에 따라서는 바로 이 상황을 원하기도 한다. StyleSampleApp 템플릿에서 <no-encapsulation></no-encapsulation> 코드 부분을 주석 처리하여 달라진 결과를 확인해 볼 수도 있을 것이다.

14.2 팝업 만들기 — 호스트 요소 참조하기와 수정하기

호스트 요소(host element)는 지시자나 컴포넌트나 바인딩된 요소를 일컫는다. 경우에 따라서는 마크업이나 작용을 호스트 요소에 연결해야 하는 컴포넌트가 있다. 이번 예에서는 클릭되면 메시지를 표시하는 호스트 요소에 작용을 연결할 Popup 지시자를 만들 것이다.

컴포넌트 vs. 지시자 — 무엇이 다를까? 컴포넌트와 지시자는 서로 밀접한 관계를 보이지만 조금 다르기도 하다. "컴포넌트는 뷰가 딸린 지시자이다."라는 말을 들어 봤을 것이다. 이 말은 엄밀히 말해 사실이 아니다. 컴포넌트는 뷰를 쉽게 추가할 수 있는 기능을 제공하지만, 지시자도 뷰를 가질 수 있다. **사실 컴포넌트는 지시자로 구현된다.** 조건 뷰를 렌더링하는 지시자의 단적인 예가 바로 NgIf이다. **하지만 지시자를 사용하면 템플릿 없이도 동작을 요소에 연결할 수 있다.**

이렇게 생각해 보자. 컴포넌트는 지시자이고, 컴포넌트는 항상 뷰를 가진다. 지시자는 뷰를 가질 수도 그러지 않을 수도 있다. 뷰(템플릿)를 지시자에서 렌더링한다면 이 템플릿의 렌더링 방식에 더 강한 제어권을 행사할 수 있다. 이 장 뒷부분에서 이 제어권을 자세하게 살펴볼 것이다.

14.2.1 팝업의 구조

첫 지시자를 작성해 보자. 이 지시자는 사용자가 popup 속성이 포함된 DOM 요소를 클릭하면 경고를 보여 준다. 표시되는 메시지는 다음 구조처럼 이 요소의 message 속성으로 지정된다.

```
1  <element popup message="Some message"></element>
```

이 지시자가 올바로 동작하려면 다음 두 가지 과정을 거쳐야 한다.

- 호스트로부터 message 속성을 받는다.
- 호스트 요소가 클릭되면 알림을 받는다.

지시자를 코딩해 보자.

code/advanced-components/src/app/host/popup-demo/steps/host-1.ts

```
11  @Directive({
12    selector: '[popup]'
13  })
14  export class PopupDirective {
15    constructor() {
16      console.log('Directive bound');
17    }
18  }
```

Directive 데코레이터를 사용하고 selector 옵션을 [popup]으로 설정하면, 팝업 속성을 정의하는 요소에 이 지시자를 바인딩할 수 있다. 요소에 popup 속성이 있는 앱을 만들어 보자.

code/advanced-components/src/app/host/popup-demo/steps/host-1.ts

```
20  @Component({
21    selector: 'app-popup-demo',
22    template: `
23    <div class="ui message" popup>
24      <div class="header">
25        Learning Directives
26      </div>
27
28      <p>
29        This should use our Popup diretive
30      </p>
31    </div>
32    `
33  })
34  export class PopupDemoComponent1 {
35  }
```

앱을 실행하면 예상대로 Directive bound 메시지가 콘솔에 출력된다. 템플릿의 첫 번째 <div>에 올바로 바인딩되었다는 뜻이다.

호스트 요소에 바인딩하기

14.2.2 ElementRef 사용하기

지시자가 바인딩되는 호스트 요소에 관한 세부적인 내용은 내장 클래스인 ElementRef를 통해서도 알 수 있다. 이 클래스는 지정된 앵귤러 요소의 정보를 담는다. 이때 nativeElement 프로퍼티를 사용하는 네이티브 DOM 요소도 포함된다.

지시자가 바인딩되는 요소를 확인하려면 ElementRef를 받아 이를 콘솔에 출력할 수 있도록 지시자 컨스트럭터를 변경한다.

code/advanced-components/src/app/host/popup-demo/steps/host-2.ts

```
 9  import { Component, Directive, ElementRef } from '@angular/core';
10
11  @Directive({
12    selector: '[popup]'
13  })
14  export class PopupDirective {
15    constructor(_elementRef: ElementRef) {
16      console.log(_elementRef);
17    }
18  }
```

지시자가 사용된 페이지에 두 번째 요소를 추가할 수도 있다. 따라서 서로 다른 두 Element Refs가 콘솔에 출력된 것을 확인할 수 있다.

code/advanced-components/src/app/host/popup-demo/steps/host-2.ts

```
20  @Component({
21    selector: 'app-pop-demo',
22    template: `
23    <div class="ui message" popup>
24      <div class="header">
25        Learning Directives
26      </div>
27
28      <p>
29        This should use our Popup diretive
30      </p>
31    </div>
32
33    <i class="alarm icon" popup></i>
34    `
35  })
36  export class PopupDemoComponent2 {
37  }
```

앱을 실행하면 서로 다른 두 ElementRefs를 확인할 수 있다. 하나는 div.ui.message가 지정된 것이고, 다른 하나는 i.alarm.icon이 지정된 것이다. 다시 말해, 지시자가 서로 다른 두 호스트 요소에 성공적으로 바인딩되었다.

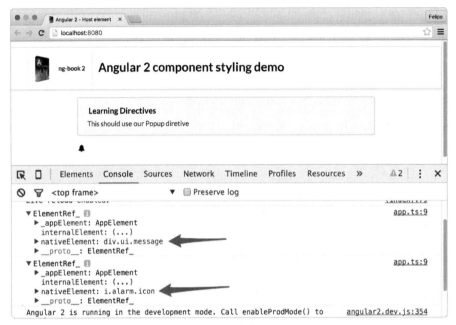

ElementRefs

14.2.3 host에 바인딩하기

이제 다음 목표는 호스트 요소가 클릭될 때 무언가를 하는 것이다. 앞에서 요소의 이벤트를 바인딩하는 앵귤러 방식이 (event) 문법 구조라고 언급했다. 호스트 요소의 이벤트를 바인딩하려면 이와 비슷하지만 문법 구조가 다른 방법을 적용해야 한다.

지시자를 호스트의 click 이벤트에 바인딩하려면 HostListener라는 데코레이터를 사용해야 한다. HostListener 데코레이터를 사용하면 지시자에서 호스트 요소에 이벤트가 발생하는지 주시할 수 있다. 그럴려면 컴포넌트의 함수를 @HostListener( )로 '장식'해야 한다.

호스트 요소에서 요소가 클릭될 때 어떤 메시지가 팝업되는지 message 속성을 사용하여 정의하는 방법도 살펴보자. 우선 inputs 속성을 지시자에 추가한다. Input을 가져오고 이 입력에 사용할 프로퍼티가 포함된 @Input 데코레이터를 사용하면 된다.

```
1   import { Component, Input } from '@angular/core';
2   ...
3   class Popup {
4     @Input() message: String;
5     ...
6   }
```

여기서는 message라는 프로퍼티를 정의하여 같은 이름으로 입력을 받는다.

이제 HostListener 데코레이터를 추가해 보자. @HostLisener('click')을 호스트가 클릭될 때 호출할 함수에 추가하면 된다.

code/advanced-components/src/app/host/popup-demo/steps/host-3.ts

```
14    HostListener
15  } from '@angular/core';
16
17  @Directive({
18    selector: '[popup]'
19  })
20  export class PopupDirective {
21    @Input() message: String;
22
23    constructor(_elementRef: ElementRef) {
24      console.log(_elementRef);
25    }
26
27    @HostListener('click') displayMessage(): void {
28      alert(this.message);
29    }
30  }
```

이제 호스트 요소가 클릭되면 지시자의 displayMessage 메서드를 호출한다. 이 메서드는 호스트 요소가 정의하는 메시지를 표시한다.

마지막으로 앱 템플릿을 조금 바꿔 각 요소에 표시할 메시지를 추가해야 한다.

code/advanced-components/src/app/host/popup-demo/steps/host-3.ts

```
32  @Component({
33    selector: 'app-popup-demo',
34    template: `
35    <div class="ui message" popup
36        message="Clicked the message">
37      <div class="header">
38        Learning Directives
```

```
39      </div>
40
41      <p>
42        This should use our Popup diretive
43      </p>
44    </div>
45
46    <i class="alarm icon" popup
47        message="Clicked the alarm icon"></i>
48    `
49  })
50  export class PopupDemoComponent3 {
51  }
```

이 예에서는 popup 지시자를 두 번 사용했다. 그리고 그때마다 서로 다른 message를 사용했다. 다시 말해, 앱을 실행하면 메시지를 클릭할 수도 있고 알람 아이콘을 클릭할 수도 있는데, 이때 메시지가 서로 다르다는 것을 알 수 있다.

팝업 1

팝업 2

14.2.4 exportAs를 사용하여 버튼 추가하기

새로운 요구사항이 생겼다. 버튼을 클릭하여 수동으로 경고를 트리거하는 것이다. 어떻게 하면 호스트 요소 '외부'에서 팝업 메시지를 트리거할 수 있을까? 이를 위해서는 템플릿 어느 곳에서도 지시자를 사용할 수 있어야 한다. 이전 장들에서 언급한 대로 컴포넌트를 참조할 때는 '템플릿 참조 변수'를 사용한다. 지시자도 같은 방식으로 참조할 수 있다.

템플릿에 지시자의 참조를 지정할 때는 exportAs 속성을 사용한다. 이로써 호스트 요소(또는 호스트 요소의 자식 요소)에서 지시자를 참조하는 템플릿 변수를 정의할 수 있다. 이때 적용할 문법이 #var="exportName"이다. 지시자에 exportAs 속성을 추가해 보자.

code/advanced-components/src/app/host/popup-demo/steps/host-4.ts

```
17  @Directive({
18    selector: '[popup]',
19    exportAs: 'popup',
20  })
21  export class PopupDirective {
22    @Input() message: String;
23
24    constructor(_elementRef: ElementRef) {
25      console.log(_elementRef);
26    }
27
28    @HostListener('click') displayMessage(): void {
29      alert(this.message);
30    }
31  }
```

이제 두 요소를 변경해 템플릿 참조를 내보낸다.

code/advanced-components/src/app/host/popup-demo/steps/host-4.ts

```
35    template: `
36    <div class="ui message" popup #popup1="popup"
37        message="Clicked the message">
38      <div class="header">
39        Learning Directives
40      </div>
41
42      <p>
43        This should use our Popup diretive
44      </p>
45    </div>
46
47    <i class="alarm icon" popup #popup2="popup"
48      message="Clicked the alarm icon"></i>
```

div.messagedpsms #popup1 템플릿 변수를 사용했고, icon에는 #popup2를 사용했다. 이제 두 버튼을 추가한다. 각 팝업을 트리거할 버튼들이다.

code/advanced-components/src/app/host/popup-demo/steps/host-4.ts

```
49    <div style="margin-top: 20px;">
50      <button (click)="popup1.displayMessage()" class="ui button">
51        Display popup for message element
52      </button>
53
54      <button (click)="popup2.displayMessage()" class="ui button">
55      Display popup for alarm icon
56      </button>
57    </div>
```

페이지를 다시 로드하고 버튼을 클릭하면 예상한 대로 각 메시지가 표시된다.

14.3 콘텐트 프로젝션으로 메시지 창 만들기

경우에 따라서는 컴포넌트를 만들 때 내부 마크업을 컴포넌트의 인수로 전달하기도 한다. 이 테크닉을 가리켜 **콘텐트 프로젝션**(content projection)이라고 부른다. 마크업을 지정해 두고 나중에 더 큰 템플릿으로 확장하자는 것이 기본 개념이다.

 앵귤러 1에서는 **트랜스클루전(transclusion)**이라고 불렀다.

새 지시자를 만들어 다음처럼 잘 다듬어진 메시지를 렌더링해 보자.

> **Learning Directives**
> This should use our Popup diretive

팝업 1

다음처럼 마크업을 작성해야 할 것이다.

```
1   <div message header="My Message">
2     This is the content of the message
3   </div>
```

이는 다음처럼 더 복잡한 HTML로 렌더링된다.

```
1   <div class="ui message">
2     <div class="header">
```

```
3      My Message
4    </div>
5
6    <p>
7      This is the content of the message
8    </p>
9  </div>
```

두 가지 해결 과제가 기다리고 있다. 호스트 요소인 <div>를 변경하여 CSS 클래스인 ui와 message를 추가해야 하고, div의 콘텐트를 특정 마크업 위치에 추가해야 한다.

14.3.1 호스트의 CSS 변경하기

호스트 요소에 속성을 추가하려면 호스트에서 이벤트를 주시할 때 사용했던 것과 비슷한 새 데코레이터를 사용한다. 이름하여 HostBinding 데코레이터다. 하지만 지금은 주시하려는 이벤트 이름을 지정하지 않고, 바인딩하려는 속성의 이름을 정의할 것이다. 이 컴포넌트에서는 다음과 같이 정의한다.

```
1  @HostBinding('attr.class') cssClass = 'ui message';
```

이로써 cssClass의 값이 class 호스트 속성과 동기화가 유지된다.

14.3.2 ng-content 사용하기

이제 원래 호스트 요소의 자식들을 뷰의 특정 위치에 포함해 보자. ng-content 지시자를 사용하면 된다. 이 지시자는 템플릿을 필요로 한다. 따라서 컴포넌트를 대신 사용하고 다음 코드를 작성한다.

code/advanced-components/src/app/content-projection/content-projection-demo/messageo.component.ts

```
1  /* tslint:disable:component-selector */
2  import {
3    Component,
4    OnInit,
5    Input,
6    HostBinding
7    } from '@angular/core';
8
9  @Component({
```

```
10    selector: '[app-message]',
11    template: `
12      <div class="header">
13        {{ header }}
14      </div>
15      <p>
16        <ng-content></ng-content>
17      </p>
18    `
19  })
20  export class MessageComponent implements OnInit {
21    @Input() header: string;
22    @HostBinding('attr.class') cssClass = 'ui message';
23
24    ngOnInit(): void {
25      console.log('header', this.header);
26    }
27  }
```

여기서 요점을 정리하자면 다음과 같다.

- 호스트 요소에 설정된 header 속성을 받겠다고 알린다. 이때 @Input 데코레이터를 사용한다.
- 호스트 요소의 class 속성을 ui message에 설정한다. 이때 컴포넌트의 host 속성을 사용한다.
- <ng-content></ng-content>를 사용하여 호스트 요소의 자식들을 템플릿 내 특정 위치에 투사한다(projection).

브라우저에서 앱을 열고 메시지 div를 검사하면 계획한 대로 정확하게 동작하는 것을 확인할 수 있다.

투사된 콘텐트

14.4 이웃 지시자 조회하기 — 탭 작성하기

이제 그 작용을 온전히 캡슐화하는 컴포넌트를 작성할 수 있게 되었다. 하지만 컴포넌트의 기능이 많아지면 여러 개의 작은 컴포넌트로 쪼개 협업하도록 하는 것이 바람직하다.

협업 컴포넌트의 단적인 예가 바로 여러 개의 탭을 제공하는 탭 창이다. 일반적으로 **탭세트 (tabset)**라 불리는 탭 패널은 여러 개의 탭으로 구성된다. 이 경우, 하나의 부모 컴포넌트(탭세트)와 여러 개의 자식 컴포넌트(탭)가 존재한다. 탭세트와 탭은 따로따로 의미를 가지지 못한다. 하지만 한 컴포넌트에 모든 논리를 집어넣는 일은 쉽지 않다. 따라서 여기서는 협업하는 컴포넌트들을 어떻게 개별적으로 만드는지 언급할 것이다. 우선, 다음 마크업을 사용할 수 있도록 컴포넌트를 작성해 보자.

```
1  <tabset>
2    <tab title="Tab 1">Tab 1</tab>
```

```
3     <tab title="Tab 2">Tab 2</tab>
4     ...
5   </tabset>
```

그리고 Semantic UI 탭 스타일[2]을 사용하여 탭을 렌더링할 것이다.

■ ContentTabComponent

우선 ContentTabComponent부터 작성해 보자.

code/advanced-components/src/app/tabs/content-tabs-demo/content-tab.component.ts

```
1   import {
2     Component,
3     OnInit,
4     Input
5   } from '@angular/core';
6
7   @Component({
8     selector: 'tab',
9     templateUrl: './content-tab.component.html'
10  })
11  export class ContentTabComponent implements OnInit {
12    @Input() title: string;
13    active = false;
14    name: string;
15
16    constructor() { }
17
18    ngOnInit() { }
19  }
```

다음은 템플릿이다.

code/advanced-components/src/app/tabs/content-tabs-demo/content-tab.component.html

```
1   <div class="ui bottom attached tab segment"
2     [class.active]="active">
3
4     <ng-content></ng-content>
5
6   </div>
```

---

2   http://semantic-ui.com/modules/tab.html#/examples 단축URL goo.gl/MCdoXj

새로운 개념은 별로 없다. ContentTabComponent 셀렉터를 사용하는 컴포넌트를 선언하고, title 입력을 설정할 것이다. 그리고 <div>를 렌더링하고 콘텐트 프로젝션을 적용하여 div 안에 있는 <tab> 지시자의 내용을 인라인으로 처리할 것이다.

마지막으로 title, active, name 등 세 개의 프로퍼티를 컴포넌트에 선언할 것이다. 한 군데 주목할 곳은 title 프로퍼티에 추가한 @Input('title') 데코레이터다. 이 데코레이터는 입력인 title의 값을 프로퍼티인 title에 자동으로 바인딩되도록 하는 방법이다.

14.4.1 ContentTabsetComponent 컴포넌트

이제 탭을 포함하는 ContentTabsetComponent 컴포넌트에 집중하자.

code/advanced-components/src/app/tabs/content-tabs-demo/content-tabset.component.ts

```
1  import {
2    Component,
3    AfterContentInit,
4    QueryList,
5    ContentChildren
6  } from '@angular/core';
7
8  import { ContentTabComponent } from './content-tab.component';
9
10 @Component({
11   selector: 'tabset',
12   templateUrl: './content-tabset.component.html'
13 })
14 export class ContentTabsetComponent implements AfterContentInit {
15   @ContentChildren(ContentTabComponent) tabs: QueryList<ContentTabComponent>;
16
17   ngAfterContentInit(): void {
18     this.tabs.toArray()[0].active = true;
19   }
20
21   setActive(tab: ContentTabComponent): void {
22     this.tabs.toArray().forEach((t) => t.active = false);
23     tab.active = true;
24   }
25
26   constructor() { }
27 }
```

다음은 템플릿이다.

```
1  <div class="ui top attached tabular menu">
2    <a *ngFor="let tab of tabs"
3      class="item"
4      [class.active]="tab.active"
5      (click)="setActive(tab)">
6
7      {{ tab.title }}
8
9    </a>
10 </div>
11 <ng-content></ng-content>
```

이제부터 새로운 개념에 따라 코드를 여러 조각으로 나눠 하나씩 살펴보기로 하자.

■ ContentTabsetComponent @Component 데코레이터

@Component 섹션에는 새로운 개념이 많지 않다. 여기서는 `<tabset>` 탭을 셀렉터로 사용할 것이다. 템플릿에서는 ngFor를 사용하여 탭을 반복 처리한다. 탭에 true로 설정된 active 플래그가 있으면 active CSS 클래스를 `<a>` 요소(이 탭을 렌더링한다)에 추가한다. 또한, 탭 자체도 첫 div 이후, 즉 ng-content가 있는 곳에서 렌더링된다.

■ ContentTabsetComponent 클래스

이제 ContentTabsetComponent 클래스에 집중할 차례다. 여기서 처음 접한 새로운 개념은 ContentTabsetComponent 클래스가 AfterContentInit을 구현한다는 것이다. 이 라이프사이클 훅(lifecycle hook)을 적용하면 자식 지시자의 내용물이 초기화된 이후 클래스의 메서드(ngAfterContentInit)를 호출할 수 있다.

■ ContentTabsetComponent ContentChildren과 QueryList

그다음에는 ContentTabsetComponent 안에서 선언하는 ContentTabComponent 컴포넌트들을 모두 담게 될 tabs 프로퍼티를 선언한다. 다만, 이 리스트를 ContentTabComponents 배열로 선언하지 않고, QueryList 클래스를 사용해 ContentTabComponent의 제네릭을 전달한다. 왜 그래야 할까?

QueryList는 앵귤러에 제공되는 클래스이며, ContentChildren에 QueryList가 사용되면 앵귤러는 이를 조회 결과에 해당하는 컴포넌트에 지정한다. 그리고 앱 상태가 변경되면 항목들을 최신 상태로 유지한다. 하지만 QueryList가 지정되려면 ContentChildren이 필요하다. 따라서 ContentChildren부터 살펴보자.

tabs 인스턴스 변수에서 @ContentChildren(Tab) 데코레이터를 추가한다. 이 데코레이터는 ContentTabComponent 타입의 모든 직계 자식에 해당하는 지시자를 tabs 파라미터에 주입시킨다. 그다음에는 이 데코레이터를 컴포넌트의 tabs 프로퍼티에 지정한다. 이제 ContentTabComponent의 모든 자식 컴포넌트에 액세스할 수 있다.

■ ContentTabsetComponent 초기화하기

컴포넌트가 초기화될 때 첫 번째 탭을 활성화하려면 ngAfterContentInit 함수를 사용한다(이 함수는 AfterContentInit 훅에서 정의된다). this.tabs.toArray()를 사용하면 앵귤러의 QueryList를 네이티브 타입스크립트 배열로 변환할 수 있다.

■ ContentTabsetComponent setActive

마지막으로 setActive 메서드를 정의한다. 이 메서드는 템플릿에서 탭이 클릭될 때, 이를테면 (click)="setActive(tab)"을 통해 사용된다. 이 함수는 탭을 반복 처리하며 탭의 active 프로퍼티를 거짓으로 설정한다. 그다음에는 클릭한 탭을 활성화 상태로 설정한다.

14.4.2 ContentTabsetComponent 사용하기

이제 무엇을 해야 할까? 앞에서 만든 두 컴포넌트를 사용하는 애플리케이션 컴포넌트를 코딩해야 한다. 다음은 이 컴포넌트를 작성하는 방식이다.

code/advanced-components/src/app/tabs/content-tabs-demo/content-tabs-demo.component.ts

```
1  import { Component, OnInit } from '@angular/core';
2
3  @Component({
4    selector: 'app-content-tabs-demo',
5    templateUrl: './content-tabs-demo.component.html'
6  })
7  export class ContentTabsDemoComponent implements OnInit {
8    tabs: any;
9
10   constructor() { }
11
12   ngOnInit() {
13     this.tabs = [
14       { title: 'About', content: 'This is the About tab' },
15       { title: 'Blog', content: 'This is our blog' },
16       { title: 'Contact us', content: 'Contact us here' },
17     ];
18   }
```

```
19
20  }
```

다음은 템플릿이다.

code/advanced-components/src/app/tabs/content-tabs-demo/content-tabs-demo.component.html

```
1   <tabset>
2     <tab title="First tab">
3       Lorem ipsum dolor sit amet, consectetur adipisicing elit.
4       Quibusdam magni quia ut harum facilis, ullam deleniti porro
5       dignissimos quasi at molestiae sapiente natus, neque voluptatum
6       ad consequuntur cupiditate nemo sunt.
7     </tab>
8
9     <tab
10        *ngFor="let tab of tabs"
11        [title]="tab.title">
12      {{ tab.content }}
13    </tab>
14  </tabset>
```

tabs-sample-app을 컴포넌트의 셀렉터로 사용하고, ContentTabsetComponent와 Content TabComponent 컴포넌트를 사용하겠다고 선언했다. 그리고 ContentTabsetComponent를 만들어 정적 탭(첫 번째 탭)을 추가하고, 컴포넌트 컨트롤러 클래스의 tabs 프로퍼티의 탭 몇 개를 추가해 탭의 동적 렌더링을 구현했다.

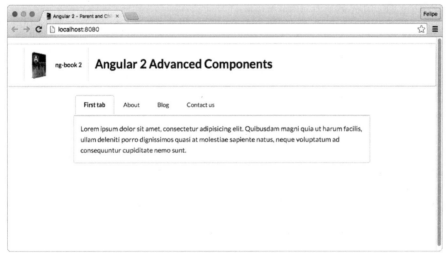

탭세트 애플리케이션

14.5 라이프사이클 훅

라이프사이클 훅(Lifecycle hook)은 지시자나 컴포넌트의 라이프사이클에서 각 단계 이전 또는 이후에 실행되는 코드를 추가하는 앵귤러의 방식을 뜻한다. 앵귤러가 제공하고 있는 훅의 종류는 다음과 같다.

- OnInit
- OnDestroy
- DoCheck
- OnChanges
- AfterContentInit
- AfterContentChecked
- AfterViewInit
- AfterViewChecked

훅을 사용하는 방법은 서로 크게 다르지 않다. 이들 이벤트 알림을 받기 위해서는 다음 두 과정을 거친다.

1. 지시자나 컴포넌트 클래스가 인터페이스를 implement하겠다고 선언한다.
2. 훅의 ng 메서드(예 ngOnInit)를 선언한다.

메서드의 이름은 전부 ng에 훅의 이름을 붙여 나타낸다. 이를테면 OnInit은 ngOnInit 메서드로, AfterContentInit은 ngAfterContentInit으로 명명하는 식이다. 컴포넌트가 이들 함수를 구현하면 앵귤러는 적절한 때에 이들을 호출한다. 이제부터 훅을 하나씩 살펴보고 언제 사용하는지도 알아보자.

 클래스가 반드시 인터페이스를 implement해야 하는 것은 아니며, 훅의 메서드를 만들 수도 있다. 하지만 인터페이스를 지시자와 컴포넌트 클래스에 추가하여 강력한 타입 처리 등 장점을 이용하는 것이 바람직하다고 할 수 있다.

14.5.1 OnInit과 OnDestroy

OnInit 혹은 지시자의 프로퍼티가 초기화될 때 그리고 자식 지시자의 프로퍼티가 초기화될 때 호출된다. 이와 비슷하게 OnDestroy 혹은 지시자의 인스턴스가 파괴될 때 호출된다. 이는 일반적으로 지시자가 파괴되어 정리가 필요할 때 사용된다. OnInit과 OnDestroy를 구현하는 컴포넌트를 예로 들어 만들어 보자.

code/advanced-components/src/app/lifecycle/on-init/on-init.component.ts

```
1   import {
2     Component,
3     OnInit,
4     OnDestroy
5   } from '@angular/core';
6
7   @Component({
8     selector: 'app-on-init',
9     template: `
10    <div class="ui label">
11      <i class="cubes icon"></i> Init/Destroy
12    </div>
13    `
14  })
15  export class OnInitComponent implements OnInit, OnDestroy {
16    constructor() { }
17
18    ngOnInit(): void {
19      console.log('On init');
20    }
21
22    ngOnDestroy(): void {
23      console.log('On destroy');
24    }
25  }
```

이 컴포넌트는 훅이 호출될 때 'On init'과 'On destroy'를 콘솔에 출력한다.

앱 컴포넌트에서 컴포넌트를 사용하여 훅을 테스트해 보자. 이때 ngFor를 사용하고 프로퍼티의 불리언 값에 따라 컴포넌트를 선택적으로 표시한다. 그리고 플래그를 토글할 수 있는 버튼도 추가해 보자. 플래그가 거짓이면 컴포넌트는 페이지에서 제거되어 OnDestroy 훅이 호출된다. 이와 비슷하게 플래그가 참이면 OnInit 훅이 호출된다. 다음은 앱 컴포넌트의 모습이다.

code/advanced-components/src/app/lifecycle/on-init/on-init-demo.component.ts

```
1   import { Component } from '@angular/core';
2
3   @Component({
4     selector: 'app-on-init-demo',
5     templateUrl: './on-init-demo.component.html'
6   })
7   export class OnInitDemoComponent {
8     display: boolean;
9
10    constructor() {
11      this.display = true;
12    }
13
14    toggle(): void {
15      this.display = !this.display;
16    }
17  }
```

그리고 다음은 템플릿이다.

code/advanced-components/src/app/lifecycle/on-init/on-init-demo.component.html

```
1   <h4 class="ui horizontal divider header">
2     OnInit and OnDestroy
3   </h4>
4
5   <button class="ui primary button" (click)="toggle()">
6     Toggle
7   </button>
8   <app-on-init *ngIf="display"></app-on-init>
```

애플리케이션을 처음 실행하면 컴포넌트의 인스턴스가 처음 생성될 때 OnInit 훅이 호출된다.

Toggle 버튼을 처음 클릭하면 컴포넌트는 파괴되고, 예상하는 바와 같이 OnDestroy 훅이 호출된다.

컴포넌트의 초기 상태

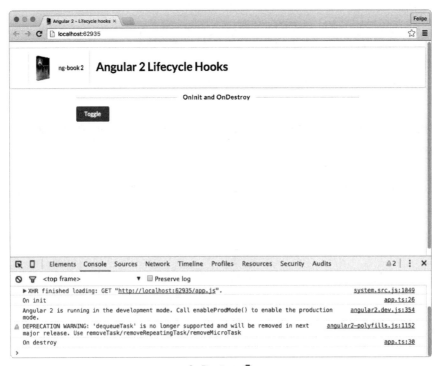

OnDestroy 훅

여기서 한 번 더 클릭하면 다음처럼 바뀐다.

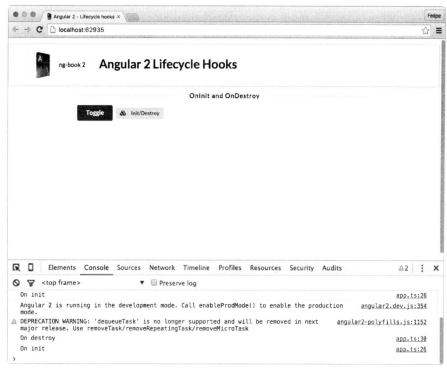

OnDestroy 훅

14.5.2 OnChanges

OnChanges 훅은 컴포넌트의 프로퍼티가 하나라도 변경되면 호출된다. ngOnChanges 메서드는 어느 프로퍼티가 변경되었는지를 파라미터로 받는다. 예를 들어 살펴보기로 하자. name 과 comment를 입력으로 가지는 댓글 블록 컴포넌트를 작성한다.

code/advanced-components/src/app/lifecycle/on-changes/on-changes.component.ts

```
1  import {
2    Component,
3    OnInit,
4    OnChanges,
5    Input,
6    SimpleChange
7  } from '@angular/core';
8
9  @Component({
10   selector: 'app-on-changes',
```

```
11      templateUrl: './on-changes.component.html'
12  })
13  export class OnChangesComponent implements OnChanges {
14    @Input('name') name: string;
15    @Input('comment') comment: string;
16
17    ngOnChanges(changes: {[propName: string]: SimpleChange}): void {
18      console.log('Changes', changes);
19    }
20  }
```

그리고 다음은 템플릿이다.

code/advanced-components/src/app/lifecycle/on-changes/on-changes.component.html

```
1   <div class="ui comments">
2     <div class="comment">
3       <a class="avatar">
4         <img src="assets/images/avatars/matt.jpg">
5       </a>
6       <div class="content">
7         <a class="author">{{name}}</a>
8         <div class="text">
9           {{comment}}
10        </div>
11      </div>
12    </div>
13  </div>
```

이 컴포넌트에서는 OnChanges 인터페이스를 구현한다. 그리고 다음 서명으로 ngOnChanges 메서드를 선언한다.

code/advanced-components/src/app/lifecycle/on-changes/on-changes.component.ts

```
17    ngOnChanges(changes: {[propName: string]: SimpleChange}): void {
18      console.log('Changes', changes);
19    }
```

이 메서드는 name이나 comment 프로퍼티의 값이 변경될 때마다 트리거된다. 이때 변경된 필드를 SimpleChange 객체에 매핑하는 객체를 받는다. SimpleChange 인스턴스는 currentValue와 previousValue 필드를 가진다. name과 comment 프로퍼티가 둘 다 변경되면 메서드의 changes 값은 다음과 같을 것이다.

```
1   {
2     name: {
3       currentValue: 'new name value',
4       previousValue: 'old name value'
5     },
6     comment: {
7       currentValue: 'new comment value',
8       previousValue: 'old comment value'
9     }
10  }
```

이제 앱 컴포넌트를 변경하여 컴포넌트를 사용하고, 이 컴포넌트의 이름과 댓글 프로퍼티를
테스트할 수 있는 단순한 폼을 추가해 보자.

code/advanced-components/src/app/lifecycle/on-changes/on-changes-demo.component.ts

```
1   import { Component, OnInit } from '@angular/core';
2
3   @Component({
4     selector: 'app-on-changes-demo',
5     templateUrl: './on-changes-demo.component.html',
6     styles: []
7   })
8   export class OnChangesDemoComponent implements OnInit {
9     display: boolean;
10    name: string;
11    comment: string;
12
13    constructor() { }
14
15    ngOnInit() {
16      this.display = true;
17      this.name = 'Felipe Coury';
18      this.comment = 'I am learning so much!';
19    }
20
21    setValues(namefld, commentfld): void {
22      this.name = namefld.value;
23      this.comment = commentfld.value;
24    }
25
26    toggle(): void {
27      this.display = !this.display;
28    }
29
30    }
```

그리고 다음은 템플릿이다.

code/advanced-components/src/app/lifecycle/on-changes/on-changes-demo.component.html

```
1  <h4 class="ui horizontal divider header">
2    OnChanges
3  </h4>
4
5  <div class="ui form">
6    <div class="field">
7      <label>Name</label>
8      <input
9        type="text"
10       #namefld
11       value="{{name}}"
12       (keyup)="setValues(namefld, commentfld)">
13   </div>
14
15   <div class="field">
16     <label>Comment</label>
17     <textarea
18       #commentfld
19       (keyup)="setValues(namefld, commentfld)"
20       rows="2">{{comment}}</textarea>
21   </div>
22 </div>
23
24 <app-on-changes
25   [name]="name"
26   [comment]="comment"
27   ></app-on-changes>
```

템플릿에 중요한 몇 가지를 추가하고 이름과 댓글 필드가 달린 새 폼을 정의했다. 이름이나 댓글 필드에서 keyup 이벤트가 발생하면, input과 textarea를 나타내는 namefld 및 commentfld 템플릿 참조로 setValues를 호출한다. 이 메서드는 이 두 필드의 값을 받아 이름과 댓글 프로퍼티를 업데이트한다.

code/advanced-components/src/app/lifecycle/on-changes/on-changes-demo.component.ts

```
21   setValues(namefld, commentfld): void {
22     this.name = namefld.value;
23     this.comment = commentfld.value;
24   }
```

자, 이제 앱을 열면 OnChanges 훅이 호출된다.

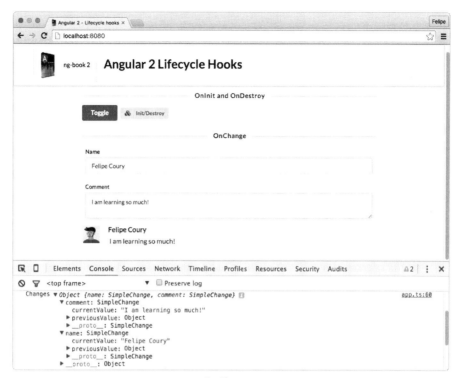

OnChanges

초깃값이 설정되면 LifecycleSampleApp 컴포넌트의 컨스트럭터에서 이 과정이 진행된다. 이제 이름을 테스트해 보면, 훅이 반복적으로 호출되는 것을 알 수 있다. 다음 예에서는 이전 이름의 위에 Nate Murray라는 이름을 복사해 붙여 넣었다. 결과를 살펴보면 다음과 같다.

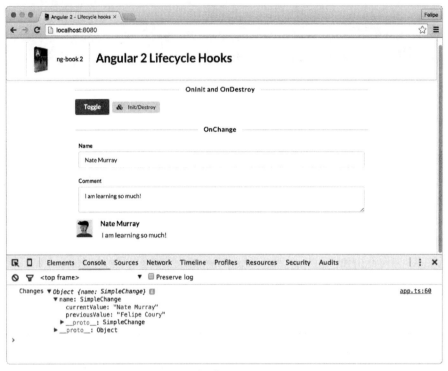

OnChanges

14.5.3 DoCheck

OnChanges로 구현된 기본 알림 시스템은 앵귤러의 변화 감지 메커니즘에 따라 지시자의 프로퍼티 중 어느 하나라도 변경되면 트리거된다. 하지만 이 변화 감지 알림 시스템은 오버헤드가 문제일 수 있다. 특히 성능이 중요한 환경에서는 더더욱 그렇다.

항목이 추가되거나 제거되는 경우, 이를테면 특정 프로퍼티가 변경되는 경우에 어떤 일을 해야 할 때가 있다. 이때 DoCheck 훅을 사용한다.

 OnChanges 훅은 DoCheck에서 오버라이드된다. 따라서 둘 다 구현하게 되면 OnChanges는 무시된다.

■ 변경 확인하기

무엇이 변경되었는지 판단하기 위해 앵귤러에서는 **differs**를 제공한다. differs는 지시자의 특정 프로퍼티를 확인하여 무엇이 변경되었는지 판단한다. 내장 differs에는 '반복형(iterable)' differs와 '키-값(key-value)' differs가 있다.

■ 반복형 differs

반복형(iterable) differs는 리스트 구조에 사용되며, 이 리스트에서 추가된 것과 제거된 것이 무엇인지만 알려 준다.

■ 키-값 differs

키-값(key-value) differs는 딕셔너리 구조에 사용되며, 키 수준에서 처리된다. 새 키가 추가될 때나 키가 제거될 때, 특정 키의 값이 변경될 때를 알려 준다.

■ DoCheck로 댓글 렌더링하기

예를 들어, 댓글 스트림을 렌더링하는 컴포넌트를 만들어 보자.

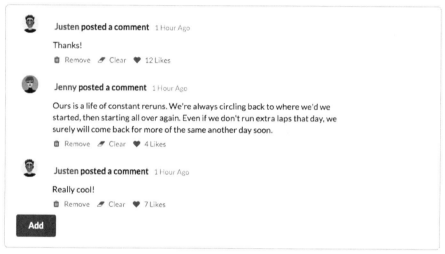

DoCheck 예

우선, 댓글 하나하나를 렌더링할 컴포넌트부터 만들어야 한다. 먼저 템플릿부터 만들자.

code/advanced-components/src/app/lifecycle/differs/comment.component.html

```
1  <div class="ui feed">
2    <div class="event">
3      <div class="label" *ngIf="comment.author">
4        <img src="assets/images/avatars/{{comment.author.toLowerCase()}}.jpg">
5      </div>
6      <div class="content">
7        <div class="summary">
8          <a class="user">
9            {{comment.author}}
10          </a> posted a comment
```

```
11        <div class="date">
12          1 Hour Ago
13        </div>
14      </div>
15      <div class="extra text">
16        {{comment.comment}}
17      </div>
18      <div class="meta">
19        <a class="trash" (click)="remove()">
20          <i class="trash icon"></i> Remove
21        </a>
22        <a class="trash" (click)="clear()">
23          <i class="eraser icon"></i> Clear
24        </a>
25        <a class="like" (click)="like()">
26          <i class="like icon"></i> {{comment.likes}} Likes
27        </a>
28      </div>
29    </div>
30  </div>
31 </div>
```

그리고 다음은 컴포넌트다.

code/advanced-components/src/app/lifecycle/differs/comment.component.ts

```
1  import {
2    Component,
3    Input,
4    Output,
5    EventEmitter,
6    KeyValueDiffers,
7    DoCheck
8  } from '@angular/core';
9
10 @Component({
11   selector: 'app-comment',
12   templateUrl: './comment.component.html'
13 })
14 export class CommentComponent implements DoCheck {
15   @Input() comment: any;
16   @Output() onRemove: EventEmitter<any>;
17   differ: any;
```

여기서 컴포넌트 메타데이터를 선언한다. 컴포넌트는 렌더링되어야 하는 댓글을 받고 제거 버튼이 클릭될 때 이벤트를 배출한다.

클래스 데코레이터에서는 DoCheck 인터페이스를 구현한다. 그리고 입력 프로퍼티인 comment와 출력 이벤트인 onRemove를 선언한다. 또한 differ 프로퍼티도 선언한다.

code/advanced-components/src/app/lifecycle/differs/comment.component.ts

```
19    constructor(differs: KeyValueDiffers) {
20      this.differ = differs.find([]).create(null);
21      this.onRemove = new EventEmitter();
22    }
```

컨스트럭터에서는 differs 변수의 KeyValueDiffers 인스턴스를 받는다. 이 변수를 사용하여 키-값 differ의 인스턴스를 만든다. 이때 적용할 문법 구조는 differs.find([ ]).create(null)이다. 또한 이벤트를 배출하는 onRemove를 초기화한다. 그다음으로 인터페이스에 필요한 ngDoCheck 메서드를 구현해 보자.

code/advanced-components/src/app/lifecycle/differs/comment.component.ts

```
24    ngDoCheck(): void {
25      const changes = this.differ.diff(this.comment);
26
27      if (changes) {
28        changes.forEachAddedItem(r =>
29          this.logChange('added', r)
30        );
31        changes.forEachRemovedItem(r =>
32          this.logChange('removed', r)
33        );
34        changes.forEachChangedItem(r =>
35          this.logChange('changed', r)
36        );
37      }
38    }
```

키-값 differ에서는 이 과정에 따라 변경 여부를 확인한다. 확인하려는 프로퍼티는 diff 메서드를 호출하여 제공한다. 여기서는 comment 프로퍼티의 변경 여부를 확인한다. 변경되지 않았다면 리턴되는 값은 null이 된다. 변경되었다면 세 가지 반복형 메서드를 호출한다.

- forEachAddedItem: 추가된 키에 사용
- forEachRemovedItem: 제거된 키에 사용
- forEachChangedItem: 변경된 키에 사용

각 메서드는 제공된 콜백을 record와 함께 호출한다. 키-값 differ에서 이 레코드는 KVChange
Record 클래스의 인스턴스다.

```
▼ KVChangeRecord {key: "likes", previousValue: null, currentValue: 10, _nextPrevious: null, _next: null…} 🔖
    _next: null
    _nextAdded: null
    _nextChanged: null
    _nextPrevious: null
    _nextRemoved: null
    _prevRemoved: null
    currentValue: 10
    key: "likes"
    previousValue: 10
```

KVChangeRecord 인스턴스의 예

무엇이 변경되었는지 이해할 때 중요한 필드는 바로 key와 previousValue, currentValue이다.
이제 무엇이 변경되었는지 멋진 문장으로 알려 주는 메서드를 작성해 보자.

code/advanced-components/src/app/lifecycle/differs/comment.component.ts

```
40    logChange(action, r) {
41      if (action === 'changed') {
42        console.log(
43          r.key,
44          action,
45          'from',
46          r.previousValue,
47          'to',
48          r.currentValue
49        );
50      }
51      if (action === 'added') {
52        console.log(action, r.key, 'with', r.currentValue);
53      }
54      if (action === 'removed') {
55        console.log(
56          action,
57          r.key,
58          '(was ' + r.previousValue + ')'
59        );
60      }
61    }
```

마지막으로, 컴포넌트의 이것저것을 변경하여 DoCheck 훅을 트리거하는 메서드를 작성해
보자.

```
63    remove(): void {
64      this.onRemove.emit(this.comment);
65    }
66
67    clear(): void {
68      delete this.comment.comment;
69    }
70
71    like(): void {
72      this.comment.likes += 1;
73    }
```

remove( ) 메서드는 사용자가 이 댓글을 제거하겠다는 이벤트를 배출한다. clear( ) 메서드는
주석 객체에서 주석 텍스트를 제거한다. like( ) 메서드는 주석의 '좋아요' 카운터를 증가시킨다.

14.5.4 CommentsListComponent로 댓글 리스트 렌더링하기

지금까지 댓글 하나하나를 위한 컴포넌트를 작성했다. 이제 댓글 리스트를 렌더링할 두 번째
컴포넌트를 작성해 보자. 우선 다음은 템플릿이다.

code/advanced-components/src/app/lifecycle/differs/comments-list.component.html

```
1   <app-comment
2     *ngFor="let comment of comments"
3     [comment]="comment"
4     (onRemove)="removeComment($event)">
5   </app-comment>
6
7   <button
8     class="ui primary button"
9     (click)="addComment()">
10    Add
11  </button>
```

컴포넌트 템플릿은 직관적으로 구현할 수 있다. 앞에서 만든 컴포넌트에서 ngFor를 사용해
댓글 리스트를 반복 처리하고 렌더링한다. 사용자가 댓글 리스트에 댓글을 추가할 수 있도록
하는 버튼도 만든다. 댓글 리스트 클래스인 CommentsListComponent를 구현해 보자.

code/advanced-components/src/app/lifecycle/differs/comments-list.component.ts

```
1   /* tslint:disable:max-line-length,quotemark */
2   import {
3     Component,
```

```
4      IterableDiffers,
5      DoCheck
6    } from '@angular/core';
7
8    @Component({
9      selector: 'app-comments-list',
10     templateUrl: './comments-list.component.html'
11   })
12   export class CommentsListComponent implements DoCheck {
13     comments: any[];
14     iterable: boolean;
15     authors: string[];
16     texts: string[];
17     differ: any;
```

여기서 변수들을 선언한다. 선언할 변수들은 comments, iterable, authors, texts이다.

code/advanced-components/src/app/lifecycle/differs/comments-list.component.ts

```
19     constructor(differs: IterableDiffers) {
20       this.differ = differs.find([]).create(null);
21       this.comments = [];
22
23       this.authors = ['Elliot', 'Helen', 'Jenny', 'Joe', 'Justen', 'Matt'];
24       this.texts = [
25         "Ours is a life of constant reruns. We're always circling back to where we\
26   'd we started, then starting all over again. Even if we don't run extra laps tha\
27   t day, we surely will come back for more of the same another day soon.",
28         'Really cool!',
29         'Thanks!'
30       ];
31
32       this.addComment();
33     }
```

이 컴포넌트에서는 반복형 differ를 사용한다. differ를 만들 때 사용하는 클래스는 IterableDiffers로 바뀌었지만, differ를 만드는 방법은 바뀌지 않았다.

컨스트럭터에서는 새 댓글이 추가될 때마다 작성자 리스트와 댓글 텍스트 리스트가 초기화된다. 마지막으로, 댓글 리스트가 비었을 때는 앱을 초기화하지 않도록 addComment() 메서드를 호출한다. 다음 세 메서드는 새 댓글을 추가할 때 사용된다.

code/advanced-components/src/app/lifecycle/differs/comments-list.component.ts

```
33     getRandomInt(max: number): number {
34       return Math.floor(Math.random() * (max + 1));
```

```
35    }
36
37    getRandomItem(array: string[]): string {
38      const pos: number = this.getRandomInt(array.length - 1);
39      return array[pos];
40    }
41
42    addComment(): void {
43      this.comments.push({
44        author: this.getRandomItem(this.authors),
45        comment: this.getRandomItem(this.texts),
46        likes: this.getRandomInt(20)
47      });
48    }
49
50    removeComment(comment) {
51      const pos = this.comments.indexOf(comment);
52      this.comments.splice(pos, 1);
53    }
```

첫 번째와 두 번째 메서드는 각각 임의의 정수와 임의의 배열 항목을 리턴하는 두 메서드를 선언한다.

마지막으로 addComment( ) 메서드는 새 댓글을 리스트에 추가한다. 이때 작성자와 텍스트, 좋아요 개수가 모두 임의로 설정된다.

그다음에는 리스트에서 댓글을 제거할 removeComment( ) 메서드를 정의한다.

code/advanced-components/src/app/lifecycle/differs/comments-list.component.ts

```
50    removeComment(comment) {
51      const pos = this.comments.indexOf(comment);
52      this.comments.splice(pos, 1);
53    }
```

변경 여부 감지 메서드인 ngDoCheck( )를 마지막으로 선언한다.

code/advanced-components/src/app/lifecycle/differs/comments-list.component.ts

```
55    ngDoCheck(): void {
56      const changes = this.differ.diff(this.comments);
57
58      if (changes) {
59        changes.forEachAddedItem(r => console.log('Added', r.item));
60        changes.forEachRemovedItem(r => console.log('Removed', r.item));
61      }
```

반복형 differ는 키-값 differ와 동작 방식이 같지만, 추가되거나 제거된 항목에 메서드를 제공할 뿐이다. 지금 앱을 실행하면 댓글이 하나 달린 댓글 리스트를 확인할 수 있다.

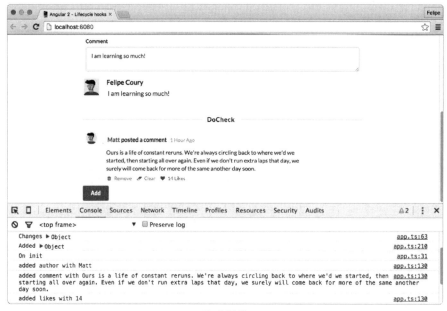

초기 상태

몇 가지가 콘솔에 출력된다. 예를 들면 다음과 같다.

```
1  added author with Matt
2  ...
3  added likes with 14
```

Add 버튼을 클릭하여 새 댓글을 추가할 때 어떤 일이 일어나는지 살펴보자.

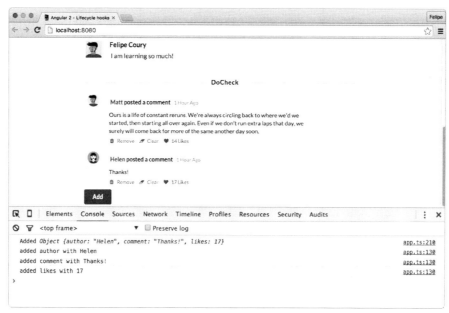

댓글 추가

{author: "Hellen", comment: "Thanks!", likes: 17}처럼 새 객체를 리스트에 추가했다고 반복형 differ가 확인되었다. 키-값 differ가 감지한 대로 댓글 객체도 변경된 것을 확인할 수 있다.

```
1   added author with Helen
2   added comment with Thanks!
3   added likes with 17
```

이제 버튼을 클릭해 새 댓글을 추가할 수 있다.

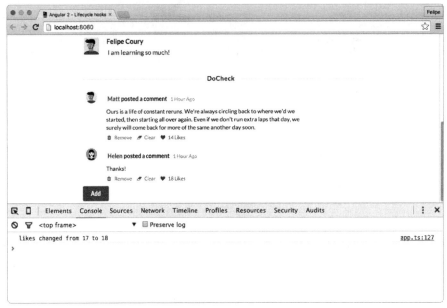

변경된 '좋아요' 개수

'좋아요' 개수만 변경된 것을 확인할 수 있다.

Clear 아이콘을 클릭하면 댓글 객체의 comment 키를 제거한다.

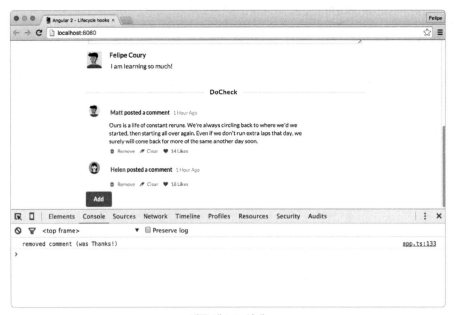

댓글 텍스트 삭제

로그를 확인해 보면 이 키가 삭제된 것을 알 수 있다. 마지막으로 Remove 아이콘을 클릭해 최신 댓글을 제거해 보자.

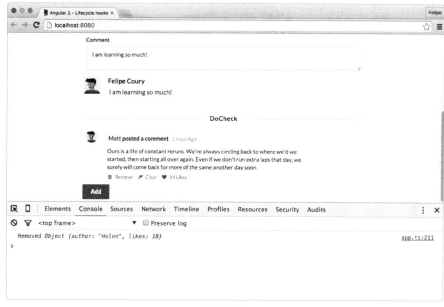

댓글 삭제

예상한 대로 객체가 제거된 로그를 확인할 수 있다.

14.5.5 AfterContentInit, AfterViewInit, AfterContentChecked, AfterViewChecked

AfterContentInit 혹은 OnInit 다음에, 즉 컴포넌트나 지시자의 초기화가 끝난 바로 다음에 호출된다. AfterContentChecked도 이와 비슷하지만, 지시자의 확인이 끝나고 호출된다는 점이 다르다. 여기서 확인은 변경 여부 감지 시스템의 확인이다.

다른 두 훅인 AfterViewInit과 AfterViewChecked는 앞의 두 훅 바로 다음에, 뷰의 초기화가 모두 끝난 바로 다음에 트리거된다. 이 두 훅은 지시자가 아니라 컴포넌트에만 적용될 수 있다. 또한, AfterXXXInit 훅은 지시자 라이프사이클 동안 한 번만 호출된다. 반면, AfterXXXChecked 훅은 변경 감지 사이클마다 호출된다. 예를 들어, 각 라이프사이클 훅 동안 콘솔로 출력하는 새 컴포넌트를 만들어 보자. 버튼을 클릭하면 숫자가 증가하는 카운터를 포함한다.

```
1   import {
2     Component,
3     OnInit,
4     OnDestroy,
5     DoCheck,
6     OnChanges,
7     AfterContentInit,
8     AfterContentChecked,
9     AfterViewInit,
10    AfterViewChecked
11  } from '@angular/core';
12
13  @Component({
14    selector: 'app-all-hooks',
15    templateUrl: './all-hooks.component.html'
16  })
17  export class AllHooksComponent implements OnInit,
18    OnDestroy, DoCheck,
19    OnChanges, AfterContentInit,
20    AfterContentChecked, AfterViewInit,
21    AfterViewChecked {
22    counter: number;
23
24    constructor() {
25      console.log('AllHooksComponent --------- [constructor]');
26      this.counter = 1;
27    }
28    inc() {
29      console.log('AllHooksComponent --------- [counter]');
30      this.counter += 1;
31    }
32    ngOnInit() {
33      console.log('AllHooksComponent - OnInit');
34    }
35    ngOnDestroy() {
36      console.log('AllHooksComponent - OnDestroy');
37    }
38    ngDoCheck() {
39      console.log('AllHooksComponent - DoCheck');
40    }
41    ngOnChanges() {
42      console.log('AllHooksComponent - OnChanges');
43    }
44    ngAfterContentInit() {
45      console.log('AllHooksComponent - AfterContentInit');
46    }
47    ngAfterContentChecked() {
48      console.log('AllHooksComponent - AfterContentChecked');
```

```
49    }
50    ngAfterViewInit() {
51      console.log('AllHooksComponent - AfterViewInit');
52    }
53    ngAfterViewChecked() {
54      console.log('AllHooksComponent - AfterViewChecked');
55    }
56
57 }
```

이제 이 컴포넌트와 Toggle 버튼을 앱 컴포넌트에 추가해 보자. Toggle 버튼은 OnDestroy 훅에 사용했던 것과 비슷하다.

code/advanced-components/src/app/lifecycle/all-hooks/all-hooks-demo.component.html

```
1  <h4 class="ui horizontal divider header">
2    AfterContentInit, AfterViewInit, AfterContentChecked and AfterViewChecked
3  </h4>
4
5  <app-all-hooks
6    *ngIf="displayAfters"
7    ></app-all-hooks>
8
9  <button class="ui primary button" (click)="toggleAfters()">
10    Toggle
11  </button>
```

최종 구현 코드는 다음과 같을 것이다.

code/advanced-components/src/app/lifecycle/all-hooks/all-hooks-demo.component.ts

```
1  import { Component, OnInit } from '@angular/core';
2
3  @Component({
4    selector: 'app-all-hooks-demo',
5    templateUrl: './all-hooks-demo.component.html',
6    styles: []
7  })
8  export class AllHooksDemoComponent implements OnInit {
9    displayAfters = true;
10
11    constructor() { }
12
13    ngOnInit() { }
14
15    toggleAfters(): void {
16      this.displayAfters = !this.displayAfters;
```

```
17      }
18  }
```

애플리케이션이 시작되면 각 훅이 출력된 것을 확인할 수 있을 것이다.

앱 시작

이제 콘솔을 지우고 Increment 버튼을 클리한다.

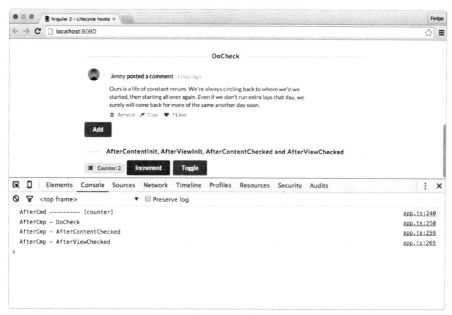

카운터 증가 이후

DoCheck, AfterContentCheck, AfterViewCheck 훅만이 트리거된 것을 확인할 수 있다.
Toggle 버튼을 클릭한다.

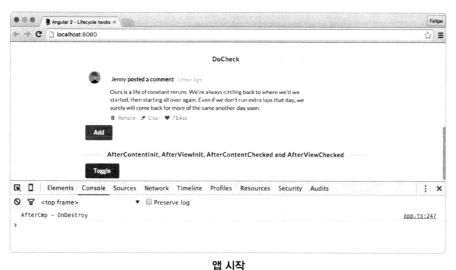

앱 시작

다시 Toggle 버튼을 클릭한다.

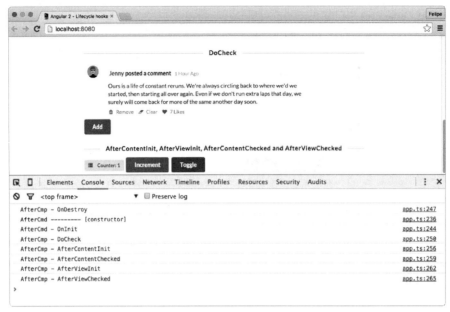

앱 시작

모든 훅이 트리거되었다.

14.6 템플릿 고급

템플릿 요소는 동적으로 조작되는 뷰를 만들 때 사용하는 특별한 요소라 할 수 있다. 템플릿을 단순하게 다루기 위해서 앵귤러는 템플릿을 간편하게 만들 수 있는 일종의 **문법 설탕** **(syntactic sugar)**을 제공하고 있다. 이를테면 다음과 같은 코드를 생각해 보자.

```
1  <app-comment
2    *ngFor="let comment of comments"
3    [comment]="comment"
4    (onRemove)="removeComment($event)">
5  </app-comment>
```

이 코드를 다음처럼 바꿀 수 있다.

```
1  <app-comment
2    template="ngFor let comment of comments; #i=index"
3    [comment]="comment"
4    (onRemove)="removeComment($event)">
5  </app-comment>
```

다시 다음처럼 바꿀 수 있다.

```
1  <template
2    ngFor
3    [ngForOf]="comments"
4    let-comment="$implicit"
5    let-index="i">
6    <app-comment
7      [comment]="comment"
8      (onRemove)="removeComment($event)">
9    </app-comment>
10 </template>
```

이 기본 개념을 이해해야 지시자를 직접 빌드하는 데 여러모로 도움이 될 것이다.

14.6.1 ngIf 다시 작성하기 — ngBookIf

ngIf와 같은 일을 하는 새로운 지시자를 만들어 보자. 이름하여 ngBookIf이다.

■ ngBookIf @Directive

우선, 클래스에 필요한 @Directive 데코레이터부터 선언한다.

```
1  @Directive({
2    selector: '[ngBookIf]'
3  })
```

여기서는 앞에서와 마찬가지로 [ngBookIf]를 셀렉터로 사용한다. *ngBookIf="condition"을 사용하면 다음처럼 변환되기 때문이다.

```
1  <template ngBookIf [ngBookIf]="condition">
```

ngBookIf도 속성이기 때문에 이를 입력으로 받겠다고 지정할 필요가 있다. 이 지시자의 임무는 조건이 참일 때 지시자 템플릿 콘텐트를 추가하고, 조건이 거짓일 때 제거하는 것이다. 따라서 조건이 참일 때는 **뷰 컨테이너(view container)**를 사용한다. 뷰 컨테이너는 뷰를 지시자에 연결할 때 사용된다. 여기서는 뷰 컨테이너로 다음 두 가지 일을 한다.

- 지시자 템플릿이 내장된 새 뷰를 만든다.
- 뷰 컨테이너 콘텐트를 지운다.

그보다 먼저 ViewContainerRef와 TemplateRef를 주입해야 한다. 이 둘은 지시자의 뷰 컨테이너와 템플릿과 함께 주입된다. 다음은 이를 구현하는 코드다.

code/advanced-components/src/app/templates/ng-book-if/ng-book-if.directive.ts

```
11  export class NgBookIfDirective {
12    constructor(private viewContainer: ViewContainerRef,
13                private template: TemplateRef<any>) {}
```

뷰 컨테이너와 템플릿의 참조가 만들어졌다. 이제 타입스크립트 프로퍼티 세터 구조를 사용하고, 또한 Input() 데코레이터를 사용하여 이 구조를 input으로 지정한다.

code/advanced-components/src/app/templates/ng-book-if/ng-book-if.directive.ts

```
15    @Input() set ngBookIf(condition) {
16      if (condition) {
17        this.viewContainer.createEmbeddedView(this.template);
18      } else {
19        this.viewContainer.clear();
20      }
21    }
22  }
```

이 메서드는 클래스의 ngBookIf 프로퍼티에 값을 설정할 때마다 호출된다. 다시 말해, 이 메서드는 ngBookIf="condition"에서 condition이 변경될 때마다 호출된다.

이제 조건이 참일 때 뷰 컨테이너의 createEmbeddedView 메서드를 사용하여 지시자의 템플릿을 연결한다. 조건이 거짓이면 clear 메서드를 사용하여 뷰 컨테이너의 모든 것을 지운다.

■ ngBookIf 사용하기

새로 만든 지시자를 사용해 보자. 다음 데모용 컴포넌트를 작성한다.

code/advanced-components/src/app/templates/ng-book-if/ng-book-if-demo.component.ts

```
1   import { Component } from '@angular/core';
2
3   @Component({
4     selector: 'app-ng-book-if',
5     templateUrl: './ng-book-if-demo.component.html',
6   })
7   export class NgBookIfDemoComponent {
8     display: boolean;
9
10    constructor() {
```

```
11      this.display = true;
12    }
13
14    toggle() {
15      this.display = !this.display;
16    }
17 }
```

그리고 다음은 템플릿이다.

code/advanced-components/src/app/templates/ng-book-if/ng-book-if-demo.component.html

```
1  <button class="ui primary button" (click)="toggle()">
2    Toggle
3  </button>
4
5  <div *ngBookIf="display">
6    The message is displayed
7  </div>
```

애플리케이션을 실행하면 예상한 바대로 지시자가 동작하는 것을 확인할 수 있다. Toggle 버튼을 클릭하면 The message is displayed라는 메시지가 페이지에서 토글된다.

14.6.2 ngFor 다시 작성하기 — NgBookFor

이제 앵귤러가 템플릿의 반복을 처리하기 위해 제공하는 ngFor 지시자의 간소화된 버전을 작성해 보자.

■ NgBookFor 템플릿 해부

이 지시자는 *NgBookFor="let var of collection" 표기법에 따라 사용된다. 앞에서처럼 [NgBookFor]를 셀렉터로 선언해야 한다. 하지만 여기서 입력 파라미터는 ngBookFor뿐만이 아니다. 앵귤러에서 *something="let var in collection" 표기법이 어떻게 변환되는지 되짚어 보면, 최종 형태가 다음과 같다는 것을 알 수 있다.

```
1  <template something [somethingOf]="collection" let-var="$implicit">
2    <!-- ... -->
3  </template>
```

코드에서 알 수 있는 것처럼 전달되는 속성은 something이 아니라 somethingOf이다. 지시자가 반복 처리용 컬렉션을 받는 곳에 해당한다.

생성된 템플릿에서는 로컬 뷰 변수인 #var가 만들어진다. 이 변수는 $implicit 로컬 변수로부터 값을 받는다. 앵귤러에서 '문법 설탕'을 빼 template으로 변환할 때 사용하는 것이 바로 로컬 변수의 이름이다.

■ NgBookFor @Directive

드디어 지시자를 작성해 보자.

code/advanced-components/src/app/templates/ng-book-for/ng-book-for.directive.ts

```
 1  import {
 2    Directive,
 3    IterableDiffer,
 4    IterableDiffers,
 5    ViewRef,
 6    ViewContainerRef,
 7    TemplateRef,
 8    ChangeDetectorRef,
 9    DoCheck,
10    Input
11  } from '@angular/core';
12
13  @Directive({
14    selector: '[ngBookFor]'
15  })
16  export class NgBookForDirective implements DoCheck {
17    private items: any;
18    private differ: IterableDiffer<any>;
19    private views: Map<any, ViewRef> = new Map<
20      any,
21      ViewRef
22    >();
23
24    constructor(
25      private viewContainer: ViewContainerRef,
26      private template: TemplateRef<any>,
27      private differs: IterableDiffers
28    ) {}
```

클래스에 사용할 몇 가지 프로퍼티를 선언한다.

- items는 반복 처리할 컬렉션을 담는다.
- differ는 변경 감지 목적으로 사용될 IterableDiffer('라이프사이클 훅' 절 참고)이다.
- views는 지정된 컬렉션 항목을 뷰에 연결하는 Map이다.

컨스트럭터는 viewContainer와 템플릿, IterableDiffers 인스턴스를 받는다(각각에 관해서는 이 장 앞부분에서 다루었다).

이제 변경 감지기를 주입한다. 다음 절에서 변경 감지를 깊이 있게 들여다볼 것이다. 지금은 지시자의 프로퍼티가 변경될 때 감지 시스템을 트리거하도록 앵귤러가 만든 클래스 정도로만 정리해 두자. 그다음에는 ngBookForOf 입력을 설정할 때 트리거될 코드를 작성한다.

code/advanced-components/src/app/templates/ng-book-for/ng-book-for.directive.ts

```
31    set ngBookForOf(items) {
32      this.items = items;
33      if (this.items && !this.differ) {
34        this.differ = this.differs.find(items).create();
35      }
36    }
```

이 속성을 설정 하면 지시자의 item 프로퍼티에 컬렉션을 유지하고, 컬렉션이 유효하고 아직 differ가 만들어지지 않은 경우에 differ를 만든다. 이때 지시자의 변경 감지기(컨스트럭터에서 주입했던 감지기)를 재사용하는 IterableDiffer의 인스턴스를 만든다.

컬렉션의 변화에 대응하는 코드를 작성해 보자. 다음과 같이 ngDoCheck 메소드를 구현하여 DoCheck 라이프사이클 훅을 사용한다.

code/advanced-components/src/app/templates/ng-book-for/ng-book-for.directive.ts

```
38    ngDoCheck(): void {
39      if (this.differ) {
40        const changes = this.differ.diff(this.items);
41        if (changes) {
42          changes.forEachAddedItem(change => {
43            const view = this.viewContainer.createEmbeddedView(
44              this.template,
45              { $implicit: change.item }
46            );
47            this.views.set(change.item, view);
48          });
49          changes.forEachRemovedItem(change => {
50            const view = this.views.get(change.item);
51            const idx = this.viewContainer.indexOf(view);
52            this.viewContainer.remove(idx);
53            this.views.delete(change.item);
54          });
55        }
56      }
57    }
```

몇 부분으로 나눠 살펴보자. 이 메서드로 가장 먼저 할 일은 differ의 인스턴스를 만들었는지 확인하는 것이다. 인스턴스가 없다면 아무것도 하지 못한다.

그다음으로는 무엇이 변경되었는지 differ를 파악한다. 변경된 것이 있다면 추가된 항목들을 반복 처리한다. 이때 changes.forEachAddedItem을 사용한다. 이 메서드는 추가된 모든 요소에 사용할 CollectionChangeRecord 객체를 받는다.

그다음에는 요소마다 새 내장 뷰를 만든다. 이때 뷰 컨테이너의 createEmbeddedView 메서드를 사용한다.

```
1  let view = this.viewContainer.createEmbeddedView(this.template, {'$implicit': ch\
2  ange.item});
```

createEmbeddedView의 두 번째 인수는 **뷰 컨텍스트**(view context)이다. 여기서는 $implicit 로컬 변수를 change.item으로 설정한다. 그 결과 *NgBookFor="let var of collection"으로 선언했던 변수를 var로 참조할 수 있다. 다시 말해, in var에서 var는 $implicit 변수다. $implicit을 사용한 이유는 사용자가 어떤 이름을 지정할지 컴포넌트를 작성할 때 알 수 없기 때문이다.

마지막으로 할 일은 컬렉션 항목과 그 뷰를 연결하는 것이다. 왜 연결해야 할까? 항목이 컬렉션에서 제거되면 해당 뷰를 제거해야 하기 때문이다. 컬렉션에거 제거된 항목마다 항목-뷰 맵을 사용하여 해당 뷰를 찾아야 한다. 그리고 그 뷰의 인덱스를 뷰 컨테이너에서 파악한다. 뷰 컨테이너의 remove 메서드에는 인덱스가 필요하기 때문이다. 마지막으로 항목-뷰 맵에서 해당 뷰를 제거한다.

■ 지시자 테스트하기

새 지시자를 테스트하기 위해 다음 컴포넌트를 작성한다.

code/advanced-components/src/app/templates/ng-book-for/ng-book-for-demo.component.ts

```
1  import { Component, OnInit } from '@angular/core';
2
3  @Component({
4    selector: 'app-ng-book-for-demo',
5    templateUrl: './ng-book-for-demo.component.html'
6  })
7  export class NgBookForDemoComponent implements OnInit {
```

```
 8    people: any[];
 9
10    constructor() { }
11
12    ngOnInit() {
13      this.people = [
14        {name: 'Joe', age: 10},
15        {name: 'Patrick', age: 21},
16        {name: 'Melissa', age: 12},
17        {name: 'Kate', age: 19}
18      ];
19    }
20
21    remove(p) {
22      const idx: number = this.people.indexOf(p);
23      this.people.splice(idx, 1);
24      return false;
25    }
26
27    add(name, age) {
28      this.people.push({name: name.value, age: age.value});
29      name.value = '';
30      age.value = '';
31    }
32  }
```

그리고 다음은 템플릿이다.

code/advanced-components/src/app/templates/ng-book-for/ng-book-for-demo.component.html

```
 1  <ul>
 2    <li *ngBookFor="let p of people">
 3      {{ p.name }} is {{ p.age }}
 4      <a href (click)="remove(p)">Remove</a>
 5    </li>
 6  </ul>
 7
 8  <div class="ui form">
 9    <div class="fields">
10      <div class="field">
11        <label>Name</label>
12        <input type="text" #name placeholder="Name">
13      </div>
14      <div class="field">
15        <label>Age</label>
16        <input type="text" #age placeholder="Age">
17      </div>
18    </div>
19  </div>
```

```
20  <div class="ui submit button"
21      (click)="add(name, age)">
22    Add
23  </div>
```

지시자를 사용하여 사람들 리스트를 반복 처리한다.

code/advanced-components/src/app/templates/ng-book-for/ng-book-for-demo.component.html

```
1  <ul>
2    <li *ngBookFor="let p of people">
3      {{ p.name }} is {{ p.age }}
4      <a href (click)="remove(p)">Remove</a>
5    </li>
6  </ul>
```

Remove를 클릭하면 컬렉션에서 항목이 제거되며 변경 감지가 트리거된다.

또한, 항목을 컬렉션에 추가할 수 있는 폼을 제공한다.

code/advanced-components/src/app/templates/ng-book-for/ng-book-for-demo.component.html

```
8   <div class="ui form">
9     <div class="fields">
10      <div class="field">
11        <label>Name</label>
12        <input type="text" #name placeholder="Name">
13      </div>
14      <div class="field">
15        <label>Age</label>
16        <input type="text" #age placeholder="Age">
17      </div>
18    </div>
19  </div>
20  <div class="ui submit button"
21      (click)="add(name, age)">
22    Add
23  </div>
```

14.7 변경 감지

사용자가 앱을 사용하는 과정에서 데이터(상태)는 변경되기 마련이고, 이때 앱은 변경된 데이터에 따라 적절하게 대응해야 한다. 현대 자바스크립트 프레임워크들은 대부분 이런 데이터 변경이 언제 일어나는지 파악하고, 그에 따라 컴포넌트를 다시 렌더링해야 하는 문제를 안고 있다.

뷰가 컴포넌트 상태의 변화에 대응하기 위해 앵귤러는 **변경 감지**(change detection)를 적용하고 있다. 컴포넌트 상태의 변화를 유발하는 것은 무엇이 있을까? 대표적으로 사용자 인터랙션이 있다. 예를 들어 다음 컴포넌트를 생각해 보자.

```
1  @Component({
2    selector: 'my-component',
3    template: `
4    Name: {{name}}
5    <button (click)="changeName()">Change!</button>
6    `
7  })
8  class MyComponent {
9    name: string;
10   constructor() {
11     this.name = 'Felipe';
12   }
13
14   changeName() {
15     this.name = 'Nate';
16   }
17 }
```

사용자가 Change! 버튼을 클릭하면 컴포넌트의 name 프로퍼티가 변경된다.

다른 변경 원인으로 HTTP 요청도 있다.

```
1  @Component({
2    selector: 'my-component',
3    template: `
4    Name: {{name}}
5    `
6  })
7  class MyComponent {
8    name: string;
9    constructor(private http: Http) {
10     this.http.get('/names/1')
11       .map(res => res.json())
12       .subscribe(data => this.name = data.name);
13   }
14 }
```

마지막으로, 변경을 유발하는 타이머를 만들 수도 있다.

```
1  @Component({
2    selector: 'my-component',
3    template: `
4    Name: {{name}}
5    `
6  })
7  class MyComponent [
8    name: string;
9    constructor() {
10     setTimeout(() => this.name = 'Felipe', 2000);
11   }
12 }
```

하지만 앵귤러는 변경 여부를 어떻게 알 수 있을까? 우선, 컴포넌트마다 변경 감지기를 가지고 있다는 사실부터 알아야 할 것이다. 앞에서 살펴본 대로 전형적인 애플리케이션은 상호작용을 하는 여러 컴포넌트로 구성되어 의존성이 형성된다.

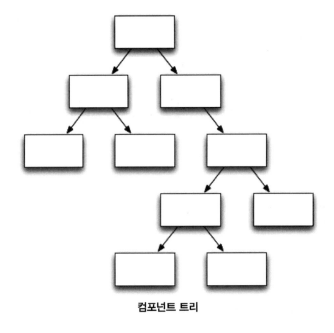

컴포넌트 트리

트리의 컴포넌트마다 변경 감지기가 만들어진다. 따라서 컴포넌트 트리를 변경 감지기 트리로 생각해도 무방하다.

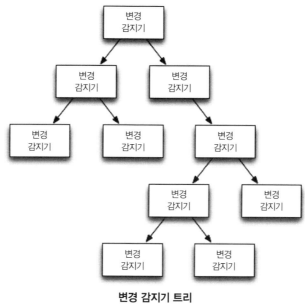

변경 감지기 트리

어떤 컴포넌트 하나가 변경되면 그 컴포넌트의 트리 내 위치가 어디이든 변경 감지 과정이 트리 전체에서 트리거된다. 왜 그럴까? 앵귤러는 최상위 컴포넌트 노드부터 아래쪽 방향으로 변경 유무를 스캔하기 때문이다.

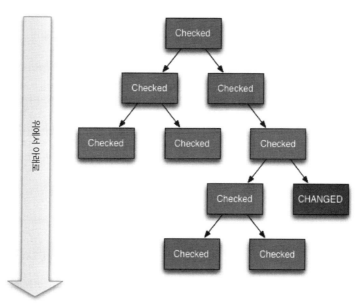

기본 변경 감지

이 다이어그램에서 변경된 컴포넌트는 'CHANGED'로 표시되었다. 하지만 컴포넌트 트리 전체에 확인 과정을 거치게 한다. 확인된 객체들은 'Checked'로 표시되었다(컴포넌트 자체도 확인되었다).

당연히 이 확인 연산은 댓가가 매우 크다. 하지만 다양한 최적화 덕분에(앵귤러 코드를 최적화에 적합하도록 자바스크립트 엔진이 바꾼다) 실제로는 속도가 매우 빠르다.

14.7.1 변경 감지 커스터마이징하기

내장된 변경 감지 메커니즘이나 기본 변경 감지 메커니즘이 과할 때가 적지 않다. 변경할 수 없는 객체를 사용할 때나 앱 아키텍처가 옵저버블에 의존할 때가 단적인 예이다. 이런 때를 위해 앵귤러는 대단히 빠른 성능을 만족시킬 수 있는 변경 감지 시스템 설정 방식을 제공하고 있다.

변경 감지기의 동작 방식을 변경할 수 있는 첫 번째 방법은 컴포넌트의 입력 값이 변경될 때만 확인 과정이 진행되도록 하는 것이다. (정리하는 차원에서) 입력 값은 컴포넌트가 외부 세계로부터 받는 속성이다. 예를 들어 다음 코드를 살펴보자.

```
 1  class Person {
 2    constructor(public name: string, public age: string) {}
 3  }
 4
 5  @Component({
 6    selector: 'mycomp',
 7    template: `
 8      <div>
 9        <span class="name">{person.name}</span>
10        is {person.age} years old.
11      </div>
12    `
13  })
14  class MyComp {
15    @Input() person: Person;
16  }
```

입력 속성으로 person을 만들었다. 이제 이 입력 속성이 변경될 때만 컴포넌트가 변경되도록 하려면 변경 감지 전략을 변경해야 한다. changeDetection 속성을 ChangeDetectionStrategy. OnPush로 설정한다.

여기서 한 가지 짚고 넘어가자면, changeDetection의 기본값은 ChangeDetectionStrategy. Default이다.

두 컴포넌트로 간단하게 테스트해 보자. 첫 번째 컴포넌트는 기본 변경 감지 전략을 적용하고, 두 번째는 OnPush 전략을 적용한다.

code/advanced-components/src/app/change-detection/on-push-demo/profile.model.ts

```
1  /**
2   * User Profile 객체는 시간을 지정하는 함수뿐만 아니라
3   * 첫 번째 및 마지막 이름도 저장한다.
4   **/
5  export class Profile {
6    constructor(public first: string, public last: string) {}
7
8    lastChanged() {
9      return new Date();
10   }
11 }
```

자, 가져오기 몇 개부터 시작하고, 두 컴포넌트에서 입력으로 사용될 Profile 클래스를 선언했다. 또한, Profile 클래스에는 lastChange() 메서드를 만들었다. 이 메서드는 변경 감지가 트리거되는 시점을 결정한다. 어떤 컴포넌트가 변경 여부를 확인받아야 한다고 표시되면 이 메서드가 호출된다. 따라서 이 메서드는 컴포넌트가 변경 여부를 확인받은 시점도 나타낼 수 있다. 그다음에는 기본 변경 감지 전략을 사용할 DefaultChangeDetectionComponent를 선언했다.

code/advanced-components/src/app/change-detection/on-push-demo/default-change-detection.
component.ts

```
1  import {
2    Component,
3    Input
4  } from '@angular/core';
5  import { Profile } from './profile.model';
6
7  @Component({
8    selector: 'app-default-change-detection',
9    templateUrl: './default-change-detection.component.html'
10 })
11 export class DefaultChangeDetectionComponent {
12   @Input() profile: Profile;
13 }
```

그리고 다음은 템플릿이다.

code/advanced-components/src/app/change-detection/on-push-demo/default-change-detection.
component.html

```
1   <h4 class="ui horizontal divider header">
2     Default Strategy
3   </h4>
4
5   <form class="ui form">
6     <div class="field">
7       <label>First Name</label>
8       <input
9       type="text"
10      [(ngModel)]="profile.first"
11      name="first"
12      placeholder="First Name">
13    </div>
14    <div class="field">
15      <label>Last Name</label>
16      <input
17      type="text"
18      [(ngModel)]="profile.last"
19      name="last"
20      placeholder="Last Name">
21    </div>
22  </form>
23
24  <h5><em>Updates if either changes (e.g. more often)</em></h5>
25  <div>
26    {{profile.lastChanged() | date:'medium'}}
27  </div>
```

그리고 다음은 OnPush 전략을 사용하는 두 번째 컴포넌트다.

code/advanced-components/src/app/change-detection/on-push-demo/on-push-change-detection.
component.ts

```
1   import {
2     Component,
3     Input,
4     ChangeDetectionStrategy
5   } from '@angular/core';
6   import { Profile } from './profile.model';
7
8   @Component({
9     selector: 'app-on-push-change-detection',
10    changeDetection: ChangeDetectionStrategy.OnPush,
11    templateUrl: './on-push-change-detection.component.html'
```

```
12    })
13    export class OnPushChangeDetectionComponent {
14      @Input() profile: Profile;
15    }
```

코드로도 알 수 있는 것처럼 두 컴포넌트는 헤더만 다른 템플릿을 사용한다. 마지막으로, 두 컴포넌트를 렌더링할 컴포넌트를 추가한다.

code/advanced-components/src/app/change-detection/on-push-demo/on-push-demo.component.ts

```
1    import { Component } from '@angular/core';
2    import { Profile } from './profile.model';
3
4    @Component({
5      selector: 'app-on-push-demo',
6      template: `
7      <div class="ui page grid">
8        <div class="two column row">
9          <div class="column area">
10           <app-default-change-detection
11             [profile]="profile1">
12           </app-default-change-detection>
13         </div>
14         <div class="column area">
15           <app-on-push-change-detection
16             [profile]="profile2">
17           </app-on-push-change-detection>
18         </div>
19       </div>
20     </div>
21     `
22    })
23    export class OnPushDemoComponent {
24      profile1: Profile = new Profile('Felipe', 'Coury');
25      profile2: Profile = new Profile('Nate', 'Murray');
26    }
```

앱을 실행하면 두 컴포넌트가 다음처럼 렌더링된 모습을 확인할 수 있다.

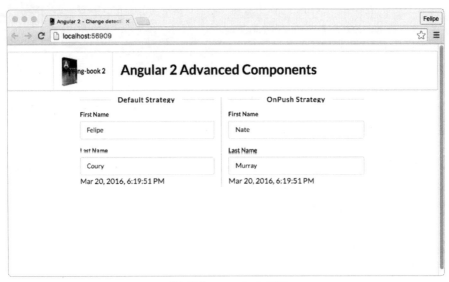

기본 전략 vs. OnPush 전략

기본 전략이 적용된 왼쪽 컴포넌트에서 무언가를 변경해도 오른쪽 컴포넌트의 타임스탬프는 변경되지 않는다.

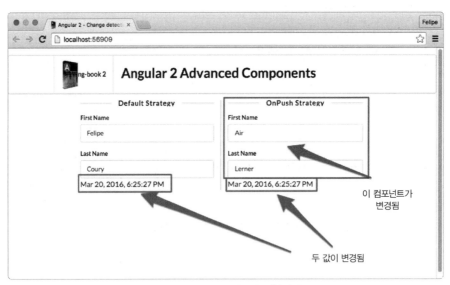

OnPush 변경됨, 기본 전략 확인됨

왜 이렇게 됐는지는 새 컴포넌트 트리를 만들어 언급하고자 한다.

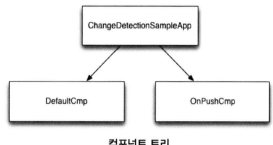

컴포넌트 트리

앵귤러는 변경 여부를 위에서 아래로 확인한다. 따라서 처음에는 OnPushDemo Component를 확인하고, 그다음에는 DefaultChangeDetectionComponent를 확인하며, 마지막으로 OnPushChangeDetectionComponent를 확인한다. OnPush ChangeDetectionComponent가 변경되었다고 추론되면, 트리 내 모든 컴포넌트를 위에서 아래로 업데이트한다. 그 결과 DefaultChangeDetectionComponent가 다시 렌더링된다.

이제 오른쪽 컴포넌트의 값을 변경해 보자.

기본 전략 변경됨, OnPush 확인되지 않음

변경 감지 엔진에 시동을 걸어 보자. DefaultChangeDetectionComponent 컴포넌트는 확인되지만 OnPushChangeDetectionComponent는 확인되지 않는다. 이 컴포넌트에

OnPush 전략을 설정했을 때, 그 입력 속성 중 하나가 변경될 때만 이 컴포넌트에 변경 감지가 시작되도록 했기 때문이다. 트리 내 다른 컴포넌트를 변경한다 해도 이 컴포넌트의 변경 감지기는 트리거되지 않는다.

14.7.2 존

내부적으로 앵귤러는 **존(Zone)**이라는 라이브러리를 사용하여 변경 여부를 자동으로 감지하고, 변경 감지 메커니즘을 트리거한다. 존은 가장 일반적인 시나리오에 따라 무엇이 변경되었는지 자동으로 파악한다.

- DOM 이벤트가 발생할 때(click이나 change 등)
- HTTP 요청이 수락될 때
- 타이머가 트리거될 때(setTimeout 또는 setInterval)

하지만 무엇이 변경되었는지 존이 자동으로 파악하지 못하는 시나리오도 있다. 바로 OnPush 전략이 유용한 또 하나의 시나리오라 할 수 있다. 존의 제어권 밖에 있는 예를 몇 가지 들면 다음과 같다.

- 비동기로 실행되는 서드파티 라이브러리를 사용할 때
- 변경할 수 없는 데이터
- 옵저버블

이들은 무언가가 변경되었다고 앵귤러에 수동으로 알려야 하는 테크닉과 OnPush를 함께 사용해야 할 완벽한 후보군이다.

14.7.3 옵저버블과 OnPush

옵저버블을 파라미터로 받는 컴포넌트를 만들어 보자. 이 옵저버블로부터 값을 받을 때마다 컴포넌트의 프로퍼티인 카운터를 증가시킨다. 일반적인 변경 감지 전략을 적용할 때는 언제든 카운터를 증가시키면 변경 감지 시스템이 곧바로 트리거된다. 하지만 이 컴포넌트에서는 OnPush 전략을 적용해 변경 감지기가 카운터 증가 시마다 시작되지 않고, 카운터 숫자가 5의 배수일 때만 또는 옵저버블이 완료될 때만 시작되도록 할 것이다. 컴포넌트부터 작성한다.

```
1   import {
2     Component,
3     OnInit,
4     Input,
5     ChangeDetectionStrategy,
6     ChangeDetectorRef
7     } from '@angular/core';
8   import { Observable } from 'rxjs/Rx';
9
10  @Component({
11    selector: 'app-observable-change-detection',
12    changeDetection: ChangeDetectionStrategy.OnPush,
13    template: `
14    <div>
15      <div>Total items: {{counter}}</div>
16    </div>
17    `
18  })
19  export class ObservableChangeDetectionComponent implements OnInit {
20    @Input() items: Observable<number>;
21    counter = 0;
22
23    constructor(private changeDetector: ChangeDetectorRef) {
24    }
25
26    ngOnInit() {
27      this.items.subscribe((v) => {
28        console.log('got value', v);
29        this.counter++;
30        if (this.counter % 5 === 0) {
31          this.changeDetector.markForCheck();
32        }
33      },
34      null,
35      () => {
36        this.changeDetector.markForCheck();
37      });
38    }
39  }
```

코드를 이해하기 쉽도록 여러 부분으로 나눠 살펴보자. 우선, 컴포넌트를 선언해 items를 입력 속성으로 받고 OnPush 감지 전략을 사용한다.

code/advanced-components/src/app/change-detection/observables-demo/observable-changedetection.component.ts

```
10  @Component({
11    selector: 'app-observable-change-detection',
12    changeDetection: ChangeDetectionStrategy.OnPush,
13    template: `
14    <div>
15      <div>Total items: {{counter}}</div>
16    </div>
17    `
18  })
```

그다음에는 입력 속성을 컴포넌트 클래스의 items 프로퍼티에 저장하고, counter라는 다른 프로퍼티를 0으로 설정한다.

code/advanced-components/src/app/change-detection/observables-demo/observable-changedetection.component.ts

```
19  export class ObservableChangeDetectionComponent implements OnInit {
20    @Input() items: Observable<number>;
21    counter  =  0;
```

이제 컨스트럭터를 사용해 컴포넌트의 변경 감지기를 담는다.

code/advanced-components/src/app/change-detection/observables-demo/observable-changedetection.component.ts

```
23    constructor(private changeDetector: ChangeDetectorRef) {
24    }
```

컴포넌트 초기화 동안 ngOnInit 훅에서는 다음 일을 한다.

code/advanced-components/src/app/change-detection/observables-demo/observable-changedetection.component.ts

```
26    ngOnInit() {
27      this.items.subscribe((v) => {
28        console.log('got value', v);
29        this.counter++;
30        if (this.counter % 5 === 0) {
31          this.changeDetector.markForCheck();
32        }
33      },
34      null,
35      () => {
36        this.changeDetector.markForCheck();
```

```
37        });
38      }
```

옵저버블을 구독한다. subscibe 메서드는 onNext, onError, onCompleted 콜백을 인수로 받는다. onNext 콜백은 받은 값을 출력하고 카운터를 증가시킨다. 최종적으로 현재 카운터 값이 5의 배수이면 변경 감지기의 markForCheck 메서드를 호출한다. markForCheck 는 무언가 변경되어 변경 감지기가 시작해야 한다고 앵귤러에 알릴 때 사용하는 메서드다. onError 콜백에서는 null을 사용하여 이 시니리오를 처리하지 않겠다고 알린다. 마지막으로, onComplete 콜백에서는 변경 감지기를 트리거해 최종 카운터가 표시되도록 한다.

이제 애플리케이션 컴포넌트 코드에서 구독자를 만든다.

code/advanced-components/src/app/change-detection/observables-demo/observables-demo. component.ts

```
1  import { Component, OnInit } from '@angular/core';
2  import { Observable } from 'rxjs/Rx';
3
4  @Component({
5    selector: 'app-observables-demo',
6    template: `
7    <app-observable-change-detection
8      [items]="itemObservable">
9      </app-observable-change-detection>
10     `
11 })
12 export class ObservablesDemoComponent implements OnInit {
13   itemObservable: Observable<number>;
14
15   constructor() { }
16
17   ngOnInit() {
18     this.itemObservable = Observable.timer(100, 100).take(101);
19   }
20
21 }
```

여기서 중요한 행은 다음이다.

```
18  this.itemObservable = Observable.timer(100, 100).take(101);
```

이 행은 items 입력 속성에서 컴포넌트로 전달할 옵저버블을 만든다. 파라미터 두 개를 timer 메서드에 전달한다. 하나는 첫 번째 값을 만들기까지 기다릴 밀리초 단위의 시간이고, 두 번째는 값 사이의 대기 시간(밀리초 단위)이다. 따라서 이 옵저버블은 100개의 값마다 연속된 값들을 무한히 만들어 낸다. 옵저버블이 무한히 실행되어서는 안 되므로 take 메서드를 사용해 처음 101개의 값만 얻는다. 이 코드를 실행하면 카운터가 5개의 값마다 업데이트되는 것을 확인할 수 있다. 그리고 옵저버블이 완료되면 101이라는 최종값이 만들어진다.

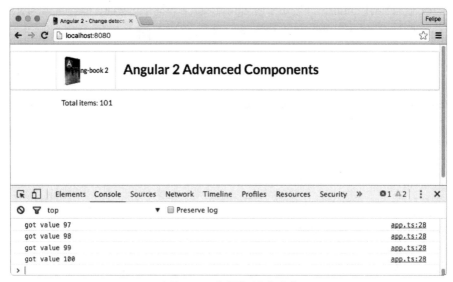

수동으로 트리거하는 변경 감지

14.8 정리

앵귤러는 고급 컴포넌트를 작성할 수 있는 다양한 도구를 제공한다. 이 장에서 소개한 테크닉을 사용하면 거의 원하는 그대로 컴포넌트를 작성할 수 있을 것이다.

CHAPTER

15

테스트하기

몇 시간, 며칠을 거쳐 몇 달을 웹 앱에 공을 들이다 마침내 세상에 릴리스한다. 그간 헤아릴 수 없는 시간과 노력을 앱에 쏟아부었다. 이제 그 보상을 받을 때가 된 것이다. 그런데 웬걸? 위풍도 당당한 버그 하나가 눈앞에 떡하니 버티고 서서 사용자들의 가입을 막고 있는 것이 아닌가.

15.1 테스트 주도?

웹 앱에 테스트 과정을 진행하면 출시하기 전에 버그를 해결할 수 있어 자부심 내지는 자신 감을 심어 줄 수 있고, 새로 합류한 개발자가 앱에 적응하는 시간을 대폭 줄일 수 있다. 소프 트웨어 개발 분야에서 이와 같은 테스트 과정의 강력한 영향력에 의문을 제시하는 사람은 거 의 없다. 하지만 테스트 과정을 어떻게 진행해야 하는지에 관해서는 의견이 분분하다.

테스트를 먼저 제시하고 앱을 구현하여 테스트를 통과하도록 하는 것이 좋을까? 아니면 코 드부터 작성해 두고 이 코드를 유효화하는 것이 더 나을까? 개발자 커뮤니티에서 이것이 논 쟁의 원인이 되지는 않지만 테스트의 '올바른' 방식이 어느 쪽인지 가리자는 논쟁은 꽤 뜨거 운 주제이기도 하다.

경험상 특히 프로토타입 중심의 프로젝트에서는 테스트 가능한 코드를 빌드하는 데 초점을 맞춘다. 여러분의 경우가 이와 다를지라도 프로토타입 기반 애플리케이션을 작업하고 있다면,

언제든지 변경될 수 있는 개별 코드를 테스트하는 일은 앱을 최신 상태로 유지하느라 업무량이 이중, 삼중으로 늘어나는 원인이라 할 수 있다. 이와 반대로 애플리케이션을 작은 여러 컴포넌트로 나눠 빌드할 수도 있다. 기능별로 메서드들을 나눠 구현하고 각 기능을 더 큰 그림의 일부분으로 테스트하는 것이다. 이를 가리켜 **테스트 가능한 코드(testable code)**라고 한다.

> ⓘ 프로토타입 중심(선 프로토타입 후 테스트) 방법론의 대안을 '적녹 리팩터(Red-Green Refactor)'라고 부른다. **테스트를 먼저 작성해 두고** 아직 코드를 작성하지 않았으므로 초기 상태는 실패(적색)일 것이다. 이 테스트를 거친 후부터 코드가 모두 통과하도록(녹색) 구현한다.

물론 '무엇을' 테스트하는지는 여러분이나 여러분의 팀이 결정할 문제다. 여기서는 '어떻게' 애플리케이션을 테스트하는지에만 집중할 것이다.

15.2 엔드투엔드 vs. 유닛 테스트

애플리케이션을 테스트하는 방법은 크게 두 가지로 나뉜다. 엔드투엔드(end-to-end) 테스트 방식과 유닛(unit) 테스트 방식이다.

탑 다운(top-down) 방식의 테스트를 적용할 때는 애플리케이션을 일종의 '블랙박스'처럼 생각하고 애플리케이션과 소통할 수 있는 테스트를 작성한다. 그리고 앱이 마치 '외부'에서 일을 하는지 판단한다. 이와 같은 탑 다운 테스트를 가리켜 **엔드투엔드 테스트(End to End testing)**라고 부른다.

> ⓘ 앵귤러 커뮤니티에서 주로 사용되는 도구로 프로트랙터(Protractor)[1]가 있다. 프로트랙터는 브라우저에서 애플리케이션과 소통하며 결과를 수집하고 테스트 조건이 충족되는지 확인하는 도구다.

흔히 적용되는 두 번째 테스트 방식은 애플리케이션의 요소 요소를 분리해 개별적으로 테스트하는 것인데, 이름하여 **유닛 테스트(unit testing)**라고 부른다. 유닛 테스트 방식에서는 특정 입력을 해당 유닛에 제공하고 그 결과가 조건에 부합하는지 판단하는 테스트를 작성한다. 이 장에서는 앵귤러 앱에 유닛 테스트를 어떻게 적용하는지 언급할 것이다.

---

1   https://angular.github.io/protractor/#/ 단축URL goo.gl/N2o34v

15.3 테스트 도구

앱을 테스트하는 도구에는 크게 재스민(Jasmine)과 카마(Karma)가 있다.

15.3.1 재스민

재스민(Jasmine)[2]은 자바스크립트 코드를 테스트하기 위한 동작(behavior) 중심의 개발 프레임워크다. 재스민을 사용하면 코드가 어떤 일을 해야 하는지 예측을 설정할 수 있다. 예를 들어, Calculator 객체에 sum 함수가 있다고 생각해 보자. 1과 1을 더하면 2가 출력되는지 확인하려고 한다. 이 테스트(_spec으로 부름)는 다음 코드로 작성할 수 있다.

```
1  describe('Calculator', () => {
2    it('sums 1 and 1 to 2', () => {
3      var calc = new Calculator();
4      expect(calc.sum(1, 1)).toEqual(2);
5    });
6  });
```

재스민은 테스트의 가독성이 좋다는 점에서 장점이 크다. 여기서는 calc.sub 연산 결과를 2로 기대할 수 있다.

describe 블록과 it 블록은 테스트를 구성하는 데 사용된다. 일반적으로 각 논리적 유닛에 describe를 사용하고, 그 안에 판단하려는 예측 하나씩 it 블록을 두어 테스트를 진행한다. 하지만 이 방법은 고정불변의 규칙이 아니다. it 블록 하나에 몇 가지 예측을 둘 때도 있다.

Calculator 예에서는 매우 간단한 객체를 두었다. 따라서 클래스 전체에 describe 블록 하나를 두었고, 메서드마다 it 블록 하나를 두었다. 이는 대개 비정상이다. 이를테면 입력에 따라 다른 결과를 출력하는 메서드는 it 블록을 여러 개 가질 수 있다. 그럴 때는 describe를 중첩하는 것도 무방하다. 객체에 하나와 메서드마다 하나, 그리고 개별 it 블록 안에 다른 예측을 두는 것이다.

이 장 내내 여러 종류의 describe와 it 블록을 다룰 것이다. 그러니 지금은 언제 무엇을 어떻게 사용해야 하는지 명확하지 않아도 걱정할 필요가 없다. 다양한 예시가 기다리고 있다. 재

---

2 http://jasmine.github.io/2.4/introduction.html 단축URL goo.gl/UMXiYG

스민에 관한 세부적인 내용은 재스민 문서 페이지[3]를 참고하기 바란다.

15.3.2 카마

재스민으로는 테스트와 그 예측을 기술할 수 있다. 실제로 테스트를 수행하려면 브라우저 환경이 갖춰져야 한다. 바로 이 때문에 **카마(Karma)**가 등장했다. 카마를 사용하면 자바스크립트 코드를 크롬이나 파이어폭스 같은 브라우저나 팬텀JS 같은 '헤드리스(headless)' 브라우저(사용자 인터페이스를 제공하지 않는 브라우저) 안에서 실행할 수 있다.

15.4 유닛 테스트 작성하기

이제부터 서로 다른 앵귤러 앱을 대상으로 유닛 테스트를 어떻게 작성하는지 언급하고자 한다. 구체적으로는 **서비스**와 **컴포넌트**, **HTTP 요청** 등을 테스트할 것이다. 이와 함께 테스트 가능한 코드를 더욱더 쉽게 만들 수 있는 테크닉도 소개한다.

15.5 앵귤러 유닛 테스트용 프레임워크

앵귤러는 재스민 프레임워크를 바탕으로 빌드한 자체 클래스들을 제공하여 프레임워크용 유닛 테스트를 작성할 수 있도록 하고 있다. 메인 테스트 프레임워크는 @angular/core/testing 패키지에서 찾아볼 수 있다. (하지만 컴포넌트를 테스트하려면 @angular/compiler/testing 패키지나 다른 도우미용으로 @angular/platformbrowser/testing을 사용한다. 세부적인 내용은 다시 언급하겠다.)

앵귤러 앱을 처음으로 테스트하는 독자들을 위해 준비해 둔 것이 있다. 앵귤러에서 테스트할 때는 약간의 설정 과정이 있다. 이를테면 주입하려는 의존성이 있을 때 대개는 수동으로 설정한다. 컴포넌트를 테스트할 때는 테스트 도우미를 사용하여 컴포넌트를 초기화해야 한다. 그리고 라우팅을 테스트할 때는 구조화해야 할 의존성이 꽤 많다.

설정할 내용이 많은 것 같지만 걱정할 정도까지는 아니다. 프로젝트마다 설정 과정이 크게 달라지지 않아 생각만큼 어렵지 않을 것이다. 더구나 이 장에서는 테스트 과정을 차근차근 순서대로 진행할 것이다.

늘 그렇듯 이 장에 사용된 샘플 코드는 모두 다운로드할 수 있다. 에디터에서 직접 코드를 확인해 보면 이 장에서 다루는 세부 내용이 한눈에 들어올 것이다. 이 장이 끝날 때까지는 항상 코드를 열어 두고, 필요할 때마다 들여다보는 것이 좋다.

---

3   http://jasmine.github.io/2.4/introduction.html 더줄URL goo.gl/UMXiYG

15.6 테스트 설정하기

지난 8장 '라우팅'에서는 음악 검색 앱을 만들었다. 이 장에서는 그 애플리케이션의 테스트를 작성하고자 한다. 이를 위해서는 카마가 설정돼 있어야 실행된다. 따라서 karma.conf.js 파일을 만들어 카마부터 설정해 두자. karma.conf.js 파일은 다음처럼 프로젝트의 루트 경로에 둔다.

 이 책에서는 앵귤러 CLI를 사용하고 있기 때문에 karma.conf.js 파일이 이미 생성돼 있을 것이다! 하지만 앵귤러 CLI를 사용하지 않는 프로젝트에서는 카마를 직접 설정해야 한다.

code/routes/music/karma.conf.js

```
1   // 카마 설정 파일, 다음 링크 참고
2   // https://karma-runner.github.io/0.13/config/configuration-file.html
3
4   module.exports = function (config) {
5     config.set({
6       basePath: '',
7       frameworks: ['jasmine', '@angular/cli'],
8       plugins: [
9         require('karma-jasmine'),
10        require('karma-chrome-launcher'),
11        require('karma-jasmine-html-reporter'),
12        require('karma-coverage-istanbul-reporter'),
13        require('@angular/cli/plugins/karma')
14      ],
15      client:{
16        clearContext: false // 재스민 스펙 러너 출력 결과를 브라우저에 출력한다.
17      },
18      files: [
19        { pattern: './src/test.ts', watched: false }
20      ],
21      preprocessors: {
22        './src/test.ts': ['@angular/cli']
23      },
24      mime: {
25        'text/x-typescript': ['ts','tsx']
26      },
27      coverageIstanbulReporter: {
28        reports: [ 'html', 'lcovonly' ],
29        fixWebpackSourcePaths: true
30      },
31      angularCli: {
32        environment: 'dev'
33      },
34      reporters: config.angularCli && config.angularCli.codeCoverage
35                ? ['progress', 'coverage-istanbul']
```

```
36           : ['progress', 'kjhtml'],
37     port: 9876,
38     colors: true,
39     logLevel: config.LOG_INFO,
40     autoWatch: true,
41     browsers: ['Chrome'],
42     singleRun: false
43   });
44 };
```

지금은 이 파일의 구석구석까지 들여다볼 필요가 없다. 다음 몇 가지에만 관심을 갖도록 한다.

- 팬텀JS(PhantomJS)를 테스트 대상 브라우저로 설정한다.
- 재스민 카마 프레임워크를 사용한다.
- test.bundle.js라는 웹팩(WebPack) 번들을 사용한다. 이 번들은 기본적으로 테스트 및 앱 코드 전체를 래핑(wrap)한다.

이제 테스트 파일을 담기 위한 새 test 폴더를 만든다.

```
1 mkdir test
```

15.7 서비스와 HTTP 테스트하기

앵귤러의 서비스는 평범한 클래스로 그 생명이 시작된다. 어떤 면에서는 이 때문에 서비스의 테스트가 수월하다. 앵귤러를 사용하지 않고 직접 테스트할 수 있기 때문이다.

카마의 설정이 끝났으니 SpotifyService 클래스의 테스트를 시작해 보자. 기억하는지 모르겠지만 이 서비스는 스포티파이(Spotify) API와 소통하며, 앨범, 트랙 아티스트 정보를 조회한다.

test 폴더에서 service 서브폴더를 만든다. 이곳에 모든 서비스 테스트를 둘 것이다. 이곳에서 spotify.service.spec.ts라는 이름의 첫 번째 테스트 파일을 만든다. 이제 이 테스트 파일을 사용할 수 있다. 우선 테스트 도우미를 @angular/core/testing 패키지에서 가져온다.

code/routes/music/src/app/spotify.service.spec.ts

```
1 import {
2   inject,
3   fakeAsync,
4   tick,
```

```
5    TestBed
6  } from '@angular/core/testing';
```

그리고 클래스 두 개를 더 가져온다.

code/routes/music/src/app/spotify.service.spec.ts

```
7  import {MockBackend} from '@angular/http/testing';
8  import {
9    Http,
10   ConnectionBackend,
11   BaseRequestOptions,
12   Response,
13   ResponseOptions
14 } from '@angular/http';
```

우리의 서비스는 HTTP 요청을 사용한다. 따라서 @angular/http/testing 패키지에서 MockBackend 클래스를 가져와야 한다. 이 클래스는 예측을 설정하고 HTTP 요청을 검증한다.

마지막으로, 테스트할 클래스를 가져온다.

code/routes/music/src/app/spotify.service.spec.ts

```
16 import { SpotifyService } from './spotify.service';
```

15.7.1 HTTP 고려 사항

지금 당장 테스트를 작성할 수도 있지만, 테스트 진행 동안에는 스포티파이 서버와 연결 상태를 유지해야 한다. 이는 세 가지 이유에서 이상적인 접근 방식과 거리가 멀다.

1. HTTP 요청은 비교적 느리며, 테스트 파일이 커질수록 테스트 진행 시간이 점점 더 길어진다.
2. 스포티파이의 API는 할당량이라는 제한이 적용된다. 따라서 팀 전체가 테스트를 진행하다가는 API 호출 리소스가 금방 바닥날 것이다.
3. 오프라인이거나 스포티파이가 다운되어 접근이 불가능할 때는 코드의 결함 유무와 상관없이 테스트가 진행되지 않는다.

이는 유닛 테스트를 작성할 때 좋은 지침이 된다. "제어하지 못하는 모든 것을 테스트 전에 분리하라." 여기서는 스포티파이 서비스를 분리해야 한다. HTTP 요청을 그와 유사하게 동작하는 다른 것으로 대체한다. 물론, 진짜 스포티파이 서버를 건드리지 않는 것이어야 한다. 테스트 분야에서는 이를 가리켜 의존성 '모킹(mocking)'이라고 부른다. 경우에 따라서는 '의존성 스터빙(stubbing)'이라고 부르기도 한다.

 목(mock)과 스텁(stub)이 어떻게 다른지는 '목은 스텁이 아니다'라는 문서[4]를 참고하기 바란다.

Car 클래스에 의존하는 코드를 작성한다고 생각해 보자. 이 클래스는 여러 메서드를 가지고 있다. 자동차 인스턴스를 start(시동)할 수도 있고, stop(정지)할 수도 있으며, park(주차)하거나 getSpeed(가속)할 수도 있다. 스텁과 목을 사용하여 이 클래스에 의존하는 테스트를 어떻게 작성하는지 살펴보자.

15.7.2 스텁

스텁(stub)은 그때그때 만드는 객체로서, 의존성이 가지는 동작(behavior)의 부분집합이다. start 메서드와 소통하는 테스트를 작성해 보자. Car 클래스의 스텁을 만들어 이를 테스트하려는 클래스에 주입한다.

```
1  describe('Speedtrap', function() {
2    it('tickets a car at more than 60mph', function() {
3      var stubCar = { getSpeed: function() { return 61; } };
4      var speedTrap = new SpeedTrap(stubCar);
5      speedTrap.ticketCount = 0;
6      speedTrap.checkSpeed();
7      expect(speedTrap.ticketCount).toEqual(1);
8    });
9  });
```

이는 스텁을 사용하는 전형적인 예이며, 테스트에 로컬로 사용할 수 있다.

15.7.3 목

여기서 **목(mock)**은 의존성의 일부 또는 전체를 오버라이드하는 좀 더 복잡한 객체 표현이 된다. 목은 테스트마다 재사용될 수 있다. 목은 또한 지정된 메서드가 호출 방식 그대로 호출되는지 확인하기 위해 사용된다. Car 클래스의 목 버전을 예로 들면 다음과 같다.

---

4 http://martinfowler.com/articles/mocksArentStubs.html 단축URL goo.gl/ZNdSy5

```
1  class MockCar {
2    startCallCount: number = 0;
3
4    start() {
5      this.startCallCount++;
6    }
7  }
```

그리고 다음처럼 다른 테스트에 사용될 수도 있다.

```
1  describe('CarRemote', function() {
2    it('starts the car when the start key is held', function() {
3      var car = new MockCar();
4      var remote = new CarRemote();
5      remote.holdButton('start');
6      expect(car.startCallCount).toEqual(1);
7    });
8  });
```

목과 스텁은 다음 두 가지 면에서 크게 다르다.

- 스텁은 '수동으로' 동작을 오버라이드해야 하는 기능을 제공한다.
- 목은 일반적으로 예측을 설정하고 메서드가 호출되는 방식을 검증한다.

■ Http MockBackend

지금까지 언급한 내용을 바탕으로 다시 서비스 테스트 코드를 작성해 보자. 테스트를 진행할 때마다 실행 중인 스포티파이 서버와 소통하는 것은 곤란하다. 그 대신 앵귤러는 가짜 HTTP 요청을 생성할 수 있는 방법을 제공하고 있다. 바로 MockBackend이다. 이 클래스는 Http 인스턴스로 주입될 수 있으며, HTTP 소통 방식을 제어할 수 있다. 여러 가지 방법으로 중간 과정에 개입하여 예측을 판단할 수 있는데, 구체적으로는 요청 파라미터가 올바르다면 요청받은 URL이 실제와 일치하는지 판단하는 것처럼 수동으로 응답을 설정하거나 HTTP 오류를 모방하고 예측을 추가할 수 있다.

여기서는 '가짜' Http 라이브러리 코드를 제공한다. 이 가짜 라이브러리는 코드에서 진짜 Http 라이브러리인 것처럼 동작한다. 메서드도 모두 일치하며, 응답도 리턴하는 식이다. 하지만 요청을 실제로 처리하는 것은 아니다. 사실 MockBackend는 요청을 처리하지 않을 뿐 아니라 실제로 예측을 설정하고 예상한 대로 동작하는지 주시한다.

■ TestBed.configureTestingModule과 제공자

앵귤러 앱을 테스트하려면 테스트에 사용할 최상위 NgModule을 설정해야 한다. 이때 NgModule을 사용하는 일반적인 경우처럼 제공자도 함께 설정할 수 있으며, 컴포넌트를 선언하고 다른 모듈을 가져올 수도 있다. 경우에 따라서는 앵귤러 코드를 테스트할 때 수동으로 주입을 설정해야 한다. 이는 무엇을 테스트할지 통제권을 더 강력하게 발휘할 수 있으므로 꺼려야 할 상황이 아니다.

여기서 Http 요청을 테스트할 때는 '진짜' Http 클래스를 주입하지 않는다. 그대신 Http처럼 보이는 무언가를 주입해야 한다. 다만, 요청을 가로채고 설정된 대로 응답을 리턴하는 과정은 진짜로 진행되어야 한다. 내부적으로 MockBackend를 사용하는 Http 클래스 버전을 만들어 보자.

우선 beforeEach 훅에 TestBed.configureTestingModule을 사용한다. 이 훅은 테스트가 실행되기 전 호출되는 콜백 함수를 받아 클래스를 다른 형태로 구현할 수 있는 기회를 제공한다.

code/routes/music/src/app/spotify.service.spec.ts

```
18  describe('SpotifyService', () => {
19    beforeEach(() => {
20      TestBed.configureTestingModule({
21        providers: [
22          BaseRequestOptions,
23          MockBackend,
24          SpotifyService,
25          { provide: Http,
26          useFactory: (backend: ConnectionBackend,
27                       defaultOptions: BaseRequestOptions) => {
28                         return new Http(backend, defaultOptions);
29                       }, deps: [MockBackend, BaseRequestOptions] },
30        ]
31      });
32    });
```

TestBed.configureTestingModule은 테스트 인젝터가 사용할 providers 키에 '제공자 배열'을 받는다. BaseRequestOptions와 SpotifyService는 이들 클래스의 기본 구현일 뿐이다. 하지만 마지막 제공자는 좀 더 복잡하다.

code/routes/music/src/app/spotify.service.spec.ts

```
25          { provide: Http,
26            useFactory: (backend: ConnectionBackend,
```

```
27                 defaultOptions: BaseRequestOptions) => {
28                   return new Http(backend, defaultOptions);
29                 }, deps: [MockBackend, BaseRequestOptions] },
30       ]
```

이 코드에서는 useFactory에 provide를 사용하여 Http 클래스 버전을 만든다. 이때 팩토리가 사용된다(useFactory가 하는 일이다). 이 팩토리에는 ConnectionBackend와 BaseRequestOption 인스턴스가 필요하다는 서명이 제공된다. 그 객체의 두 번째 키는 deps: [MockBackend, BaseRequestOptions]이다. 다시 말해, MockBackend를 팩토리의 첫 번째 파라미터로 사용하고, BaseRequestOptions(와 기본 구현)를 두 번째 파라미터로 사용한다. 마지막으로 MockBackend로 커스터마이징된 Http 클래스를 그 함수의 결과로 리턴한다.

이 과정에서 어떤 장점을 얻을 수 있을까? 코드에서 Http를 주입하겠다며 요청할 때마다 커스터마이징된 Http 인스턴스를 받게 된다. 이는 테스트할 때 자주 적용할 강력한 개념이다. 의존성 주입을 사용해 의존성을 커스터마이징할 수도 있고, 테스트하려는 기능을 분리해 낼 수도 있다.

15.7.4 getTrack 테스트하기

이제 서비스를 테스트할 때 올바른 URL을 호출하는지 검증해야 한다.

 8장 라우팅의 음악 앱을 살펴본 적이 없는 독자는 앱 코드를 code/routes/music/src/app/track/track.component.html에서 찾아보기 바란다.

getTrack 메서드용 테스트를 작성해 보자.

code/routes/music/src/app/spotify.service.ts

```
54     getTrack(id: string): Observable<any[]> {
55       return this.query(`/tracks/${id}`);
56     }
```

이 메서드는 받은 파라미터에 따라 URL을 빌드하는 query 메서드를 사용한다.

code/routes/music/src/app/spotify.service.ts

```
22     query(
23       URL: string,
24       params?: Array<string>
```

```
25    ): Observable<any[]> {
26      let queryURL = `${SpotifyService.BASE_URL}${URL}`;
27      if (params) {
28        queryURL = `${queryURL}?${params.join('&')}`;
29      }
30      const apiKey = environment.spotifyApiKey;
31      const headers = new Headers({
32        Authorization: `Bearer ${apiKey}`
33      });
34      const options = new RequestOptions({
35        headers: headers
36        });
37
38      return this.http
39      .request(queryURL, options)
40      .map((res: any) => res.json());
41  }
```

전달하는 것은 /tracks/${id}이다. 따라서 getTrack('TRACK_ID')를 호출할 때 예상 URL은 https://api.spotify.com/v1/tracks/TRACK_ID가 된다.

다음은 테스트 작성 코드다.

```
1  describe('getTrack', () => {
2    it('retrieves using the track ID',
3      inject([SpotifyService, MockBackend], fakeAsync((spotifyService, mockBackend\
4  ) => {
5        var res;
6        mockBackend.connections.subscribe(c => {
7          expect(c.request.url).toBe('https://api.spotify.com/v1/tracks/TRACK_ID');
8          let response = new ResponseOptions({body: '{"name": "felipe"}'});
9          c.mockRespond(new Response(response));
10       });
11       spotifyService.getTrack('TRACK_ID').subscribe((_res) => {
12         res = _res;
13       });
14       tick();
15       expect(res.name).toBe('felipe');
16     }))
17   );
18 });
```

한눈에 이해되지 않을 수도 있다. 몇 부분으로 나눠 들여다보자. 의존성으로 테스트를 작성할 때마다 다음처럼 인젝터에 해당 클래스의 인스턴스를 요구해야 한다.

```
1  inject([Class1,     /* ..., */ ClassN],
2        (instance1,   /* ..., */ instanceN) => {
3    // ... 테스트용 코드 ...
4  })
```

프로미스(Promise)나 RxJS 옵저버블을 리턴하는 코드를 테스트할 때는 fakeAsync 도우미를 사용하여 코드의 비동기 여부를 판단한다. 이에 따라 tick( )이 호출되면, 그 즉시 프로미스가 수행되고 옵저버블이 알림을 받는다. 이를 코드로 나타내면 다음과 같다.

```
1  inject([SpotifyService, MockBackend],
2        fakeAsync((spotifyService, mockBackend) => {
3    // ... 테스트용 코드 ...
4  }));
```

spotifyService와 mockBackend라는 두 변수를 정의했다. 첫 번째는 SpotifyService의 구체적인 인스턴스이고, 두 번째는 MockBackend 클래스의 인스턴스다. 내부 함수인 spotifyService와 mockBackend의 인수는 inject 함수의 첫 번째 인수 배열(SpotifyService와 MockBackend)에 지정된 클래스의 주입들이다. 또한, fakeAsync 안에서 실행되고 있다는 것은 비동기 코드가 tick( )이 호출되었을 때 동기적으로 실행된다는 뜻이다.

주입과 컨텍스트를 모두 설정했다. 이제 '실제로' 테스트를 진행해 보자. 우선 res 변수를 선언한다. 이 변수는 최종적으로 HTTP 호출 응답을 받는다. 그다음에는 mockBackend.connections를 구독한다.

```
1  var res;
2  mockBackend.connections.subscribe(c => { ... });
```

여기서는 새 연결이 mockBackend에 들어올 때마다 (이 함수 호출 등) 알림을 받는다.

SpotifyService가 트랙 ID인 TRACK_ID에 따라 올바른 URL을 호출하는지 검증해 보자. 우선 URL이 예측한 것과 일치한다는 예측(expectation)을 지정해야 한다. c.request.url을 통해 c 연결로부터 URL을 가져올 수 있다. 따라서 c.request.url이 'https://api.spotify.com/v1/tracks/TRACK_ID'라는 문자열이어야 한다는 예측을 설정한다.

```
1  expect(c.request.url).toBe('https://api.spotify.com/v1/tracks/TRACK_ID');
```

테스트가 실행되고 요청 URL이 일치하지 않는다고 판단되면 테스트는 실패한다.

지금까지 요청을 받아 이 요청이 올바른지 검증했다. 이제 응답을 구성해 보자. 우선 새 ResponseOptions 인스턴스부터 만든다. 그리고 JSON 문자열인 {"name": "felipe"}를 응답 내용으로 하겠다고 지정한다.

```
1  let response = new ResponseOptions({body: '{"name": "felipe"}'});
```

그리고 이 응답을 앞에서 만든 ResponseOptions 인스턴스를 래핑(wrapping)하는 Response 객체로 교체한다.

```
1  c.mockRespond(new Response(response));
```

 여기에 흥미로운 사실이 한 가지 있다. subscribe의 콜백 함수를 얼마든지 정교하게 만들 수 있다는 것이다. URL이나 쿼리 파라미터 등 요청 객체로부터 읽을 수 있는 모든 것을 기준으로 조건 논리를 적용할 수도 있다. 그럴 경우, 가능한 거의 모든 시나리오로 테스트할 수 있다.

TRACK_ID를 파라미터로 getTrack 메서드를 호출하고, 그 응답을 res 변수로 추적하기 위한 모든 설정이 끝났다.

```
1  spotifyService.getTrack('TRACK_ID').subscribe((_res) => {
2    res = _res;
3  });
```

여기서 테스트를 끝내면 HTTP 호출이 진행되고 응답이 수행되기까지 기다려야 콜백 함수가 트리거된다. 이는 또한 다른 실행 경로에서도 마찬가지다. 동기화 코드가 필요한 이유이기도 하다. 다행히 fakeAsync를 사용하면 이 문제를 해결할 수 있다. tick()을 호출만 하면 마술처럼 비동기 코드가 실행된다.

```
1  tick();
```

이제 마지막 확인이 남았다. 설정한 응답이 우리가 받은 응답인가?

```
1  expect(res.name).toBe('felipe');
```

가만히 생각해 보면 이 서비스의 모든 메서드 코드는 상당히 닮았다. 따라서 URL 예측을 설정하는 데 사용할 스니펫을 expectURL 함수로 추출한다.

code/routes/music/src/app/spotify.service.spec.ts

```
35    function expectURL(backend: MockBackend, url: string) {
36      backend.connections.subscribe(c => {
37        expect(c.request.url).toBe(url);
38        const response = new ResponseOptions({body: '{"name": "felipe"}'});
39        c.mockRespond(new Response(response));
40      });
41    }
```

같은 코드를 사용하여 getArtist와 getAlbum 메서드도 테스트한다.

code/routes/music/src/app/spotify.service.spec.ts

```
57    describe('getArtist', () => {
58      it('retrieves using the artist ID',
59        inject([SpotifyService, MockBackend], fakeAsync((svc, backend) => {
60          let res;
61          expectURL(backend, 'https://api.spotify.com/v1/artists/ARTIST_ID');
62          svc.getArtist('ARTIST_ID').subscribe((_res) => {
63            res = _res;
64          });
65          tick();
66          expect(res.name).toBe('felipe');
67        }))
68      );
69    });
70
71    describe('getAlbum', () => {
72      it('retrieves using the album ID',
73        inject([SpotifyService, MockBackend], fakeAsync((svc, backend) => {
74          let res;
75          expectURL(backend, 'https://api.spotify.com/v1/albums/ALBUM_ID');
76          svc.getAlbum('ALBUM_ID').subscribe((_res) => {
77            res = _res;
78          });
79          tick();
80          expect(res.name).toBe('felipe');
81        }))
82      );
83    });
```

searchTrack은 조금 다르다. query를 호출하지 않고 search 메서드를 사용한다.

code/routes/music/src/app/spotify.service.ts

```
50    searchTrack(query: string): Observable<any[]> {
51      return this.search(query, 'track');
52    }
```

search가 /search를 첫 번째 인수로 하고, q=<query>와 type=track이 담긴 Array를 두 번째 인수로 하여 query를 호출한다.

code/routes/music/src/app/spotify.service.ts

```
43    search(query: string, type: string): Observable<any[]> {
44      return this.query(`/search`, [
45        `q=${query}`,
46        `type=${type}`
47      ]);
48    }
```

마지막으로 query는 QueryString을 사용하여 파라미터들을 URL path로 변환한다. 따라서 이제 호출하려는 URL의 마지막 부분은 /search?q=<query>&type=track이 된다.

이제 지금까지 다룬 내용을 고려한 searchTrack에 테스트를 작성해 보자.

code/routes/music/src/app/spotify.service.spec.ts

```
85    describe('searchTrack', () => {
86      it('searches type and term',
87        inject([SpotifyService, MockBackend], fakeAsync((svc, backend) => {
88          let res;
89          expectURL(backend, 'https://api.spotify.com/v1/search?q=TERM&type=track'\
90  );
91          svc.searchTrack('TERM').subscribe((_res) => {
92            res = _res;
93          });
94          tick();
95          expect(res.name).toBe('felipe');
96        }))
97      );
98    });
```

이 테스트는 지금까지와 상당히 유사하다. 구체적으로 무엇을 하는지 살펴보면 다음과 같다.

- 새 HTTP 연결이 시작되면 콜백을 추가하여 HTTP 라이프사이클에 훅으로 연결한다.
- 조회 타입과 검색어를 포함하여 연결 시 사용할 URL 예측을 설정한다.

- 테스트 대상인 searchTrack 메서드를 호출한다.
- 대기 중인 비동기 코드를 모두 완료하도록 한다.
- 예측된 응답을 최종 확인한다.

정리하자면 서비스 테스트의 목적은 다음과 같다.

- 스텁이나 목을 사용하여 의존성을 모두 분리한다.
- 비동기 호출일 경우, fakeAsync와 tick을 사용하여 실제로 호출이 이뤄지는지 확인한다.
- 테스트하려는 서비스 메서드를 호출한다.
- 메서드의 리턴값이 예측한 것과 일치하는지 확인한다.

이제 서비스를 소비하는 클래스인 컴포넌트에 집중한다.

15.8 컴포넌트 라우팅 테스트하기

컴포넌트는 다음 두 가지 과정 중 하나로 테스트할 수 있다.

1. 외부에서 컴포넌트와 소통하여 속성을 전달하고 마크업이 어떤 효과를 가져오는지 확인할 테스트를 작성한다.
2. 개별 컴포넌트 메서드와 그 출력을 테스트한다.

이 테스트 전략을 가리켜 각각 **블랙박스 테스트**와 **화이트박스 테스트**라고 부른다. 이 절에서는 두 가지 전략을 함께 살펴볼 것이다. 우선, 가장 단순한 컴포넌트라 할 수 있는 ArtistComponent 클래스부터 테스트를 작성한다. 이 테스트에서는 컴포넌트의 내부 요소를 테스트할 것이다. 따라서 '화이트박스 테스트'가 적합하다.

본격적으로 시작하기에 앞서 ArtistComponent가 무슨 일을 하는지부터 정리해 두자. 이 클래스 컨스트럭터에서는 우선 routeParams 컬렉션의 id를 조회한다.

code/routes/music/src/app/artist/artist.component.ts

```
22    constructor(private route: ActivatedRoute, private spotify: SpotifyService,
23            private location: Location) {
24      route.params.subscribe(params => { this.id = params['id']; });
25    }
```

그리고 여기서 첫 번째 문제가 생긴다. 사용 가능한 실행 중인 라우터가 없는데도 라우트의 ID를 어떻게 조회할 수 있을까?

15.8.1 테스트용 라우터 만들기

앵귤러에서 테스트를 작성할 때는 주입된 클래스 상당수를 수동으로 설정해야 한다. 컴포넌트의 라우팅과 테스트에는 주입해야 할 의존성이 헤아릴 수 없이 많다. 하지만 한 번 설정해두면 나중에 변경할 것이 많지 않고 사용하기도 매우 수월하다.

테스트를 작성할 때는 TestBed.configureTestingModule에 beforeEach를 사용하여 의존성을 설정한다. ArtistComponent를 테스트한다면 테스트용 라우터를 만들고 설정하는 커스텀 함수를 만든다.

code/routes/music/src/app/artist/artist.component.spec.ts

```
21  describe('ArtistComponent', () => {
22    beforeEach(async(() => {
23      configureMusicTests();
24    }));
```

MusicTestHelpers.ts라는 도우미 파일에서 configureMusicTests를 정의했다. 바로 지금 살펴보기로 하자. 다음은 configureMusicTests의 구현 코드다. 여러 부분으로 나눠 설명할 것이다.

code/routes/music/src/app/test/test.module.ts

```
68  export function configureMusicTests() {
69    const mockSpotifyService: MockSpotifyService = new MockSpotifyService();
70
71    TestBed.configureTestingModule({
72      imports: [
73        { // TODO RouterTestingModule.withRoutes는 나중에
74          ngModule: RouterTestingModule,
75          providers: [provideRoutes(routerConfig)]
76        },
77        TestModule
78      ],
79      providers: [
80        mockSpotifyService.getProviders(),
81        {
82          provide: ActivatedRoute,
83          useFactory: (r: Router) => r.routerState.root, deps: [ Router ]
84        }
```

```
85        ]
86    });
87 }
```

우선 실제 SpotifyService 구현을 모킹하는 데 사용할 MockSpotifyService의 인스턴스부터 만든다. 그리고 TestBed라는 클래스를 만들고 configureTestingModule을 호출한다. TestBed 는 테스트를 쉽게 할 수 있도록 앵귤러에 함께 제공되는 도우미 라이브러리다.

여기서는 테스트에 사용되는 NgModule을 설정하는 데 TestBed.configureTestingModule이 사용된다. 여기서는 다음 두 가지를 인수로 하여 NgModule을 설정한다.

- imports
- providers

imports에서는 다음을 가져온다.

- RouterTestingModule — 그리고 이를 routerConfig로 설정한다. 테스트용 라우트가 설정된다
- TestModule — 테스트할 모든 컴포넌트를 선언하는 NgModule이다(세부 내용은 MusicTest Helpers.ts 참고)

providers에서 제공하는 것은 다음과 같다.

- MockSpotifyService(mockSpotifyService.getProviders( )를 통해)
- ActivatedRoute

이들을 자세하게 들여다보자. Router부터 시작한다.

■ Router

아직 언급하지 않은 한 가지가 있다. 테스트에 어떤 라우트를 사용하느냐다. 여러 가지 방법 이 있지만, 우선 다음부터 살펴보기로 하자.

code/routes/music/src/app/test/test.module.ts

```
32 @Component({
33   selector: 'blank-cmp',
34   template: ``
35 })
```

```
36  export class BlankCmp {
37  }
38
39  @Component({
40    selector: 'root-cmp',
41    template: `<router-outlet></router-outlet>`
42  })
43  export class RootCmp {
44  }
45
46  export const routerConfig: Routes = [
47    { path: '', component: BlankCmp },
48    { path: 'search', component: SearchComponent },
49    { path: 'artists/:id', component: ArtistComponent },
50    { path: 'tracks/:id', component: TrackComponent },
51    { path: 'albums/:id', component: AlbumComponent }
52  ];
```

여기서는 빈 URL에 (실제 라우터 설정과 달리) 목적지 재지정은 하지 않는다. 그대신 BlankCmp 를 사용한다. 물론, 같은 RouterConfig를 최상위 앱에서처럼 사용하겠다면, 이를 앱 어디엔 가 export했다가 여기로 import해야 한다.

여러 가지 다른 라우트 설정을 테스트하는 등 더 복잡한 시나리오라면 매번 새 라우터 설정 이 필요한 곳에서 musicTestProviders 함수의 파라미터까지 받아야 한다. 이를 위한 여러 가 지 경우의 수가 있다. 어떤 것이든 각자 상황에 맞는 것을 골라야 할 것이다. 여기서는 라우 트가 비교적 정적이고 한 가지 설정으로 모든 테스트에 적용할 수 있다고 가정한다.

이제 new Router를 만들고 여기에 r.initialNavigation()을 호출한다.

■ ActivatedRoute

ActivatedRoute 서비스는 '현재 라우트'를 추적한다. 이때 Route 자체가 의존성으로 필요하 다. 따라서 이를 deps에 두고 주입한다.

■ MockSpotifyService

앞에서는 HTTP 라이브러리를 모킹하여 SpotifyService를 테스트했다. 여기서는 서비스 전체 를 그대로 모킹할 것이다. 이제부터 차근차근 그 과정을 살펴보자.

15.8.2 의존성 모킹하기

music/test 안에는 mocks/spotify.ts 파일이 있다. 그 내용은 다음과 같다.

code/routes/music/src/app/test/spotify.service.mock.ts

```
 1  import {SpyObject} from './test.helpers';
 2  import {SpotifyService} from '../spotify.service';
 3
 4  export class MockSpotifyService extends SpyObject {
 5    getAlbumSpy;
 6    getArtistSpy;
 7    getTrackSpy;
 8    searchTrackSpy;
 9    mockObservable;
10    fakeResponse;
```

여기서는 MockSpotifyService 클래스를 선언한다. 이 클래스는 실제 SpotifyService의 모킹 버전이다. 인스턴스 변수들은 모두 스파이(spy)로 처리된다.

15.8.3 스파이

스파이(spy)는 모킹 객체의 특정 타입이다. 이로부터 두 가지 장점을 얻을 수 있다.

1. 리턴값을 모방할 수 있다.
2. 메서드 호출 횟수와 사용된 파라미터를 알 수 있다.

앵귤러에서 스파이를 사용하려면 SpyObject라는 내부 클래스(앵귤러 자체를 테스트하기 위한 클래스)를 사용해야 한다. 그때그때 새 SpyObject를 만들어 클래스를 선언해도 되고, SpyObject를 상속하는 모킹 클래스를 만들어도 된다. 후자가 여기서 사용한 방법이다.

직접 사용하든 상속하든 spy 메서드를 사용할 수 있다는 것이 가장 큰 장점이다. spy 메서드를 사용하면 메서드를 오버라이드할 수 있고 리턴값을 강제할 수 있다(그뿐만 아니라 호출된 메서드를 주시하고 확인할 수 있다). spy를 다음과 같이 클래스 컨스트럭터에 사용한다.

code/routes/music/src/app/test/spotify.service.mock.ts

```
12    constructor() {
13      super(SpotifyService);
14
15      this.fakeResponse = null;
16      this.getAlbumSpy = this.spy('getAlbum').and.returnValue(this);
```

```
17    this.getArtistSpy = this.spy('getArtist').and.returnValue(this);
18    this.getTrackSpy = this.spy('getTrack').and.returnValue(this);
19    this.searchTrackSpy = this.spy('searchTrack').and.returnValue(this);
20  }
```

컨스트럭터의 SpyObject 컨스트럭터 호출 첫 행에서 모킹하려는 구체적인 클래스를 전달한다. super(...) 호출은 선택 사항이지만 호출 시에는 모킹 클래스가 구체적인 클래스 메서드 전부를 상속한다. 따라서 테스트하려는 것들만 오버라이드할 수 있다.

 SpyObject의 구체적인 구현 방식에 관한 세부적인 내용은 /modules/angular2/src/testing/ testing_internal.ts 파일에 제공되는 angular/angular 보관소[5]에서 확인할 수 있다.

super를 호출한 다음에는 일단 fakeResponse 필드를 null로 초기화한다.

이제 구체적인 클래스 메서드를 대체할 스파이를 선언한다. 이 스파이를 가리키는 참조를 만들면, 테스트 동안 예측을 설정하고 응답을 모방할 수 있어 여러모로 유용하다.

ArtistComponent 안에서 SpotifyService를 사용하면, 진짜 getArtist 메서드는 Observable를 리턴한다. 컴포넌트에서 호출하는 메서드는 subscribe이다.

code/routes/music/src/app/artist/artist.component.ts

```
27  ngOnInit(): void {
28    this.spotify
29      .getArtist(this.id)
30      .subscribe((res: any) => this.renderArtist(res));
31  }
```

하지만 모킹 서비스에서는 까다롭게 처리할 수밖에 없다. getArtist에서 옵저버블을 리턴하는 대신 MockSpotifyService 자체를 가리키는 this를 리턴한다. 다시 말해, this.spotify. getArtist(this.id)의 리턴값은 MockSpotifyService가 된다.

하지만 여기에는 한 가지 문제가 있다. ArtistComponent가 옵저버블에 subscribe를 호출하려고 한다는 것이다. 이를 해결하기 위해 MockSpotifyService에 subscribe를 정의한다.

5   https://github.com/angular/angular/blob/b0cebdba6b65c1e9e7eb5bf801ea42dc7c4a7f25/modules/angular2/src/testing/ testing_internal.ts#L205 [단축URL] goo.gl/cgBth2

code/routes/music/src/app/test/spotify.service.mock.ts

```
22    subscribe(callback) {
23      callback(this.fakeResponse);
24    }
```

이제 목(mock)에 subscribe가 호출되면, 그 즉시 콜백이 호출되어 비동기 호출이 동기적으로 일어나게 된다.

또 한 군데 살펴볼 곳은 this.fakeResponse로 콜백 함수를 호출하는 부분이다. 다음 메서드를 살펴보자.

code/routes/music/src/app/test/spotify.service.mock.ts

```
26    setResponse(json: any): void {
27      this.fakeResponse = json;
28    }
```

이 메서드는 구체적인 서비스에서 어떤 것도 교체하지 않는다. 테스트 코드에서 지정된 응답 (구체적인 클래스의 서비스가 만드는 응답)을 설정할 수 있도록 하는 도우미 메서드이며, 따라서 다른 응답을 모방한다.

code/routes/music/src/app/test/spotify.service.mock.ts

```
30    getProviders(): Array<any> {
31      return [{ provide: SpotifyService, useValue: this }];
32    }
```

마지막 메서드는 TestBed.configureTestingModule providers에 사용되는 도우미 메서드다. 이는 컴포넌트 테스트를 다시 작성할 때 보게 될 것이다.

다음은 모두 합친 MockSpotifyService의 모습이다.

code/routes/music/src/app/test/spotify.service.mock.ts

```
1  import {SpyObject} from './test.helpers';
2  import {SpotifyService} from '../spotify.service';
3
4  export class MockSpotifyService extends SpyObject {
5    getAlbumSpy;
6    getArtistSpy;
7    getTrackSpy;
8    searchTrackSpy;
```

```
 9    mockObservable;
10    fakeResponse;
11
12    constructor() {
13      super(SpotifyService);
14
15      this.fakeResponse = null;
16      this.getAlbumSpy = this.spy('getAlbum').and.returnValue(this);
17      this.getArtistSpy = this.spy('getArtist').and.returnValue(this);
18      this.getTrackSpy = this.spy('getTrack').and.returnValue(this);
19      this.searchTrackSpy = this.spy('searchTrack').and.returnValue(this);
20    }
21
22    subscribe(callback) {
23      callback(this.fakeResponse);
24    }
25
26    setResponse(json: any): void {
27      this.fakeResponse = json;
28    }
29
30    getProviders(): Array<any> {
31      return [{ provide: SpotifyService, useValue: this }];
32    }
33  }
```

15.9 테스트 코드 다시 살펴보기

의존성은 모두 정리되었으므로 테스트를 한결 수월하게 작성할 수 있을 것이다. ArtistComponent에 사용할 테스트를 작성해 보자. 늘 그렇듯 import가 몇 번 필요하다.

code/routes/music/src/app/artist/artist.component.spec.ts

```
 1  import {
 2    async,
 3    ComponentFixture,
 4    TestBed,
 5    inject,
 6    fakeAsync,
 7  } from '@angular/core/testing';
 8  import { Router } from '@angular/router';
 9  import { Location } from '@angular/common';
10  import {
11    advance,
12    createRoot,
13    RootCmp,
14    configureMusicTests
```

```
15  } from '../test/test.module';
16
17  import { MockSpotifyService } from '../test/spotify.service.mock';
18  import { SpotifyService } from '../spotify.service';
19  import { ArtistComponent } from './artist.component';
```

우선 configureMusicTests를 기술하기 전에 테스트마다 musicTestProviders에 액세스할 수 있는지 확인부터 한다.

code/routes/music/src/app/artist/artist.component.spec.ts

```
21  describe('ArtistComponent', () => {
22    beforeEach(async(() => {
23      configureMusicTests();
24    }));
```

그다음에는 컴포넌트 초기화 동안 일어나는 모든 것에 적용할 테스트를 작성한다. 우선 ArtistComponent의 초기화 동안 무슨 일이 일어나는지 살펴보자.

code/routes/music/src/app/artist/artist.component.ts

```
18  export class ArtistComponent implements OnInit {
19    id: string;
20    artist: Object;
21
22    constructor(private route: ActivatedRoute, private spotify: SpotifyService,
23                private location: Location) {
24      route.params.subscribe(params => { this.id = params['id']; });
25    }
26
27    ngOnInit(): void {
28      this.spotify
29        .getArtist(this.id)
30        .subscribe((res: any) => this.renderArtist(res));
31    }
```

컴포넌트가 생성되는 동안에는 route.params를 사용하여 현재 라우트의 **id** 파라미터를 조회하고 이를 클래스의 id 속성에 저장한다. 컴포넌트가 초기화되면 ngOnInit이 트리거된다(이 컴포넌트에서 ngOnInit을 implements한다고 선언했기 때문이다). 그리고 SpotifyService를 사용하여 id에 해당하는 아티스트를 조회하고, 리턴된 observable을 구독한다. 아티스트가 조회되면 renderArtist를 호출하여 아티스트 데이터를 전달한다.

여기서 중요한 것은 의존성 주입을 사용하여 SpotifyService를 가져왔다는 사실이다. 하지만 한 가지 기억해야 한다. 우리가 만든 것은 SpotifyService가 아니라 MockSpotifyService이다! 이 때문에 다음 두 과정을 거쳐야 한다.

1. 라우터를 사용하여 ArtistComponent로 이동한다. ArtistComponent가 컴포넌트를 초기화한다.

2. MockSpotifyService를 확인하고, ArtistComponent가 id에 해당하는 아티스트 정보를 실제로 가져오는지 확인한다.

다음은 테스트 코드다.

code/routes/music/src/app/artist/artist.component.spec.ts

```
26  describe('initialization', () => {
27    it('retrieves the artist', fakeAsync(
28      inject([Router, SpotifyService],
29            (router: Router,
30             mockSpotifyService: MockSpotifyService) => {
31        const fixture = createRoot(router, RootCmp);
32
33        router.navigateByUrl('/artists/2');
34        advance(fixture);
35
36        expect(mockSpotifyService.getArtistSpy).toHaveBeenCalledWith('2');
37    })));
38  });
```

단계별로 살펴보자.

15.9.1 fakeAsync와 advance

우선 fakeAsync에서 테스트를 래핑(wrapping)부터 한다. 너무 세부적인 내용은 생략하기로 하고, fakeAsync를 사용하면 변경 감지와 비동기 연산이 진행될 때 더 많은 제어권을 가질 수 있다. 따라서 테스트 시 무언가를 변경하면 컴포넌트에서 변경 여부를 감지하라고 명시적으로 지정해야 한다. 일반적으로는 앱을 작성할 때 이 과정을 신경 쓰지 않아도 된다. 존(zone)이 그 역할을 대신하기 때문이다. 하지만 테스트 동안에는 변경 감지 과정을 더욱더 세밀하게 조작해야 한다.

몇 행 아래로 내려오면 advance 함수가 보인다. 이 함수는 MusicTestHelpers에 정의되어 있다. 이를 자세히 들여다보자.

```
code/routes/music/src/app/test/test.module.ts
54  export function advance(fixture: ComponentFixture<any>): void {
55    tick();
56    fixture.detectChanges();
57  }
```

여기서 advance는 다음 두 가지 일을 한다.

1. 컴포넌트에 변경 여부를 감지하라고 알린다.
2. tick( )을 호출한다.

fakeAsync를 사용할 때는 실제로 타이머가 동기화되고, tick( )을 사용하여 비동기 시간 경과를 모방한다. 실용적인 차원에서 말하자면, 테스트 시 앵귤러가 대신 해 줬으면 하는 일이 있을 때마다 advance를 호출한다. 이를테면, 새 라우트로 이동하거나 폼 요소를 업데이트하고 HTTP 요청을 수행할 때마다 advance를 호출하여 앵귤러에 그 일을 떠맡기는 것이다.

15.9.2 inject

여기서는 의존성이 일부 필요하다. 이때 inject를 사용하여 의존성을 가져온다. inject 함수는 다음 두 인수를 받는다.

1. 주입할 토큰 배열
2. 주입 대상을 제공받을 함수

그렇다면 inject는 어떤 클래스를 사용할까? TestBed.configureTestingModule에서 정의한 providers를 사용한다.

그리고 다음 두 가지를 주입한다.

1. Router
2. SpotifyService

Router는 musicTestProviders에서 설정한 Router이다. SpotifyService에서는 SpotifyService 토큰의 주입을 요청하지만 실제로는 MockSpotifyService를 받는다. 까다롭기는 하지만 지금까지 언급한 내용으로 충분히 이해될 것이다.

15.9.3 ArtistComponent의 초기화 테스트하기

실제 테스트의 내용을 검토해 보기로 하자.

code/routes/music/src/app/artist/artist.component.spec.ts

```
31          const fixture = createRoot(router, RootCmp);
32
33          router.navigateByUrl('/artists/2');
34          advance(fixture);
35
36          expect(mockSpotifyService.getArtistSpy).toHaveBeenCalledWith('2');
```

우선 createRoot를 사용하여 RootCmp의 인스턴스를 만든다. createRoot 도우미 함수는 다음과 같다.

code/routes/music/src/app/test/test.module.ts

```
59  export function createRoot(router: Router,
60                            componentType: any): ComponentFixture<any> {
61    const f = TestBed.createComponent(componentType);
62    advance(f);
63    (<any>router).initialNavigation();
64    advance(f);
65    return f;
66  }
```

createRoot를 호출할 때 다음을 진행한다.

1. 루트 컴포넌트의 인스턴스를 만든다.

2. 이 인스턴스를 advance한다.

3. initialNavigation을 설정하도록 라우터에 알린다.

4. 다시 advance한다.

5. 새 루트 컴포넌트를 리턴한다.

라우팅에 의존하는 컴포넌트를 테스트할 때 바로 이런 일들을 해야 한다. 그런 이유에서 도우미 함수를 사용하는 것이다. 여기서는 TestBed 라이브러리를 사용하여 TestBed.createComponent를 호출했다. 이 함수는 적절한 타입의 컴포넌트를 만든다.

 RootCmp는 MusicTestHelpers에서 만든 빈 컴포넌트다. 원래는 루트 컴포넌트에 빈 컴포넌트를 만들 필요가 없지만, 여기서는 자식 컴포넌트(ArtistComponent)를 분리해 테스트해야 하기 때문에 일부러 만들었다. 다시 말해, 부모 앱 컴포넌트의 영향은 신경 쓰지 않아도 된다.

그렇기는 해도 자식 컴포넌트가 올바로 동작하는지 확인할 필요는 있다. RootCmp를 사용하지 않고 앱의 정상적인 부모 컴포넌트를 사용할 수도 있다.

이제 router를 사용하여 /artists/2로 이동하고 advance한다. 이 URL로 이동할 때 ArtistComponent는 초기화되어야 한다. 따라서 SpotifyService의 getArtist 메서드가 적절한 값으로 호출되는지 확인해야 한다.

15.9.4 ArtistComponent 메서드 테스트하기

ArtistComponent에는 back( ) 함수를 호출하는 href가 정의되어 있다.

code/routes/music/src/app/artist/artist.component.ts

```
33    back(): void {
34      this.location.back();
35    }
```

back 메서드가 호출될 때 라우터가 사용자의 목적지를 이전 위치로 재지정하는지 테스트해보자. 현재 위치 상태는 Location 서비스가 제어한다. 사용자를 다시 이전 위치로 보내야 할 때는 Location의 back 메서드를 사용한다. 다음은 back 메서드를 테스트하는 방법이다.

code/routes/music/src/app/artist/artist.component.spec.ts

```
40    describe('back', () => {
41      it('returns to the previous location', fakeAsync(
42        inject([Router, Location],
43                (router: Router, location: Location) => {
44          const fixture = createRoot(router, RootCmp);
45          expect(location.path()).toEqual('/');
46
47          router.navigateByUrl('/artists/2');
48          advance(fixture);
49          expect(location.path()).toEqual('/artists/2');
50
51          const artist = fixture.debugElement.children[1].componentInstance;
52          artist.back();
53          advance(fixture);
54
55          expect(location.path()).toEqual('/');
56        })));
57    });
```

초기 구조는 비슷하다. 의존성을 주입하고 새 컴포넌트를 만든다.

새 예측을 정의한다. location.path()가 예측한 그대로여야 한다.

여기서 정리해 둘 것이 한 가지 있다. ArtistComponent 자체의 메서드에 액세스한다는 사실이다. 다음 행으로 ArtistComponent 인스턴스의 참조를 가져온다.

```
fixture.debugElement.children[1].componentInstance;
```

컴포넌트의 인스턴스가 만들어졌다. 여기에 back()처럼 직접 메서드를 호출할 수 있다. back()을 호출하고 advance한다. 그리고 location.path()가 예측과 일치하는지 검증한다.

15.9.5 ArtistComponent DOM 템플릿 값 테스트하기

마지막으로 ArtistComponent에서 테스트할 대상은 아티스트를 렌더링하는 템플릿이다.

code/routes/music/src/app/artist/artist.component.html

```
1  <div *ngIf="artist">
2    <h1>{{ artist.name }}</h1>
3
4    <p>
5      <img src="{{ artist.images[0].url }}">
6    </p>
7
8    <p><a href (click)="back()">Back</a></p>
9  </div>
```

artist 인스턴스 변수는 SpotifyService의 getArtist 호출로 설정된다. MockSpotifyService로 SpotifyService를 모킹하고 있으므로 템플릿의 데이터는 mockSpotifyService가 리턴하는 것이어야 한다. 다음 코드를 살펴보자.

code/routes/music/src/app/artist/artist.component.spec.ts

```
59  describe('renderArtist', () => {
60    it('renders album info', fakeAsync(
61      inject([Router, SpotifyService],
62              (router: Router,
63               mockSpotifyService: MockSpotifyService) => {
64        const fixture = createRoot(router, RootCmp);
65
66        const artist = {name: 'ARTIST NAME', images: [{url: 'IMAGE_1'}]};
67        mockSpotifyService.setResponse(artist);
68
69        router.navigateByUrl('/artists/2');
```

```
70        advance(fixture);
71
72        const compiled = fixture.debugElement.nativeElement;
73
74        expect(compiled.querySelector('h1').innerHTML).toContain('ARTIST NAME');
75        expect(compiled.querySelector('img').src).toContain('IMAGE_1');
76      })));
77  });
```

여기서는 setResponse로 mockSpotifyService의 응답을 직접 설정해야 한다. artist 변수는
GET https://api.spotify.com/v1/artists/{id}에서 artists 엔드포인트를 호출할 때 스포티파이
API에서 가져오는 것을 나타내는 '고정된 값(fixture)'이다. 다음은 실제 JSON이다.

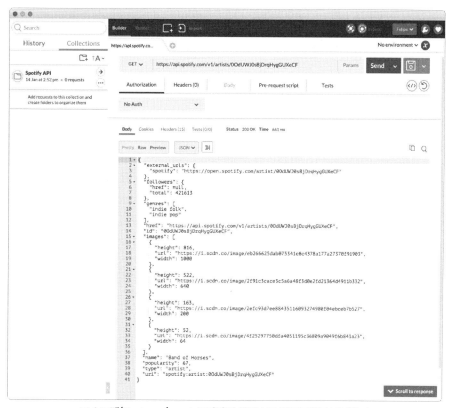

포스트맨(Postman) — 스포티파이 아티스트 엔드포인트 가져오기

하지만 테스트용으로는 name과 images 프로퍼티만 필요하다. setResponse 메서드를 호출하
면 그 응답이 서비스 메서드의 다음번 호출에 사용된다. 여기서는 getArtist 메서드가 이 응
답을 리턴한다.

이제 라우터를 사용하여 이동하고 advance한다. 뷰가 렌더링되면 컴포넌트 뷰의 DOM 표현을 사용하여 아티스트가 올바로 렌더링되었는지 확인할 수 있다. 아티스트가 올바로 렌더링되었는지 확인하기 위해 fixture.debugElement.nativeElement; 행에서 DebugElement의 nativeElement 프로퍼티를 설정했다.

H1 태그에는 아티스트의 이름, 즉 ARTIST NAME이 담긴다(artist 고정값 때문이다). 이 조건을 확인하려면 NativeElement의 querySelector 메서드를 사용한다. 이 메서드는 지정된 CSS 셀렉터와 일치하는 첫 번째 요소를 리턴한다. H1 태그에서는 텍스트가 실제로 ARTIST NAME인지 확인하고, 이미지의 경우에는 그 src 프로퍼티가 IMAGE 1인지 확인한다. 여기까지가 ArtistComponent 클래스의 테스트 과정이다.

15.10 폼 테스트하기

폼 테스트를 작성하기 위해 지난 5장에서 만든 DemoFormWithEventsComponent 컴포넌트를 사용해 보자. 앵귤러 폼의 다음 기능들을 사용할 수 있어 좋은 예일 것이다.

- FormBuilder
- 유효성 검증
- 이벤트 처리

기억을 떠올리자는 차원에서 이 클래스의 전체 코드를 다시 소개한다.

code/forms/src/app/demo-form-with-events/demo-form-with-events.component.ts

```
1  import { Component, OnInit } from '@angular/core';
2  import {
3    FormBuilder,
4    FormGroup,
5    Validators,
6    AbstractControl
7  } from '@angular/forms';
8
9  @Component({
10   selector: 'app-demo-form-with-events',
11   templateUrl: './demo-form-with-events.component.html',
12   styles: []
13 })
14 export class DemoFormWithEventsComponent implements OnInit {
15   myForm: FormGroup;
16   sku: AbstractControl;
```

```
17
18    ngOnInit() {
19    }
20
21    constructor(fb: FormBuilder) {
22      this.myForm = fb.group({
23        'sku': ['', Validators.required]
24      });
25
26      this.sku = this.myForm.controls['sku'];
27
28      this.sku.valueChanges.subscribe(
29        (value: string) => {
30          console.log('sku changed to:', value);
31        }
32      );
33
34      this.myForm.valueChanges.subscribe(
35        (form: any) => {
36          console.log('form changed to:', form);
37        }
38      );
39
40    }
41
42    onSubmit(form: any): void {
43      console.log('you submitted value:', form.sku);
44    }
45
46  }
```

그리고 다음은 템플릿이다.

code/forms/src/app/demo-form-with-events/demo-form-with-events.component.html

```
1   <div class="ui raised segment">
2     <h2 class="ui header">Demo Form: with events</h2>
3     <form [formGroup]="myForm"
4           (ngSubmit)="onSubmit(myForm.value)"
5           class="ui form">
6
7       <div class="field"
8            [class.error]="!sku.valid && sku.touched">
9         <label for="skuInput">SKU</label>
10        <input type="text"
11               class="form-control"
12               id="skuInput"
13               placeholder="SKU"
14               [formControl]="sku">
```

```
15        <div *ngIf="!sku.valid"
16          class="ui error message">SKU is invalid</div>
17        <div *ngIf="sku.hasError('required')"
18          class="ui error message">SKU is required</div>
19    </div>
20
21    <div *ngIf="!myForm.valid"
22      class="ui error message">Form is invalid</div>
23
24    <button type="submit" class="ui button">Submit</button>
25  </form>
26 </div>
```

정리하는 차원에서 몇 가지를 언급하고자 한다. 이 코드는 다음 일들을 한다.

- SKU 필드에 값이 없을 때 두 가지 검증 오류를 표시한다. 'SKU is invalid'와 'SKU is required'이다.
- SKU 필드의 값이 변경되면 콘솔에 해당 메시지를 출력한다.
- 폼이 변경될 때도 콘솔에 메시지를 출력한다.
- 폼이 제출되면 최종 메시지를 콘솔에 출력한다.

한 가지 외부 의존성은 분명히 가지고 있다. 바로 콘솔이다. 앞에서 언급한 바와 같이 외부 의존성은 모두 모킹해야 한다.

15.10.1 ConsoleSpy 만들기

이번에는 SpyObject를 사용해 목(mock)을 만들지 않고 좀 더 단순하게 진행해 보자. console에서 사용하는 것이 log 메서드가 전부이기 때문이다. window.console 객체에 있던 원래 console 인스턴스를 우리가 제어할 수 있는 ConsoleSpy로 교체한다.

code/forms/src/app/utils.ts

```
14 export class ConsoleSpy {
15   public logs: string[] = [];
16   log(...args) {
17     this.logs.push(args.join(' '));
18   }
19   warn(...args) {
20     this.log(...args);
21   }
22 }
```

ConsoleSpy는 log된 모든 것을 받아 순수하게 문자열로 변환하고 내부 리스트에 저장하는 객체다.

 지금 만드는 console.log 메서드 버전에서 가변적인 인수 개수를 구현하려면 ES6와 타입스크립트의 Rest 파라미터[6]가 필요하다.

이 연산자에서는 함수의 인수가 ...theArgs처럼 말줄임표(...)로 표현된다. 말줄임표 자리부터 남은 모든 인수를 가져오겠다는 뜻이다. 이를테면 (a, b, ...theArgs)에서 func(1, 2, 3, 4, 5)를 호출하면 a는 1이 되고, b는 2, theArgs는 [3, 4, 5]가 되는 식이다. 최신 Node.js를 설치하여 다음처럼 확인해 볼 수 있다.

```
1  $ node --harmony
2  > var test = (a, b, ...theArgs) => console.log('a=',a,'b=',b,'theArgs=',theArgs);
3  undefined
4  > test(1,2,3,4,5);
5  a= 1 b= 2 theArgs= [ 3, 4, 5 ]
```

따라서 콘솔 자체에 쓰지 말고 배열에 저장한다. 다음처럼 console.log를 세 번 호출한다.

```
1  console.log('First message', 'is', 123);
2  console.log('Second message');
3  console.log('Third message');
```

_logs 필드에는 ['First message is 123', 'Second message', 'Third message'] 배열이 와야 한다.

15.10.2 ConsoleSpy 설치하기

테스트에 스파이를 사용하려면 우선 두 변수를 선언한다. originalConsole은 원래 콘솔 인스턴스의 참조를 담고, fakeConsole은 콘솔의 모킹된 버전을 담는다. 그리고 input과 form 요소를 테스트할 때 필요한 변수들도 선언한다.

code/forms/src/app/demo-form-with-events/demo-form-with-events.component.spec.ts

```
20  describe('DemoFormWithEventsComponent', () => {
21    let component: DemoFormWithEventsComponent;
22    let fixture: ComponentFixture<DemoFormWithEventsComponent>;
23
24    let originalConsole, fakeConsole;
25    let el, input, form;
```

---

6 https://developer.mozilla.org/en/docs/Web/JavaScript/Reference/Functions/rest_parameters 단축URL goo.gl/ifZZcc

가짜 콘솔을 설치하고 제공자를 지정한다.

code/forms/src/app/demo-form-with-events/demo-form-with-events.component.spec.ts

```
27    beforeEach(async(() => {
28      // 실제 window.console을 가짜 콘솔로 바꾼다.
29      fakeConsole = new ConsoleSpy();
30      originalConsole = window.console;
31      (<any>window).console = fakeConsole;
32
33      TestBed.configureTestingModule({
34        imports: [ FormsModule, ReactiveFormsModule ],
35        declarations: [ DemoFormWithEventsComponent ]
36      })
37      .compileComponents();
38    }));
```

테스트 코드로 돌아가 진짜 콘솔 인스턴스를 지금 만든 것으로 교체하고 원래 인스턴스는 저장한다. 마지막으로, afterAll 메서드에서 원래 콘솔 인스턴스를 복구하여 다른 테스트에 영향을 미치지 않는지 확인한다.

code/forms/src/app/demo-form-with-events/demo-form-with-events.component.spec.ts

```
49    // 실제 콘솔을 복구한다.
50    afterAll(() => (<any>window).console = originalConsole);
```

15.10.3 테스트 모듈 설정하기

beforeEach에서는 TestBed.configureTestingModule을 호출한다. configureTestingModule은 테스트에 사용할 루트 NgModule을 설정한다. 여기서는 두 가지 폼 모듈을 가져온다. 그리고 DemoFormWithEvents 컴포넌트를 선언한다. 이제 콘솔을 제어할 수 있게 되었다. 폼을 테스트해 보자.

15.10.4 폼 테스트하기

이제 검증 오류와 폼의 이벤트를 테스트해야 한다. 우선, SKU 입력 필드와 폼 요소의 참조를 가져온다.

code/forms/src/app/demo-form-with-events/demo-form-with-events.component.1.spec.ts

```
43    it('validates and triggers events', fakeAsync( () => {
44      fixture = TestBed.createComponent(DemoFormWithEventsComponent);
```

```
45    component = fixture.componentInstance;
46    el = fixture.debugElement.nativeElement;
47    input = fixture.debugElement.query(By.css('input')).nativeElement;
48    form = fixture.debugElement.query(By.css('form')).nativeElement;
49    fixture.detectChanges();
```

마지막 행에서는 라우팅 절에서처럼 모든 변경 예정 내용을 확정한다. 그다음에는 SKU 입력 값을 빈 문자열로 설정한다.

code/forms/src/app/demo-form-with-events/demo-form-with-events.component.1.spec.ts

```
51    input.value = '';
52    dispatchEvent(input, 'input');
53    fixture.detectChanges();
54    tick();
```

여기서 dispatchEvent를 사용하여 입력 요소가 변경되었다고 앵귤러에 알린다. 그리고 변경 감지를 트리거한다. 마지막으로 tick()을 사용하여 이 시점까지 트리거된 모든 비동기 코드가 실행되는지 확인한다. 테스트에 fakeAsync와 tick을 사용하는 이유는 폼 이벤트가 트리거되기 때문이다. 만일 async와 inject를 대신 사용한다면 이벤트가 트리거되기 전에 코드 실행이 종료될 것이다.

입력값을 바꾸었으니 검증이 올바로 진행되는지 확인해 보자. 컴포넌트 요소에 (el 변수를 사용하여) 오류 메시지가 있는 자식 요소가 있는지 판단하고, 두 오류 메시지가 출력되는지 확인한다.

code/forms/src/app/demo-form-with-events/demo-form-with-events.component.1.spec.ts

```
57    let msgs = el.querySelectorAll('.ui.error.message');
58    expect(msgs[0].innerHTML).toContain('SKU is invalid');
59    expect(msgs[1].innerHTML).toContain('SKU is required');
```

이제 SKU 필드에 값을 설정한다.

code/forms/src/app/demo-form-with-events/demo-form-with-events.component.1.spec.ts

```
62    input.value = 'XYZ';
63    dispatchEvent(input, 'input');
64    fixture.detectChanges();
65    tick();
```

그리고 모든 오류 메시지가 사라졌는지 확인한다.

code/forms/src/app/demo-form-with-events/demo-form-with-events.component.1.spec.ts

```
67      msgs = el.querySelectorAll('.ui.error.message');
68      expect(msgs.length).toEqual(0);
```

마지막으로 폼의 제출 이벤트를 트리거한다.

code/forms/src/app/demo-form-with-events/demo-form-with-events.component.1.spec.ts

```
70      fixture.detectChanges();
71      dispatchEvent(form, 'submit');
72      tick();
```

그리고 정말 마지막으로 폼이 제출될 때 메시자가 콘솔로 출력되는지 확인하여 이벤트가 시
작되었는지 확인한다.

code/forms/src/app/demo-form-with-events/demo-form-with-events.component.1.spec.ts

```
74      // 제출된 메시지를 확인한다.
75      expect(fakeConsole.logs).toContain('you submitted value: XYZ');
```

폼이 트리거하는 다른 두 이벤트, 즉 SKU 변경 이벤트와 폼 변경 이벤트에도 검증을 새로 추
가하여 테스트를 진행할 수 있다. 하지만 그렇게 하면 테스트가 꽤 길어질 것이다.

테스트를 진행하면 다음과 같이 통과되는 모습을 볼 수 있다.

```
DemoFormWithEvents
  ✓ validates and trigger events
```

DemoFormWithEvents 테스트 결과

테스트에 문제는 없지만 코드상으로는 아쉬운 점이 있다.

- 정말로 긴 it 조건(5-10행 이상)

- it 조건 하나당 하나 또는 두 개 이상의 expect

- 테스트 설명에 사용된 'and'라는 단어

15.10.5 폼 테스트 리팩토링하기

컴포넌트 생성 및 컴포넌트 요소 가져오기 코드와 입력 및 폼 요소를 추출해 이 아쉬운 점을 해결해 보자.

code/forms/src/app/demo-form-with-events/demo-form-with-events.component.spec.ts

```
41      fixture = TestBed.createComponent(DemoFormWithEventsComponent);
```

createComponent 코드는 꽤 직관적이다. TestBed.createComponent로 컴포넌트를 만들고 필요한 모든 요소를 조회해 detectChanges를 호출한다. SKU 필드가 비어 있을 때 두 오류 메시지가 출력되는지 살펴보자.

code/forms/src/app/demo-form-with-events/demo-form-with-events.component.spec.ts

```
52    it('displays errors with no sku', fakeAsync( () => {
53      input.value = '';
54      dispatchEvent(input, 'input');
55      fixture.detectChanges();
56
57      // sku 필드에는 값이 없음. 모든 오류 메시지가 출력됨
58      const msgs = el.querySelectorAll('.ui.error.message');
59      expect(msgs[0].innerHTML).toContain('SKU is invalid');
60      expect(msgs[1].innerHTML).toContain('SKU is required');
61    }));
```

코드가 더 깔끔해졌는가? 한 가지만 집중적으로 테스트하는 코드로 개선되었다! 구조가 새로워져 두 번째 테스트도 수월해질 것이다. SKU 필드에 값을 추가하면 오류 메시지가 사라지는지 테스트해 보자.

code/forms/src/app/demo-form-with-events/demo-form-with-events.component.spec.ts

```
63    it('displays no errors when sku has a value', fakeAsync( () => {
64      input.value = 'XYZ';
65      dispatchEvent(input, 'input');
66      fixture.detectChanges();
67
68      const msgs = el.querySelectorAll('.ui.error.message');
69      expect(msgs.length).toEqual(0);
70    }));
```

지금까지는 테스트에서 fakeAsync를 사용하지 않고 async와 inject를 사용했다. 보너스 미션으로 이번 리팩토링에서 fakeAsync를 사용해 보자. fakeAsync와 tick()만을 사용하여 콘솔

에 무언가가 추가되었는지 확인하는 것이다. 폼의 이벤트 핸들러가 바로 이 일을 하기 때문이다. SKU 값이 변경될 때 콘솔에 메시지가 출력되는지 테스트해 보자.

code/forms/src/app/demo-form-with-events/demo-form-with-events.component.spec.ts

```
72   it('handles sku value changes', fakeAsync( () => {
73     input.value = 'XYZ';
74     dispatchEvent(input, 'input');
75     tick();
76
77     expect(fakeConsole.logs).toContain('sku changed to: XYZ');
78   }));
```

폼 변경에도 이와 비슷한 코드를 작성할 수 있다.

code/forms/src/app/demo-form-with-events/demo-form-with-events.component.spec.ts

```
80   it('handles form changes', fakeAsync(() => {
81     input.value = 'XYZ';
82     dispatchEvent(input, 'input');
83     tick();
84
85     expect(fakeConsole.logs).toContain('form changed to: [object Object]');
86   }));
```

그리고 다음은 폼 제출 이벤트 코드다.

code/forms/src/app/demo-form-with-events/demo-form-with-events.component.spec.ts

```
88   it('handles form submission', fakeAsync((tcb) => {
89     input.value = 'ABC';
90     dispatchEvent(input, 'input');
91     tick();
92
93     fixture.detectChanges();
94     dispatchEvent(form, 'submit');
95     tick();
96
97     expect(fakeConsole.logs).toContain('you submitted value: ABC');
98   }));
```

테스트를 진행하면 훨씬 더 깔끔한 결과를 얻을 수 있다.

```
DemoFormWithEvents
  ✓ displays errors with no sku
  ✓ displays no errors when sku has a value
  ✓ handles sku value changes
  ✓ handles form changes
  ✓ handles form submission
```

리팩토링한 DemoFormWithEvents 테스트 결과

리팩토링으로부터 얻을 수 있는 또 하나의 장점은 무언가 잘못되었을 때 두드러진다. 컴포넌트 코드로 돌아가 폼이 제출될 때 출력되는 메시지를 변경한다. 실패하는 테스트를 강제하기 위해서다.

```
1  onSubmit(form: any): void {
2    console.log('you have submitted the value:', form.sku);
3  }
```

이전 버전의 테스트를 진행하면 다음과 같이 출력된다.

```
DemoFormWithEvents
  ✗ validates and trigger events
    Expected [ 'sku changed to: ', 'form changed to: [object Object]', 'sku changed to: XYZ', 'form cha
nged to: [object Object]', 'you have submitted the value: XYZ' ] to contain 'you submitted value: XYZ'.
        at /Users/fcoury/code/ng-book2/manuscript/code/forms/test.bundle.js:41894
        at run (/Users/fcoury/code/ng-book2/manuscript/code/forms/test.bundle.js:5942)
        at zoneBoundFn (/Users/fcoury/code/ng-book2/manuscript/code/forms/test.bundle.js:5915)
        at lib$es6$promise$$internal$$tryCatch (/Users/fcoury/code/ng-book2/manuscript/code/forms/test.
```

리팩토링하기 전 DemoFormWithEvents 오류 결과

무엇이 실패했는지 한눈에 들어오지 않는다. 오류 코드를 읽어야 제출 메시지가 실패했다는 것을 파악할 수 있다. 또한 이것이 컴포넌트 코드에서 실패한 전부인지도 확신할 수 없다. 다른 테스트 조건이 있어도 이 오류 때문에 더 이상 실행조차 되지 않기 때문이다. 이를 리팩토링한 코드와 비교해 보자.

```
DemoFormWithEvents
  ✓ displays errors with no sku
  ✓ displays no errors when sku has a value
  ✓ handles sku value changes
  ✓ handles form changes
  ✗ handles form submission
    Expected [ 'sku changed to: ABC', 'form changed to: [object Object]', 'you have submitted the
value: ABC' ] to contain 'you submitted value: ABC'.
        at /Users/fcoury/code/ng-book2/manuscript/code/forms/test.bundle.js:41673
        at run (/Users/fcoury/code/ng-book2/manuscript/code/forms/test.bundle.js:5942)
        at zoneBoundFn (/Users/fcoury/code/ng-book2/manuscript/code/forms/test.bundle.js:5915)
        at lib$es6$promise$$internal$$tryCatch (/Users/fcoury/code/ng-book2/manuscript/code/forms/
```

리팩토링한 DemoFormWithEvents 오류 결과

이제 실패한 것이 폼 제출 이벤트뿐이라는 것이 명확해졌다.

15.11 HTTP 요청 테스트하기

지금까지 적용한 전략을 그대로 사용하여, 다시 말해 Http 클래스 또는 HttpClient 클래스의 목(mock) 버전을 만들어 HTTP 상호작용도 테스트할 수 있다. HTTP 요청도 외부 의존성이기 때문이다. 앵귤러 등의 프레임워크를 사용하여 작성된 수많은 싱글 페이지 앱이 HTTP 상호작용을 통해 API와 소통하기 때문에 앵귤러의 테스트용 라이브러리에서는 이미 내장 방식을 제공하고 있다. 바로 HttpTestingController이다.

MockBackend는 이 장 앞부분에서 SpotifyService 클래스를 테스트할 때 사용한 적이 있다. 이제 좀 더 깊이 파고들어 더 많은 시나리오와 유용한 적용 사례를 들여다보기로 하자. 우선 HTTP를 다룬 7장에 제시했던 여러 예시들에 적용할 테스트부터 작성한다.

가장 먼저 POST나 DELETE 등 서로 다른 HTTP 메서드들을 테스트하는 방법과 올바른 HTTP 헤더가 전송되었는지 확인하는 방법을 살펴보자. 7장에서 HttpClient를 사용하여 POST나 DELETE를 수행하는 예를 들었었다.

15.11.1 POST 테스트하기

작성할 첫 번째 테스트는 makePost 메서드에 올바른 POST 요청을 수행하는지 확인하는 것이다.

code/http/src/app/more-http-requests/more-http-requests.component.ts

```
20    makePost(): void {
21      this.loading = true;
22      this.http
23        .post(
24          'https://jsonplaceholder.typicode.com/posts',
25          JSON.stringify({
26            body: 'bar',
27            title: 'foo',
28            userId: 1
29          })
30        )
31        .subscribe(data => {
32          this.data = data;
33          this.loading = false;
34        });
35    }
```

이 메서드에 적용할 테스트를 작성할 때 목적은 다음 두 가지다.

- 요청 메서드(POST)가 올바른지 테스트하기
- URL이 올바른지 테스트하기

다음은 이를 수행하는 코드다. 우선 HttpClientTestingModule과 HttpTestingController를 사용해 테스트를 설정부터 해야 한다.

code/src/app/more-http-requests/more-http-requests.component.spec.ts

```
1  import {
2    async,
3    inject,
4    ComponentFixture,
5    TestBed
6  } from '@angular/core/testing';
7
8  import { HttpClient, HttpRequest, HttpHeaders } from '@angular/common/http';
9  import {
10   HttpTestingController,
11   HttpClientTestingModule
12 } from '@angular/common/http/testing';
13
14 import { MoreHttpRequestsComponent } from './more-http-requests.component';
15
16 describe('MoreHttpRequestsComponent', () => {
17   let component: MoreHttpRequestsComponent;
18   let fixture: ComponentFixture<MoreHttpRequestsComponent>;
19   let httpMock: HttpTestingController;
20
21   beforeEach(
22     async(() => {
23       TestBed.configureTestingModule({
24         declarations: [MoreHttpRequestsComponent],
25         imports: [HttpClientTestingModule]
26       });
27     })
28   );
29
30   beforeEach(
31     async(
32       inject([HttpTestingController], _httpMock => {
33         fixture = TestBed.createComponent(MoreHttpRequestsComponent);
34         component = fixture.componentInstance;
35         fixture.detectChanges();
36         httpMock = _httpMock;
37       })
38     )
```

```
39    );
40
41    afterEach(
42      inject([HttpTestingController], (httpMock: HttpTestingController) => {
43        httpMock.verify();
44      })
45    );
```

어기서 HttpClientTestingModule을 가져올 수 있도록 테스트용 모듈을 설정한다. 그리고 HttpTestingController를 주입하고 이를 httpMock에 변수로 저장한다.

이제 테스트를 작성해 보자.

code/src/app/more-http-requests/more-http-requests.component.spec.ts

```
47    it(
48      'performs a POST',
49      async(() => {
50        component.makePost();
51
52        const req = httpMock.expectOne(
53          'https://jsonplaceholder.typicode.com/posts'
54        );
55        expect(req.request.method).toEqual('POST');
56        req.flush({ response: 'OK' });
57        expect(component.data).toEqual({ response: 'OK' });
58
59        httpMock.verify();
60      })
61    );
```

이 컴포넌트에 직접 makePost() 함수부터 호출한다. 이는 일반적으로 컴포넌트에 직접 함수를 호출하지 않기 때문에 이상해 보이는 과정일 수 있다. 하지만 여기서는 HTTP 요청이 수행될 수 있도록 해야 하며, 이 방법으로 테스트할 수 있다.

그다음에는 httpMock이라는 인스턴스 변수를 사용해 한 번의 요청이 jsonplaceholder에 수행되었다고 판단한다. 이때 사용되는 함수는 expectOne이다.

req.flush 행에서는 '목' 응답을 이 HTTP 요청에 보내고, component.data와 이 요청과 일치한다고 expect한다.

마지막으로 httpMock.veryfy()를 호출하여 남은 것들을 확인한다.

지금까지 동작 과정을 살펴보았다. 두 번째 테스트인 DELETE 메서드는 직관적일 것이다.

15.11.2 DELETE 테스트하기

다음은 makeDelete 메서드의 구현 코드다.

code/http/src/app/more-http-requests/more-http-requests.component.ts

```
37    makeDelete(): void {
38      this.loading = true;
39      this.http
40        .delete('https://jsonplaceholder.typicode.com/posts/1')
41        .subscribe(data => {
42          this.data = data;
43          this.loading = false;
44        });
45    }
```

그리고 다음은 테스트용 코드다.

src/app/more-http-requests/more-http-requests.component.spec.ts

```
63    it(
64      'performs a DELETE',
65      async(() => {
66        component.makeDelete();
67
68        const req = httpMock.expectOne(
69          'https://jsonplaceholder.typicode.com/posts/1'
70        );
71
72        expect(req.request.method).toEqual('DELETE');
73        req.flush({ response: 'OK' });
74        expect(component.data).toEqual({ response: 'OK' });
75
76        httpMock.verify();
77      })
78    );
```

살짝 바뀐 URL과 HTTP 메서드만 제외하면(지금은 RequestMethod.Delete임) 이전과 달라진 것은 하나도 없다.

15.11.3 HTTP 헤더 테스트하기

테스트할 마지막 메서드는 makeHeaders이다.

```
47    makeHeaders(): void {
48      const headers: HttpHeaders = new HttpHeaders({
49        'X-API-TOKEN': 'ng-book'
50      });
51
52      const req = new HttpRequest(
53        'GET',
54        'https://jsonplaceholder.typicode.com/posts/1',
55        {
56          headers: headers
57        }
58      );
59
60      this.http.request(req).subscribe(data => {
61        this.data = data['body'];
62      });
63    }
```

여기서 집중해야 할 곳은 X-API-TOKEN 헤더가 ng-book으로 올바르게 설정되는지 확인하는 부분이다.

src/app/more-http-requests/more-http-requests.component.spec.ts

```
80    it(
81      'sends correct headers',
82      async(() => {
83        component.makeHeaders();
84
85        const req = httpMock.expectOne(
86          req =>
87            req.headers.has('X-API-TOKEN') &&
88            req.headers.get('X-API-TOKEN') == 'ng-book'
89        );
90
91        req.flush({ response: 'OK' });
92        expect(component.data).toEqual({ response: 'OK' });
93
94        httpMock.verify();
95      })
96    );
```

req.headers 속성은 헤더들을 리턴한다. 따라서 두 메서드를 사용하여 다음 두 가지를 판단할 수 있다.

• 값은 무시하고 지정된 헤더가 설정되었는지만 확인하는 has 메서드

- 설정된 값을 리턴하는 get 메서드

헤더가 설정된 것으로 충분하다면 has를 사용한다. 그렇지 않고 설정된 값도 확인해야 한다면 get을 사용한다. 이제 좀 더 복합한 예를 살펴보기로 하자.

15.11.4 YouTubeSearchService 테스트하기

지난 7장에서는 유튜브 동영상 검색을 구현했다. 거기서 HTTP 상호작용은 YouTubeSearch Service라는 서비스에서 일어났다.

code/http/src/app/you-tube-search/you-tube-search.service.ts

```
26  /**
27   * YouTubeService connects to the YouTube API
28   * 참고: * https://developers.google.com/youtube/v3/docs/search/list
29   */
30  @Injectable()
31  export class YouTubeSearchService {
32    constructor(
33      private http: HttpClient,
34      @Inject(YOUTUBE_API_KEY) private apiKey: string,
35      @Inject(YOUTUBE_API_URL) private apiUrl: string
36    ) {}
37
38    search(query: string): Observable<SearchResult[]> {
39      const params: string = [
40        `q=${query}`,
41        `key=${this.apiKey}`,
42        `part=snippet`,
43        `type=video`,
44        `maxResults=10`
45      ].join('&');
46      const queryUrl = `${this.apiUrl}?${params}`;
47      return this.http.get(queryUrl).map(response => {
48        return <any>response['items'].map(item => {
49          // console.log("raw item", item); // 디버그할 때는 주석에서 제외한다.
50          return new SearchResult({
51            id: item.id.videoId,
52            title: item.snippet.title,
53            description: item.snippet.description,
54            thumbnailUrl: item.snippet.thumbnails.high.url
55          });
56        });
57      });
58    }
59  }
```

이 서비스는 유튜브 API를 사용하여 동영상을 검색하고, 검색 결과를 파싱하여 Search Result 인스턴스로 변환한다.

code/http/src/app/you-tube-search/search-result.model.ts

```
 5  export class SearchResult {
 6    id: string;
 7    title: string;
 8    description: string;
 9    thumbnailUrl: string;
10    videoUrl: string;
11
12    constructor(obj?: any) {
13      this.id           = obj && obj.id              || null;
14      this.title        = obj && obj.title           || null;
15      this.description  = obj && obj.description      || null;
16      this.thumbnailUrl = obj && obj.thumbnailUrl    || null;
17      this.videoUrl     = obj && obj.videoUrl        ||
18                          `https://www.youtube.com/watch?v=${this.id}`;
19    }
20  }
```

이 서비스에서 테스트해야 할 중요한 대상은 다음과 같다.

- 이 서비스는 JSON 응답에 따라 동영상 id, 제목, 설명, 섬네일 등을 파싱할 수 있다.
- 요청하는 URL이 검색어를 사용한다.
- URL이 YOUTUBE_API_URL 상수에 설정된 값으로 시작한다.
- 사용된 API 키가 YOUTUBE_API_KEY 상수와 일치한다.

이 점을 명심하고 본격적으로 테스트를 작성해 보자.

code/http/src/app/you-tube-search/you-tube-search.component.before.spec.ts

```
25  describe('YouTubeSearchComponent (before)', () => {
26    let component: YouTubeSearchComponent;
27    let fixture: ComponentFixture<YouTubeSearchComponent>;
28
29    beforeEach(
30      async(() => {
31        TestBed.configureTestingModule({
32          declarations: [
33            YouTubeSearchComponent,
34            SearchResultComponent,
35            SearchBoxComponent
36          ],
```

```
37        imports: [HttpClientTestingModule],
38        providers: [
39          YouTubeSearchService,
40          { provide: YOUTUBE_API_KEY, useValue: 'YOUTUBE_API_KEY' },
41          { provide: YOUTUBE_API_URL, useValue: 'YOUTUBE_API_URL' }
42        ]
43      });
44    })
45  );
```

이 장에서 작성한 다른 모든 테스트에서처럼 우선 의존성 설정 방식부터 선언한다. 여기서
는 실제 YouTubeSearchService 인스턴스를 사용할 것이다. 다만 YOUTUBE_API_KEY와
YOUTUBE_API_URL 상수에는 가짜 값을 설정한다. 그리고 HttpClientTestingModule도
가져온다.

code/http/src/app/you-tube-search/you-tube-search.component.before.spec.ts

```
53  describe('search', () => {
54    it(
55      'parses YouTube response',
56      inject(
57        [YouTubeSearchService, HttpTestingController],
58        fakeAsync((service, httpMock) => {
59          let res;
60
61          service.search('hey').subscribe(_res => {
62            res = _res;
63          });
64
65          const req = httpMock.expectOne({ method: 'GET' });
66          req.flush({
67            items: [
68              {
69                id: { videoId: 'VIDEO_ID' },
70                snippet: {
71                  title: 'TITLE',
72                  description: 'DESCRIPTION',
73                  thumbnails: {
74                    high: { url: 'THUMBNAIL_URL' }
75                  }
76                }
77              }
78            ]
79          });
80
81          tick();
82
```

```
83          const video = res[0];
84          expect(video.id).toEqual('VIDEO_ID');
85          expect(video.title).toEqual('TITLE');
86          expect(video.description).toEqual('DESCRIPTION');
87          expect(video.thumbnailUrl).toEqual('THUMBNAIL_URL');
88
89          httpMock.verify();
90        })
91      )
92    );
93  });
```

여기서는 실제 URL을 호출할 때 유튜브 API가 응답할 필드들과 일치하는 가짜 응답을 리턴하라고 HttpClient에 알린다. req.flush 메서드를 연결에 사용하면 된다.

테스트하려는 메서드인 search를 호출한다. 이때 검색어를 hey로 지정하고 res 변수로 응답을 받는다.

code/http/src/app/you-tube-search/you-tube-search.component.before.spec.ts

```
66          req.flush({
67            items: [
68              {
69                id: { videoId: 'VIDEO_ID' },
70                snippet: {
71                  title: 'TITLE',
72                  description: 'DESCRIPTION',
73                  thumbnails: {
74                    high: { url: 'THUMBNAIL_URL' }
75                  }
76                }
77              }
78            ]
79          });
```

여기서도 tick()을 호출하여 비동기 코드를 수동으로 동기화할 수 있도록 fakeAsync를 사용한다. 검색이 종료되면 res 변수에 값이 지정된다. 이 값을 판단해 보자.

code/http/src/app/you-tube-search/you-tube-search.component.before.spec.ts

```
83          const video = res[0];
84          expect(video.id).toEqual('VIDEO_ID');
85          expect(video.title).toEqual('TITLE');
86          expect(video.description).toEqual('DESCRIPTION');
87          expect(video.thumbnailUrl).toEqual('THUMBNAIL_URL');
```

응답 리스트에서 첫 번째 요소를 가져온다. 이 요소는 SearchResult이므로 각 속성이 올바로 설정되었는지 제공된 응답을 기준으로 확인한다. id, 제목, 설명, 섬네일 URL 등이 모두 일치해야 한다.

이로써 첫 번째 목표를 달성했다. 하지만 it 메서드가 비대해지고 expect가 너무 많아 코드가 깔끔하지 못하다. 우선 이 코드부터 리팩토링하자. 그래야 나머지 과정도 수월해질 것이다. 다음 도우미 함수를 describe('search', ...) 내부에 추가한다.

code/http/src/app/you-tube-search/you-tube-search.component.spec.ts

```
81      function search(term: string, response: any, callback) {
82        return inject(
83          [YouTubeSearchService, HttpTestingController],
84          fakeAsync((service, httpMock) => {
85            let res;
86
87            // search
88            service.search(term).subscribe(_res => {
89              res = _res;
90            });
91
92            const req = httpMock.expectOne({ method: 'GET' });
93            req.flush(response);
94            tick();
95
96            callback(req.request, res);
97          })
98        );
99      }
```

이 함수는 무슨 일을 할까? 이 함수는 inject와 fakeAsync를 사용하여 앞에서 한 일을 그대로 다시 진행한다. 다만, 설정 가능한 방식으로 진행한다. 구체적으로는 검색어와 응답, 콜백함수를 받는다. 이 파라미터들을 받아 검색어를 지정하여 search 메서드를 호출하고, 가짜 응답을 설정한 다음, 요청이 완료되면 콜백 함수를 호출하여 요청과 응답 객체를 제공한다.

이런 방식으로 테스트에서는 함수를 호출하고 객체를 확인만 하면 된다. 이 테스트를 네 부분으로 나눠 살펴보자. 각 부분은 구체적인 응답 하나에 해당한다.

code/http/src/app/you-tube-search/you-tube-search.component.spec.ts

```
101     it(
102       'parses YouTube video id',
103       search('hey', defaultResponse, (req, res) => {
```

```
104        const video = res[0];
105        expect(video.id).toEqual('VIDEO_ID');
106      })
107    );
108
109    it(
110      'parses YouTube video title',
111      search('hey', defaultResponse, (req, res) => {
112        const video = res[0];
113        expect(video.title).toEqual('TITLE');
114      })
115    );
116
117    it(
118      'parses YouTube video description',
119      search('hey', defaultResponse, (req, res) => {
120        const video = res[0];
121        expect(video.description).toEqual('DESCRIPTION');
122      })
123    );
124
125    it(
126      'parses YouTube video thumbnail',
127      search('hey', defaultResponse, (req, res) => {
128        const video = res[0];
129        expect(video.description).toEqual('DESCRIPTION');
130      })
131    );
```

멋지지 않은가? 간결하고 집중력 있게 한 번에 하나씩만 테스트하고 있다. 대단하다! 이제 더 나은 목표도 수월하게 달성할 수 있을 것이다.

code/http/src/app/you-tube-search/you-tube-search.component.spec.ts

```
133    it(
134      'sends the query',
135      search('term', defaultResponse, (req, res) => {
136        expect(req.url).toContain('q=term');
137      })
138    );
139
140    it(
141      'sends the API key',
142      search('term', defaultResponse, (req, res) => {
143        expect(req.url).toContain('key=YOUTUBE_API_KEY');
144      })
145    );
146
147    it(
```

```
148        'uses the provided YouTube URL',
149        search('term', defaultResponse, (req, res) => {
150          expect(req.url).toMatch(/^YOUTUBE_API_URL\?/);
151        })
152      );
```

이제 적합한 곳에 테스트를 마구마구 추가해 보자. 응답에 item을 여러 개 둘 때도 다른 속성으로 테스트할 수 있을 것이다. 이에 덧붙여 코드의 다른 곳도 테스트할 수 있는지 살펴보기 바란다.

15.12 정리

앵귤러 팀은 앵귤러 속에 테스트를 넣고자 부단히 노력했고 실로 대단한 결과를 내었다. 비동기 코드도 더 이상 테스트 불가 영역이 아닐 만큼 애플리케이션의 컨트롤러에서 서비스나 폼, HTTP에 이르기까지 모든 측면을 쉽게 테스트할 수 있게 된 것이다.

16

앵귤러JS 1.x 앱을
앵귤러 4로 변환하기

그동안 앵귤러JS 1으로 각종 앱을 개발했을 것이다. 앵귤러 4가 훌륭하다는 데는 이견이 없지만, 그간의 모든 것을 앵귤러 4로 고스란히 재작성할 방법은 사실 없다. 우리에게 필요한 것은 앵귤러JS 1 앱을 '점진적으로' 업그레이드할 방법인데, 다행히도 앵귤러 4는 이와 관련한 멋진 방법을 제공하고 있다.

앵귤러JS 1(ng1)과 앵귤러 4(ng2)의 상호운영성(interoperability)은 매우 뛰어나다. 이 장에서는 '하이브리드(hybrid)' 앱을 작성함으로써 ng1을 ng2로 업그레이드하는 과정에 관해 언급하기로 하겠다. 하이브리드 앱은 ng1과 ng2를 동시에 실행한다(그리고 둘 사이에서 데이터가 교환될 수 있다).

16.1 배경지식

앵귤러JS 1과 앵귤러 4의 상호운영성을 살펴보려면 관련 개념부터 상당수 정리해야 한다. 예를 들면 다음과 같다.

앵귤러JS 1의 개념을 앵귤러 4에 매핑하기: ng2의 컴포넌트는 ng1의 지시자와 같다. 그리고 서비스는 양쪽에서 함께 사용할 수 있다. 하지만 이 장에서 맞춘 초점은 ng1과 ng2의 공동 사용이므로 독자 여러분이 ng1과 ng2에 관한 기본적인 지식을 갖추었다고 가정할 것이다. 만일, ng2 사용 경험이 많지 않다면 3장 '앵귤러는 어떻게 동작하는가'부터 찬찬히 읽어 보기 바란다.

ng1 앱을 ng2용으로 준비하기: 앵귤러JS 1.5는 '컴포넌트 지시자'를 만들 수 있는 .component 메서드를 새롭게 제공했다. .compnent는 ng1 앱을 ng2용으로 준비하기 위한 좋은 방법이다. 그리고 씬 컨트롤러(thin controller)를 만드는 것(또는 아예 배제하는 것[1])도 ng1 앱과 ng2를 더 쉽게 통합할 목적으로 ng1을 리팩토링하기 위한 좋은 방법이다.

ng1 앱을 준비하는 두 번째 방법은 양방향 데이터 바인딩을 줄여 단방향 데이터 흐름을 우선 사용하거나 아예 양방향 데이터 바인딩을 없애는 것이다. 대개는 $scope를 변경하여 지시자들에 데이터를 전달하거나 서비스를 사용하여 데이터를 전달하는데, 이 $scope 변경을 줄여 양방향 데이터 바인딩을 없앤 적이 있을 것이다. 이 방법들에 관해서는 더 깊게 살펴보겠지만, 이 장에서 사전 업그레이드 리팩토링 사례들을 광범위하게 다루는 일은 없을 것이다. 다만, 잠시 언급할 내용은 다음과 같다.

하이브리드 ng1/ng2 앱 작성하기: ng2는 ng1 앱을 시동(부트스트랩)하고 ng2 컴포넌트와 서비스를 작성하는 방법을 제공하고 있다. ng1과 섞어 ng2 컴포넌트를 작성해도 올바로 동작한다는 것이다. 게다가 의존성 주입 시스템은 ng1과 ng2 사이의 양방향 전달을 지원한다. 따라서 ng1이나 ng2로 실행될 서비스를 작성할 수 있다.

최고의 장점은 변경 감지가 존(Zone) 안에서 실행된다는 것이다. 따라서 $scope.apply를 호출할 이유도 없으며, 변경 감지 자체를 신경 쓰지 않아도 된다.

16.2 우리가 만들려는 것

이 장에서는 핀터레스트(Pinterest) 방식의 클론 앱인 **인터레스트(Interest)**를 전환해 볼 것이다. 이 앱의 동작 방식은 이렇다. 이미지 링크인 '핀(Pin)'을 저장하고 리스트 형태로 표시하면, 사용자는 어떤 사진을 '좋아요(fav)'나 '싫어요(unfav)'한다.

---

1 http://teropa.info/blog/2014/10/24/how-ive-improved-my-angular-apps-by-banning-ng-controller.html 참고
단축URL goo.gl/M5WcNw

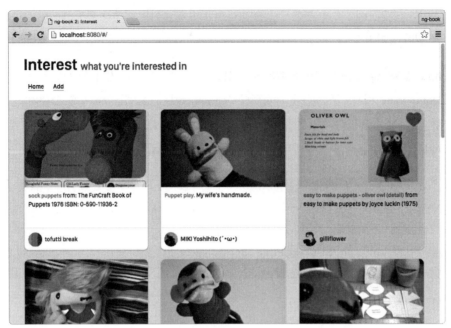

핀터레스트 클론 앱의 완성된 모습

ng1 버전과 하이브리드 버전의 완성된 코드는 각각 code/upgrade/ng1과 code/conversion/ hybrid에 있는 샘플 코드 다운로드에서 찾아볼 수 있다.

하이브리드 앱은 앵귤러 CLI로 작성한다. 따라서 실행을 위해서는 디렉터리를 변경하고 다음을 입력한다.

```
1  npm install
2  npm start
```

본격적으로 시작하기에 앞서 ng1과 ng2의 상호운영성에 관해 살펴보자.

16.3 앵귤러 4에 앵귤러JS 1 매핑하기

앵귤러JS 1은 다음 다섯 가지로 나누어 생각할 수 있다.

- 지시자(directive)

- 컨트롤러(controller)

- 영역(scope)

- 서비스(service)

- 의존성 주입(dependency injection)

앵귤러 4에서는 이 리스트가 크게 달라졌다. 여러분은 ngEurope 2014에서 앵귤러 코어 팀의 이고르(Igor)와 토비아스(Tobias)가 앵귤러JS 1의 핵심 개념 몇 가지를 폐기 처분했다는 소식을 들었을 것이다.[2] 그들이 앵귤러 4에서 폐기 처분한 개념은 구체적으로 다음과 같다.

- $scope(와 기본으로 적용되던 양방향 바인딩)

- 지시자 정의 객체(Directive Definition Object)

- 컨트롤러

- angular.module

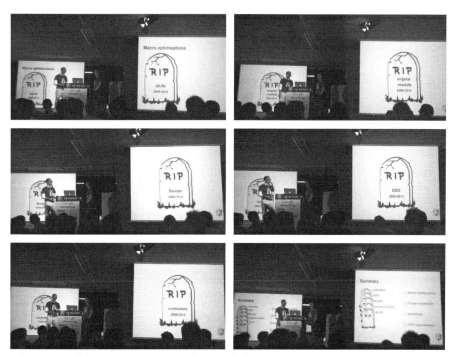

이고르와 토비아스는 ngEurope 2014에서 1.x가 지원하던 수많은 API를 과감히 폐기 처분했다.
사진 출처: 마이클 브롬리(Michael Bromley). 허락을 받아 실음

앵귤러JS 1 앱을 개발한 경험이 있어 ng1 사고방식에 익숙한 사람들은 이런 의문을 가질 법도 하다. 이런저런 기능 다 빼고 이제 뭐가 남았지? 컨트롤러나 $scope 없이 앵귤러 앱을 개발할 수 있다고? 글쎄. 많은 사람이 앵귤러 4가 큰 폭으로 바뀌었다고 생각하지만, 사실 우리 곁에 그대로 남은 것도 상당수다. 다만, 앵귤러JS 1에 비해 **훨씬 더 간단한 모델을 지원할 뿐이**다. 앵귤러 4는 크게 다음 두 가지로 구성된다.

- 컴포넌트(일종의 '지시자')
- 서비스

물론, 이 두 가지가 올바로 동작하기 위해서는 수많은 인프라가 갖춰져야 한다. 이를테면 서비스를 관리하기 위해서는 의존성 주입이 필요하고, 데이터 변경을 앱에 효율적으로 전파하기 위해서는 강력한 변경 감지 라이브러리가 필요하다. 또한, 효율적인 렌더링 레이어가 있어야 제때에 DOM 렌더링을 처리할 수 있다.

16.4 상호운영성의 요건

그렇다면 서로 다른 이 두 가지 시스템에 어떤 기능을 적용해야 편리한 **상호운영성**을 얻어낼 수 있을까?

- **앵귤러JS 1에서 앵귤러 4 컴포넌트 사용하기:** 첫 번째로 고려해야 할 사항은 새 ng2 컴포넌트를 작성해 ng1 앱 안에서 사용할 수 있어야 한다는 것이다.
- **앵귤러 4에서 앵귤러JS 1 컴포넌트 사용하기:** 컴포넌트 트리 전체를 ng2 컴포넌트로 바꿔야 하는 것은 아니다. ng2 컴포넌트 '안에' 있는 ng1 컴포넌트를 모두 재사용할 수 있으면 된다.
- **서비스 공유:** 예를 들어, ng1과 ng2에서 UserService라는 서비스를 공유한다고 생각해 보자. 서비스는 자바스크립트 객체에 불과하므로 상호 운영이 가능한 의존성 주입 시스템이 필요하다.
- **변경 감지:** 한쪽에서 무언가를 바꾸면 다른 쪽으로 변경 내용이 전파되어야 한다.

앵귤러 4는 이들 상황의 솔루션을 빠짐없이 제공하고 있으며, 이 장에서는 이들에 관해 다룰 것이다. 이 장에서 할 일은 다음과 같다.

- 전환할 ng1 앱이 무엇인지 설명한다.

- ng2의 UpgradeAdapter를 사용하여 하이브리드 앱의 설정 방법을 설명한다.
- ng1 앱을 하이브리드 앱으로 전환하는 과정을 통해 ng1과 ng2의 컴포넌트(지시자) 및 서비스 공유 방법을 단계별로 설명한다.

16.5 앵귤러JS 1 앱

자, 시작은 우리가 만들 앱의 앵귤러JS 1 버전이 어떤 모습인지 살펴보는 일일 것이다.

 이 장에서는 독자 여러분이 앵귤러JS 1 및 ui-router[3] 관련 지식을 어느 정도 갖췄다고 가정했다. 아직 앵귤러JS 1이 불편한 독자는 ng-book 1[4]을 살펴보는 것도 좋다.

ng1 앱을 실행하려면 코드 샘플 폴더에서 conversion/ng1으로 cd한다(이동해야 한다). 그리고 의존성 파일들을 설치하고 앱을 실행한다.

```
1  cd code/upgrade/ng1  # 디렉터리 변경
2  npm install          # 의존성 파일 설치
3  npm run go           # 앱 실행
```

브라우저가 자동으로 열리지 않으면 http://localhost:8080을 직접 입력한다.

 ng1의 앵귤러JS 1 앱은 8080 포트에서 실행된다. 반면, 하이브리드 앱은 4200 포트에서 실행된다.

우리의 사용자는 손인형 수집이 취미다. 사진 위로 마우스를 가져가 하트를 클릭하면 '좋아요' 가 표시된다.

3　https://github.com/angular-ui/ui-router 단축URL goo.gl/Y7YpN
4　http://ng-book.com

빨간 하트는 '좋아요'가 표시된 핀을 나타낸다.

/add 페이지로 이동하여 새 핀을 추가할 수도 있다. 기본 폼을 제출해 보자.

 이미지 업로드 처리는 이 데모에서 수행하는 과정보다 좀 더 복잡하다. 만일, 다른 이미지로 테스트하고자 한다면 지금은 전체 URL을 이미지에 붙여넣기하는 방식에 만족하기 바란다.

16.5.1 ng1-app HTML

ng1 앱의 index.html에는 별다른 특이한 내용이 없다.

code/upgrade/ng1/index.html

```
1   <!DOCTYPE html>
2   <html ng-app='interestApp'>
3   <head>
4     <meta charset="utf-8">
5     <title>Interest</title>
6     <link rel="stylesheet" href="css/bootstrap.min.css">
7     <link rel="stylesheet" href="css/sf.css">
8     <link rel="stylesheet" href="css/interest.css">
9   </head>
10  <body class="container-fullwidth">
11
12    <div class="page-header">
13      <div class="container">
14        <h1>Interest <small>what you're interested in</small></h1>
15
16        <div class="navLinks">
```

```
17          <a ui-sref='home' id="navLinkHome">Home</a>
18          <a ui-sref='add' id="navLinkAdd">Add</a>
19        </div>
20      </div>
21    </div>
22
23    <div id="content">
24      <div ui-view=''></div>
25    </div>
26
27    <script src="js/vendor/lodash.js"></script>
28    <script src="js/vendor/angular.js"></script>
29    <script src="js/vendor/angular-ui-router.js"></script>
30    <script src="js/app.js"></script>
31  </body>
32  </html>
```

- 이 앱이 interestApp 모듈을 사용한다고 지정하기 위해 html 태그에 ng-app을 사용한다.
- body 아래쪽에서 script 태그로 자바스크립트를 로드한다.
- 템플릿에는 내비게이션을 저장할 page-header를 둔다.
- ui-router를 사용한 것은 다음을 나타낸다.
  - 링크(Home과 Add)에는 ui-sref를 사용한다.
  - 라우터가 콘텐츠를 둘 곳에 ui-view를 사용한다.

16.5.2 코드 살펴보기

이제 코드를 특징별로 나눠 살펴볼 텐데, 우선 간단하게나마 동적인 곳부터 언급하고자 한다. 앱에는 라우트가 두 개 있다.

- /는 HomeController를 사용한다.
- /add는 AddController를 사용한다.

현재 핀 전부를 배열로 만들어 담기 위해 PinsService를 사용한다. HomeController는 핀 리스트를 렌더링하고, AddController는 이 리스트에 새 요소를 추가한다.

루트 레벨 라우트는 HomeController를 사용하여 핀을 렌더링한다. 그리고 pin 지시자는 각 핀을 렌더링한다. PinsService는 앱에 데이터를 저장한다. 따라서 PinsService부터 살펴보기로 하자.

16.5.3 ng1: PinsService

code/upgrade/ng1/js/app.js

```
1  angular.module('interestApp', ['ui.router'])
2  .service('PinsService', function($http, $q) {
3    this._pins = null;
4
5    this.pins = function() {
6      var self = this;
7      if(self._pins == null) {
8        // 샘플 데이터로 초기화한다.
9        return $http.get("/js/data/sample-data.json").then(
10         function(response) {
11           self._pins = response.data;
12           return self._pins;
13         })
14     } else {
15       return $q.when(self._pins);
16     }
17   }
18
19   this.addPin = function(newPin) {
20     // 대개 API 요청에 해당한다.
21     return $q.when(
22       this._pins.unshift(newPin)
23     );
24   }
25 })
```

PinsService는 .service로서 핀 배열을 _.pins 프로퍼티에 저장한다. .pins 메서드는 핀 리스트를 확인하는 프로미스(promise)를 리턴한다. _.pins가 null이면(즉, 처음이라면) /js/data/sample-data.json에서 샘플 데이터를 로드한다.

code/upgrade/ng1/js/data/sample-data.json

```
1  [
2    {
3      "title": "sock puppets",
4      "description": "from:\nThe FunCraft Book of Puppets\n1976\nISBN: 0-590-11936\
5  -2",
6      "user_name": "tofutti break",
7      "avatar_src": "images/avatars/42826303@N00.jpg",
8      "src": "images/pins/106033588_167d811702_o.jpg",
9      "url": "https://www.flickr.com/photos/tofuttibreak/106033588/",
10     "faved": false,
11     "id": "106033588"
12   },
```

```
13    {
14      "title": "Puppet play.",
15      "description": "My wife's handmade.",
16      "user_name": "MIKI Yoshihito (´ω)",
17      "avatar_src": "images/avatars/7940758@N07.jpg",
18      "src": "images/pins/4422575066_7d5c4c41e7_o.jpg",
19      "url": "https://www.flickr.com/photos/mujitra/4422575066/",
20      "faved": false,
21      "id": "4422575066"
22    },
23    {
24      "title": "easy to make puppets - oliver owl (detail)",
25      "description": "from easy to make puppets by joyce luckin (1975)",
26      "user_name": "gilliflower",
27      "avatar_src": "images/avatars/26265986@N00.jpg",
28      "src": "images/pins/6819859061_25d05ef2e1_o.jpg",
29      "url": "https://www.flickr.com/photos/gilliflower/6819859061/",
30      "faved": false,
31      "id": "6819859061"
32    },
```

.addPin 메서드는 단순히 새 핀을 핀 배열에 추가한다. 여기서는 $q.when을 사용하여 프로미스를 리턴한다. 다시 말해, 실제로 서버를 비동기 호출할 때 일어날 수 있는 과정인 것이다.

16.5.4 ng1: 라우트 설정하기

이제 ui-router로 라우트를 설정해 보자.

 ui-router가 아직 생소하다면 angular-ui 깃허브의 한 문서[5]가 도움이 될 것이다.

앞에서도 언급했듯이 라우트는 두 개다.

code/upgrade/ng1/js/app.js
```
26  .config(function($stateProvider, $urlRouterProvider) {
27    $stateProvider
28      .state('home', {
29        templateUrl: '/templates/home.html',
30        controller: 'HomeController as ctrl',
31        url: '/',
32        resolve: {
33          'pins': function(PinsService) {
```

---

5   https://github.com/angular-ui/ui-router/wiki 〈단축URL〉 goo.gl/Y7YpN

```
34          return PinsService.pins();
35        }
36      }
37    })
38    .state('add', {
39      templateUrl: '/templates/add.html',
40      controller: 'AddController as ctrl',
41      url: '/add',
42      resolve: {
43        'pins': function(PinsService) {
44          return PinsService.pins();
45        }
46      }
47    })
48
49    $urlRouterProvider.when('', '/') ;
50  })
```

첫 번째 라우트인 /는 HomeController에 매핑된다. 그리고 템플릿을 하나 가지고 있는데, 이에 관해서는 잠시 뒤에 살펴볼 것이다. ui-router의 resolve 기능을 사용한 곳도 눈여겨보아야 한다. 즉, 이 라우트를 로드하기 전에 PinsService.pins()를 호출하고 그 결과(핀 리스트)를 컨트롤러(HomeController)에 주입한다.

/add 라우트도 이와 비슷하게 동작한다. 다만, 템플릿이 다르고 컨트롤러가 다를 뿐이다. 우선 HomeController부터 살펴보자.

16.5.5 ng1: HomeController

HomeController는 직관적으로 이해할 수 있다. pins를 저장하면 resolve 때문에 $scope.pins로 주입된다.

code/upgrade/ng1/js/app.js

```
60  .controller('HomeController', function(pins) {
61    this.pins = pins;
62  })
```

16.5.6 ng1: / HomeController 템플릿

홈 템플릿은 작다. ng-repeat을 사용하여 $scope.pins의 핀들을 반복 처리하면 된다. 그리고 각 핀을 pin 지시자로 렌더링한다.

code/upgrade/ng1/templates/home.html

```
1  <div class="container">
2    <div class="row">
3      <pin item="pin" ng-repeat="pin in ctrl.pins">
4      </pin>
5    </div>
6  </div>
```

pin 지시자를 좀 더 자세히 들여다보기로 하자.

16.5.7 ng1: pin 지시자

pin 지시자는 해당 요소(E)와 일치하는 것으로만 제한되며 template을 가지고 있다. home.
html 템플릿에서 했던 대로 item 속성을 통해 pin을 입력할 수 있다. link 함수는 이 영역에
서 toggleFav라는 함수를 정의한다. 이 함수는 핀의 faved 프로퍼티를 토글한다.

code/upgrade/ng1/js/app.js

```
92   })
93   .directive('pin', function() {
94     return {
95       restrict: 'E',
96       templateUrl: '/templates/pin.html',
97       scope: {
98         'pin': "=item"
99       },
100      link: function(scope, elem, attrs) {
101        scope.toggleFav = function() {
102          scope.pin.faved = !scope.pin.faved;
103        }
104      }
105    }
106  })
```

 이 지시자를 지시자의 좋은 활용 예로 착각해서는 안 된다. 예를 들어, 이 컴포넌트를 (ng1에서)
새로 작성한다면 앵귤러JS 1.5의 새 .component 지시자를 사용했을 것이다. 여기에서도 최소한
link 대신 controllerAs를 사용했을 것이다. 하지만 여기는 ng1 코드를 작성하기 위한 곳이 아니
며, 기존 ng1 코드의 동작 방법을 설명하는 곳은 더더욱 아니니 관련 설명은 하지 않을 것이다.

16.5.8 ng1: pin 지시자 템플릿

templates/pin.html 템플릿은 페이지에서 핀을 렌더링한다.

code/upgrade/ng1/templates/pin.html

```
1  <div class="col-sm-6 col-md-4">
2    <div class="thumbnail">
3      <div class="content">
4        <img ng-src="{{pin.src}}" class="img-responsive">
5        <div class="caption">
6          <h3>{{pin.title}}</h3>
7          <p>{{pin.description | truncate:100}}</p>
8        </div>
9        <div class="attribution">
10          <img ng-src="{{pin.avatar_src}}" class="img-circle">
11          <h4>{{pin.user_name}}</h4>
12        </div>
13      </div>
14      <div class="overlay">
15        <div class="controls">
16          <div class="heart">
17            <a ng-click="toggleFav()">
18              <img src="/images/icons/Heart-Empty.png" ng-if="!pin.faved"></img>
19              <img src="/images/icons/Heart-Red.png" ng-if="pin.faved"></img>
20            </a>
21          </div>
22        </div>
23      </div>
24    </div>
25  </div>
```

여기서 사용한 다음 지시자들은 ng1에 내장된 것들이다.

- img를 렌더링하기 위한 ng-src

- pin.title과 pin.description

- 빨간 하트나 빈 하트를 보여 주기 위한 ng-if

여기서 가장 흥미로운 것은 toggleFav를 호출하는 ng-click이다. toggleFav는 pin.faved 프로퍼티를 변경한다. 따라서 상황에 따라 하트가 빨간색으로 채워지거나 비게 된다.

빨간 하트 vs. 검은 하트

이제 우리가 관심을 기울일 곳은 AddController이다.

16.5.9 ng1: AddController

AddController의 코드가 HomeController보다 조금 더 길다. 다음처럼 컨트롤러를 정의하고
이 컨트롤러가 주입할 서비스를 지정한다.

code/upgrade/ng1/js/app.js

```
63  .controller('AddController', function($state, PinsService, $timeout) {
64    var ctrl = this;
65    ctrl.saving = false;
```

라우터와 템플릿에 controllerAs 문법 구조를 적용한다. 다시 말해, $scope 대신에 this에 프
로퍼티를 설정한다. ES5 자바스크립트에서는 this의 영역 설정(scoping)이 까다롭다. 따라서
var ctrl = this;를 대입한다. 이렇게 하면 중첩된 함수에서 컨트롤러를 참조할 때 모호함을 줄
일 수 있다.

code/upgrade/ng1/js/app.js

```
67    var makeNewPin = function() {
68      return {
69        "title": "Steampunk Cat",
70        "description": "A cat wearing goggles",
71        "user_name": "me",
72        "avatar_src": "images/avatars/me.jpg",
73        "src": "/images/pins/cat.jpg",
74        "url": "http://cats.com",
75        "faved": false,
76        "id": Math.floor(Math.random() * 10000).toString()
77      }
78    }
79
80    ctrl.newPin   = makeNewPin();
```

핀의 기존 구조와 데이터를 담기 위해 makeNewPin이라는 함수를 만든다. 그리고 ctrl.
newPin을 이 함수를 호출한 값에 설정하여 컨트롤러를 초기화한다. 마지막으로, 새 핀을 제
출하기 위해 함수를 정의한다.

code/upgrade/ng1/js/app.js

```
82    ctrl.submitPin = function() {
83      ctrl.saving = true;
84      $timeout(function() {
85        PinsService.addPin(ctrl.newPin).then(function() {
86          ctrl.newPin = makeNewPin();
```

```
87          ctrl.saving = false;
88          $state.go('home');
89        });
90      }, 2000);
91    }
92  })
```

PinsService.addPin을 호출하여 새 핀을 만드는 것이 가장 핵심이다. 하지만 몇 가지 다른 부분도 살펴보자.

실제 애플리케이션이라면 이 과정에서 분명히 서버 콜백이 일어난다. 여기서는 $timeout을 사용하여 콜백을 흉내 내는 것으로 만족하자. (다시 말해, $timeout 함수를 제거해도 동작하는 데는 이상이 없다. 단순히 앱의 동작을 일부러 느리게 해 '저장 중'이라는 안내를 확인하기 위함이다.)

핀이 저장된다는 것을 안내할 무언가가 필요하다. 따라서 ctrl.saving = true를 설정했다. PinsService.addPin을 호출하여 ctrl.newPin에 전달했다. addPin은 프로미스를 리턴하므로 우리는 이 프로미스 함수로 다음을 할 수 있다.

1. ctrl.newPin을 원래 값으로 되돌린다.

2. ctrl.saving을 false로 설정한다. 핀을 저장했기 때문이다.

3. $state 서비스를 사용하여 사용자를 새 핀이 가리키는 홈페이지로 다시 이동한다.

다음은 AddController의 전체 코드다.

code/upgrade/ng1/js/app.js

```
63  .controller('AddController', function($state, PinsService, $timeout) {
64    var ctrl = this;
65    ctrl.saving = false;
66
67    var makeNewPin = function() {
68      return {
69        "title": "Steampunk Cat",
70        "description": "A cat wearing goggles",
71        "user_name": "me",
72        "avatar_src": "images/avatars/me.jpg",
73        "src": "/images/pins/cat.jpg",
74        "url": "http://cats.com",
75        "faved": false,
76        "id": Math.floor(Math.random() * 10000).toString()
77      }
78    }
79
```

```
80    ctrl.newPin = makeNewPin();
81
82    ctrl.submitPin = function() {
83      ctrl.saving = true;
84      $timeout(function() {
85        PinsService.addPin(ctrl.newPin).then(function() {
86          ctrl.newPin = makeNewPin();
87          ctrl.saving = false;
88          $state.go('home');
89        });
90      }, 2000);
91    }
92  })
```

16.5.10 ng1: AddController 템플릿

/add 라우트는 add.html 템플릿을 렌더링한다.

새 핀 폼 추가하기

템플릿은 ng-model을 사용하여 input 태그를 컨트롤러에서 newPin의 프로퍼티에 바인딩한다. 여기서 흥미로운 점은 다음과 같다.

- 제출 버튼에 ng-click을 사용하여 ctrl.submitPin을 호출한다.
- trl.saving이 참일 때 '저장 중...'에 해당하는 메시지를 나타낸다.

code/upgrade/ng1/templates/add.html

```
1   <div class="container">
2     <div class="row">
3
4       <form class="form-horizontal">
5
6         <div class="form-group">
7           <label for="title"
8                   class="col-sm-2 control-label">Title</label>
9           <div class="col-sm-10">
10            <input type="text"
11                    class="form-control"
12                    id="title"
13                    placeholder="Title"
14                    ng-model="ctrl.newPin.title">
15          </div>
16        </div>
17
18        <div class="form-group">
19          <label for="description"
20                  class="col-sm-2 control-label">Description</label>
21          <div class="col-sm-10">
22            <input type="text"
23                    class="form-control"
24                    id="description"
25                    placeholder="Description"
26                    ng-model="ctrl.newPin.description">
27          </div>
28        </div>
29
30        <div class="form-group">
31          <label for="url"
32                  class="col-sm-2 control-label">Link URL</label>
33          <div class="col-sm-10">
34            <input type="text"
35                    class="form-control"
36                    id="url"
37                    placeholder="Link URL"
38                    ng-model="ctrl.newPin.url">
39          </div>
40        </div>
41
42        <div class="form-group">
43          <label for="url"
44                  class="col-sm-2 control-label">Image URL</label>
45          <div class="col-sm-10">
46            <input type="text"
47                    class="form-control"
48                    id="url"
49                    placeholder="Image URL"
```

```
50              ng-model="ctrl.newPin.src">
51        </div>
52      </div>
53
54      <div class="form-group">
55        <div class="col-sm-offset-2 col-sm-10">
56          <button type="submit"
57                  class="btn btn-default"
58                  ng-click="ctrl.submitPin()">Submit</button>
59        </div>
60      </div>
61      <div ng-if="ctrl.saving">
62        Saving...
63      </div>
64    </form>
65
66  </div>
67 </div>
```

16.5.11 ng1: 정리

모두 끝났다. 이 앱은 적당히 복잡하므로 앵귤러 4로 전환하는 시작 재료로 부족하지 않을
것이다.

16.6 하이브리드 앱 만들기

이제 앵귤러JS 1 앱에 앵귤러 4 요소를 넣어 보자. 브라우저에서 앵귤러 4를 본격적으로 사
용하기에 앞서 프로젝트 구조부터 몇 가지 수정해야 한다.

 이 예시 코드는 code/conversion/hybrid에서 확인할 수 있다. 예시 코드를 실행하려면 다음을
수행한다.

```
1  npm install
2  npm start
```

브라우저를 열고 http://localhost:4200에 접속한다. 이 URL은 위의 순수 AngularJS 1 앱의
URL과 다르다.

16.6.1 하이브리드 프로젝트 구조

하이브리드 앱을 만들려면 우선 ng1과 ng2를 모두 의존성으로 로드해야 한다. 하지만 개발 환경이 조금씩 다르다. 여기서는 앵귤러JS 1 라이브러리(js/vendor)를 가져와 npm에서 앵귤러 4 라이브러리를 로드한다. 이번 프로젝트에서는 bower[6] 등을 사용하여 둘 다 설치해도 된다. 하지만 앵귤러 4에서는 npm이 매우 편리하기 때문에 npm을 사용하여 앵귤러 4를 설치하는 것이 좋다.

하이브리드 앱을 만들 때 첫 번째로 넘어야 할 고비는 빌드 프로세스에서 자바스크립트와 타입스크립트 파일을 함께 지원하도록 하는 일이다. 그리고 애셋이나 타입 정의 등도 해결해야 한다. 여기서는 앵귤러 CLI(웹팩 기반)를 사용한다. 우리의 앱이 앵귤러 CLI 안에서 실행하는 데 필요한 구체적인 단계는 곧 설명하겠지만, 기존 빌드 프로세스가 따로 준비된 경우에는 추가 작업이 필요할 수도 있다.

■ package.json 의존성

package.json을 사용하여 npm 의존성을 설치한다. 다음은 하이브리드 앱에 사용할 package.json이다.

code/upgrade/hybrid/package.json

```
1  {
2    "name": "hybrid",
3    "version": "0.0.0",
4    "license": "MIT",
5    "scripts": {
6      "ng": "ng",
7      "start": "ng serve",
8      "build": "ng build",
9      "test": "ng test",
10     "lint": "ng lint",
11     "e2e": "ng e2e"
12   },
13   "private": true,
14   "dependencies": {
15     "@angular/common": "5.0.0",
16     "@angular/compiler": "5.0.0",
17     "@angular/core": "5.0.0",
18     "@angular/forms": "5.0.0",
19     "@angular/http": "5.0.0",
```

---

6 http://bower.io/

```
20      "@angular/platform-browser": "5.0.0",
21      "@angular/platform-browser-dynamic": "5.0.0",
22      "@angular/router": "5.0.0",
23      "@angular/upgrade": "5.0.0",
24      "core-js": "2.4.1",
25      "rxjs": "5.5.0",
26      "zone.js": "0.8.12",
27      "reflect-metadata": "0.1.3",
28      "@types/jasmine": "2.5.53",
29      "@types/jasminewd2": "2.0.2",
30      "ts-node": "3.2.0"
31    },
32    "devDependencies": {
33      "@angular/cli": "1.5.0",
34      "@angular/compiler-cli": "5.0.0",
35      "@types/angular-ui-router": "1.1.36",
36      "@types/jasmine": "2.5.38",
37      "@types/node": "~6.0.60",
38      "codelyzer": "~2.0.0",
39      "jasmine-core": "~2.5.2",
40      "jasmine-spec-reporter": "~3.2.0",
41      "karma": "~1.4.1",
42      "karma-chrome-launcher": "~2.0.0",
43      "karma-cli": "~1.0.1",
44      "karma-coverage-istanbul-reporter": "0.2.0",
45      "karma-jasmine": "~1.1.0",
46      "karma-jasmine-html-reporter": "0.2.2",
47      "protractor": "~5.1.0",
48      "ts-node": "~2.0.0",
49      "tslint": "~4.4.2",
50      "typescript": "2.4.2"
51    }
52 }
```

 익숙하지 않은 패키지가 있다면 따로 살펴보는 것이 좋다. 이를테면 rxjs는 옵저버블을 제공하는 라이브러리다.

@angular/upgrade 패키지를 포함했다. 이 모듈에는 하이브리드 앱을 시동하는 데 필요한 도구가 제공된다.

■ 코드 컴파일하기

여기서는 자바스크립트 앵귤러JS 1과 함께 타입스크립트도 사용할 것이다. 이를 위해 '이전' 자바스크립트 코드를 js/ 폴더에 둔다.

```
1  {
2    "apps": [
3      {
4        // ...
5        "scripts": [
6          "js/vendor/angular.js",
7          "js/vendor/angular-ui-router.js",
8          "js/app.js"
9        ],
10     }
11   ]
12 }
```

 이 단계는 빌드 프로세스마다 달라질 수 있다. 이를테면 기존 앵귤러JS 앱의 빌드 프로세스에서는 (Gulp 등의 빌드 시스템에 따라) 앱이 하나 또는 여러 개의 파일로 빌드되기도 한다. 이런 빌드 시스템을 앵귤러 CLI 프로젝트로 가져오려면 별도의 과정으로 파일들을 빌드하여 '스크립트'로 가져와야 한다.

만일 더욱더 통합된 워크플로를 원한다면 ng eject를 실행하고, 생성된 웹팩(Webpack) 파일을 수정해야 한다. 하지만 커스텀 웹팩 설정 과정은 이 책의 범위를 넘어선다.

하이브리드 ng2 앱을 만들 때는 앵귤러 4 코드가 진입점이 된다. 앵귤러JS 1과 이전 버전 호환성을 제공하는 것은 앵귤러 4이기 때문이다. 부트스트래핑 프로세스를 좀 더 자세히 들여다보자.

16.6.2 하이브리드 앱 부트스트랩하기

프로젝트 구조를 다듬었으니 앱을 부트스트랩해 보자. 기억하는지 모르겠지만, 앵귤러JS 1에서 앱을 부트스트랩하는 방법은 다음 두 가지였다.

1. HTML에서 ng-app='interestApp' 등의 ng-app 지시자를 사용하는 방법

2. 자바스크립트에서 angular.bootstrap을 사용하는 방법

하이브리드 앱에서는 UpgradeAdapter에 제공되는 새로운 부트스트랩 메서드를 사용한다. 여기서는 코드 형태의 앱을 부트스트랩하기 때문에 index.html에서 ng-app을 걷어내는 일이 중요하다. 다음은 코드를 최소한으로 부트스트랩한 결과다.

```
1  // code/upgrade/hybrid/src/app/app.module.ts
2  import {
3    NgModule,
4    forwardRef
5  } from '@angular/core';
```

```
 6  import { CommonModule } from '@angular/common';
 7  import { BrowserModule } from '@angular/platform-browser';
 8
 9  import { UpgradeAdapter } from '@angular/upgrade';
10  declare var angular: any;
11
12  /*
13   * upgradeAdapter를 생성한다.
14   */
15  const upgradeAdapter: UpgradeAdapter = new UpgradeAdapter(
16    forwardRef(() => MyAppModule)); // <-- 전방 참조 주의
17
18  // ...
19  // 컴포넌트를 업그레이드하거나 다운그레이드하는 곳
20  // ...
21
22  /*
23   * NgModule을 만든다.
24   */
25  @NgModule({
26    declarations: [ MyNg2Component, ... ],
27    imports: [
28      CommonModule,
29      BrowserModule
30    ],
31    providers: [ MyNg2Services, ... ]
32  })
33  class MyAppModule { }
34
35  /*
36   * 앱을 부트스트랩한다.
37   */
38  upgradeAdapter.bootstrap(document.body, ['interestApp']);
```

우선 UpgradeAdapter부터 가져온다. 그리고 UpgradeAdapter의 인스턴스를 만든다. 하지만 UpgradeAdapter의 컨스트럭터에는 앵귤러 4 앱에 사용할 NgModule이 필요한데 아직 정의가 되지 않았다. 이 때문에 forwardRef 함수를 사용할 것이다. 이 함수는 아래에서 선언할 NgModule을 '포워드 레퍼런스', 즉 전방 참조한다.

NgModule인 MyAppModule(구체적으로 이 앱에서는 InterestAppModule)은 여느 앵귤러 4 NgModule처럼 정의한다. 선언, 가져오기, 제공자 등을 정의하면 되는 것이다.

마지막으로 document.body 요소에서 upgradeAdapter에 앱을 부트스트랩하라고 알려야 한다. 그리고 앵귤러JS 1 앱의 모듈 이름을 지정한다. 여기까지가 앵귤러 4 앱 안에서 진행한 앵

굴러JS 1 의 부트스트랩이다. 이제 앵귤러 4 해당 코드로 교체해 보자.

16.6.3 업그레이드해야 하는 것들

이제 무엇을 ng2로 포팅하고, 무엇을 ng1에 남겨 둘지 살펴보자.

■ 시작 페이지

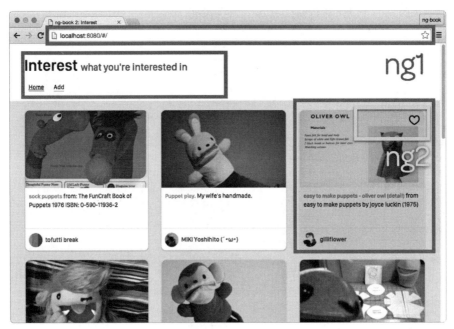

시작 페이지의 ng1 및 ng2의 컴포넌트

우선 ng1의 라우팅 관리를 계속 이어갈 수 있느냐가 중요하다. 물론 앵귤러 4는 자체 라우팅을 제공한다. 관련 내용은 8장을 참고하기 바란다. 하지만 하이브리드 앱을 만들 때는 앵귤러JS 1용으로 설정된 수많은 라우트가 있을 것이다. 따라서 여기서는 ui-router를 사용할 것이다.

시작 페이지에서는 ng2 컴포넌트를 ng1 지시자 안에서 중첩할 텐데, 핀 컨트롤을 ng2 컴포넌트로 전환할 것이다. 다시 말해, ng1의 pin 지시자가 ng2의 pin-controls 컴포넌트를 호출하면 pin-controls은 fav 하트를 렌더링한다.

이번 예는 복잡하지는 않아도 어떻게 하면 각 ng 버전에서 데이터를 부드럽게 교환할 수 있는냐라는 매우 중요한 개념을 잘 나타내고 있다.

■ About 페이지

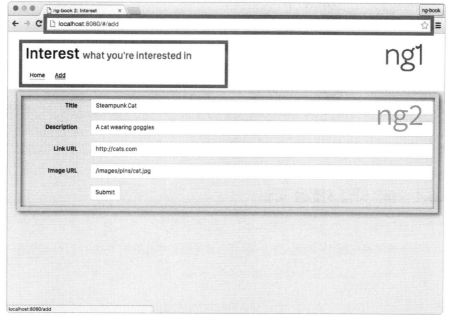

About 페이지의 ng1 및 ng2의 컴포넌트

About 페이지에도 라우터와 헤더에 ng1을 사용할 것이다. 하지만 폼은 전부 ng2 컴포넌트인 AddPinComponent로 교체할 것이다. 기억하는지 모르겠지만 폼은 새 핀을 PinsService에 추가한다. 따라서 여기서는 (ng1의) PinsService를 (ng2의) AddPinComponent에 액세스할 수 있는 상태로 만들어야 한다.

그리고 새 핀이 추가되면 앱은 시작 페이지로 리디렉트되어야 한다. 하지만 라우트를 변경하려면 AddPinComponent에서 ui-router service(ng1)를 사용해야 한다. 따라서 $state 서비스가 AddPinComponent에서도 사용될 수 있어야 한다.

■ 서비스

지금까지 ng2로 업그레이드될 ng1 서비스에 관해 언급했다.

- PinsService
- $state

한편 ng2 서비스를 다운그레이드하여 ng1에서도 사용될 수 있도록 해야 한다. 이 장 뒷부분에서 ng1과 공유할 타입스크립트/ng2에서 AnalyticsService를 만들 것이다.

■ **점검하기**

자, 다음 내용을 교차 점검해 보자.

- ng2 PinControlsComponent를 ng1으로 다운그레이드하기(fav 버튼)

- ng2 AddPinComponent를 ng1으로 다운그레이드하기(핀 추가 페이지)

- ng2 AnalyticsService를 ng1으로 다운그레이드하기(이벤트 기록)

- ng1 PinsService를 ng2로 업그레이드하기(새 핀 추가)

- ng1 $state 서비스를 ng2로 업그레이드하기(라우트 제어)

16.6.4 기타: 타입 지정용 파일

컴파일 타임 타입 지정(compile-time typing)은 타입스크립트의 가장 큰 장점이라 할 수 있다. 하지만 추측컨대 하이브리드 앱을 만들 때는 프로젝트에 추가해야 하지만, 아직 타입을 지정하지 못한 자바스크립트 코드가 상당수일 것이다.

타입스크립트의 자바스크립트 코드를 사용하려고 하면 컴파일러 오류만 받게 된다. 컴파일러는 자바스크립트 객체의 구조를 알지 못하기 때문이다. 모든 것을 <any>로 전환해 둘 수도 있지만, 그렇게 하면 지저분해 보이는데다 오류 가능성만 높아진다.

권장하는 방법은 타입스크립트 컴파일러에 커스텀 '타입 데코레이터(type decorator)'를 제공하는 것이다. 그러면 컴파일러는 자바스크립트 코드의 타입을 지정할 수 있다. 예를 들어, ng1 앱의 makeNewPin에서 핀 객체를 어떻게 만들었는지 기억해 보라.

code/upgrade/ng1/js/app.js

```
67   var makeNewPin = function() {
68     return {
69       "title": "Steampunk Cat",
70       "description": "A cat wearing goggles",
71       "user_name": "me",
72       "avatar_src": "images/avatars/me.jpg",
73       "src": "/images/pins/cat.jpg",
74       "url": "http://cats.com",
75       "faved": false,
76       "id": Math.floor(Math.random() * 10000).toString()
77     }
78   }
79
80   ctrl.newPin = makeNewPin();
```

컴파일러에 이들 객체의 구조를 알리고 어디서든 **any**를 사용하지 않게 하면 좋을 것이다. 더욱이 앵귤러 4/타입스크립트에서는 ui-router $state 서비스를 사용하려면 컴파일러에 어떤 함수를 사용할 수 있는지도 알려야 한다. 따라서 (앵귤러가 아닌) 타입스크립트가 커스텀 타입 정의를 제공해야 하지만 실제로는 우리가 해야 한다. 그리고 타입스크립트가 상대적으로 최신 개념이라서 아직까지는 사람들이 많은 것을 해 놓지는 않았다. 따라서 여기서는 타입스크립트에서 커스텀 타입 지정 처리 방법을 다루고자 한다.

 타입스크립트 타입 정의 파일의 생성과 사용 방법에 이미 익숙하다면, 이 내용을 과감하게 넘겨도 좋다.

■ 타입 지정용 파일

타입스크립트에서는 '타입 지정용 정의 파일'을 만들어 코드의 구조를 설명할 수 있다. 타입 지정용 정의 파일은 일반적으로 확장명이 .d.ts이다. 또한, 타입스크립트 코드를 작성할 때는 .d.ts 파일을 만들지 않아도 된다. 타입스크립트 코드 자체에 타입이 있기 때문이다. 타입 지정을 추가하려는 외부 자바스크립트 코드가 있을 때 .d.ts 파일을 만들면 된다. 이를테면 핀 객체를 설명할 때는 다음처럼 interface를 작성하면 된다.

code/upgrade/hybrid/src/js/app.d.ts

```
1  interface Pin {
2    title: string;
3    description: string;
4    user_name: string;
5    avatar_src: string;
6    src: string;
7    url: string;
8    faved: boolean;
9    id: string;
10 }
```

클래스를 선언하거나 인스턴스를 만들지 않는다. 그 대신 인터페이스의 모양(타입)을 정의한다.

.d.ts 파일을 사용하려면 타입스크립트 컴파일러에 그 위치를 알려야 한다. 그러기 위한 방법 가운데 tsconfig.json 파일을 수정하는 것이 가장 쉽다. 이를테면 js/app.d.ts 파일에서는 다음처럼 추가한다.

```
1  /// <reference path="./js/app.d.ts"/>
```

간단히 app.d.ts를 만들어 볼 것이다. 우선, 서드파티 타입스크립트 정의 파일을 처리하기 위한 도구인 typings를 살펴보자.

■ @types로 서드파티 라이브러리 사용하기

타입스크립트에서는 NPM을 통해 서드파티 타입을 로드할 수 있다. 여기서는 angular-ui-router를 사용할 것이다. 따라서 angular-ui-router에 서드파티 타입을 설치해 보자. 다음과 같이 @types/angular-ui-router 패키지를 설지하면 된다.

```
1  npm install @types/angular-ui-router --save
```

이제 기본적으로 타입스크립트는 node_modules/@types/ 디렉터리에서 타입을 읽게 된다. 이들 타입을 코드에서 어떻게 사용하는지는 잠시 뒤에 살펴볼 것이다.

■ 커스텀 타입 지정용 파일

서드파티 타입 지정용 파일을 사용할 수 있다는 것은 참 좋지만, 기존 타입 지정용 파일이 없을 수도 있다. 특히 우리의 예가 그렇다. 커스텀 타입 지정용 파일을 작성할 때는 해당 자바스크립트 코드와 타이핑 파일을 함께 두는 것이 일반적이다. 따라서 다음처럼 js/app.d.ts를 만들어 보자.

code/upgrade/hybrid/src/js/app.d.ts

```
1  interface Pin {
2    title: string;
3    description: string;
4    user_name: string;
5    avatar_src: string;
6    src: string;
7    url: string;
8    faved: boolean;
9    id: string;
10 }
11
12 interface PinsService {
13   pins(): Promise<Pin[]>;
14   addPin(pin: Pin): Promise<any>;
15 }
```

여기서는 '주변 선언(ambient declaration)'을 적용한다. 다시 말해, 타입스크립트 파일에서 생겨나지 않은 변수를 정의한다. 여기서는 인터페이스 두 가지를 정의한다.

1. Pin

2. PinsService

Pin 인터페이스는 키 그리고 핀 객체의 값-타입을 나타내며, PinsService 인터페이스는
PinsService의 두 메서드 타입을 나타낸다.

- pins()는 Pins 배열의 Promise를 리턴한다.
- addPin()은 Pin을 인수로 받아 Promise를 리턴한다.

타입 정의 파일 작성법을 더 세부적으로 배우려면

.d.ts 파일 작성에 관해서는 다음 리소스가 도움이 될 것이다.

- 타입스크립트 핸드북: 자바스크립트 라이브러리 다루기[7]
- 타입스크립트 핸드북: 선언 파일 작성하기[8]
- 꿀팁: 타입스크립트 declare 키워드[9]

이 파일을 설정했다. 타입스크립트는 코드에서 Pin과 PinsService 타입을 인식할 것이다.

16.6.5 ng2 PinControlsComponent 작성하기

타입 지정을 마무리했다. 이제 우리의 초점을 다시 하이브리드 앱으로 맞추자. 우선, ng2
PinControlsComponent를 작성해야 한다. 이는 ng2 컴포넌트로서 ng1 지시자 안에서 중첩
된다. PinControlsComponent는 fav 하트를 나타내며 fav의 핀 상태를 토글한다. 컴포넌트를
작성해 보자.

code/upgrade/hybrid/src/app/pin-controls/pin-controls.component.ts

```
1  import {
2    Component,
3    Input,
4    Output,
5    EventEmitter
6  } from '@angular/core';
7
8  @Component({
9    selector: 'pin-controls',
```

---

7   http://www.typescriptlang.org/Handbook#modules-working-with-other-javascript-libraries 단축URL goo.gl/YtcBR2

8   https://github.com/Microsoft/TypeScript-Handbook/blob/master/pages/declaration%20files/Introduction.md

9   http://blogs.microsoft.co.il/gilf/2013/07/22/quick-tip-typescript-declare-keyword/ 단축URL goo.gl/ektCPA

```
10    templateUrl: './pin-controls.component.html',
11    styleUrls: ['./pin-controls.component.css']
12  })
13  export class PinControlsComponent {
14    @Input() pin: Pin;
15    @Output() faved: EventEmitter<Pin> = new EventEmitter<Pin>();
16
17    toggleFav(): void {
18      this.faved.emit(this.pin);
19    }
20  }
```

pin-controls 부분을 눈여겨보기 바란다. 템플릿은 ng1 버전과 매우 흡사하다. (click)과 *ngIf
에 ng2 템플릿 문법을 사용한다는 점이 다를 뿐이다. 다음은 컴포넌트 정의 클래스다.

code/upgrade/hybrid/src/app/pin-controls/pin-controls.component.html
```
1  <div class="controls">
2    <div class="heart">
3      <a (click)="toggleFav()">
4        <img src="/assets/images/icons/Heart-Empty.png" *ngIf="!pin.faved" />
5        <img src="/assets/images/icons/Heart-Red.png" *ngIf="pin.faved" />
6      </a>
7    </div>
8  </div>
```

여기서는 @Component 데코레이터에서 inputs와 outputs를 지정하지 않고, @Input 및 @
Output 데코레이터로 직접 클래스의 프로퍼티를 가리켰다. 이는 프로퍼티에 타입을 지정하
는 편리한 방법이다.

이 컴포넌트는 우리가 제어하게 될 Pin 객체인 pin을 입력받는다. 그리고 faved 출력을 지정
한다. 이는 ng1 앱에서 했던 방법과는 다소 다른데, (EventEmitter에서) toggleFav로 현재 핀을
출력한다. 이렇게 한 것은 ng1에서 faved 상태 변경을 구현했으므로 ng2에서 다시 구현할 이
유가 없기 때문이다. (다시 구현할 수도 있다. 단지 선택의 문제일 뿐이다.)

16.6.6 ng2 PinControlsComponent 사용하기

ng2의 pin-controls 컴포넌트를 완성했다. 이를 앵귤러JS 1 템플릿에 사용해 보자. 다음은
pin.html 템플릿의 내용이다.

code/upgrade/hybrid/src/assets/templates/pin.html

```html
1  <div class="col-sm-6 col-md-4">
2    <div class="thumbnail">
3      <div class="content">
4        <img ng-src="{{pin.src}}" class="img-responsive">
5        <div class="caption">
6          <h3>{{pin.title}}</h3>
7          <p>{{pin.description | truncate:100}}</p>
8        </div>
9        <div class="attribution">
10         <img ng-src="{{pin.avatar_src}}" class="img-circle">
11         <h4>{{pin.user_name}}</h4>
12       </div>
13     </div>
14     <div class="overlay">
15       <pin-controls [pin]="pin"
16                     (faved)="toggleFav($event)"></pin-controls>
17     </div>
18   </div>
19 </div>
```

이 템플릿은 ng1 지시자용이며, ng-src 같은 ng1 지시자를 사용할 수 있다. 다만, ng2 pin-controls 컴포넌트를 어떻게 사용했는지 눈여겨보기 바란다.

```html
15       <pin-controls [pin]="pin"
16                     (faved)="toggleFav($event)"></pin-controls>
```

흥미로운 곳은 ng2 입력을 나타내는 대괄호 문법인 [pin]과 ng2 출력을 나타내는 괄호 문법인 (faved)이다. 하이브리드 앱에서는 ng1에서 ng2 지시자를 사용할 때 ng2 문법을 그대로 적용할 수 있다.

입력인 [pin]의 경우, ng1 지시자의 scope로부터 pin을 전달한다. 출력인 (faved)의 경우, ng1 지시자의 scope에 toggleFav 함수를 호출한다. 중요한 것은 pin.faved 상태를 ng2 지시자 안에서 수정하지 않는다는 점이다(물론 그렇게 할 수도 있다). 그 대신 toggleFav가 호출될 때 ng2 PinControlsComponent에서 핀을 출력하도록 했다. (PinControlsComponent의 toggleFav를 다시 살펴보기 바란다.)

다시 말해, ng1의 기존 기능(scope.toggleFav)을 어떻게 유지할 수 있는지 나타내기 위해 위 과정을 진행했다. 다만, 컴포넌트는 ng2로 포팅했다. 여기서 ng1 pin 지시자는 ng2 PinControls Component에 따라 faved 이벤트를 주시한다.

지금은 페이지를 새로 고쳐 봐야 올바로 동작하지 않는 것만 확인할 수 있다. 아직 한 가지 일이 남았기 때문이다. PinControlsComponent를 ng1으로 다운그레이드해야 한다.

16.6.7 ng2 PinControlsComponent를 ng1으로 다운그레이드하기

ng2/ng1 경계를 넘나들기 위해 마지막으로 남은 단계는 UpgradeAdapter를 사용하여 컴포넌트를 다운그레이드하는 과정이다(업그레이드하는 방법도 있는데 이에 관해서는 잠시 뒤에 살펴보겠다). 다운그레이드는 app.module.ts 파일(upgradeAdapter.bootstrap을 호출한 곳)에서 진행한다. 우선, 다음처럼 필요한 라이브러리를 가져오고 angular 변수를 선언해야 한다.

code/upgrade/hybrid/src/app/app.module.ts

```
1  import {
2    NgModule,
3    forwardRef
4  } from '@angular/core';
5  import { UpgradeAdapter } from '@angular/upgrade';
6  import { BrowserModule } from '@angular/platform-browser';
7
8  import { FormsModule } from '@angular/forms';
9  import { HttpModule } from '@angular/http';
10
11 import { AppComponent } from './app.component';
12 import { AddPinComponent } from './add-pin/add-pin.component';
13 import { PinControlsComponent } from './pin-controls/pin-controls.component';
14 import { AnalyticsService } from './analytics.service';
15
16 declare var angular: any;
```

ng1과 (거의) 같은 방법으로 .directive를 만든다.

code/upgrade/hybrid/src/app/app.module.ts

```
16 declare var angular: any;
17
18 /*
19  * upgradeAdapter 생성
20  */
21 export const upgradeAdapter: UpgradeAdapter = new UpgradeAdapter(
22   forwardRef(() => AppModule));
23
24   /*
25    * ng2의 콘텐츠를 ng1으로 드러내기
26    */
27 angular.module('interestApp')
```

```
28    .directive('pinControls',
29              upgradeAdapter.downgradeNg2Component(PinControlsComponent))
```

여기서 기억할 것은 ng1 앱이 angular.module('interestApp', [ ])을 호출한다는 점이다. 다시 말해, ng1 앱은 이미 angular로 interestApp 모듈을 등록한 것이다. 이제 angular.module ('interestApp')을 호출하여 모듈을 찾고 여기에 지시자를 추가한다. ng1에서 했던 대로 진행하면 된다.

 angular.module 게터(getter)와 세터(setter) 문법 기억하는지 모르겠지만, 배열을 두 번째 인수로 angular.module에 전달하면 모듈이 만들어진다. 즉, angular.module('foo', [ ])이 foo라는 모듈을 '만든다'. 흔히 이를 가리켜 '세터(setter)' 문법이라고 부른다.

이와 마찬가지로, 배열을 생략하면 모듈을 가져오게 된다(이미 존재한다는 전제에 따라). 즉, angular.module('foo')가 foo 모듈을 '가져온' 것이다. 이를 가리켜 '게터(getter)' 문법이라고 부른다.

 여기서 세터와 게터의 차이를 잊고 app.ts(ng2)에서 angular.module('interestApp', [])을 호출하면 기존 interestApp 모듈을 덮어쓰므로 앱이 동작하지 않게 된다! 세심한 주의가 필요한 대목이다.

우리는 .directive를 호출하고 'pinControls'라는 지시자를 만들었다. 이는 표준 ng1 구현 과정이다. 두 번째 인수인 지시자 정의 객체(DDO)에는 수동으로 DDO를 만들지 않았다. 그 대신 upgradeAdapter.downgradeNg2Component를 호출했다.

downgradeNg2Component는 PinControlsComponent를 ng1 호환 지시자로 매우 깔끔하게 전환한다. 이제 페이지를 새로 고치면 '좋아요' 기능이 올바로 동작하는 것을 확인할 수 있다. ng1에 내장된 ng2를 사용해도 된다는 것이다.

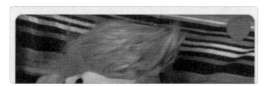

올바로 동작하는 페이지

16.6.8 ng2에서 핀 추가하기

이제 무엇을 해야 할까? 핀 추가 페이지를 ng2 컴포넌트로 업그레이드해야 한다.

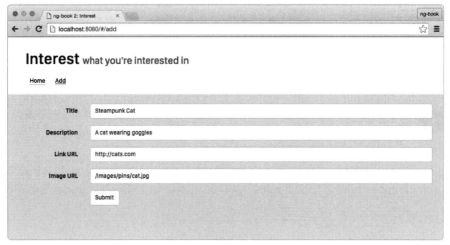

새 핀 폼 추가하기

기억하는지 모르겠지만, 이 페이지는 다음 세 가지 일을 한다.

1. 핀을 설명하는 폼을 사용자에게 제시한다.
2. PinsService를 사용하여 새 핀을 핀 리스트에 추가한다.
3. 사용자을 시작 페이지로 리디렉트한다.

이와 같은 ng2 기능을 어떻게 처리할지 생각해 보자. 앵귤러 4는 탄탄한 폼 라이브러리를 제공한다. 따라서 복잡하게 할 필요 없이 직관적으로 ng2 폼을 작성할 수 있다.

하지만 PinsService는 ng1 기능이다. ng1에는 수많은 서비스가 있고, 이를 전부 ng2로 업그레이드할 여건이 충분치 않을 때도 적지 않다. 따라서 여기서는 PinsService를 ng1 객체로 유지한 채 'ng2로 주입'할 것이다. 이와 비슷하게 ng1의 ui-router를 라우팅에 사용할 것이다. ui-router의 페이지를 변경하려면 ng1 서비스인 $state를 사용해야 한다.

그렇다면 우리가 해야 할 일은 PinsService와 $state 서비스를 ng1에서 ng2로 업그레이드하는 것이다. 간단하게 진행할 수 있는 과정이다.

16.6.9 ng1 PinsService와 $state를 ng2로 업그레이드하기

ng1 서비스를 업그레이드하려면, 다음처럼 upgradeAdapter.upgradeNg1Provider를 호출해야한다.

code/upgrade/hybrid/src/app/app.module.ts

```
37  /*
38   * ng2에 ng1 내용물을 드러낸다.
39   */
40  upgradeAdapter.upgradeNg1Provider('PinsService');
41  upgradeAdapter.upgradeNg1Provider('$state');
```

이것이 전부다. 이제 다음과 같이 ng1 서비스를 ng2 컴포넌트로 @Inject할 수 있다.

```
1   // @types/angular-ui-router를 package.json에 설치했기 때문에
2   // angular.ui.IStateService를 사용할 수 있다.
3   type IStateService = angular.ui.IStateService;
4
5   class AddPinComponent {
6     constructor(@Inject('PinsService') public pinsService: PinsService,
7                 @Inject('$state') public uiState: IStateService) {
8     }
9     // ...
10    // this.pinsService나
11    // this.uiState를 사용할 수 있다.
12    // ...
13  }
```

이 컨스트럭터에서 몇 가지를 살펴보아야 한다. @Inject 데코레이터에 따라 변수는 주입 결과 값을 대입받는다. 여기서는 ng1 PinsService가 해당한다.

타입스크립트에서 constructor에 public 키워드를 사용하면 변수를 this에 대입하라는 뜻이된다. 즉, 여기서 public pinsService는 이 클래스의 인스턴스들에 pinsService 프로퍼티를 선언했고, pinsService 컨스트럭터 인수를 this.pinsService에 대입했다. 이제 클래스를 통해 this.pinsService에 접근할 수 있다.

마지막으로는 주입한 PinsService와 IStateService, 두 서비스의 타입을 정의했다. PinsService는 앞에서 정의한 app.d.ts의 서비스다.

code/upgrade/hybrid/src/js/app.d.ts

```
12  interface PinsService {
13    pins(): Promise<Pin[]>;
14    addPin(pin: Pin): Promise<any>;
15  }
```

그리고 IStateService는 typings로 설치한 ui-router의 서비스다. 타입스크립트에 이들 서비스의 **타입**을 일러 주면, 코드를 작성하면서 디입을 획인힐 **수** 있다.

이제, 나머지 AddPinComponent를 작성해 보자.

16.6.10 ng2 AddPinComponent 작성하기

필요한 타입부터 가져와야 한다.

code/upgrade/hybrid/src/app/add-pin/add-pin.component.ts

```
1  declare var angular: any;
2  import {
3    Component,
4    Inject
5  } from '@angular/core';
6  // angular.ui.IStateService를 사용할 수 있다.
7  // @types/angular-ui-router를 package.json에 설치했기 때문이다.
8  type IStateService = angular.ui.IStateService;
```

커스텀 타입인 Pin과 PinsService를 가져온다. 그리고 angular-ui-router에서 IStateService를 가져온다.

■ AddPinComponent @Component

@Component는 직관적으로 구현된다.

code/upgrade/hybrid/src/app/add-pin/add-pin.component.ts

```
10  @Component({
11    selector: 'add-pin',
12    templateUrl: './add-pin.component.html',
13    styleUrls: ['./add-pin.component.css']
14  })
```

■ AddPinComponent 템플릿

templateUrl을 사용하여 템플릿을 로드한다. 이 템플릿에서 ng1 폼과 매우 비슷한 우리의 폼을 설정한다. ng2 폼 지시자만을 사용하기 때문이다.

 여기서는 ngModel/ngSubmit을 깊이 있게 설명하지 않을 것이다. 앵귤러 4의 폼 동작 방식에 관한 세부 내용은 5장을 참고하기 바란다.

code/upgrade/hybrid/src/app/add-pin/add-pin.component.html

```
1  <div class="container">
2    <div class="row">
3
4      <form (ngSubmit)="onSubmit()"
5            class="form-horizontal">
6
7        <div class="form-group">
8          <label for="title"
9                 class="col-sm-2 control-label">Title</label>
10         <div class="col-sm-10">
11           <input type="text"
12                  class="form-control"
13                  id="title"
14                  name="title"
15                  placeholder="Title"
16                  [(ngModel)]="newPin.title">
17         </div>
```

ngSubmit과 ngModel이라는 두 가지 지시자를 사용한다. 폼이 제출되면 onSubmit 함수를 호출하기 위해 폼에서 (ngSubmit)을 사용한다. (onSubmit은 아래 AddPinComponent 컨트롤러에서 정의할 것이다.)

title 입력 태그의 값을 컨트롤러의 newPin.title 값에 바인딩하기 위해 [(ngModel)]을 사용한다. 다음은 템플릿 전체 코드다.

code/upgrade/hybrid/src/app/add-pin/add-pin.component.html

```
1  <div class="container">
2    <div class="row">
3
4      <form (ngSubmit)="onSubmit()"
5            class="form-horizontal">
6
7        <div class="form-group">
8          <label for="title"
```

```
 9                     class="col-sm-2 control-label">Title</label>
10            <div class="col-sm-10">
11              <input type="text"
12                     class="form-control"
13                     id="title"
14                     name="title"
15                     placeholder="Title"
16                     [(ngModel)]="newPin.title">
17            </div>
18          </div>
19
20          <div class="form-group">
21            <label for="description"
22                   class="col-sm-2 control-label">Description</label>
23            <div class="col-sm-10">
24              <input type="text"
25                     class="form-control"
26                     id="description"
27                     name="description"
28                     placeholder="Description"
29                     [(ngModel)]="newPin.description">
30            </div>
31          </div>
32
33          <div class="form-group">
34            <label for="url"
35                   class="col-sm-2 control-label">Link URL</label>
36            <div class="col-sm-10">
37              <input type="text"
38                     class="form-control"
39                     id="url"
40                     name="url"
41                     placeholder="Link URL"
42                     [(ngModel)]="newPin.url">
43            </div>
44          </div>
45
46          <div class="form-group">
47            <label for="url"
48                   class="col-sm-2 control-label">Image URL</label>
49            <div class="col-sm-10">
50              <input type="text"
51                     class="form-control"
52                     id="url"
53                     name="url"
54                     placeholder="Image URL"
55                     [(ngModel)]="newPin.src">
56            </div>
57          </div>
58
59          <div class="form-group">
```

```
60        <div class="col-sm-offset-2 col-sm-10">
61          <button type="submit"
62                  class="btn btn-default"
63                  >Submit</button>
64        </div>
65      </div>
66      <div *ngIf="saving">
67        Saving...
68      </div>
69    </form>
```

■ AddPinComponent 컨트롤러

이제 AddPinComponent를 정의할 수 있다. 우선 두 인스턴스 변수를 설정한다.

code/upgrade/hybrid/src/app/add-pin/add-pin.component.ts

```
15  export class AddPinComponent {
16    saving = false;
17    newPin: Pin;
```

saving을 사용하여 사용자에게 저장이 진행 중임을 알리고, 작업 중인 Pin을 저장하기 위해 newPin을 사용한다.

code/upgrade/hybrid/src/app/add-pin/add-pin.component.ts

```
19    constructor(@Inject('PinsService') private pinsService: PinsService,
20                @Inject('$state') private uiState: IStateService) {
21      this.newPin = this.makeNewPin();
22    }
```

constructor에서는 위에서 언급한 대로 서비스를 Inject한다. this.newPin을 이제 곧 정의할 makeNewPin의 값으로 설정한다.

code/upgrade/hybrid/src/app/add-pin/add-pin.component.ts

```
24    makeNewPin(): Pin {
25      return {
26        title: 'Steampunk Cat',
27        description: 'A cat wearing goggles',
28        user_name: 'me',
29        avatar_src: '/assets/images/avatars/me.jpg',
30        src: '/assets/images/pins/cat.jpg',
31        url: 'http://cats.com',
32        faved: false,
33        id: Math.floor(Math.random() * 10000).toString()
```

```
34       };
35     }
```

ng1에서 정의했던 것과 매우 닮았다. 다만, 타이핑의 장점을 활용한 점만 다를 뿐이다. 폼이 제출되면 onSubmit을 호출한다. 다음처럼 정의할 수 있을 것이다.

code/upgrade/hybrid/src/app/add-pin/add-pin.component.ts

```
37     onSubmit(): void {
38       this.saving = true;
39       console.log('submitted', this.newPin);
40       setTimeout(() => {
41         this.pinsService.addPin(this.newPin).then(() => {
42           this.newPin = this.makeNewPin();
43           this.saving = false;
44           this.uiState.go('home');
45         });
46       }, 2000);
47     }
```

이 핀을 저장하기 위해 서버를 호출할 때 어떤 일이 일어날지 흉내 낼 목적으로 제한시간인 setTimeout을 적용한다. ng1의 경우와 비교해 보기 바란다.

code/upgrade/ng1/js/app.js

```
82     ctrl.submitPin = function() {
83       ctrl.saving = true;
84       $timeout(function() {
85         PinsService.addPin(ctrl.newPin).then(function() {
86           ctrl.newPin = makeNewPin();
87           ctrl.saving = false;
88           $state.go('home');
89         });
90       }, 2000);
91     }
```

ng1에서는 $timeout service를 사용했다. 왜 그랬을까? ng1은 다이제스트 루프(digest loop)를 바탕으로 하기 때문이다. ng1에서 setTimeout을 사용하면, 콜백 함수가 호출될 때 앵귤러 '밖'에 있는 것이므로 ($scope.apply 등을 사용하여) 다이제스트 루프 밖으로 나오게 하지 않으면 변경이 전파되지 않는다.

하지만 ng2에서는 setTimeout을 직접 사용할 수 있다. ng2의 변경 감지가 영역(Zone)으로 인해 어느 정도 자동으로 이뤄지기 때문이다. 따라서 다행스럽게도 다이제스트 루프를 걱정할 이유는 없는 것이다.

onSubmit에서 다음처럼 PinsService를 호출한다.

```
1  this.pinsService.addPin(this.newPin).then(() => {
2    // ...
3  });
```

PinsService는 constructor를 정의한 방식 덕택에 this.pinsService를 통해 액세스할 수 있다. addPin이 app.d.ts에서 첫 번째 인수로 Pin 인스턴스를 받기 때문에 컴파일러 오류가 일어나지는 않는다.

code/upgrade/hybrid/src/js/app.d.ts

```
13    pins(): Promise<Pin[]>;
14    addPin(pin: Pin): Promise<any>;
15  }
```

그리고 this.newPin을 Pin 인스턴스로 정의했다. addPin 다음으로 makeNewPin을 사용하여 핀을 리셋했다. 그리고 this.saving = false를 설정했다. 그 다음에는 시작 페이지로 되돌아가기 위해 this.uiState로 저장돼 있던 ui-router $state 서비스를 사용했다. 따라서 this.uiState.go('home')을 호출하여 상태를 변경할 수 있다.

16.6.11 AddPinComponent 사용하기

AddPinComponent를 사용해 보자.

■ ng2 AddPinComponent 다운그레이드하기

AddPinComponent를 사용하려면, 우선 다운그레이드부터 해야 한다.

code/upgrade/hybrid/src/app/app.module.ts

```
27  angular.module('interestApp')
28    .directive('pinControls',
29           upgradeAdapter.downgradeNg2Component(PinControlsComponent))
30    .directive('addPin',
31           upgradeAdapter.downgradeNg2Component(AddPinComponent));
```

이렇게 하면 <add-pin> 태그에 해당하는 addPin 지시자가 ng1에 만들어진다.

■ **add-pin으로 라우트하기**

우리의 새 AddPinComponent 페이지를 사용하기 위해서는 이를 ng1 앱 어딘가에 두어야 한다. 즉, 라우터에서 add 상태를 가져와 그 <add-pin> 지시자를 템플릿으로 설정해야 한다.

code/upgrade/hybrid/src/js/app.js

```
39       .state('add', {
40         template: "<add-pin></add-pin>",
41         url: '/add',
42         resolve: {
43           'pins': function(PinsService) {
44             return PinsService.pins();
45           }
46         }
47       })
```

16.6.12 ng2 서비스를 ng1으로 나타내기

지금까지 우리는 ng2 컴포넌트를 ng1에서도 사용할 수 있도록 다운그레이드했고, ng1 서비스를 ng2에서도 사용할 수 있도록 업그레이드했다. 하지만 앱 자체를 ng2로 전환하고 있기 때문에 타입스크립트/ng2의 서비스를 ng1에도 나타낼 수 있도록 해야 한다.

ng2에서 간단한 서비스를 하나 만들어 보자. 이벤트를 기록하는 '분석' 서비스다. Analytics Service가 recordEvent를 한다는 것인데, 실제로 이벤트는 console.log에 기록되며 배열로 저장된다. 하지만 이 과정을 통해 우리는 한 가지 중요한 것을 생각해 볼 필요가 있다. 바로 ng2 서비스를 ng1과 어떻게 공유하느냐다.

16.6.13 AnalyticsService 작성하기

AnalyticsService를 어떻게 구현하는지 살펴보자.

code/upgrade/hybrid/src/app/analytics.service.ts

```
1  import { Injectable } from '@angular/core';
2
3  /**
4   * Analytics Service는 사용자가 현재 무엇을 하고 있는지 기록한다.
5   */
6  @Injectable()
7  export class AnalyticsService {
8    events: string[] = [];
9
```

```
10    public recordEvent(event: string): void {
11      console.log(`Event: ${event}`);
12      this.events.push(event);
13    }
14  }
```

눈여겨볼 곳은 recordEvent와 Injectable, 이렇게 두 군데다. recordEvent는 직관적이다. event: string을 받아 로그로 기록하고 events에 저장한다. 애플리케이션은 일반적으로 이벤트를 Google Analytics나 Mixpanel 등의 외부 서비스로 보낸다.

이 서비스를 주입 가능 상태로 만들기 위해서는 두 가지 일을 해야 한다. 우선 @Injectable로 클래스를 어노테이션하고, 그다음으로 AnalyticsService 토큰을 이 클래스에 bind해야 한다.

 @Injectable 데코레이터는 다른 의존성이 이 서비스로 주입될 수 있다는 것을 의미한다. 하지만 의존성 유무와 상관없이 @Injectable 데코레이터를 서비스 전체에 추가하는 것이 바람직하다. @Injectable의 세부 내용은 6장을 참고하기 바란다.

앵귤러가 이 서비스의 싱글턴(singleton)을 관리하기 때문에 우리는 필요한 곳에 주입할 수 있다.

16.6.14 ng2 AnalyticsService를 ng1으로 다운그레이드하기

ng1에서 AnalyticsService를 사용할 수 있으려면, 우선 다운그레이드부터 해야 한다. ng2 서비스를 ng1으로 다운그레이드하는 과정은 지시자를 다운그레이드할 때와 비슷하다. 다만, 한 가지 과정을 추가로 해야 한다. AnayticsService가 NgModule의 providers 리스트에 있는지 확인해야 한다.

code/upgrade/hybrid/src/app/app.module.ts

```
43  @NgModule({
44    declarations: [
45      AppComponent,
46      AddPinComponent,
47      PinControlsComponent
48    ],
49    imports: [
50      BrowserModule,
51      FormsModule,
52      HttpModule
53    ],
54    providers: [
55      AnalyticsService
```

```
56       ]
57    })
58    export class AppModule { }
```

이제 downgradeNg2Provider를 사용할 수 있다.

code/upgrade/hybrid/src/app/app.module.ts

```
33    angular.module('interestApp')
34      .factory('AnalyticsService',
35            upgradeAdapter.downgradeNg2Provider(AnalyticsService));
```

angular.module('interestApp')을 호출하여 ng1 모듈을 가져오고, ng1에서 했던 대로 .factory를 호출한다. 서비스를 다운그레이드하기 위해 ng1 팩토리에 적용해 주는 함수에 AnalyticsService를 래핑하는 upgradeAdapter.downgradeNg2Provider(AnalyticsService)를 호출한다.

16.6.15 ng1에서 AnalyticsService 사용하기

이제 ng2 AnalyticsService를 ng1으로 주입할 수 있다. HomeController에 방문될 때마다 기록하도록 하려면 다음과 같은 방법을 사용할 수 있다.

code/upgrade/hybrid/src/js/app.js

```
60    .controller('HomeController', function(pins, AnalyticsService) {
61      AnalyticsService.recordEvent('HomeControllerVisited');
62      this.pins = pins;
63    })
```

여기서 우리는 AnalyticsService를 정상적인 ng1 서비스(recordEvent)인 것처럼 주입했다. 환상적이다! 이제 ng1에서 주입을 사용할 어떤 곳에든 이 서비스를 사용할 수 있다. 이를테면 다음과 같이 AnalyticsService를 ng1 pin 지시자에 주입할 수 있다.

code/upgrade/hybrid/src/js/app.js

```
64    .directive('pin', function(AnalyticsService) {
65      return {
66        restrict: 'E',
67        templateUrl: '/assets/templates/pin.html',
68        scope: {
69          'pin': "=item"
70        },
```

```
71      link: function(scope, elem, attrs) {
72        scope.toggleFav = function() {
73          AnalyticsService.recordEvent('PinFaved');
74          scope.pin.faved = !scope.pin.faved;
75        }
76      }
77    }
78 })
```

16.7 정리

이제 ng1 앱을 하이브리드 ng1/ng2 앱으로 업그레이드하는 데 필요한 모든 도구를 다뤘다. ng1과 ng2의 상호운영성은 뛰어난 성능을 발휘한다. 이를 가능하게 한 앵귤러 팀에게 경의를 표해야 할 것 같다.

ng1과 ng2에서 지시자와 서비스를 교환할 수 있는 기능은 앱의 업그레이드를 훨씬 더 쉽게 진행할 수 있도록 한다. 모든 앱을 하룻밤에 ng2로 업그레이드할 수는 없겠지만, UpgradeAdapter를 사용하면 이전 코드를 무작정 버리지 않고 ng2를 시작할 수 있을 것이다.

17

네이티브스크립트 — 앵귤러 개발자를 위한 모바일 애플리케이션

이 장에서는 네이티브스크립트 앱을 처음으로 빌드할 것이다. 네이티브스크립트(NativeScript)는 따로 책 한 권에 담을 만큼 방대한 주제다. 여기서는 앵귤러 개발자에게 맞춰 네이티브스크립트가 무엇인지 설명한다. 이 장을 읽독하면 네이티브스크립트 앱과 '일반' 앵귤러 웹 앱이어떻게 다른지 이해할 것이며, 네이티브스크립트와 앵귤러를 함께 사용하여 네이티브 앱을 직접 만들 수 있는 토대를 갖추게 될 것이다.

앵귤러는 특정 개발 플랫폼에 무관하게 디자인되었기 때문에 우리는 상당량의 웹 애플리케이션 코드를 가져다 웹 이외에도 재사용할 수 있다. 완성된 웹 애플리케이션뿐만 아니라, 모바일 애플리케이션도 재사용될 수 있도록 만드는 것이 업계 표준이다. 몇 년 전만 하더라도 기업들은 같은 모바일 애플리케이션을 iOS와 안드로이드용으로 만드느라 헤아릴 수 없이 많은 비용을 치러야 했다. 앵귤러와 함께한다면 모바일 개발은 더욱 저렴하면서도 유지보수가 수월하고 효율적인 과정이 될 수 있다.

17.1 네이티브스크립트란 무엇일까?

네이티브스크립트(NativeScript)는 자바스크립트나 CSS는 물론이고 앵귤러까지 통합할 수 있는 크로스 플랫폼 모바일 개발 프레임워크다.

네이티브스크립트 쇼케이스

개발자들은 네이티브스크립트와 함께한다면, 단일 코드 베이스를 사용하여 네이티브 iOS 및 안드로이드 애플리케이션을 빌드할 수 있다.

17.1.1 네이티브스크립트의 차별성

네이티브스크립트는 단일 코드 베이스를 사용하여 안드로이드 및 iOS 애플리케이션을 쉽게 개발할 수 있는 프레임워크로서 최초도 아니고 유일하지도 않다. 모바일 개발 프레임워크는 크게 두 종류로 나눌 수 있다. **하이브리드**(hybrid) 모바일과 **네이티브**(native) 모바일이다.

■ 하이브리드 모바일 애플리케이션

하이브리드 모바일 프레임워크로는 Ionic Framework[1], PhoneGap[2], Apache Cordova[3], Onsen UI[4] 등이 있다. 이들은 웹 기술을 사용하여 모바일 애플리케이션을 개발하기 위한 프레임워크이지만, 이들 프레임워크를 통해 빌드된 모바일 애플리케이션은 이른바 **웹 뷰**(web view)라는 형태로 렌더링된다. 웹 뷰는 기본적으로 웹 브라우저다. 웹 뷰에서는 컴포넌트들을 렌더링하기 위해 DOM이 온전하게 지원되는 HTML을 사용할 수 있다.

---

1   https://ionicframework.com/

2   http://phonegap.com/

3   https://cordova.apache.org/

4   https://onsen.io/

웹 뷰가 무한정 편리하지는 않다. 웹 뷰를 사용하여 모바일 애플리케이션을 렌더링할 때 부딪히는 첫 번째 단점은 성능이다. 안드로이드나 iOS 버전이 같더라도 모든 모바일 장치가 동일한 성능을 보이지 않는다. 하드웨어와 프로세싱 파워가 제각각인 모바일 기기가 이루 헤아릴 수 없이 많은 종류로 사용되는 것이 현실이다. 커스텀 안드로이드까지 감안할 필요도 없다. 이런 다양성 속에서 웹 뷰의 성능상 일관성은 빈약하기 그지없다. 어떤 사람은 기가 막힐 정도로 뛰어난 사용자 경험을 누리는 반면, 또 어떤 사람은 거의 사용조차 할 수 없는 애플리케이션을 목격하고 있는 것이다.

■ 네이티브 모바일 애플리케이션

NativeScript[5], React Native[6], Xamarin[7] 등의 프레임워크로 빌드된 네이티브 모바일 애플리케이션은 웹 뷰 형태로 렌더링되지 않는다. 이런 애플리케이션들에는 구글이나 애플이 개발자들에게 사용할 수 있도록 허용한 **네이티브 UI 컴포넌트**가 사용된다. 그 결과, 불안정한 성능 문제가 대두되지 않는다.

그렇다면 네이티브 모바일 프레임워크는 어떻게 선택해야 할까? 근간을 이루는 개발 기술을 하나하나 비교하는 것이 가장 쉬운 선택 방법일 것이다. React Native는 웹 개발자용 자바스크립트 프레임워크인 ReactJS를 사용하고, 자마린은 닷넷 개발자를 위한 개발 언어인 C#을 사용한다. 네이티브스크립트는 물론 앵귤러를 사용한다.

앵귤러 개발자에게는 네이티브스크립트가 합리적인 선택일 것이다. 친숙한 앵귤러 개발 경험을 그대로 적용하면서도 환상적인 네이티브 성능을 얻을 수 있기 때문이다.

17.1.2 네이티브스크립트에 필요한 시스템과 개발 요건은 무엇일까?

네이티브스크립트는 오브젝티브-C 기반 iOS 애플리케이션이나 자바 기반 안드로이드 애플리케이션을 개발할 때 필요한 시스템 요구사항 이상으로 충족할 것이 없다. 예를 들어, 네이티브스크립트로 개발된 안드로이드 애플리케이션을 빌드하고 배포한다고 생각해 보자. 적어도 다음 요건을 충족해야 한다.

---

5   https://www.nativescript.org/

6   https://facebook.github.io/react-native/ `단축URL` goo.gl/KcaIht

7   https://www.xamarin.com/

- 윈도우나 리눅스, 맥
- JDK(Java Development Kit) 8+
- 4GB의 하드 디스크 공간
- 4GB의 RAM

이 시스템 및 소프트웨어 요구사항은 안드로이드 SDK를 설치하고 사용하기 위해 필요한 수준이다. 네이티브스크립트로 iOS 애플리케이션을 빌드하고 배포할 때는 시스템 요구사항이 조금 달라진다.

- 맥
- Xcode 7+
- 5GB의 하드 디스크 공간
- 4GB의 RAM

크게 달라진 곳은 바로 맥이다. 네이티브스크립트로 안드로이드나 iOS 애플리케이션을 개발할 수는 있지만, 맥을 사용하지 않으면 iOS 애플리케이션을 빌드하고 배포할 수 없다. 이는 애플이 만든 제약이다.

개발 관점에서 보자면, 네이티브스크립트는 Node.js의 일부분인 NPM(Node Package Manager) 도구와 앵귤러 개발자로서 이미 설치해 둔 여러 가지를 사용한다. NPM에서는 네이티브스크립트 CLI를 다음 명령으로 설치한다.

```
1   npm install -g nativescript
```

네이티브스크립트 설치하기

사용할 수 있는 명령 리스트는 tns --help나 tns help를 실행하여 찾아볼 수 있다. 단, 이 리스트는 커맨드 프롬프트나 터미널이 아닌 웹 브라우저에 표시된다.

맥이나 윈도우, 리눅스에서 네이티브스크립트를 설치하기 위한 세부 정보는 네이티브스크립트 설치 문서[8]를 찾아보기 바란다.

 네이티브 앱을 개발하기 위해 설치되는 도구가 상당히 많다. 제대로야 설치된다면 네이티브스크립트 개발 과정이 험난하지는 않겠지만, 만일 네이티브스크립트에 필요한 도구를 설치할 때 문제가 발생한다면 앞에서 소개한 URL로 꼭 방문해 보기 바란다.

네이티브스크립트 CLI가 설치되었다면 앵귤러로 네이비트 모바일 애플리케이션을 개발할 모든 준비는 끝난 것이다.

17.2 네이티브스크립트와 앵귤러로 첫 모바일 애플리케이션 만들기

앵귤러와 함께 네이티브스크립트 애플리케이션 개발 과정을 무사히 마치려면, 네이티브스크립트 CLI 도구가 올바로 설치된 상태여야 하고 Xcode나 안드로이드 SDK 또한 설치돼 있어야 한다.

일단, 우리의 목적은 모바일 애플리케이션 생성 과정에 익숙해지는 것이다. 또한, 앵귤러 웹 애플리케이션과 앵귤러 네이티브스크립트 애플리케이션의 UX 및 UI가 어떻게 다른지도 파악해야 한다.

커맨드 프롬프트(윈도우)나 터미널(맥과 리눅스)에서 다음을 실행한다.

```
1  tns create NgProject --ng
```

이 명령은 커맨드라인의 액티브 디렉터리가 있는 곳에 **NgProject**라는 프로젝트 디렉터리를 만든다. **--ng** 플래그는 타입스크립트 프로젝트로 앵귤러를 만들겠다는 뜻이다. 네이티브스크립트에서 모바일 애플리케이션을 빌드할 때 앵귤러를 필요로 하지 않기 때문에 **--ng** 플래그를 사용해야 한다. 꼭 필요한 옵션인 것이다.

---

8   https://docs.nativescript.org/start/quick-setup.html [단축URL] goo.gl/Af8joR

17.2.1 크로스 플랫폼 개발을 위한 빌드 플랫폼 추가하기

프로젝트가 생성되어 곧바로 개발 과정에 뛰어들 수 있지만, 아직 안드로이드나 iOS 등의 빌드 플랫폼이 애플리케이션 빌드 및 배포 목적으로 사용 가능한 상태가 아니다. 특정 플랫폼에 맞춰 빌드하려면 우선 그 플랫폼부터 추가해야 한다. 네이티브스크립트 CLI를 사용하여 다음을 실행한다.

```
1   tns platform add [platform]
```

추가하려는 플랫폼 종류에 맞춰 [platform] 부분을 android나 ios로 바꿔 실행하면 된다. 노 파심에서 다시 말하면, iOS는 Xcode가 설치된 맥이 있어야 가능하다.

17.2.2 안드로이드와 iOS용으로 빌드하기와 테스트하기

애플리케이션을 테스트하거나 앱 스토어에 배포하려면 네이티브스크립트 CLI 명령들을 사용해야 한다. 애플리케이션을 기기나 에뮬레이터에서 테스트부터 해야 배포할 수 있을 텐데, 커맨드라인에서 다음 명령을 실행하면 애플리케이션을 에뮬레이션할 수 있다.

```
1   tns emulate [platform]
```

[platform]을 android나 ios로 바꿔 실행하면 특정 에뮬레이터가 시작한다. 애플리케이션을 기기에서 테스트하려면 emulate를 run으로 바꿔 실행해야 한다. 이때 기기가 개발 시스템에 연결되어야 있어야 할 것이다.

```
1   tns run [platform]
```

에뮬레이션 과정에는 대개 많은 시간이 소요된다. 이 과정에서 재컴파일이 진행되기 때문이다. 좀 더 효율적인 개발 과정을 위해서 네이티브스크립트 CLI는 라이브 리로드(live-reload)라는 실시간 다시 로드 기능을 제공하고 있다. 이 기능의 정식 명칭은 **라이브싱크(live-sync)**이다. 터미널에서 다음 명령으로 라이브싱크를 사용할 수 있다.

```
1   tns livesync [platform] --emulator --watch
```

[platform]을 android나 ios로 바꿔 실행하면 타입스크립트나 CSS, HTML 파일에 적용된 변경 내용이 자동으로 안드로이드나 iOS 시뮬레이터에 배포된다. 이 과정은 애플리케이션을 에뮬레이션하는 것보다 훨씬 더 빠르다.

앱을 앱 스토어에 배포할 때는 다음 명령을 사용한다.

```
1  tns build [platform]
```

[platform]을 android나 ios로 바꿔 실행하면, 바이너리와 빌드 패키지가 생성된다.

17.2.3 자바스크립트, 안드로이드, iOS 플러그인과 패키지 설치하기

여느 앵귤러 웹 애플리케이션에서처럼 네이티브스크립트 애플리케이션 개발 과정에서도 이를 수월하게 만들어 줄 외부 컴포넌트가 많이 제공된다. 자바스크립트 패키지들은 대부분 네이티브스크립트 애플리케이션에서도 DOM 의존성만 없다면 올바로 동작한다. 앞에서 언급한 대로 네이티브스크립트는 네이티브 프레임워크이기 때문에 웹 뷰를 사용하지도 않으며, DOM이라는 개념도 지원하지 않는다. 자바스크립트 라이브러리들은 NPM을 통해 앱에 포함될 수 있다. 예를 들면 다음과 같다.

```
1  npm install jssha --save
```

이 명령은 자바스크립트 해싱 라이브러리인 jsSHA를 앵귤러 네이티브스크립트 프로젝트에 설치한다.

네이티브스크립트 전용 네이티브 플러그인도 많이 사용된다. 이들 플러그인은 특정 기기 전용 기능을 사용하거나 어떤 방식으로든 안드로이드나 iOS의 인터페이스와 소통한다. 네이티브스크립트의 SQLite 플러그인을 예로 들어 보자.

```
1  tns plugin add nativescript-sqlite
```

이 명령은 SQLite 관련 기능을 안드로이드와 iOS에 설치한다.

17.3 웹과 네이티브스크립트 UI 및 UX의 다른 점 이해하기

매력적이고 반응성이 뛰어나며 전반적으로 훌륭한 웹 애플리케이션을 빌드하기 위한 HTML과 공통 디자인 사례에 친숙하지 않은 웹 개발자는 없을 것이다. 하지만 네이티브스크립트에서는 HTML을 제외하고 앵귤러, CSS를 사용한다. 그 대신 HTML 마크업들을 찾아볼 수 없는 XML을 사용한다.

그렇다면 UI와 UX를 모바일로 어떻게 가져갈 수 있을까? 모바일 애플리케이션을 디자인할 때는 몇 가지 방법을 고려해야 한다. 우선, 화면의 레이아웃과 컴포넌트들을 고민해야 한다.

17.3.1 네이티브스크립트 페이지 레이아웃 기획하기

웹 애플리케이션을 디자인할 때 공통 레이아웃 컴포넌트에는 <div> 태그와 <table> 태그가 포함된다. 일반적으로 그리드 형태의 행과 열이 필요할 때는 테이블을 사용하고, 컴포넌트 스택이 필요할 때는 컨테이너 역할을 하는 div를 사용한다.

네이티브스크립트에는 <div>나 <table> 태그를 사용할 수 없다. 하지만 그와 비슷한 것은 제공된다. 바로 <StackLayout>과 <GridLayout> 태그다.

웹과 네이티브스크립트를 비교해 보자. 각종 HTML 컴포넌트를 웹 사이트에 넣겠다고 한다면, 일단 다음처럼 처리할 수 있다.

```
1  <div>
2      <span>Nic Raboy was here</span>
3      <span>https://www.thepolyglotdeveloper.com</span>
4  </div>
```

같은 과정을 네이티브스크립트에서 진행하려면 다음처럼 처리한다.

```
1  <StackLayout>
2      <Label text="Nic Raboy was here"></Label>
3      <Label text="https://www.thepolyglotdeveloper.com"></Label>
4  </StackLayout>
```

웹 및 네이티브스크립트 시나리오에서 컴포넌트 그룹을 더 만들 때는 <div>와 <StackLayout> 태그를 적절한 수준까지 중첩할 수 있다. 하지만 네이티브스크립트와 웹의 그리드는 조금 다른 구조를 보인다. 물론 개념은 서로 같다. 다음 HTML을 생각해 보자.

```
 1  <table>
 2      <tr>
 3          <td>Nic</td>
 4          <td>Raboy</td>
 5      </tr>
 6      <tr>
 7          <td>Burke</td>
 8          <td>Holland</td>
 9      </tr>
10  </table>
```

네이티브스크립트에서는 행과 열을 <tr>과 <td> 태그로 만들지 않는다. 다음을 살펴보자.

```
 1  <GridLayout rows="auto, auto" columns="*, *">
 2      <Label text="Nic" row="0" col="0"></Label>
 3      <Label text="Raboy" row="0" col="1"></Label>
 4      <Label text="Burke" row="1" col="0"></Label>
 5      <Label text="Holland" row="1" col="1"></Label>
 6  </GridLayout>
```

여기 <GridLayout>에서는 자식 컴포넌트의 높이를 나타내는 두 행과 화면 양쪽 끝까지 차지하는 두 열을 정의했다. 하지만 웹에서 흔히 볼 수 있는 플렉스박스(flexbox)는 어떻게 될까?

웹 사이트를 빌드할 때는 <div> 태그나 다른 컨테이너를 display: flex라는 CSS 프로퍼티로 설정하는 일이 많다. 이렇게 하면 웹 사이트는 화면의 크기가 달라져도 그에 맞춰 적절하게 표시된다. 네이티브스크립트에서도 <FlexboxLayout>을 컨테이너로 사용해 거의 같은 일을 할 수 있다. <FlexboxLayout>은 웹 컨테이너의 구조와 거의 같다.

17.3.2 페이지에 UI 컴포넌트 추가하기

네이티브스크립트에서는 저마다 기능이 다른 각양각생의 UI 컴포넌트를 사용할 수 있다. 예를 들어, 정적인 텍스트를 화면에 출력할 때는 <Label> 컴포넌트를 사용한다. 그렇다면 다른 선택권은 없을까?

하나하나 거론하기조차 버거울 정도로 컴포넌트의 종류는 많다. 그중에서 공통 컴포넌트만을 추리면 버튼이나 이미지, 리스트, 입력 등이 있다. 이들은 모두 웹 애플리케이션에서도 찾아볼 수 있는 것들이다. 애플리케이션에 버튼을 추가하려면 레이아웃 중 하나에 다음을 추가한다.

```
1  <Button text="Submit Me" (tap)="myFunc()"></Button>
```

눈여겨볼 곳은 (tab) 속성이다. 이 속성은 UI 컴포넌트 전용이 아니라 앵귤러와 네이티브스크립트의 '짬뽕'이라고 할 수 있다. 웹 애플리케이션에서는 (click) 이벤트 등으로 더 잘 알려져 있지만 사실 따지고 보면 같은 목적을 수행한다.

로컬로든 원격으로든 이미지를 애플리케이션에 포함하려면 다음처럼 <Image> 태그를 사용한다(웹에서 <img /> 태그와 비슷하다).

```
1  <Image src="https://placehold.it/350x150"></Image>
```

많은 모바일 애플리케이션이 웹 애플리케이션처럼 사용자에게서 데이터를 수집한다. 이 데이터가 수집되는 경로는 텍스트 입력 필드로 구성되는 폼이다. 네이티브스크립트 애플리케이션에서 텍스트 입력을 받으려면 다음과 같이 <TextField> 태그를 사용한다.

```
1  <TextField
2      text="First Name"
3      [(ngModel)]="firstname"></TextField>
```

여기서 [(ngModel)] 속성은 앵귤러 웹 애플리케이션에서 볼 수 있는 그대로다. UI와 UI에 연결된 타입스크립트에 데이터를 바인딩한다.

모바일 애플리케이션에서도 다량의 데이터를 출력해야 할 때가 적지 않다. 이런 데이터는 이른바 <ListView>라는 리스트로 표현된다. 이 리스트는 애플리케이션 안에서 정의된 문자열이나 객체의 배열에 담긴다.

```
1  <ListView [items]="people">
2      <Template let-person="item">
3          <Label [text]="person.firstname"></Label>
4      </Template>
5  </ListView>
```

이 스니펫은 객체 배열에서 people이라는 리스트를 만든다. 배열 내 각 객체는 person으로 지정되며, 각 person의 firstname이 리스트 행으로 표시된다.

다시 한 번 말하지만, 사용할 수 있는 컴포넌트는 웹 개발 과정에서 처음 들어보는 것이 있을 정도로 많다. 하지만 디자인 측면에서는 모두 비슷비슷하다. 네이티브스크립트의 UI 컴포넌트는 웹 컴포넌트처럼 바닐라 상태, 즉 기본 상태에서 보면 매력적이지 않을 수도 있다. 뛰어난 미적 감각의 마무리 손길이 필요하다는 뜻이다.

17.3.3 CSS로 컴포넌트 스타일링하기

웹 디자인에서처럼 네이티브스크립트 애플리케이션을 매력적으로 보이게 할 때 사용할 수 있는 옵션이 몇 가지 있다.

네이티브스크립트에서는 UI 컴포넌트에 CSS로 스타일을 적용할 수 있다. 다시 말해 대부분의 웹 CSS가 네이티브스크립트에서도 올바로 동작한다는 것이다. <Label> 컴포넌트의 서체 색상을 변경하려면 다음처럼 적용한다.

```
1  .title {
2      color: #cc0000;
3  }
```

클래스 이름이 UI 컴포넌트에 HTML에서와 같은 방법으로 적용된다.

커스텀 스타일시트가 네이티브스크립트 애플리케이션을 매력적으로 만드는 데 유일한 해결책은 아니다. 웹 사이트를 만들 때는 부트스트랩처럼 수월하고 편한 개발을 보장하는 프레임워크를 사용한다. 이 같은 개념을 네이티브스크립트에도 적용할 수 있다.

이른바 네이티브스크립트 테마(Theme)라는 것이 있다. 이 테마는 어떤 애플리케이션에도 쉽게 추가할 수 있도록 디자인 CSS 스타일 패키지다. 예를 들어, 버튼에 다음 액션 바를 추가해보자.

```
1  <ActionBar title="NgBook"></ActionBar>
2  <StackLayout>
3      <Button text="Default UI"></Button>
4  </StackLayout>
```

이 코드는 평범해 보이는 네이티브 액션 바를 다분히 평범해 보이는 버튼에 추가한다. 안드로이드와 iOS에서 다음처럼 보일 것이다.

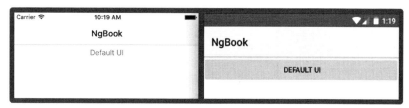

네이티브스크립트 기본 CSS

이 단순한 UI가 네이티브스크립트 테마로 대단히 멋지게 바뀔 것이다. 다음 코드 스니펫을 살펴보자.

```
1  <ActionBar title="NgBook" class="action-bar"></ActionBar>
2  <StackLayout>
3      <Button text="Themed UI" class="btn btn-primary"></Button>
4  </StackLayout>
```

몇 가지 클래스 이름이 컴포넌트에 추가되어 훨씬 더 상쾌한 느낌이 발휘된다.

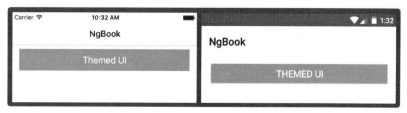

네이티브스크립트 테마 CSS

테마 클래스의 명명 규칙은 웹 프레임워크들에서 보이는 규칙과 비슷하다.

17.4 위치 기반 사진 애플리케이션 개발하기

지금까지 다룬 앵귤러, 웹 개발, 네이티브스크립트 모바일 프레임워크 관련 지식을 실제 안드로이드 및 iOS 앱 개발에 적용해 보자. 이제부터 다룰 내용 대부분은 이미 습득한 앵귤러 지식의 모바일 버전 복습이 될 것이다. 예로 들 것은 지오로케이션(geolocation)과 플리커(Flickr) API를 사용하여 사용자 근처에서 만들어진 이미지를 보여 주는 애플리케이션이다.

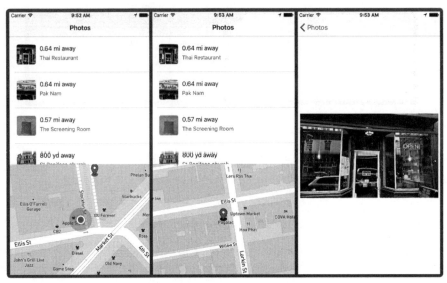

네이티브스크립트의 Photos Near Me 앱

이 애플리케이션은 두 페이지로 구성된다. 데이터를 리스트로 출력한 첫 번째 페이지와 첫 번째 페이지에서 선택된 데이터 정보를 보여 줄 두 번째 페이지의 관계를 이른바 마스터-디테일 인터페이스라고 부른다.

 완성된 프로젝트는 code/nativescript/photos-near-me에 샘플 코드로 찾아볼 수 있다.

17.4.1 네이티브스크립트 프로젝트 만들기

이제 본격적으로 새 프로젝트를 만들어 보자. 처음부터 차근차근 진행하는 것이 예를 드는 목적일 것이다. 복습하는 차원에서 다시 언급하면 새 프로젝트를 생성할 때는 다음 과정을 따른다.

```
1  tns create GeoPhotoProject --ng
2  cd GeoPhotoProject
3  tns platform add android
4  tns platform add ios
```

이 과정에 따라 GeoPhotoProject라는 앵귤러 네이티브스크립트 프로젝트가 안드로이드와 iOS 빌드 플랫폼과 함께 생성된다. iOS 애플리케이션을 빌드하려면 Xcode가 설치된 맥이 준비되어야 한다. 이번 프로젝트 템플릿은 단일 페이지 애플리케이션이다. 따라서 페이지를 더 추가하고 앵귤러 라우터를 설정해야 한다.

17.4.2 다중 페이지 마스터-디테일 인터페이스 만들기

기본 프로젝트 템플릿은 프로젝트의 app/app.component.html 파일을 기본 페이지로 사용한다. 이 파일은 프로젝트에 중요하긴 하지만 여기서는 새로 두 페이지를 만들 것이다. 사용할 새 컴포넌트를 몇 가지 더 만들어 보자. 다음 명령을 실행하여 필요한 파일과 디렉터리를 만들어야 한다.

```
1  mkdir -p app/components/image-component
2  mkdir -p app/components/imagesList-component
3  touch app/components/image-component/image.component.ts
4  touch app/components/image-component/image.component.html
5  touch app/components/imagesList-component/imagesList.component.ts
6  touch app/components/imagesList-component/imagesList.component.html
```

mkdir이나 touch 명령을 커맨드라인에서 사용할 수 없을 때는(또는 GUI가 그리울 때는) 탐색기 창(윈도우)에서 디렉터리를 수동으로 만들어도 된다.

애플리케이션의 첫 번째 페이지는 사진 리스트 전체를 보여 주는 imagesList.component 페이지다. 프로젝트의 app/components/imagesList-component/imagesList-component.ts 파일을 열고 다음 기본 클래스 코드를 추가한다.

```
1  import { Component, NgZone } from "@angular/core";
2  import { Router } from "@angular/router";
3
4  @Component({
5      selector: "ImagesListComponent",
6      templateUrl: "components/imagesList-component/imagesList.component.html"
7  })
8  export class ImagesListComponent {
9
10     public constructor(private zone: NgZone, private router: Router) { }
11
12 }
```

여기서는 ImagesListComponent 클래스를 정의하고, 각종 앵귤러 컴포넌트를 가져와 constructor 메서드에 주입한다.

ImagesListComponent 클래스에 제공되는 UI는 app/components/imageListcomponent/
imagesList-component.html 파일에서 찾아볼 수 있다. 지금은 다음 HTML 마크업을 포함
할 수 있도록 파일을 업데이트한다.

```
1  <ActionBar title="Photos" class="action-bar"></ActionBar>
2  <StackLayout>
3  </StackLayout>
```

애플리케이션의 첫 번째 페이지에 필요한 기능을 추가하기에 앞서, 두 번째 페이지의 기초
공사를 진행하고 이 둘을 서로 연결한다. 프로젝트의 app/components/image-component/
image-component.ts 파일을 열고 다음 타입스크립트 코드를 포함한다.

```
1  import { Component, OnInit } from "@angular/core";
2  import { ActivatedRoute } from "@angular/router";
3
4  @Component({
5      templateUrl: "components/image-component/image.component.html"
6  })
7  export class ImageComponent implements OnInit {
8
9      public constructor(private activatedRoute: ActivatedRoute) { }
10
11      public ngOnInit() { }
12
13  }
```

여기서는 ImagesComponent 클래스를 정의하고, 각종 앵귤러 컴포넌트를 가져와
constructor 메서드에 주입한다. 한 가지 달라진 점은 ngOnInit 메서드다. 이 메서드는 페이
지 로드 이후 데이터를 로드하는 데 사용된다.

타입스크립트에 제공되는 UI는 app/components/image-component/image-component.html
파일에서 찾아볼 수 있다. 지금은 다음 HTML 마크업을 포함한다.

```
1  <ActionBar></ActionBar>
2  <StackLayout>
3  </StackLayout>
```

페이지가 사용 가능 상태가 되면 앵귤러 라우팅에 적용할 수 있어야 한다. 이를 위해서는 두
단계를 거쳐야 한다. 우선 라우트를 정의하고, 그다음으로는 프로젝트의 @NgModule 블록

에 포함해야 한다. 프로젝트에서 app/app.routing.ts 파일을 만들어 다음 라우팅 설정 코드를
포함한다.

code/nativescript/photos-near-me/app/app.routing.ts

```
1  import { ImagesListComponent } from "./components/imagesList-component/imagesLis\
2  t.component";
3  import { ImageComponent } from "./components/image-component/image.component";
4
5  export const routes = [
6      { path: "", component: ImagesListComponent },
7      { path: "image-component/:photo_id", component: ImageComponent },
8  ];
9
10 export const navigatableComponents = [
11     ImagesListComponent,
12     ImageComponent
13 ];
```

여기서는 ImagesListComponent와 ImageComponent 클래스를 가져온다. 라우트는 각 클
래스로 이동하는 방법과 전달될 데이터의 종류를 정의한다. ImagesListComponent에는
기본 빈 경로, 즉 애플리케이션이 시작할 때 로드되는 첫 번째 페이지가 포함된다. Image
Component는 하나의 URL 파라미터가 포함되며, 이는 ImageListComponent에서 Image
Component 페이지로 전달될 데이터를 나타낸다. photo_id는 이름 그대로 두 번째 페이지에
서 로드할 사진을 나타내며, 플리커 API에서 가져와야 한다.

프로젝트의 @NgModule 블록에는 app/app.routing.ts 파일을 가져와 추가해야 한다. 프로젝
트의 app/app.module.ts 파일에 다음 타입스크립트 코드를 포함한다.

```
1  import { NativeScriptModule } from "nativescript-angular/platform";
2  import { NgModule } from "@angular/core";
3  import { NativeScriptFormsModule } from "nativescript-angular/forms";
4  import { NativeScriptHttpModule } from "nativescript-angular/http";
5  import { NativeScriptRouterModule } from "nativescript-angular/router";
6  import { registerElement } from "nativescript-angular/element-registry";
7
8  import { AppComponent } from "./app.component";
9  import { routes, navigatableComponents } from "./app.routing";
10
11 @NgModule({
12     imports: [
13         NativeScriptModule,
14         NativeScriptFormsModule,
```

```
15          NativeScriptHttpModule,
16          NativeScriptRouterModule,
17          NativeScriptRouterModule.forRoot(routes)
18      ],
19      declarations: [
20          AppComponent,
21          ...navigatableComponents,
22      ],
23      bootstrap: [AppComponent],
24      providers: []
25 })
26 export class AppModule {}
```

기본 설정을 그대로 사용하기보다 몇 가지를 직접 설정해야 한다. 시간을 절약하려면 이전 파일에서 정의된 routes 및 navigatableComponents 변수와 함께 NativeScriptFormsModule, NativeScriptHttpModule, NativeScriptRouterModule을 가져오는 것이 좋다.

각 모듈은 @NgModule 블록의 imports 배열에 추가하고, navigatableComponents 변수의 두 페이지 클래스는 declarations 배열에 추가한다.

지금은 애플리케이션이 별다른 일을 하지 않는다. UI 컴포넌트와 여러 기능을 추가하는 과정은 잠시 뒤에 다룰 것이다. 마지막으로, 페이지들이 라우트를 통해 렌더링될 곳을 추가해야 한다. 메인 앱 컴포넌트에서 app/app.component.html에 <page-router-outlet/> 마크업을 추가해 어느 곳에서 서브라우트를 렌더링할지 지정한다. 뷰 사이에 공통 뷰는 없으므로 다음 마크업으로 전부 교체할 수 있다.

```
1  <page-router-outlet></page-router-outlet>
```

17.4.3 사진과 데이터를 받기 위한 플리커 서비스 만들기

플리커(Flickr)는 이 애플리케이션의 중요한 역할을 담당한다. 여기서는 페이지마다 플리커 API를 직접 호출하지 않을 것이다. 그보다는 제공자라는 앵귤러 서비스를 만드는 것이 더 나은 접근 방법이라 하겠다.

플리커 제공자에 위도와 경도에 따라 사진을 조회할 수 있는 로직을 추가하고, 이와 더불어 특정 사진 정보를 가져올 로직도 적용한다. 제공자를 디자인하기 전에 애플리케이션용 전역 설정 파일부터 만드는 것이 좋다. 그래야 애플리케이션에 URL을 하드 코딩해 넣지 않을 수 있다. app/config.ts 파일을 만들고 다음을 포함한다.

```
1  export const Config = {
2      Flickr: {
3          CLIENT_ID: "FLICKR_CLIENT_ID_HERE",
4          API_URL: "https://api.flickr.com/services/rest/?"
5      }
6  };
```

플리커 API를 사용할 수 있는 클라이언트 id를 받으려면 계정부터 만들어야 한다. https://www.flickr.com/services/api/에 접속하여 계정을 만든다.

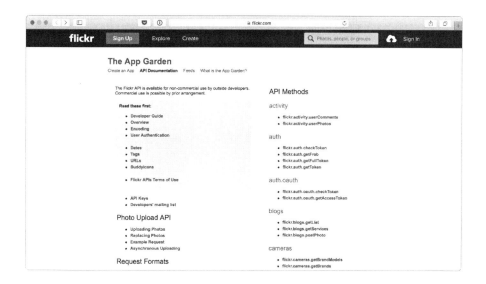

플리커는 애플리케이션에 사용될 고유 client_id를 만들어 준다. FLICKR_CLIENT_ID_HERE의 값은 app/config.ts 파일에서 찾아볼 수 있다.

설정 파일이 생성되면 플리커 응답에 사용할 데이터 모델을 정의해야 한다. 반드시 필요한 것은 아니지만 유지보수가 한결 수월해진 타입스크립트 애플리케이션을 원한다면 데이터 모델을 정의하는 것이 좋다. app/models 디렉터리가 없다면 지금 만든다.

```
1  mkdir app/models
```

app/models/getInfoResponse.ts 파일을 만들고 다음 타입스크립트 코드를 포함한다.

code/nativescript/photos-near-me/app/models/getInfoResponse.ts

```
1  interface Owner {
2      username: string;
3      realname: string;
4  }
5
6  export class GetInfoResponse {
7      owner: Owner;
8      farm: number;
9      server: number;
10     secret: string;
11     id: number;
12     url: string;
13 }
```

여기서는 플리커의 flickr.photos.getInfo라는 RESTful 엔드포인트에서 리턴된 데이터를 나타낸다. 이로써 이미지 파일과 이미지 파일에 담긴 정보를 함께 받을 수 있다.

필요한 두 번째 데이터 모델은 플리커 검색 데이터다. app/models/photosSearchResponse.ts 파일을 만들고 다음 타입스크립트 코드를 포함한다.

code/nativescript/photos-near-me/app/models/photosSearchResponse.ts

```
1  export class PhotosSearchResponse {
2      id: string;
3      owner: string;
4      secret: string;
5      server: number;
6      title: string;
7      latitude: string;
8      longitude: string;
9      datetaken: string;
10     url_t: string;
11     url_m: string;
12     url_q: string;
13     url_n: string;
14     distance: string;
15
16     constructor() {
17         this.url_n = " ";
18     }
19 }
```

이 모델은 애플리케이션의 두 번째 페이지에서 이미지를 찾아 표시할 때 사진 id나 소유자, 위치(geolocation) 정보 등 유용한 이미지 정보를 담는다. 이 데이터 모델이 생성되면 플리커 서비스를 만들 수 있다. 프로젝트의 app/services/flickr.service.ts에서 파일을 만든다.

```
1  mkdir app/services
2  touch app/services/flickr.service.ts
```

이제부터 flickr.service.ts 파일을 만들어 보자.

```
1  import { Component, Injectable } from "@angular/core";
2  import { Http, Response } from "@angular/http";
3  import { Observable } from "rxjs/Rx";
4  import { Config } from "../app.config";
5  import { PhotosSearchResponse } from "../models/photosSearchResponse";
6  import { GetInfoResponse } from "../models/getInfoResponse";
7  import "rxjs/add/operator/map";
8
9  @Injectable()
10 export class FlickrService {
```

```
11
12      public constructor(private http: Http) { }
13
14      public photosSearch(lat: number, lon: number): Observable<PhotosSearchRespon\
15  se[]> { }
16
17      public getPhotoInfo(photoId: number): Observable<GetInfoResponse> { }
18
19  }
```

photosSearch와 getPhotoInfo 함수는 플리커 API에 HTTP 요청을 수행하여 받은 데이터 스
트림인 옵저버블을 리턴한다. photosSearch 함수는 위도와 경도를 받아 이를 플리커의 API
에 다음과 같이 적용한다.

code/nativescript/photos-near-me/app/services/flickr.service.ts

```
14      public photosSearch(lat: number, lon: number): Observable<PhotosSearchRespon\
15  se[]> {
16          let url = `${Config.Flickr.API_URL}method=flickr.photos.search&api_key=$\
17  {Config.Flickr.CLIENT_ID}&content_type=1&lat=${lat}&lon=${lon}&extras=url_q,geo&\
18  format=json&nojsoncallback=1`;
19
20          return this.http.get(url)
21              .map(response => response.json().photos.photo)
22              .catch(error => Observable.throw(error));
23      }
```

HTTP 요청은 플리커 API 요건에 따라 수행된다. RxJS에 따라 요청의 응답이 map 연산자를
거치며 PhotosSearchResponse 타입으로 변환된다. 응답에 오류가 있을 때는 정상적인 http
프로미스 오류 체인을 통해 파악된다. 우리의 HTTP 요청도 일반적인 앵귤러처럼 옵저버블이
구독될 때까지 수행되지 않는다.

getPhotoInfo 메서드는 이전 photosSearch 함수가 리턴한 결과로부터 사진 id를 받는다.

code/nativescript/photos-near-me/app/services/flickr.service.ts

```
22      public getPhotoInfo(photoId: number): Observable<GetInfoResponse> {
23          let url = `${Config.Flickr.API_URL}method=flickr.photos.getInfo&api_key=\
24  ${Config.Flickr.CLIENT_ID}&photo_id=${photoId}&format=json&nojsoncallback=1`;
25
26          return this.http.get(url)
27              .map(response => response.json().photo)
28              .catch(error => Observable.throw(error));
29      }
```

getPhotoInfo 함수는 photosSearch 함수처럼 플리커 API에 HTTP 요청을 수행하고 RxJS를 사용하여 응답을 파싱한다.

플리커 제공자를 애플리케이션에서 사용하려면 그보다 먼저 @NgModule 블록에 추가해야 한다. 이 과정은 앞에서 애플리케이션 페이지를 추가하는 것과 비슷하다.

프로젝트의 app/app.module.ts 파일에서는 플리커 서비스를 가져와 @NgModule 블록의 providers 배열에 추가해야 한다.

```
1  import { FlickrService } from "./services/flickr.service";
2
3  @NgModule({
4    // ...
5    providers: [FlickrService]
6  })
7  ...
```

이제 플리커 제공자를 애플리케이션의 두 페이지에서 사용할 수 있다.

17.4.4 기기 위치와 거리를 계산하기 위한 서비스 만들기

지금까지는 모든 타입스크립트에 일반적인 앵귤러가 적용되어 네이티브스크립트와는 아무런 관련이 없었다. 이번 위치(geolocation) 애플리케이션은 안드로이드나 iOS 기기의 위치를 기반으로 동작한다. 따라서 반드시 네이티브스크립트를 사용해야 GPS 컴포넌트 인터페이스와 네이티브 방식으로 소통할 수 있다.

GPS는 애플리케이션 전반에 사용되므로 이를 위한 앵귤러 제공자를 만드는 것이 여러모로 좋다. 코드가 깔끔해지고 유지보수가 수월해지기 때문이다. 이 제공자를 만들려면 우선 자바스크립트 라이브러리부터 프로젝트에 설치해야 한다.

```
1  npm install humanize-distance --save
```

humanize-distance 라이브러리는 두 위도와 경도 사이의 거리를 계산할 때 사용된다. 플리커에서 받은 사진의 위치를 기준으로 사용자 기기의 위치를 확인하는 데 특히 유용한 라이브러리라 할 수 있다. 그리고 nativescript-geolocation이라는 네이티브스크립트 라이브러리도 포함해야 한다. 이때 사용할 플러그인 명령이 tns이다.

```
1  tns plugin add nativescript-geolocation
```

이번에는 geolocation.service라는 서비스를 만들어 보자.

```
1  touch app/services/geolocation.service.ts
```

이 피일에서 다음 코드를 포함한다.

```
1   import { Injectable } from "@angular/core";
2   import * as geolocation from "nativescript-geolocation";
3   var humanizeDistance = require("humanize-distance");
4
5   @Injectable()
6   export class GeolocationService {
7
8       public latitude: number;
9       public longitude: number;
10
11      public getLocation(): Promise<any> { }
12
13      public getDistanceFrom(latitude: number, longitude: number): string { }
14
15      private _getCurrentLocation(): Promise<any> { }
16
17  }
```

이 제공자는 애플리케이션 페이지에 주입될 수 있으며, 안드로이드나 iOS의 네이티브 GPS 코드와 소통하는 nativescript-geolocation 플러그인을 사용한다. humanize-distance 라이브러리는 다른 방법으로 가져온다. 타입스크립트가 아니라 자바스크립트이기 때문이다.

code/nativescript/photos-near-me/app/services/geolocation.service.ts

```
35      private _getCurrentLocation(): Promise<any> {
36          return new Promise(
37              (resolve, reject) => {
38                  geolocation.getCurrentLocation({
39                      desiredAccuracy: Accuracy.high,
40                      timeout: 20000
41                  })
42                  .then(location => {
43
44                      this.latitude = location.latitude;
45                      this.longitude = location.longitude;
46
```

```
47              resolve();
48            })
49          .catch(error => {
50              reject(error);
51          })
52      }
53    );
54  }
```

지오로케이션 플러그인을 사용하면 기기 GPS의 현재 위도와 경도를 가져올 수 있다. 이는 비동기 요청이므로 반드시 자바스크립트 프로미스나 옵저버블에 추가되어야 한다. _getCurrentLocation의 결과는 어떤 데이터든 그 프로미스가 된다.

모든 기기에 GPS 하드웨어가 장착되는 것은 아니며, 안드로이드나 iOS에서는 위치 서비스를 사용할 수 있는 권한을 받아야 한다. 이는 몇 가지 추가 확인 과정을 거쳐야 하는 이유이기도 하다.

code/nativescript/photos-near-me/app/services/geolocation.service.ts

```
12  public getLocation(): Promise<any> {
13      return new Promise(
14        (resolve, reject) => {
15            if (!geolocation.isEnabled()) {
16                geolocation.enableLocationRequest(true).then(() => {
17                    this._getCurrentLocation()
18                        .then(resolve)
19                        .catch(reject);
20                });
21            }
22            else {
23                this._getCurrentLocation()
24                    .then(resolve)
25                    .catch(reject);
26            }
27        }
28    );
29  }
```

getLocation 메서드를 사용하여 지오로케이션 서비스의 활성화 여부를 확인할 수 있다. 활성화 상태가 아니라면 활성화하라는 요청을 수행해야 한다. 모든 것이 확인되면 _getCurrent Location 함수를 호출하게 된다. 이 또한 지오로케이션 서비스가 활성화 상태여야 적용된다. 기기의 위치가 파악되면 이미지의 위치 등과 떨어진 거리가 계산된다.

```
code/nativescript/photos-near-me/app/services/geolocation.service.ts
31    public getDistanceFrom(latitude: number, longitude: number): string {
32        return humanizeDistance({ latitude: latitude, longitude: longitude }, { \
33  latitude: this.latitude, longitude: this.longitude }, 'en-US', 'us');
34    }
```

getDistanceFrom 메서드는 humanize-distance 라이브러리를 사용하여 더 보기 좋은 거리 표시 형식, 이를테면 킬로미터나 마일 등으로 표시한다.

지오로케이션 제공자도 플리커 제공자처럼 프로젝트의 @NgModule 블록에 추가되어야 한다. 프로젝트의 app/app.module.ts 파일을 열고 다음을 포함한다.

```
1  import { GeolocationService } from "./services/geolocation.service";
2
3  @NgModule({
4    // ...
5    providers: [FlickrService, GeolocationService]
6  })
7  ...
```

제공자를 가져와 이를 @NgModule 블록의 providers 배열에 추가하는 것이 핵심이다. 여기서 지오로케이션 제공자는 애플리케이션 전반에 사용될 수 있다.

17.4.5 네이티브스크립트 애플리케이션에 맵박스 포함하기

지금 시점에서는 두 개의 애플리케이션 라우트에 딱히 유용한 기능이 부여된 것이 아니다. 애플리케이션에는 매우 유용한 두 제공자가 포함돼 있지만 사용되지는 않고 있다.

지오로케이션이 사용되므로 지도가 표현되는 것도 당연하다. 지도를 사용할 수 있는 옵션은 매우 다양하지만, 대표적으로는 맵박스(Mapbox)와 구글 맵스(Google Maps) 지도 솔루션이 눈여겨볼 만하다. 여기서는 렌더링이 가장 편리한 맵박스를 사용한다. 네이티브스크립트에 맵박스를 설치하려면 다음을 실행한다.

```
1  tns plugin add nativescript-mapbox
```

네이티브스크립트용 맵박스 플러그인은 자체 HTML 마크업 태그를 가진다. 이를 앵귤러 애플리케이션에서 사용하려면 다음처럼 프로젝트의 app/app.module.ts 파일에 등록되어야 한다.

```
1  import { registerElement } from "nativescript-angular/element-registry";
2
3  var map = require("nativescript-mapbox");
4  registerElement("Mapbox", () => map.Mapbox);
```

등록이 완료되면 <Mapbox> 태그를 HTML 파일에서 사용할 수 있다. 하지만 맵박스는 유효한 API 토큰이 제공되어야 사용할 수 있다. 맵박스 개발자 페이지[9]를 통해 API 토큰을 신청한다.

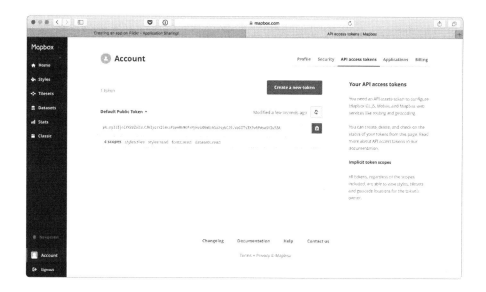

프로젝트의 **app/config.js** 파일을 열고, 맵박스의 액세스 토큰의 값을 저장한다. 이는 플리커 API 정보를 추가한 것과 같은 파일이다. 다음처럼 파일을 수정한다.

```
1  export const Config = {
2      Flickr: {
3          CLIENT_ID: "FLICKR_CLIENT_ID_HERE",
4          API_URL: "https://api.flickr.com/services/rest/?"
5      },
6      MapBox: {
7          ACCESS_TOKEN: "MAPBOX_ACCESS_TOKEN_HERE"
8      }
9  };
```

---

9   https://www.mapbox.com/developers/

맵박스 API 토큰을 받는 과정은 애플리케이션 안에서 플리커 API 토큰을 받을 때와 별반 다르지 않다. 맵박스가 UI나 페이지 로직에 추가되지는 않았지만, 추가할 수 없는 것은 아니다.

17.4.6 지오로케이션 애플리케이션의 첫 번째 페이지 구현하기

지금까지 길고 긴 준비의 과정이 있었다. 이제 두 페이지를 하나씩 추가해 보자. 앞에서 만든 app/components/imageList-component/imageList.component.ts 파일을 연다. 여기에 기능 관련 로직을 입혀 마무리를 하자.

```
1   import { Component, NgZone } from "@angular/core";
2   import { FlickrService } from "../../services/flickr.service";
3   import { PhotosSearchResponse } from "../../models/photosSearchResponse";
4   import { Router } from "@angular/router";
5   import { GeolocationService } from "../../services/geolocation.service";
6   import { Config } from "../../app.config";
7
8   @Component({
9       selector: "ImagesListComponent",
10      templateUrl: "components/imagesList-component/imagesList.component.html"
11  })
12  export class ImagesListComponent {
13
14      private mapbox: any;
15      public mapboxKey: string;
16      public photos: PhotosSearchResponse[];
17
18      public constructor(private flickrService: FlickrService, private geolocation\
19  Service: GeolocationService, private zone: NgZone, private router: Router) { }
20
21      public onMapReady(args) { }
22
23      public dropMarkers() { }
24
25      public centerMap(args: any) { }
26
27      public showPhoto(args: any) { }
28
29      public loadPhotos() { }
30
31  }
```

앞의 타입스크립트 파일에서는 미리 만들어 둔 각 서비스와 모델을 페이지로 가져온다. ImagesListComponent에는 UI에 바인딩될 일부 공개용(public) 변수와 맵박스가 담길 전용 (private) 변수가 만들어진다.

constructor 메서드에서는 애플리케이션의 현재 페이지에서 사용될 수 있도록 두 제공자가 주입된다. 전형적인 앵귤러 애플리케이션에서는 OnInit이 constructor 메서드가 실행된 이후 사용된다. 다만, 경합 조건을 막기 위해 이 페이지에는 사용되지 않는다. 그 대신 onMapReady 메서드가 HTML 마크업을 통해 사용된다. 다시 말해, 맵박스가 준비되면 onMapReady 메서드가 트리거된다.

code/nativescript/photos-near-me/app/components/imagesList-component/imagesList.component.ts

```
22      public onMapReady(args) {
23          this.mapbox = args.map;
24          this.geolocationService.getLocation().then(() => {
25              this.loadPhotos().subscribe(
26                  photos => {
27                      this.photos = photos.map((photo) => {
28                          photo.distance = this.geolocationService.getDistanceFrom(
29                              parseFloat(photo.latitude),
30                                  parseFloat(photo.longitude));
31                          return photo;
32                      });
33                      this.dropMarkers();
34                      this.mapbox.setCenter({
35                          lat: this.geolocationService.latitude,
36                          lng: this.geolocationService.longitude,
37                          animated: true
38                      });
39                  },
40                  error => console.log(error));
41          });
42      }
```

onMapReady 메서드가 트리거되면 mapbox 변수가 현재 맵박스로 설정된다. 지오로케이션 서비스를 통해 기기의 GPS 위치가 파악되고 이 위치와 가까운 플리커 사진이 조회된다. 이 API 호출에 따라 사진마다 사람이 읽을 수 있는 형식으로 거리가 계산된다.

플리커 API로부터 받은 사진들은 photos 배열에 저장된다. 이때 dropMarkers 메서드를 통해 지도에 해당 위치가 표시된다. 이 과정이 완료되면 기기의 위치를 중심으로 지도가 표현된다. onMapReady에서 호출되는 dropMarkers 메서드의 모습은 다음과 같다.

code/nativescript/photos-near-me/app/components/imagesList-component/imagesList.component.ts

```
44      public dropMarkers() {
45          let markers = this.photos.map((photo: PhotosSearchResponse, index: numbe\
46      r) => {
47              return {
```

```
48              lat: photo.latitude,
49              lng: photo.longitude,
50              onTap: () => {
51                  this.zone.run(() => {
52                      this.showPhoto({ index: index });
53                  });
54              }
55          }
56      });
57      this.mapbox.addMarkers(markers);
58  }
```

이 메서드에서는 자바스크립트 map을 통해 photos 배열이 다시 만들어져 markers로 저장된
다. 이 배열의 새 객체에는 사진의 위도와 경도 등이 포함된다. 그리고 다음 페이지도 이동할
수 있는 탭 이벤트인 showPhoto도 포함된다. 모든 것을 동기화하기 위해 showPhoto 메서드
는 앵귤러 존(zone)에 추가해야 한다. markers 배열은 이제 곧 만들, 지도 컴포넌트에 표시되
기 위해 맵박스에 추가된다.

code/nativescript/photos-near-me/app/components/imagesList-component/imagesList.component.ts

```
68      public showPhoto(args: any) {
69          let photo = this.photos[args.index];
70          this.router.navigate(["/image-component", photo.id]);
71      }
```

애플리케이션의 두 번째 페이지로 이동할 라우트에도 사진 id가 필요하다. 이 정보는 선택된
특정 사진에서 가져올 수 있다. 사진 정보는 dropMarkers 메서드 내부에 추가되어 있다.

code/nativescript/photos-near-me/app/components/imagesList-component/imagesList.component.ts

```
73      public loadPhotos() {
74          return this.flickrService.photosSearch(
75              this.geolocationService.latitude,
76              this.geolocationService.longitude);
77      }
```

loadPhotos 메서드가 플리커 옵저버블을 구독할 목적으로 onMapReady 메서드에 사용되었
다. 이는 파일의 행 수를 줄여 읽기 수월해지도록 하기 위함이다.

우리의 첫 번째 애플리케이션에서 마지막 메서드는 centerMap이다. 이 메서드는 특정 사진을
중심으로 지도를 표현한다.

```
code/nativescript/photos-near-me/app/components/imagesList-component/imagesList.component.ts
```

```
59      public centerMap(args: any) {
60          let photo = this.photos[args.index];
61          this.mapbox.setCenter({
62              lat: parseFloat(photo.latitude),
63              lng: parseFloat(photo.longitude),
64              animated: false
65          });
66      }
```

지금 구현한 타입스크립트 로직에서 UI 마크업은 어떤 모습일까? 프로젝트의 app/ components/imageList-component/imageList.component.html 파일을 연다. UI는 두 개의 수직 구역으로 구성된다. 하나는 상위 레벨로 표현되는 이미지 리스트이고, 다른 하나는 하위 레벨로 표현되는 지도다.

```
1   <ActionBar title="Photos" class="action-bar"></ActionBar>
2   <StackLayout>
3       <GridLayout columns="*" rows="*, 280">
4           <ListView [items]="photos" row="0" col="0" class="list-group" (itemTap)=\
5   "centerMap($event)">
6           </ListView>
7           <ContentView row="1" col="0">
8           </ContentView>
9       </GridLayout>
10  </StackLayout>
```

이 마크업에서 GridLayout은 수직 구역을 담당한다. 그 결과 행 값은 두 개가 생긴다. columns의 애스터리스크(*)는 각 행이 화면의 전체 너비를 가져온다는 뜻이다. rows에도 애스터리스크(*)와 숫자가 있으므로 아래쪽 행은 높이가 280이고 위쪽 행은 나머지 화면 전체를 차지하게 된다.

ListView는 공개용(public) photos 배열의 각 요소를 반복 처리한다. 사용자가 행을 탭하면 centerMap 메서드가 호출되어 클릭된 사진 위로 지도가 자리하게 된다. 두 번째 행을 담당하는 ContentView는 지도를 담는다. 다만, ListView는 아직 미완성이다. 다음은 ListView의 모습이다.

```
1   <ListView [items]="photos" row="0" col="0" class="list-group" (itemTap)="centerM\
2   ap($event)">
3       <template let-item="item">
```

```
 4          <GridLayout columns="auto, *" rows="auto" class="list-group-item">
 5              <Image [src]="item.url_q" width="50" height="50" col="0" class="thum\
 6  b img-rounded"></Image>
 7              <StackLayout row="0" col="1">
 8                  <Label [text]="item.distance + ' away'" class="list-group-item-h\
 9  eading"></Label>
10                  <Label [text]="item.title" class="list-group-item-text" textWrap\
11  ="true"></Label>
12              </StackLayout>
13          </GridLayout>
14      </template>
15  </ListView>
```

ListView의 각 행에는 열이 두 개 있으며, 행의 높이는 자동으로 결정된다. 리스트 행의 첫 번째 열은 플리커 API에서 리턴된 이미지가 되고, 두 번째 열은 사진 제목과 사람이 읽을 수 있는 형식의 거리가 포함된 텍스트를 쌓아 둔다.

```
 1  <ContentView row="1" col="0">
 2      <Mapbox
 3          accessToken="{{ mapboxKey }}"
 4          mapStyle="streets"
 5          zoomLevel="17"
 6          hideLogo="true"
 7          showUserLocation="true"
 8          (mapReady)="onMapReady($event)">
 9      </Mapbox>
10  </ContentView>
```

맵박스는 onMapReady 함수를 호출하여 설정 파일의 mapboxKey를 사용한다. 다른 기본 프로퍼티들도 사용된다.

애플리케이션의 첫 번째이자 기본인 페이지가 완성되었다. 하지만 이미지를 보여 주는 페이지는 아직 미완성이다. 이 페이지는 지도에서 표시된 곳을 탭했을 때 이동되는 페이지이기도 하다.

17.4.7 지오로케이션 애플리케이션의 두 번째 페이지 구현하기

애플리케이션의 두 번째이자 마지막인 페이지는 이전 페이지에서 선택된 것을 기준으로 이미지를 보여 준다. 프로젝트의 app/components/image-component/image.component.ts 파일을 열고 다음 타입스크립트 코드를 포함한다.

```
 1  import { Component, OnInit } from "@angular/core";
```

```
 2   import { ActivatedRoute } from "@angular/router";
 3   import { FlickrService } from "../../services/flickr.service";
 4
 5   @Component({
 6       templateUrl: "components/image-component/image.component.html"
 7   })
 8   export class ImageComponent implements OnInit {
 9
10       public url: string;
11
12       public constructor(private activatedRoute: ActivatedRoute, private flickrSer\
13   vice: FlickrService) { }
14
15       public ngOnInit() { }
16
17       public getPhoto(photoId: number) { }
18
19   }
```

플리커 제공자는 이전에 만들어진 곳에 가져오고 constructor 메서드에 주입한다. url 변수는 바인딩되어 UI로 제공되는 이미지의 URL을 담는다.

code/nativescript/photos-near-me/app/components/image-component/image.component.ts

```
14       public ngOnInit() {
15           this.activatedRoute.params.subscribe(params => {
16               let photoId = params["photo_id"];
17               this.getPhoto(photoId);
18           });
19       }
```

이 페이지가 초기화되면 ngOnInit 메서드가 URL 파라미터를 가져와 이를 getPhoto 메시지로 전달한다.

code/nativescript/photos-near-me/app/components/image-component/image.component.ts

```
21       public getPhoto(photoId: number) {
22           this.flickrService.getPhotoInfo(photoId).subscribe(
23               photo => {
24                   this.url = `https://farm${photo.farm}.staticflickr.com/${photo.s\
25   erver}/${photo.id}_${photo.secret}_n.jpg`;
26               },
27               error => console.log(error)
28           );
29       }
```

플리커 API에 플리커 제공자로 요청을 수행하면 공개용 url 변수가 처리된다. 여기에 로직을 적용한다. 프로젝트의 app/components/image-component/image-component.html 파일을 열고 다음 마크업을 포함한다.

```
1  <ActionBar></ActionBar>
2  <StackLayout>
3      <Image [src]="url" width="360" height="360"></Image>
4  </StackLayout>
```

Image 태그는 타입스크립트 코드에 지정된 url에 따라 이미지를 제공한다. 이 액션 바 안에 는 이전 페이지로 이동할 수 있는 뒤로 가기 버튼이 제공된다.

17.5 테스트하기!

이제 앱의 기본 골격이 모두 마무리되었다. 어서 실행해 보자.

```
1  tns  livesync  android  --emulator --watch
2  # or
3  tns livesync ios --emulator  --watch
```

빌드를 만들 준비도 되었다.

```
1  tns  build android
2  # or
3  tns  build ios
```


17.6 앵귤러 개발자를 위한 네이티브스크립트

네이티브스크립트는 앵귤러 개발자들이 기기 전용 특징, SDK, 개념 등이 사용되는 네이티브 모바일 애플리케이션을 한결 수월하게 개발할 수 있도록 하는 프레임워크다. 기술이 진보함 에 따라 자바스크립트나 오브젝티브-C를 알아야 하는 필요성은 차츰 줄어들고, 크로스 플랫 폼 모바일 개발 프레임워크 수요가 더욱 커지는 것이 현실이다. 네이티브스크립트를 사용하 려면 여기서 다룬 내용보다 더 많은 것을 습득해야 한다. 다음 리소스를 살펴보기 바란다.

- 네이티브스크립트 공식 사이트[10]

- 네이티브스크립트 공식 문서[11]

- 네이티브스크립트 샘플 앱[12]

- 스택오버플로(StackOverflow)의 네이티브스크립트 관련 질의 응답[13]

---

10 https://www.nativescript.org/

11 https://docs.nativescript.org/

12 https://www.nativescript.org/app-samples-with-code 단축URL goo.gl/cEDTu9

13 http://stackoverflow.com/questions/tagged/nativescript 단축URL goo.gl/iDQ68q

업데이트 이력

여기서는 이 책이 그간 어떤 변화를 겪었는지 소개하고자 한다. 이 업데이트 이력은 https://www.ng-book.com/2/p/Changelog/에서도 확인할 수 있다. 여러분이 읽고 있는 이 책은 리비전 66을 기준으로 구성되었다.

리비전 66 - 2017-11-14

- 'HTTP' - Http 대신 HttpClient를 사용하는 것으로 업데이트
- '테스트하기' - HTTP처럼 HttpClient를 사용하는 것으로 업데이트

리비전 65 - 2017-11-01

앵귤러 5 버전인 angular-5.0.0에 맞게 내용과 코드 업데이트

리비전 64 - 2017-09-15

앵귤러 5 버전인 angular-5.0.-beta 6에 맞게 내용과 코드 업데이트

- '라우팅' - 스포티파이 API 키 문제 해결

리비전 63 - 2017-08-02

앵귤러 4 버전인 angular-4.3.2에 맞게 내용과 코드 업데이트

리비전 62 - 2017-06-23

- '이 책에 대하여' - Travas N.의 수고로 오탈자 수정
- '첫 앵귤러 웹 애플리케이션 만들기' - Travas N.의 수고로 오탈자 수정
- '네이티브스크립트' - Travas N.의 수고로 오탈자 수정
- '컴포넌트 고급' - Travas N.의 수고로 오탈자 수정

- '리덕스' – Travas N.의 수고로 오탈자 수정
- '테스트하기' – Travas N.의 수고로 오탈자 수정

리비전 61 – 2017-05-24

- '이 책에 대하여' – Daniel R.의 수고로 오탈자 수정
- '첫 앵귤러 웹 애플리케이션 만들기' – Daniel R.의 수고로 오탈자 수정
- '타입스크립트' – Daniel R.의 수고로 오탈자 수정
- '컴포넌트 고급' – Daniel R.의 수고로 오탈자 수정
- 'RxJS' – Daniel R.의 수고로 잘못된 링크 수정, Travas N.의 수고로 오탈자 수정
- '리덕스' – Travas N.의 수고로 오탈자 수정
- '라우팅' – Travas N.의 수고로 오탈자 수정

리비전 60 – 2017-04-27

앵귤러 4 버전인 angular-4.1.0에 맞게 내용과 코드 업데이트

리비전 59 – 2017-04-07

- '첫 앵귤러 웹 애플리케이션 만들기' – Alexey A.와 Damien W.의 수고로 레딧 예시 코드에서 입력 태그에 id 추가 및 다른 오탈자 수정
- '앵귤러는 어떻게 동작하는가' – Richard M.의 수고로 오탈자 수정
- '내장 컴포넌트' – Oleksij L.의 수고로 오탈자 수정
- '컴포넌트 고급' – Tom G.와 Arshaan B.의 수고로 오탈자 수정
- "HTTP" – Arshaan B.의 수고로 오탈자 수정
- '의존성 주입' – Emin L.의 수고로 예시 코드 오류 수정
- '리덕스' – OpaqueToken(현재는 InjectionToken)을 가리키던 이전 참고 수정, Arshaan B.의 수고로 오탈자 수정
- '라우팅' – Arshaan B.의 수고로 4200번 포트가 아닌 localhost:8080을 가리키던 URL 수정
- 'RxJS' – Arshaan B.의 수고로 혼동을 일으키던 가상 구독 관련 내용 수정
- '앵귤러의 폼' – Christopher S.와 Richard M.의 수고로 같은 컴포넌트와 오탈자를 사용하던 데모 수정
- EventEmitter에 사용된 next()를 emit()으로 수정
- 'parenthesis'를 'parentheses'로 수정. (이 문제를 제기한 Richard M.에게 특별히 감사의 말을 전한다.)
- Damien W.의 수고로 'JavaScript'로 대소문자를 일관되게 표현함.

리비전 58 – 2017-03-24

앵귤러 4 버전인 angular-4.0.0에 맞게 내용과 코드 업데이트

리비전 57 – 2017-03-23

앵귤러 4 버전인 angular-4.0.0.rc6에 맞게 내용과 코드 업데이트

- 음악/라우팅 테스트에서 SpyObject 수정

리비전 56 – 2017-03-22

책 전체에서 폴더 레이아웃의 새 스타일가이드인 앵귤러 CLI를 사용하도록 업데이트 pass linting. angular-2.4.10으로 코드 업데이트. 이 업데이트는 '앵귤러의 폼, 컴포넌트 고급, HTTP, 라우팅, 테스트하기, RxJS 소개, RxJS 대화 앱, 리덕스 소개, 리덕스 대화 앱, NgUpgrade 변환'에 적용되었다.

리비전 55 – 2017-03-17

- '의존성 주입' 재구성 및 angular-cli를 사용하고 스타일가이드를 준수하도록 업데이트. 책 전반부에 이동 배치
- angular-cli를 사용하고 스타일가이드를 준수하도록 '내장 지시자' 업데이트
- '첫 앵귤러 웹 애플리케이션 만들기'와 관련하여 Zach S.와 Blair A., Leandro A에게 특별히 감사의 말을 전한다.

리비전 54 – 2017-03-10

- angular-2.4.9로 업데이트
- 어노테이션을 데코레이터로 용어 변경
- '의존성 주입'에 @Injectable 설명 추가 및 오탈자 수정
- Daniel W.의 수고로 웹팩 CSS 수정
- 부트스트랩이 사용되는 곳 명시: HTTP, 라우팅, 리덕스와 함께하는 타입스크립트, 옵저버블 데이터 아키텍처
- Luis M. T. L.의 제안으로 점 표기법 예시 추가
- AbstractControl 링크 수정
- Tom G.의 제안으로 양방향 바인딩 관련 링크 추가
- Brother Bill과 Terry W., Rob D., Robert S., Aaron K.의 수고로 '첫 앵귤러 2 웹 애플리케이션 만들기'로 명시
- Brother Bill의 수고로 '내장 지시자'로 명시
- Robert S.와 Andrew B.의 수고로 '앵귤러의 폼' 오탈자 수정
- Brother Bill의 수고로 'HTTP' 오탈자 수정
- Brother Bill과 Daniel F.의 수고로 '라우팅'으로 명시
- Willemhein T.와 Shane G.의 수고로 '타입스크립트' 버그 수정

- Adam Beck의 수고로 EventEmitter의 next()를 emit()으로 변경

리비전 53 – 2017-03-01

- 1장에 배포 관련 절 추가
- @angular/cli를 사용하도록 '앵귤러는 어떻게 동작하는가' 업데이트
- @angular/cli를 1.0.0-rc.0 버전으로 업데이트
- '내장 지시자'에서 예시 실행 방법 관련 안내 추가
- 각 프로젝트의 README.md 관련 안내로 '이 책에 대하여' 업데이트

리비전 52 – 2017-02-22

- '이 책에 대하여' 추가
- @angular/cli 패키지를 사용하도록 angular-cli 업데이트
- 1장 업데이트
- angular-2.4.8로 업데이트

리비전 51 – 2017-02-14

1장의 코드 버그 수정

리비전 50 – 2017-02-10

angular-2.4.7로 업데이트

리비전 49 – 2017-01-18

사소한 오류 수정

리비전 48 – 2017-01-13

네이티브스크립트와 앵귤러를 활용한 네이티브 모바일 앱 작성에 관한 장 추가

리비전 47 – 2017-01-06

'내장 지시자'에서 그림 오류 수정

리비전 46 – 2017-01-03

angular-2.4.0으로 업데이트

- 모든 프로젝트에 프로트랙터 E2E 테스트 추가
- '라우팅'에서 자식 라우트인 pathMatch의 모호성 보완

리비전 45 - 2016-12-05

angular-2.3.0-rc.0으로 업데이트

리비전 44 - 2016-11-17

다음 장에서 오탈자 수정

- '첫 앵귤러 2 웹 애플리케이션 만들기', Mike B.와 Steve A., Terry W., Alessandro C., Andrew Blair 제공
- '타입스크립트', Kevin D 제공
- '앵귤러는 어떻게 동작하는가', Kevin D.와 Jason T. 제공
- '앵귤러의 폼', Kevin D. 제공
- 'HTTP', Kevin D. 제공
- '라우팅', Kevin D. 제공
- '컴포넌트 고급', Kevin D. 제공
- '내장 지시자', Jason T.와 Farooq A. 제공
- '의존성 주입', Kevin D. 제공
- '테스트하기', Kevin D. 제공
- '앵귤러 1 앱을 앵귤러 2로 변환하기', Kevin D. 제공

리비전 43 - 2016-11-08

angular-2.2.0-rc.0으로 업데이트

리비전 42 - 2016-10-14

angular-2.1.0으로 업데이트. 보너스 동영상과 샘플 앱 완성(프리미엄 패키지 사용자용)

- '내장 컴포넌트'를 '내장 지시자'로 장 제목 변경
- 서비스 의존성을 private으로 처리, Jamie B. 제공

다음 장에서 오탈자 수정 및 내용 교정

- '앵귤러는 어떻게 동작하는가', kbiesbrock 제공
- 'ng2로 변환하기', Dilip S. 제공
- '내장 지시자', Pieris C. 제공
- '의존성 주입', Tim P. 제공
- '라우팅', Kashyap M 제공

- '컴포넌트 고급', Kashyap M.과 Justin B., Németh T. 제공

리비전 41 - 2016-09-28

ng-cli와 새 스타일가이드를 사용하도록 1장 재작성

- '첫 앱'
  - 파일을 스타일가이드에 따라 템플릿과 컴포넌트로 분리
  - 오탈자 수정, David S., Luis H., Jan L., Aaron Spilman 제공
- 'HTTP' - 오탈자 수정, Jim H.에게 감사의 말을 전한다.

리비전 40 - 2016-09-20

angular-2.0.0 final로 업데이트

리비전 39 - 2016-09-03

angular-2.0.0-rc.6으로 업데이트

리비전 38 - 2016-08-29

angular-2.0.0-rc.5로 업데이트

- NgModules을 사용하도록 모든 예시 업그레이드
- TestBuilder를 사용하도록 테스트 업그레이드

리비전 37 - 2016-08-02

- 새 장: 중급자를 위한 앵귤러 2 리덕스!
- 'ts-cli'를 'ts-node'로 버그 수정, Tim. P에게 감사의 말을 전한다.

리비전 36 - 2016-07-20

- 새 장: 타입스크립트와 앵귤러 2의 리덕스!
- 장 순서 변경

리비전 35 - 2016-06-30

angular-2.0.0-rc.4로 내용 및 코드 업데이트

- 새 라우터로 '라우팅' 업그레이드
- 새 폼 라이브러리로 '앵귤러의 폼' 업그레이드
- 새 '라우팅'과 '앵귤러의 폼'에 따라 '테스트하기' 업데이트

리비전 34 - 2016-06-15

angular-2.0.0-rc.2로 내용 및 코드 업데이트(유의: router-deprecated는 그대로 적용)

리비전 33 - 2016-05-11

새 장: 의존성 주입!

리비전 32 - 2016-05-06

angular-2.0.0-rc.1으로 업데이트!

- 전반적 변경 내용
  - 새 패키지로 모든 import 변경(아래 세부 내용 참고)
  - typings로 업그레이드(모든 tsd 참조 제거)
  - 지시자의 지역 변수가 이제 # 대신 let 사용(예: *ngFor="#item in items"은 *ngFor="let item in items"가 됨)
  - System.js를 사용하는 프로젝트에서 설정용 외부 파일 생성(더 이상 index.html의 <script> 태그에 작성하지 않음)
- '테스트하기' - injectAsync 제거. async와 inject 사용. 둘 다 @angular/core/testing에서 사용 가능
- '컴포넌트 고급' - ngBookRepeat에서 자식 뷰를 createEmbeddedView로 수동 생성할 때 context가 두 번째 인수로 전달됨(setLocal을 호출하지 않음)

세부 내용(이름이 변경된 라이브러리)

- angular2/core -> @angular/core
- angular2/compiler -> @angular/compiler
- angular2/common -> @angular/common
- angular2/platform/common -> @angular/common
- angular2/common_dom -> @angular/common
- angular2/platform/browser -> @angular/platform-browser-dynamic
- angular2/platform/server -> @angular/platform-server
- angular2/testing -> @angular/core/testing
- angular2/upgrade -> @angular/upgrade
- angular2/http -> @angular/http
- angular2/router -> @angular/router
- angular2/platform/testing/browser -> @angular/platform-browser-dynamic/testing

리비전 31 - 2016-04-28

angular-2.0.0-beta.16으로 업데이트

리비전 30 - 2016-04-20

angular-2.0.0-beta.15로 업데이트

리비전 29 - 2016-04-08

angular-2.0.0-beta.14로 업데이트

리비전 28 - 2016-04-01

angular-2.0.0-beta.13으로 업데이트(정말로!)

리비전 27 - 2016-03-25

angular-2.0.0-beta.12로 업데이트

리비전 26 - 2016-03-24

'컴포넌트 고급' 추가!

리비전 25 - 2016-03-21

angular-2.0.0-beta.11로 업데이트(유의: angular-2.0.0-beta.10은 몇 가지 버그 때문에 적용 배제)

리비전 24 - 2016-03-10

angular-2.0.0-beta.9로 업데이트

리비전 23 - 2016-03-04

angular-2.0.0-beta.8로 업데이트

- '라우팅'
  - 오탈자 수정, Németh T. 제공
  - 중첩된 라우트 설명 수정, Dante D. 제공
- '첫 앱'
  - 오탈자 수정, Luca F. 제공
  - 불필요한 NgFor import 제거, Neufeld M. 제공
- '앵귤러의 폼'
  - 오탈자 수정, Miha Z., Németh T. 제공

- '앵귤러는 어떻게 동작하는가'
  - 오탈자 수정, Koen R., Jeremy T., Németh T. 제공
- '타입스크립트'
  - 오탈자 수정, Németh T. 제공
- 'RxJS 데이터 아키텍처'
  - 오탈자 수정, Németh T. 제공
- 'HTTP'
  - 오탈자 수정, Németh T. 제공
- '테스트하기'
  - 오탈자 수정, Németh T. 제공

리비전 22 - 2016-02-24

- r20 & beta.6에는 타입스크립트 컴파일러와 타입 지정용 파일 관련 버그가 보고되었다. 이번 업데이트 는 이들 버그를 해결했다.
- 다음 오류의 처리 방법에 관한 설명 추가: error TS2307: Cannot find module 'angular2/platform/ browser'
- '첫 앱' - 타입 지정용 참고 관련 설명 추가
- clean npm 명령을 가지도록 모든 비웹팩 예시 업데이트 및 app.ts를 포함하도록 tsconfig.json 변경

리비전 21 - 2016-02-20

angular-2.0.0-beta.7로 업데이트

리비전 20 - 2016-02-11

angular-2.0.0-beta.6으로 업데이트(뒤에 나오는 '유의' 참고)

- '앵귤러는 어떻게 동작하는가'
  - 오탈자 수정(@AndreaMiotto에게 감사의 말을 전한다.)
  - MyComponent의 속성에서 빠진 대괄호 추가(Németh T.에게 감사의 말을 전한다.)
- '앵귤러의 폼'
  - 문법 오류 수정, Németh T. 제공
  - '필드 색 지정'에서 빠진 행 추가, Németh T. 제공
- 'RxJs'
  - 문법 오류 수정, Németh T. 제공

- 유의: beta.4와 beta.5는 beta.6으로 교체되었다. 앵귤러 2 업데이트 이력은 다음 링크를 참고하라.
  https://github.com/angular/angular/blob/master/CHANGELOG.md#200-beta5-2016-02-10

리비전 19 - 2016-02-04

angular-2.0.0-beta.3으로 업데이트

리비전 18 - 2016-01-29

angular-2.0.0-beta.2로 업데이트

리비전 17 - 2016-01-28

- '테스트하기' 추가

리비전 16 - 2016-01-14

- 'ng1 앱을 ng2로 변환하기' 추가
- angular-2.0.0-beta.1로 업데이트
- 모든 package.json 파일을 특정 버전으로 고정
- 'HTTP' - 오탈자 수정(Ole S에게 감사의 말을 전한다!)
- '내장 컴포넌트' - ngIf 오류 수정

리비전 15 - 2016-01-07

angular-2.0.0-beta.0으로 업데이트!

- 'RxJS' - angular-2.0.0-beta.0으로 업데이트
- 'HTTP' - angular-2.0.0-beta.0으로 업데이트
- 파일에서 로드하는 코드의 번호 수정
- '앵귤러는 어떻게 동작하는가' - 뒤바뀐 LHS/RHS 수정(Miroslav J.에게 감사의 말을 전한다.)

리비전 14 - 2015-12-23

- '첫 앱'
  - hello-world @Component의 오탈자 수정(Matt D.에게 감사의 말을 전한다.)
  - hello_world package.json에서 타입스크립트 의존성 수정
- '앵귤러의 폼' - angular-2.0.0-beta.0으로 업데이트
- '앵귤러는 어떻게 동작하는가'
  - 명확한 내용으로 재작성
  - angular-2.0.0-beta.0으로 업데이트

- '라우팅'
  - 명확한 내용으로 재작성
  - angular-2.0.0-beta.0으로 업데이트

리비전 13 - 2015-12-17

앵귤러 2 beta.0 출시!

- '첫 앱'
  - 레딧 앱을 angular-2.0.0-beta.0으로 업데이트
  - hello_world 앱을 angular-2.0.0-beta.0으로 업데이트
  - Semantic UI 스타일
- '내장 컴포넌트'
  - 내장 지시자 샘플 앱을 angular-2.0.0-beta.0으로 업데이트
  - Semantic UI 추가(http://semantic-ui.com)

리비전 12 - 2015-11-16

- '라우팅' - ROUTER_DIRECTIVES 오류 수정, Wayne R. 제공
- '첫 앱'
  - 예시를 angular-2.0.0-alpha-46으로 업데이트
  - 예시 코드를 명확히 하기 위해 NgFor 수정, Henrique M. 제공
  - angular2-reddit-base의 잘못된 tsconfig.json으로 인한 'Promise'의 중복 식별자 오류 수정, Todd F. 제공
  - Steffen G.의 수고로 오탈자 수정
- '앵귤러의 폼'
  - 예시를 angular-2.0.0-alpha-46으로 업데이트
  - 'Form with Events' 절에서 옵저버블을 구독하는 메서드 수정
  - 오탈자 수정, Christopher C., Travis P. 제공
- '타입스크립트' - enum 설명 수정, Frede H. 제공
- '내장 컴포넌트' - [class]가 아니라 [ng-class]라는 오류 수정, Neal B. 제공
- '앵귤러는 어떻게 동작하는가' - 오탈자 수정, Henrique M. 제공

리비전 11 - 2015-11-09

- 타입스크립트의 장점 설명 수정, Thanks Don H. 제공!
- 오탈자 수정, Wayne R 제공!

- '앵귤러는 어떻게 동작하는가'
  - 오탈자 수정, Jegor U. 제공
  - 입/출력을 사용하도록 컴포넌트 변환, Jegor U. 제공
  - number를 myNumber로 수정, Wayne R. 제공
- '내장 컴포넌트'
  - 오탈자 수정, Wayne R., Jek C., Jegor U. 제공
    객체 키를 설명하는 글상자 추가, Wayne R. 제공
  - ng-style 색에 폼 필드 값 대신 컨트롤러 뷰 값 사용, Wayne R. 제공
- '앵귤러의 폼' - 오탈자 수정, Wayne R., Jegor U. 제공
- '앵귤러 2의 데이터 아키텍처' - '앵귤러의 폼'의 일부분이었으나 독립 부분으로 이동, Wayne R. 제공
- 'RxJS Pt 1.' - 오탈자 수정, Wayne R. 제공
- 'RxJS Pt 2.'
  - 유니코드 문제 해결, Birk S. 제공
  - combineLatest의 리턴값 명시, Birk S. 제공
- '타입스크립트' - 오탈자 수정, Travis P., Don H. 제공
- '라우팅' - 오탈자 수정, Jegor U.와 Birk S. 제공
- '첫 앱' - ng_for 링크 수정, Mickey V. 제공
- 'HTTP'
  - 오탈자 수정, Birk S. 제공
  - YouTubeSearchComponent에서 ElementRef 역할 명시
  - RequestOptions 링크 수정, Birk S. 제공

리비전 10 - 2015-10-30

- '첫 앱'을 angular-2.0.0-alpha.44로 업그레이드
- '라우팅'을 angular-2.0.0-alpha.44로 업그레이드
- 라우트 예시에서 'pages#about' 수정, Rob Y 제공!

리비전 9 - 2015-10-15

- '라우팅' 추가

리비전 8 - 2015-10-08

- 1~5장을 angular-2.0.0-alpha.39로 업그레이드
- properties와 events를 inputs와 outputs로 이름 변경
- '첫 앱'에서 입력값으로 바인딩된 #newtitle 수정, Danny L 제공

- CSSClass를 NgClass로 이름 변경
- ng-non-bindable이 내장되어 지시자로 주입할 이유가 없어짐
- '앵귤러의 폼'에서 폼 API로 몇 가지 수정
- '첫 앱'에서 NgFor 소스 URL 수정, Frede H. 제공

리비전 7 - 2015-09-23

- 'HTTP' 추가
- For를 NgFor로 수정, Sanjay S. 제공

리비전 6 - 2015-08-28

- '옵저버블 데이터 아키텍처 — 1부 – '서비스' 추가
- '옵저버블 데이터 아키텍처 — 2부 – '뷰 컴포넌트' 추가

리비전 5 - 2015-08-01

- '내장 컴포넌트' 완료

리비전 4 - 2015-07-30

- 내장 컴포넌트 초안 추가
- 한 줄이 넘는 긴 URL에 대한 경고 추가, Kevin B. 제공
- '첫 앱'에서 컴포넌트에 어노테이션이 바인딩되는 방식 설명, Richard M. 및 그 외 제공
- 오탈자 수정, Richard M. 제공
- 수 대신 정수를 사용한 타입스크립트 수정, Richard M.과 Roel V. 제공
- 'var nate ='에서 쉼표가 있어야 유효한 JS 객체가 되는 내용 수정, Roel V. 제공
- 'For' 지시자를 'NgFor'로 수정, Richard M. 제공
- 'RedditArticle'의 타입 수정, Richard M. 제공
- '첫 앱'에서 컴포넌트에 어노테이션이 바인딩되는 방식 설명, Richard M. 및 그 외 제공
- '첫 앱'에서 오탈자 수정, Kevin B. 제공
- '앵귤러는 어떻게 동작하는가'에서 오탈자 수정, Roel V. 제공

리비전 3 - 2015-07-21

- '앵귤러의 폼' 추가

리비전 2 - 2015-07-15

- 코드를 비롯한 책 전체에서 For 지시자를 NgFor로 수정(템플릿은 *for=에서 *ng-for=로 수정)

- 실행 명령이 OS X/리눅스와 윈도우에서 동일하도록 정적 웹 서버를 http-server에서 live-server로 변경
- @Component의 properties 프로퍼티가 최신 앵귤러JS 2 형식과 일치하도록 변경
- angular2.dev.js 번들을 최신 버전의 예시에 맞춰 업데이트
- 타입 지정용 폴더를 최신 버전의 예시에 맞춰 업데이트

리비전 1 – 2015-07-01

이 책이 첫 버전

찾아보기